Auf dem Weg nach Waterloo …

Der Schwarze Herzog
Für Braunschweig gegen Napoleon

Gerd Biegel (Hrsg.)

Dank für die Förderung des Drucks

RICHARD BOREK
STIFTUNG

SBK Stiftung Braunschweigischer Kulturbesitz

Impressum

Internet: www.matrixmedia.info

Redaktion
Irmela Biegel, Eike Kuthe, Dörte Kuthe-Ringel, Antje Stümpel, Giesela Klemt

Gestaltung: PER Medien+Marketing GmbH, Rüdiger Abraham

Druck: Heckner Print-Service GmbH, Wolfenbüttel

Abbildungen:
Braunschweigisches Landesmuseum, S. 36, 108, 119, 122, 125, 127, 235, 237, 248, Rückentitel (r.).
Stadtarchiv Braunschweig, S. 118, 182, 184.
Badisches Landesmuseum Karlsruhe, S. 89, Rückentitel (li.).
die LÜBECKER MUSEEN, Museum Behnhaus Drägerhaus, S. 95.
http://de.academic.ru/pictures/dewiki/82/Rheinbund_1812.png 15. Mai 2015 16.27 Uhr, S. 142.
Aus: König Lustik!? Jérôme Bonaparte und der Modellstaat Königreich Westphalen. München 2008 (= Kataloge der Museumslandschaft Hessen Kassel, Bd. 39), S. 137, 138.
Aus: Eik F. F.Reher: Elsfleth und der Schwarze Herzog. Oldenburg 1999, S. 153, 154.
Alle anderen Abbildungen Archiv der Autoren oder Archiv KWSBB

ISBN 978-3-932313-86-8

Inhaltsverzeichnis

Vorwort

Friedrich Wilhelm, »*er mußte siegen, ob er auch unterlag; denn er kämpfte einen begeisterten Kampf für die Zeit gegen die Zeit, einen Kampf für die Gegenwart und für die Zukunft*«. Mit diesen Worten leitete der Braunschweiger Historiker und Literat Louis Ferdinand Spehr (1811–1881) seine Biographie zu Herzog Friedrich Wilhelm von Braunschweig-Lüneburg-Oels (1771–1815) ein.* Für Spehr war der »*Schwarze Herzog*« ein zeitloser Kämpfer für die Zukunft, in der nicht der Einzelne zählte, sondern einzig das Land, das Heimat war und für dessen Wohlergehen und das seiner Bewohner der regierende Fürst Verantwortung trägt. Damit spricht in der Mitte des 19. Jahrhunderts der Autor die Ereignisse an, die Braunschweig im ersten Jahrzehnt seiner staatlichen Existenz beraubten, die schließlich durch den Kampf des Herzogs wiedergewonnen werden konnte und damit dem Land und den Menschen eine Zukunft ermöglichte. Es waren keine theorieorientierten Gedanken zu Grundsätzen, die einen »*guten Herzog*« ausmachten, sondern eher eine sehr persönliche Beurteilung einer unruhigen Phase der braunschweigischen Geschichte, in der für den Kampf gegen den Usurpator des Landes, Napoleon, der »*Herzog ohne Land*« zu einer identitätsstiftenden Symbolfigur für den Kampf um Befreiung und gegen Hegemonie im 19. Jahrhundert wurde. Daher wollte Spehr ein »*biographisches Denkmal*« dem von ihm verehrten Herzog setzen, dessen Einsatz dem Land Braunschweig wieder seine Selbständigkeit gebracht hatte. Ganz in diesem Sinne hatte man im nationalbewegten 19. Jahrhundert mit einem probraunschweigischen Patriotismus Friedrich Wilhelm nach dessen Tod am 16. Juni 1815 bei Quatre Bras in Liedern und Gedichten, mit Bildern und Denkmälern gehuldigt. Ein mit klaren Konturen gezeichnetes Fürstenbild war so entstanden und wurde überliefert. Doch je weiter die Zeit voranschreitet und je näher man den Quellen kommt, desto unklarer und verschwommener erscheint dieses Gemälde des 19. Jahrhunderts. Eine höchst ambivalente Persönlichkeit begegnet dann dem Betrachter, kein das unsichere Land ordnender Herzog, eher ein ungestümer Militär, kein großer strategisch denkender Feldherr in den napoleonischen Kriegen, aber doch ein tapferer Soldat, der nur einen Feind seines Landes sah: Napoleon (1769–1821). Zu dessen Nieder-

»Der Schwarze Herzog«

* Louis Ferdinand Spehr: Friedrich Wilhelm. Herzog von Braunschweig-Lüneburg-Oels. Ein biographisches Denkmal. Braunschweig 1847.

lage wollte er mit allen Mitteln beitragen und machte sich vor 200 Jahren mit braunschweigischen Soldaten »*auf den Weg nach Waterloo*«. Es gewinnt fast tragische Züge, daß er, der den größten Teil seines Lebens diesem Kampf geopfert hatte, das »*Waterloo*« seines Feindes Napoleon nicht mehr persönlich erleben konnte, sondern am Vorabend der wahrscheinlich berühmtesten Schlacht tödlich verwundet wurde, ohne zu ahnen, daß Quatre Bras der entscheidende Moment war, der den Alliierten und Preußen unter Wellington (1769–1852) und Blücher (1742–1819) den Weg zum Sieg über Napoleon eröffnet hatte.

Der Wiener Kongreß, Quatre Bras und Waterloo stehen in diesem Jahr im Mittelpunkt der historischen Erinnerung an das Geschehen vor 200 Jahren, mit dem die Weichen der Entwicklung Deutschlands und Europas entscheidend in die Moderne ausgerichtet wurden. In der braunschweigischen Landes- und der niedersächsischen Regionalgeschichte war mit diesem Weg der »*Schwarze Herzog*« eng verknüpft. Dessen 200. Todestag vom 16. Juni 1815 bot Anlaß, diesen Spuren zu folgen und eine die Erinnerung des 19. Jahrhunderts prägende Persönlichkeit der braunschweigischen Geschichte näher zu betrachten und in ihrer Zeit gegen die Zeit zu befragen.

Allen Autorinnen, Autoren und Redaktionsmitgliedern gilt ebenso unser herzlicher Dank für ihre Mitarbeit wie den beiden Stiftungen für ihre so wichtige Förderung sowie dem Verleger Heinrich Prinz von Hannover und dem MatrixMedia Verlag für die Aufnahme des Bandes in das Verlagsprogramm.

Gerd Biegel

»Auf dem Weg nach Waterloo«

Der Schwarze Herzog

Für Braunschweig gegen Napoleon

Gerd Biegel

Plakat der Französischen Revolution, 1789

Teil I – Die Epoche: Europa, Braunschweig und die Koalitionskriege

»Edler Freund! Wo öffnet sich dem Frieden,
Wo der Freiheit sich ein Zufluchtsort?
Das Jahrhundert ist im Sturm geschieden,
Und das neue öffnet sich mit Mord.
Und das Band der Länder ist gehoben,
Und die Grenzen aller Länder wanken,
Und die alten Formen stürzen ein,
Nicht das Weltmeer setzt der Kriegswut Schranken,
Nicht der Nilgott und der alte Rhein.
Zwo gewalt'ge Nationen ringen
Um der Welt alleinigen Besitz,
Aller Länder Freiheit zu verschlingen,
Schwingen sie den Dreizack und den Blitz.«[1]

Mit eindringlichen Versen beschreibt hier Friedrich Schiller (1759–1805) der europäischen Geschichte am Beginn des 19. Jahrhunderts. Es Zeiten, ausgelöst von den Unruhen in Frankreich, die sich 1789 Revolution entluden, bald den gesamten Kontinent erfaßten Vorherrschaft zwischen Frankreich und England globale Auswirkungen gewannen. Neben den innenpolitischen Veränderungen hatten die Aufständischen der Revolution in Paris noch nicht das Ziel, die Monarchie abzuschaffen, sondern dem Land in Europa wieder zu nationaler Größe zu verhelfen. Erst mit der Schwäche der bourbonischen Außenpolitik und dem Versagen des Adels schlug die Stimmung der Reformer um, und die Nationalversammlung hob Anfang August sämtliche Feudalprivilegien auf. Ende des Monats folgte die *»Erklärung der Menschen- und Bürgerrechte«*. Im Juni 1790 schaffte man offiziell den Adel ab, kurze Zeit später wurde durch die Zivilverfassung der Klerus dem Staat unterstellt. Die hohen Wogen der revolutionären Veränderungen, die 1789 und 1790 das französische Staatssystem radikal veränderten, sollten *»in der Geschichte der Menschheit eine neue Epoche machen«* und schließlich *»nicht ohne große segensreiche Folgen für die gesamte Menschheit in allen fünf Erdteilen bleiben«*, wie dies der Braunschweiger Philanthrop und Aufklärer Joachim Heinrich Campe (1746–1818) bereits am 29. Juli 1789 in einem seiner Briefe aus Paris schrieb.[2]

---

1 Schiller, Friedrich: Werke und Briefe, hg. von Georg Kurscheidt. Bd. 1, Frankfurt a. M. 1992, S. 189–190. Dieses Gedicht wurde von Schiller 1801 verfaßt und erstmals im Taschenbuch für Damen auf das Jahr 1802, Freiburg 1802, S. 167 f., veröffentlicht.

2 Joachim Heinrich Campe: Briefe aus Paris während der Revolution geschrieben, hg. von Helmut König. Berlin 1961, S. 108f.; Jörn Garber: Joachim Heinrich Campes Reisen in die „Hauptstadt der Menschheit" (1789/1802), in: Visionäre Lebensklugheit. Joachim Heinrich Campe in seiner Zeit (1746–1818), hg. von Hanno Schmitt und Gerd Biegel (= Ausstellungskataloge der Herzog August Bibliothek Nr. 74). Wiesbaden 1996, S. 225–245.

Der Sturm auf die Bastille am 14. Juli 1789

Campe, der bereits im Juli 1789 mit seinem ehemaligen Schüler Wilhelm von Humboldt (1767–1835) nach Paris gereist war, um *»den rührenden Sieg der Menschheit über den Despotismus anzusehen und ihn feiern zu helfen«*,[3] erkannte zu einem frühen Zeitpunkt die transnationale, ja sogar globale Bedeutung des revolutionären Geschehens. Zu dieser Zeit war bei den europäischen Großmächten noch keinerlei Beunruhigung zu spüren, glaubte man doch an ein überwiegend innerfranzösisches Geschehen, bei dem es um die Realisierung einer aufgeklärten Regierungsweise gehe, die nicht etwa grundsätzlich die monarchische Autorität insgesamt in Frage stelle.[4] In diesem Sinne urteilte auch Campe, noch ganz den Idealen der Aufklärung verhaftet, am 26. August 1789: *»Hier ist ein Volk, so aufgeklärt, so edel und mild, als es je eins gegeben hat; ein König, so sanft, so lenksam und ehrgeitzlos, als je einer gewesen ist; [...]und, was das beste ist, diese drei Hauptfiguren in dem großen interessanten Gemählde– Volk, König, Nationalversammlung – umschlingen sich in schönster Harmonie und gehen Hand in Hand gelegt, dem erhabenen Ziel zu«.*[5]

Wie die Reformer in Frankreich und die Regierungen der europäischen Großmächte, hatte Campe keinerlei Zweifel daran, daß die Monarchie, wenn auch als konstitutionelle, ein selbstverständlicher Bestandteil des Staates bleiben mußte. Seine Begeisterung mündete in einer kosmopolitischen Utopie, wie sie nicht zuletzt bereits Thomas Morus (1467–1535) vorschwebte: *»Wir werden zum erstenmal ein großes Reich sehen, worin das Eigenthum eines Jeden heilig, die Person eines Jeden unverletzlich, die Gedanken zollfrei, das Glauben ungestempelt, die Äußerungen desselben durch Worte, Schriften und Handlungen völlig frei und keinem menschlichen Richterspruch unterworfen seyn wird; ein Reich, worin keine privilegierten, keine gebohrne Volksbedrücker, keine Aristokratie, als die der Talente und der Tugenden, keine Hierarchie und kein Despotismus mehr Statt finden, wo vielmehr Alle gleich, Alle zu allen Aemtern, wozu ihre Verdienste sie fähig machen, fähig seyn und nur Kenntnisse, Geschicklichkeiten und Tugenden einen Vorzug geben werden; ein Reich, wo Recht und Gerechtigkeit für Alle auf gleiche Weise*

---

3 Ebd., S. 63.

4 Brendan Simms: Kampf um Vorherrschaft. Eine deutsche Geschichte Europas 1453 bis heute. München 2014, S. 211 ff. Johannes Willms: Tugend und Terror. Geschichte der Französischen Revolution. München 2014, S. 190 ff.

5 Campe: Briefe (wie Anm. 2), S. 275.

und ohne alles Ansehn der Person werden verwaltet, [...]also Jeder, auch der armseligste Landmann, Mitregent und Mitgesetzgeber seines Vaterlandes sein wird.« Und: *»Zuvörderst werden nun alle Völker der Erde ein Muster von der Staatsverfassung bekommen, wie es bisher noch keine gab.«*[6]

Daher blieb es mit den eher zurückhaltenden Einschätzungen der Großmächte über das Geschehen in Frankreich relativ ruhig in Europa, ein Kennzeichen für die erste Phase der Revolution mit ihrem Kampf um bürgerliche Freiheitsrechte und für eine konstitutionelle Monarchie zwischen 1789 und 1791. Skeptische Stimmen waren deutlich in der Minderheit, wie etwa Edmund Burke in seinen 1790 veröffentlichten *»Betrachtungen über die Französische Revolution«*, der von einer *»Revolution in Sitten, Meinungen und moralischen«* sprach und für die Zukunft fürchtete *»als winkte uns eine fürchterliche Krise nicht für die Angelegenheiten von Europa, und vielleicht von mehr als Europa.«*[7] Trotz aller Euphorie, ähnlich vorsichtig urteilte Campe in dem Gefühl, daß die Revolution eine Frühgeburt sei und daß den neuen Gesetzgebern noch keine Zeit blieb, die notwendigen Voraussetzungen zu schaffen, auf denen die Zukunft hätte aufgebaut werden können. *»Dann würde Frankreich schon jetzt das glückliche und beneidenswürdige Land seyn, was es früher oder später, vermutlich erst nach mancher Zerrüttung, am Ende, will's Gott! werden wird.«*[8]

Es sollten sich diese Befürchtungen sehr bald bestätigen und Campe ging im Dezember 1792 in einer Schrift *»An meine Mitbürger«* deutlich auf Distanz und kritisierte heftig die sich radikalisierenden Verhältnisse in Frankreich. Er wies darauf hin, daß sein Enthusiasmus lediglich jener ersten Zeit der Bewegung gegolten habe, als das durch Parteigeist noch nicht verwilderte französische Volk mitten in einer gänzlichen Auflösung aller gesetzlichen Bande sich auf einer seltenen Höhe der Gerechtigkeit und Ordnungsliebe gezeigt habe; die spätere Entwicklung sei wie eine bittere Träne des Unmuts gewesen, *»daß eine Sache, die in ihrem Anfange so gerecht, in ihren Folgen so viel versprechend für die Erhebung des ganzen Menschengeschlechts auf eine höhere Stufe der Ausbildung, der Sittlichkeit und der Wohlfahrt zu seyn schien, vielleicht durch eine Handvoll herrschsüchtiger, blutgieriger, schändlicher Ränkemacher wieder rückgängig, wo nicht gar zu einem Fluche für die gesamte Menschheit gemacht werden sollte.«*[9]

---

6 Joachim Heinrich Campe: Briefe aus Paris zur Zeit der Revolution geschrieben. Braunschweig 1790. Reprographischer Nachdruck dieser Ausgabe mit Erläuterungen und einem Nachwort, hg. von Hans-Wolf Jäger. Hildesheim 1977, S. 276–278.

7 Burke, Edmund: Betrachtungen über die Französische Revolution, in: Edmund Burke und Friedrich Gentz: Über die Französische Revolution. Betrachtungen und Abhandlungen, hg. von Hermann Klenner. Berlin 1991, S. 158.

8 Campe: Briefe (wie Anm. 6), S. 246.

9 Campe: Briefe (wie Anm. 6), S. 59.

Am Beginn der Revolutionskriege 1792

In Preußen, ebenso wie in Braunschweig, verfolgte man vor dem geschilderten Hintergrund die Ereignisse in Paris durchaus mit einer gewissen Sympathie, sah man die Forderungen der Reformer doch im Einklang mit der Aufklärung, und man wahrte eine eher kritische Distanz zur despotischen und unfähigen Herrschaft der Bourbonen in Frankreich. Zugleich hoffte man im eigenen politischen Interesse in Berlin, daß die neue *»revolutionäre«* Regierung in Paris die bisherige Allianz mit Österreich beenden werde. Diese Erwartung gründete nicht zuletzt auf der Tatsache, daß die Königin Marie Antoinette (1755–1793) bei den Revolutionären äußerst unbeliebt war und sogar verdächtigt wurde, durch ihre Agitation die Österreicher veranlassen zu können, in die inneren Angelegenheiten Frankreichs zugunsten der alten Bourbonenherrschaft einzugreifen. Damit verfolgte Preußen das strategische Ziel, Österreichs Machtposition im Reich zu schwächen.[10] Ein anderer Punkt in diesem Kampf zwischen Preußen und Österreich, der zunächst ebenfalls von einer spürbaren Reaktion der Großmächte auf die Ereignisse in Frankreich ablenkte, richtet den Blick auf das Osmanische Reich. Seit 1788 führte der Kaiser einen Krieg gegen die Türken, und Preußen sah die Gefahr, daß Österreich mit territorialen Zugewinnen auf dem Balkan ein deutliches Übergewicht gegenüber Preußen erringen könnte. Während dieser Kämpfe gegen die Türken brachen in mehreren Gebieten des Habsburgerreiches Unruhen aus. Preußen nutzte die Gelegenheit, um diese Unruhen zu seinen Gunsten zu instrumentalisieren. Mehr oder weniger offen unterstützte man die Aufständischen, wie etwa in Lüttich, schreckte aber auch vor einem Offensivbündnis mit dem Osmanischen Reich nicht zurück.[11] Der preußische Gesandte im Hochstift Lüttich, Christian Wilhelm von Dohm (1751–1820), gehörte zum Kreis der aufgeklärten, liberalen Politiker Preußens. Er stand der Bischofsherrschaft in Lüttich kritisch gegenüber und unterstützte die Ziele der Aufständischen, eine progressive konstitutionelle Neuordnung im Hochstift zu etablieren. Berlin ließ ihm dabei zunächst freie Hand, lag das Lütticher Land doch mitten im Gebiet der österreichischen Niederlande (Belgien) und konnte als Katalysator für Unruhen in den Nachbargebieten wirken.[12] Das Interesse der Großmacht Großbritannien dagegen war zu diesem Zeitpunkt ganz auf die überseeische Kolonialpolitik gerichtet, in deren Mittelpunkt die auch im Parlament diskutierte Sklavenfrage ebenso stand, wie Sklavenunruhen in der Karibik, die drohten sich auf Nordamerika auszuweiten. Großbritannien, ebenso wie Spanien, waren davon unmittelbar ökonomisch betroffen, weshalb Brendan Simms völlig zutreffend feststellt: *»Der Zusammenhang zwischen Sklaverei und internationa-*

[10] Christopher Clark: Preußen. Aufstieg und Niedergang 1600–1947. München 2008, S. 334; Simms: Vorherrschaft (wie Anm. 4), S. 208.

[11] Simms: Vorherrschaft (wie Anm. 4), S. 212; Clark: Preußen (wie Anm. 10), S. 334.

[12] Heike Wüller: Systemkrise als Handlungschance. Christian Wilhelm von Dohm und die Lütticher Revolution von 1789. Berlin 2004.

lem Gleichgewicht war also sehr eng.«[13] Diese geostrategische Gemengelage erklärt die Tatsache, daß in dieser Phase der Französischen Revolution das politische Interesse der europäischen Großmächte weniger auf das revolutionäre Frankreich gerichtet war. Großbritannien sah sich in einen globalen Konflikt verstrickt, Preußen und Österreich dagegen steuerten auf einen europäischen Krieg zu. Diese politische Interessenlage erfuhr schließlich zwei grundlegende Veränderungen, die urplötzlich die Situation in Frankreich in das Zentrum der Entwicklung rückten. Am 20. Februar 1790 verstarb in Wien Kaiser Joseph II. (1741–1790) und unter seinem Nachfolger Leopold II. (1747–1792) kam es zu einer Verständigung mit Preußen. In der Abwägung möglicher Expansionsgewinne im osmanischen Territorium auf dem Balkan gegenüber der innenpolitischen Gefährdung seiner habsburgischen Erblande ergriff der eher besonnen agierende Leopold II. die Initiative zu einem Ausgleich mit Preußen, und es kam am 27. Juli 1790 zur Konvention von Reichenbach. Nach heftigen Diskussionen einigten sich darin Preußen und Österreich, gegenseitige kriegerische Unternehmungen zu vermeiden, vorausgesetzt, Österreich beendete den (sowieso kostenträchtigen) Krieg mit dem Osmanischen Reich ohne Annexionen. Im Gegenzug sagten die Preußen zu, de facto auf Thorn und Danzig zu verzichten sowie alle Unterstützungen der regionalen Aufstände gegen die Habsburger zukünftig zu unterlassen. Der Konvention von Reichenbach kam mit Blick auf die geopolitische Lage in Europa eine weitaus größere Bedeutung zu als dies auf den ersten Blick erkennbar war. Neben der Tatsache, daß der seit der Besetzung Schlesiens 1740 andauernde preußisch-österreichische Konflikt vorläufig ein Ende gefunden hatte, konnten nun Preußen und Österreich ihre gemeinsamen Kräfte auf die französische Frage richten. Statt weiterhin wohlwollend die Revolution in Paris zu begleiten oder gar mit Frankreich ein Bündnis gegen Österreich zu initiieren, änderte Friedrich Wilhelm II. (1744–1799) nun seinen politischen Kurs hin zu einer gemeinsam mit Leopold II. forcierten Kriegspolitik gegen das scheinbar im Chaos versunkene revolutionäre Frankreich. Ein zeitnaher Brief des Grafen von Mirabeau (1749–1791) an den Professor am Braunschweiger Collegium Carolinum, Jakob Mauvillon (1740–1814) bestätigt diese Einschätzung, wenn er meint, *»die grenzenlose Pfuscherei, das erschreckende Durcheinander der Regierung haben die Revolution ins Treibhaus gesetzt.«*[14]

Hatten sich die strategischen Ausrichtungen und Bündnissysteme der europäischen Großmächte also neu justiert und deutlich antifranzösisch orientiert, so erfolgte zeitgleich eine radikale Neuorientierung der französischen Gesamtstrategie. Die Nationalversammlung brachte trotz vielfältiger innenpolitischer Auseinandersetzungen und Krisen ihr Verfassungswerk zu einem förmlichen Abschluß, dem am 14. September 1791 der König feierlich zustimmte. Damit schien ein Endpunkt erreicht und

---

[13] Simms: Vorherrschaft (wie Anm. 4), S. 213.

[14] Wolfgang Lautemann: Geschichte in Quellen. Amerikanische und Französische Revolution. München 1981, S. 240.

die Abgeordneten erklärten die Revolution für beendet. Diese Aussage wurde in den folgenden Jahren noch öfter gemacht, doch stets ohne der Realität des Geschehens auch nur andeutungsweise zu entsprechen. Die zunehmende Krise im Inneren lenkte nun den Blick der Revolutionäre verstärkt auf die Außenpolitik. Alle Parteien, der König ebenso wie die sich radikalisierenden Girondisten, erhofften durch einen militärischen Konflikt gegen äußere Feinde eine Lösung zu ihren Gunsten im Inneren. Ludwig XVI. (1754–1793) spekulierte dabei auf einen Zusammenbruch der scheinbar desorganisierten Revolutionsarmee und mit Unterstützung seiner europäischen Herrscherkollegen auf den Wiedergewinn seiner vorrevolutionären Machtfülle. Seine innenpolitischen Gegner erwarteten dagegen eine zunehmende Radikalisierung von Politik und Bevölkerung und damit eine Ausweitung ihrer eigenen Machtfülle im Kampf gegen den König. Der gleichzeitige außenpolitische Strategiewechsel des revolutionären Frankreichs mit dem Ziel hin zur Sicherung der *»natürlichen Grenzen«* bedeutete schließlich eine expansive Eroberungspolitik in Richtung österreichische Niederlande und dem Rhein und damit hin zur direkten Konfrontation mit den Großmächten Preußen und Österreich sowie dem Reich und dessen grenznahen Kleinstaaten, die teilweise noch über Besitze jenseits des Rheins auf französischem Territorium verfügten. Letztlich Auslöser für die radikale Neuausrichtung der französischen Gesamtstrategie wurden die Aktivitäten der französischen Emigranten.[15] Zentrum und wichtigster Sammelpunkt war Koblenz und aus Sicht der Revolutionäre verbarg sich hier die größte Gefahr, vor allem, wenn es den Emigranten gelingen sollte, die Großmächte und den Bruder der französischen Königin Marie Antoinette, Kaiser Leopold II., für ihre Interessen, der Wiederherstellung der alten Ordnung, zu gewinnen. In der Nationalversammlung wurden diese Vorgänge, einem *»Herd der Konterrevolution«*[16] sorgsam und besorgt verfolgt und die Aktivitäten als *»Attentat auf das Völkerrecht und eine handgreifliche Verletzung der Reichsgesetze«* gebrandmarkt. Man forderte daher die Reichsfürsten in einem Dekret vom 22. November 1791 auf, *»die auf ihrem Territorium entstandenen Ansammlungen aufzulösen und die dort vorgenommenen Anwerbungen zu unterbinden.«*[17] Die akute Gefahr für die Revolution schien durch die Annäherung zwischen Preußen und Österreich in greifbare Nähe gerückt.

Ganz unterschiedliche Kräfte, Interessen und Erwartungen wirkten auf die weitere Entwicklung ebenso ein, wie Fehleinschätzungen der geopolitischen Lage insgesamt. Mit dem gescheiterten Fluchtversuch der französischen Königsfamilie vom Juni 1791 setzte schließlich eine deutliche Reaktion der europäischen Höfe ein, angetrieben durch die interessengeleitete Informationspolitik der Emigranten. Erstes konkretes Ergebnis vor dem Hintergrund der Wiederannäherung von Preußen und Österreich war die Pillnitzer Deklaration vom 27. August 1791. Der Kaiser des Heiligen Römi-

---

[15] Simms: Vorherrschaft (wie Anm. 4), S. 214.

[16] Lautemann: Quellen (wie Anm. 14), S. 279.

[17] Ebd., S. 280.

schen Reiches, Leopold II., und der preußische König Friedrich Wilhelm II. erklärten darin das Schicksal des französischen Königs als *»ein gemeinschaftliches Interesse für alle Könige Europas«*. Sie forderten als gemeinschaftliches Ziel, daß König Ludwig XVI. in den Stand versetzt werden soll, *»in größter Freiheit die Grundlagen eines monarchischen Regiments zu festigen, die gleichermaßen den Rechten der Souveräne und dem Wohle der französischen Nation entsprechen«*. Die Deklaration mündete in der Feststellung, daß Kaiser und König *»sofort mit den notwendigen Hilfsmitteln«*, d.h. Truppen, handeln, *»um gemeinsam den erstrebten Zweck zu erreichen«*[18]. So wenig konkret die Formulierungen auch waren, sie ließen an einer konterrevolutionären Solidarität der Monarchen[19] keinen Zweifel und wurden in Frankreich als eindeutige Kriegserklärung gegen die Revolution verstanden.

Der Erste Koalitionskrieg 1792 – 1797

Damit förderte die Deklaration in Frankreich die Radikalisierung, und die Verfechter einer auf Krieg gerichteten Politik, die Girondisten um Jean-Jacques Brissot (1754–1793), gewannen zunehmend an Einfluß. Es entwickelte sich ein starker nationalistischer Patriotismus, und man steigerte sich in eine wahre Kriegseuphorie. Der Krieg wurde nun als notwendig erachtet, um zugleich innenpolitisch die Feinde der Revolution zu beseitigen, die antirevolutionären Aktivitäten der französischen Emigranten (etwa in Koblenz) zu beenden und die Revolution auszuweiten, die man inzwischen als eine paneuropäische Revolution definierte. *»Tatsächlich wurde der Krieg zum Instrument, die innenpolitischen Gegner auszuschalten und die Revolution unter Hinweis auf die Kriegslage mit dem Schlagwort ›La patrie en danger!‹ weiterzutreiben, sie ständig zu radikalisieren.«*[20] Es war vor allem der Girondist Jacques Pierre Brissot, der in einer lang anhaltenden Campagne den Krieg forderte, wie er am 16. Dezember 1791 bereits öffentlich darlegte, daß *»für ein Volk, das nach tausend Jahren Sklaverei die Freiheit erobert hat, der Krieg ein Bedürfnis ist. Der Krieg ist notwendig, um die Freiheit zu befestigen; er ist notwendig, um sie von Lastern des Despotismus zu reinigen; er ist notwendig, um die Männer zu entfernen, welche sie vergiften könnten«*.[21]

Vor diesem Hintergrund schlossen Preußen und Österreich am 7. Februar 1792 eine Allianz. Schon in den der Pillnitzer Deklaration angefügten Geheimartikeln wurde deutlich, daß sich an der Dominanz territorialer Erwerbspläne entsprechend gewohnter Machtpolitik nichts geändert hatte. Sowohl Austausch gegenwärtiger als auch zukünftiger Eroberungen waren darin einander ebenso zugesichert, wie die Unter-

---

[18] Ebd., S. 266.

[19] Clark: Preußen (wie Anm. 10), S. 336.

[20] Horst Möller: Fürstenstaat oder Bürgernation, Deutschland 1763–1815. Berlin 1989, S. 540.

[21] Zitiert nach ebd., S. 540; siehe dazu detailreich Willms: Revolution (wie Anm. 3), S. 280 ff.

stützung des Kaisers gegenüber Rußland und Polen, um endgültig die Städte Danzig und Thorn für Preußen zu sichern. Diese Ziele setzten sich im Bündnis vom 7. Februar 1792 fort, als man sich über die Gebietsarrondierungen am Rhein nach der Eroberung des Elsaß verständigte. So war zu diesem Zeitpunkt alles andere als ein von antirevolutionärer Ideologie bestimmter Krieg in Aussicht, selbst die Frage einer tatsächlichen Invasion in Frankreich blieb unklar. Frankreich aber, seit dem Siebenjährigen Krieg strategischer Bündnispartner Österreichs, geriet plötzlich in völlige Isolation, da es sich zeitgleich ja wegen der kolonialen Fragen im globalen Konflikt mit Großbritannien befand.[22] In dieser Situation und getrieben von der durch die Girondisten ausgelösten Kriegseuphorie ging Frankreich in die Offensive, stellte im Januar 1792 ein Ultimatum an Österreich und erklärte schließlich am 20. April 1792 Österreich den Krieg. Zeitgleich zu den Abstimmungen zwischen Preußen und Österreich im Februar 1792 fand in Braunschweig eine die Ereignisse betreffende Unterredung statt, die – wenn überhaupt – eher am Rande bzw. anekdotisch Erwähnung findet, in unserem regionalgeschichtlichen Zusammenhang aber kurz dargestellt werden soll.

Carl Wilhelm Ferdinand

Ganz im Sinne der Kriegsreden Brissots hatte am 11. Januar 1792 Maximilian Robespierre (1758–1794) seine Landsleute aufgerufen: *»Franzosen! Männer des 14. Juli, die ihr die Freiheit ohne Führer und Herren zu erobern wußtet, kommt, laßt uns diese Armee bilden, welche das Weltall befreien soll.«*[23] Welche Armee aber sollte es sein, wer sollte sie organisieren und gegen die zu erwartende Übermacht des absolutistischen »*Sklavenheeres*« führen? So eigenartig es klingt, man sah in Frankreich die Lösung in der Person des Herzogs Carl Wilhelm Ferdinand von Braunschweig (1735–1806), der als einer der bedeutendsten Feldherrn des 18. Jahrhunderts galt, und den man als aufgeschlossen gegenüber den Zielen der Französischen Revolution einschätzte. Aus dieser Idee des französischen Kriegsministers Louis Narbonne (1755–1813) wurde schließlich Anfang Januar 1792 eine diplomatische Mission des 23jährigen Louis Philippe François Custine, Sohn des Generals Adam–Philippe de Custine (1740–1793), nach Braunschweig gesandt. Custine war ein Freund Narbonnes und Bewunderer der Madame de Staël (1766–1817), in deren Pariser Salon erstmals dieser Plan im Kreise der Feuillants dis-

[22] Michael Hochedlinge: »La cause de tous les maux de la France.« Die ‚Austrophobie' im revolutionären Frankreich und der Sturz des Königtums 1789–1792, in: Francia 24/2 (1997), S. 73–120.

[23] Zitiert nach Möller: Fürstenstaat (wie Anm. 20), S. 540.

kutiert worden sein soll. Dies ist insofern von Interesse, als dieser Kreis sogar beschuldigt wurde, dem Herzog von Braunschweig im Gegenzug den Thron von Frankreich in Aussicht zu stellen.[24] Noch am 1. und 2. September 1792 habe Robespierre jene große Verschwörung aufgezeigt, die das Ziel gehabt habe, dem Herzog von Braunschweig den Thron von Frankreich anzubieten.[25] Auch in weiteren Zeugnissen der Zeit, so in einem Brief des Abgeordneten Georges Couthon an die Wähler von Puy de Dôme und in den Memoiren von Lafayette tauchte dieser Gedanke auf. Es sei dahingestellt, inwieweit diese Vorstellung propagandistischen Maßnahmen gegen den späteren Oberbefehlshaber des Koalitionsheeres entsprungen war oder nicht. Fest steht, daß weder die Idee selbst noch die drängenden Aufforderungen Custines den Herzog Carl Wilhelm Ferdinand für die Zwecke des Revolutionsheeres gewinnen konnten. Der Herzog zeigte sich bei den Verhandlungen mit Custine – nach dessen Meinung – zögerlich und unentschlossen.[26] Diese Entwicklung kann man tragisch nennen, insbesondere vor dem Hintergrund des weiteren Geschehens.[27]

Gemäß den österreichisch-preußischen Bündnisvereinbarungen trat Preußen am 13. Juni 1792 in den Krieg gegen Frankreich ein. Zeitgleich mit dem von Koblenz aus beginnenden Vormarsch der verbündeten Truppen gab der Oberbefehlshaber der Koalitionstruppen, der braunschweigische Herzog Carl Wilhelm Ferdinand, das sog. Manifest von Koblenz heraus. Es war dies ein überwiegend von französischen Emigranten verfaßtes Dokument.[28] Ausgehend von dem unrechtmäßigen Verlust der *»Rechte und Besitzungen der deutschen Fürsten im Elsaß und in Lothringen«*

---

24 Jules Michelet: Geschichte der französischen Revolution. 7 Bände. Wien/Hamburg 1929. Band 3, S. 27 und S. 76; zum Salon der Madame de Staël und ihrer Bedeutung für die Französische Revolution: Ebd. Band 2, S. 312–334. Robespierre hielt es nach Michelets Ansicht für sehr wahrscheinlich, »daß ein tiefes Einverständnis, ein festes Komplott besteht zwischen dem Hof einerseits und den Feuillants, Staël, Narbonne und Lafayette andererseits« (S. 320); Gerd Biegel: 6. Februar 1794. Rückkehr von Herzog Carl Wilhelm Ferdinand aus Frankreich und die Geschichte von Braunschweigs Stiftung. Braunschweig 1994 (= Veröffentlichungen des Braunschweigischen Landesmuseums 74).

25 Ebd. Band 3, S. 46 f.; Roger Dufraisse: Valmy, une bataille, une légende, une énigme, in: Francia 17/2 (1990), S. 95–118.

26 Selma Stern: Karl Wilhelm Ferdinand. Herzog zu Braunschweig und Lüneburg. Hildesheim und Leipzig 1921 (= Veröffentlichungen der Historischen Kommission für Hannover, Oldenburg, Braunschweig, Schaumburg-Lippe und Bremen), S. 188 f. beschreibt diese Begegnung: »Entsprechend zweifelnd über seinen Erfolg der Mission klangen in der Folge die Berichte Custines nach Paris. Und noch während der Verhandlungen, am 13. Februar 1792, wurde Herzog Carl Wilhelm Ferdinand nach Potsdam berufen, um im Auftrag des Königs von Preußen den Oberbefehl über das Koalitionsheer gegen das revolutionäre Frankreich zu übernehmen. Vom Verhandlungspartner der Revolution zum Führer gegen die Revolution.«

27 Ebd., S. 189.

28 Zur Diskussion der Urheberschaft siehe Biegel: 6. Februar 1794 (wie Anm. 24), S. 75 ff.; Franz Dumont: Deutschland und die Französische Revolution 1789/1989. Stuttgart 1989, S. 67; Goethe in Trier und Luxemburg – 200 Jahre Campagne in Frankreich 1792. Katalog der Ausstellung der Stadtbibliothek Trier, der Nationalbibliothek Luxemburg und der Stiftung Weimarer Klassik. Trier/Luxemburg 1992, S. 367; Bernhard Struck/Claire Gantet: Revolution, Krieg und Verflechtung 1789–1815. Darmstadt 2008, S. 73.

wurde angekündigt, *»der Gesetzlosigkeit im Innern Frankreichs ein Ende zu machen, die Angriffe auf Thron und Altar aufzuhalten, die gesetzliche Gewalt wieder aufzurichten, dem König seine Freiheit und Sicherheit wieder zu erstatten und ihn in den Stand zu setzen, die gesetzmäßig ihm zukommende Gewalt auszuüben.«*[29] Wenig glaubhaft verkündete das Manifest zu Beginn die hehren Ziele der verbündeten Höfe von Wien und Paris, daß sie mit ihrem Krieg *»nur das Heil Frankreichs beabsichtigen, aber keineswegs sich durch Eroberungen bereichern wollen«*. Am Ende wurde die Drohung klar und deutlich: *»Ihre Majestäten erklären ferner auf Ihr kaiserliches und königliches Ehrenwort, daß, wenn das Schloß der Tuilerien gestürmt oder sonst verletzt, wenn die mindeste Beleidigung dem Könige, der Königin und der ganzen königlichen Familie zugefügt, nicht unmittelbar für ihre Sicherheit, ihr Leben und ihre Freiheit gesorgt wird, sie eine beispiellose und für alle Zeiten denkwürdige Rache nehmen und die Stadt Paris einer militärischen Exekution und einem gänzlichen Ruine preisgeben, die Verbrecher selbst aber dem verdienten Tode überliefern werden.«*[30]

Ludwig XVI. und seine Familie

Diese Androhung einer militärisch geführten Gegenrevolution heizte die Stimmung in Paris weiter an. Schon am 11. Juli hatte man, angesichts des drohenden Vormarschs der Alliierten den Verdacht, der König kooperiere mit den Emigranten und den ausländischen Mächten, um seine alte Macht wieder zu erlangen, in der Nationalversammlung den allgemeinen Notstand (*»la patrie en danger«*) ausgerufen.[31] Nach Bekanntwerden des Koblenzer Manifestes sah man sich allgemein in der Einschätzung der Gefahr bestätigt und es kam zu einer weiteren Radikalisierung der Revolution sowie zu einem Erstarken des revolutionären Patriotismus in Frankreich: *»Der Oberbefehlshaber der feindlichen Heere autorisierte die Gironde endlich, den ideologischen Krieg zu führen, den sie seit Herbst 1791 offen angestrebt hatte«*[32]. Ähnlich hatte dies bereits Jules Michelet gewertet: *»Der Antrieb kam aus dem Ausland selbst, von seinen unverschämten Drohungen. Ihm danken wir diese wundervolle Gewalt eines nationalen Zornes, aus dem die Befreiung hervorging«*.[33] Innenpolitisch setzte mit diesen

[29] Lautemann: Quellen (wie Anm. 14), S. 304 – 306.

[30] Lautemann: Quellen (wie Anm. 14), S. 305.

[31] Struck/Gantet: Geschichte (wie Anm. 28), S. 73.

[32] Möller: Fürstenstaat (wie Anm. 20), S. 545.

[33] Michelet: Revolution (wie Anm. 24), S. 419.

Ereignissen jene fast unkontrollierbare Radikalisierung der Revolution ein, die mit Absetzung und Hinrichtung von Ludwig XVI. und dem Ende der Monarchie in Frankreich ebenso erschreckende Folgen zeitigte, wie mit dem Aufstand am 10. August und den Septembermassakern 1792, denen etwa 1300 vermeintliche Gegner der Revolution in den Gefängnissen zum Opfer fielen,[34] blutige Signale setzte. Außenpolitisch bedeutete diese Entwicklung den Beginn einer zwei Jahrzehnte umfassenden Phase kriegerischer Ereignisse, die zunächst den Aufstieg des Generals Napoleon (1769–1821), dann eine weitgehende Vormachtstellung über Europa und am Ende die totale Niederlage Frankreichs mit sich brachte. Aus der Revolution von 1789 im Inneren war eine *»Sendungsidee«* der Franzosen erwachsen, auch den Nachbarn auf dem Kontinent die Ideale von *»Freiheit, Gleichheit, Brüderlichkeit«* zu erschließen. Noch waren dies auch die Motive, die die aus der *»levée en masse«* entstandenen Großheere Frankreichs beflügelten und einer der Gründe der militärischen Erfolge wurde, obwohl sich noch im Sommer 1792 die französischen Armeen eher in einem Zustand der Auflösung befanden.[35] Spätestens unter Napoleon aber war das einstige Sendungsbewußtsein nur noch ein kläglicher Verhüllungsversuch für eine rücksichtslose Expansionspolitik, die schließlich bei den Betroffenen und Gegnern – vor allem den deutschen Ländern mit Führung Preußens – zunehmend auf einen mit nationalem Impetus gespeisten Widerstand stieß.

Die Kanonade von Valmy, September 1792

Als die deutsch-österreichische Invasionsarmee am 19. August 1792 die Grenze nach Frankreich überschritt, begleitet von einer kleinen Emigrantenarmee unter Führung des Bruders von Ludwig XVI., des Grafen von Artois, schien sehr schnell nach Erfolgen bei Longwy (23. August) und Verdun (2. September) der Weg nach Paris frei und der Erfolg sicher zu sein. Die Französischen Revolutionskriege oder auch Koalitionskriege hatten ihren Anfang genommen und sollten letztlich erst 1813 bei Leipzig bzw. 1815 bei Waterloo enden. Der Feldzug der Alliierten endete im Chaos. Nach der Kanonade von Valmy am 20. September 1792 war klar, daß der Widerstand der Fran-

34 Willms Revolution (wie Anm. 4), S. 336 f.

35 Struck/Gantet: Geschichte (wie Anm. 28), S. 75.

zosen heftiger und wirkungsvoller ausfiel, als ursprünglich erwartet, und die Koalitionstruppen zogen sich zurück. Angesichts dieser Ereignisse formulierte im Rückblick Goethe in seiner »*Campagne in Frankreich*«: »*Von hier und heute geht eine neue Epoche der Weltgeschichte aus, und ihr könnt sagen, ihr seid dabei gewesen*«.[36]

Es war tatsächlich ein Wendepunkt. Frankreich rückte zwischen September und November 1792 in die österreichischen Niederlande vor, besetzte auch Piemont, Savoyen und Nizza und erreichte schließlich den Rhein, wo Ende Oktober Mainz besetzt werden konnte. Damit waren die hehren Ziele der Verfassung von 1791 einem geopolitischen Strategiewechsel geopfert, bei dem mit Blick auf den Angriff gegen die österreichischen Niederlande auch nicht mehr vom Interesse »*natürlicher Grenzen*« die Rede sein konnte. Neben die weltanschauliche Perspektive der Revolution war endgültig eine strategische getreten.[37] Noch in der Kriegserklärung hatte die Nationalversammlung den Grundsatz formuliert, daß die französische Nation »*keinen Angriffskrieg mit der Absicht von Eroberungen zu führen gedenkt und niemals ihre Macht gegen die Freiheit irgendeines Volkes verwenden wird*«[38]. Aber schon am 19. November 1792 änderte der Nationalkonvent die außenpolitische Richtung und beschloß, »*daß er allen Völkern, die ihre Freiheit wiedererlangen wollen, Unterstützung und Brüderlichkeit bewilligt*« und auch militärische Hilfe zur Verfügung stellen werde.[39] Mit dieser Neuorientierung waren die Konflikte der Folgezeit vorprogrammiert, die sich schließlich im Kriegseintritt Großbritanniens und Spaniens niederschlugen, nachdem die Revolutionstruppen Richtung österreichische Niederlande (Belgien) marschierten und auch die Grenzen zum westlichen Rheinland überschritten. Mit der Überschreitung fremder Grenzen wechselte der revolutionäre Befreiungskrieg der europäischen Völker gegen die tyrannischen Herrscher zu einem mit nationalen Interessen verbundenen Eroberungskrieg und forderte die europäischen Großmächte zur gemeinsamen Reaktion heraus. Die Antwort auf die so bestehende Bedrohung von außen gab Frankreich mit der Massenmobilisierung, der »*Levée en masse*«, und dem Terror gegen tatsächliche oder scheinbare Feinde im Inneren, besonders befördert durch anfängliche militärische Mißerfolge. Den Höhepunkt erreichte diese, an keine gültige Verfassung gebundene Terrorherrschaft, im Frühjahr 1794 mit mehr als 10.000 Hinrichtungen, insgesamt waren es etwa 50.000 Opfer während der Schreckensherrschaft Robespierres und der sog. Wohlfahrtsdiktatur. War der innere Kampf um die Revolution damit zu einem blutigen Ergebnis gelangt, erfuhr die äußere Bedrohung eine militärisch erfolgreiche Wende, als am 26. Juni 1794 die Revolutionsarmeen in Fleurus einen wichtigen Sieg gegen die Österreicher erzielten. Damit endete auch die

---

36 Goethe, Johann Wolfgang: Campagne in Frankreich, hg. von Klaus-Detlef Müller. Frankfurt 1994, S. 436.

37 Simms: Vorherrschaft (wie Anm. 4), S. 217; Thimothy C. W. Blanning: The French Revolutionary Wars 1782–1802. London 1996.

38 Lautemann: Quellen (wie Anm. 14), S. 284.

39 Walter Grab (Hrsg.): Die Französische Revolution. Eine Dokumentation. München 1973, S. 168.

Herrschaft der »*Terreurs*« (am 28. Juli wurde Robespierre mit einigen seiner Anhänger hingerichtet), und es folgten bis 1799 die Jahre des sog. Direktoriums. Es waren zugleich die Jahre der beginnenden Expansion, nachdem in einem zweiten, erfolgreichen Versuch der Vormarsch in die Vereinigten Niederlande gelang und Frankreich 1795 nach Einnahme von Amsterdam die »*Batavische Republik*« gründete. Noch erfolgreicher aber war ein junger General namens Napoleon Bonaparte, der im Eiltempo Sieg auf Sieg in Italien errang[40] und nach und nach über den Willen des Direktoriums hinweg eine geopolitische Neuordnung durchsetzte. So folgte im März 1798 die Besetzung der Schweiz und die Gründung der »*Helvetischen Republik*«.

Vor diesem Hintergrund einer expansiven Politik des revolutionären Frankreichs war die Frage nach der Haltung des Heiligen Römischen Reiches und seiner Staaten von zentraler Bedeutung für die zukünftige Entwicklung geworden. Hatte man nach der Besetzung linksrheinischer Reichsterritorien sowie der Rheinlande eine machtvolle Gegenbewegung des Reiches erwartet, so sah man sich aber gründlich getäuscht. Noch während des Ersten Koalitionskrieges hatte Preußen ebenso wie Rußland sein Hauptinteresse auf Polen gerichtet, fand sich hier doch plötzlich eine gegen die Interessen beider Länder gerichtete Entwicklung, die am 18. Mai 1792 auf Anweisung von Katharina II. (1729–1796) zum Einmarsch russischen Militärs in Polen führte. Nach kurzem Zögern akzeptierte Preußen diese Annexion und im Vertrag von St. Petersburg vom 23. Januar 1793 einigten sich Preußen und Rußland auf eine weitere Teilung Polens, infolge derer Preußen die Kontrolle über die wichtigen Handelsstandorte Danzig und Thorn erhielt. Am Ende der militärischen Auseinandersetzungen, in die schließlich auch Österreich eingebunden war, stand am 24. Oktober 1795 die dritte und letzte Teilung Polens, das als Staat ab sofort nicht mehr bestand.[41] Preußen hatte damit sein Territorium um etwa ein Drittel erweitert und die Bevölkerung wuchs von ca. 5,5 auf etwa 8,7 Millionen an. Diese Entscheidungen erklären das geringe Interesse Preußens an den Ereignissen im Westen, auch wenn man nach der »*Kanonade von Valmy*« weiter Mitglied der Koalition geblieben war und sogar erfolgreich im Elsaß und an der Saar gegen die Revolutionsarmeen gekämpft hatte. Erneut aber zeigte sich die grundsätzliche Uneinigkeit zwischen Preußen und Österreich, wenn es um strategische sowie territoriale Fragen im Westen des Reiches ging. Insofern war es aus Sicht Preußens nicht weniger als konsequent, sich aus der antifranzösischen Koalition zu lösen und am 5. April 1795 in Basel einen Separatfrieden mit Frankreich zu schließen. Es war eine aus preußischer Sicht vernünftige Lösung, sowohl politisch als auch wirtschaftlich. Politisch, da die Bedingungen des Friedensvertrages den Interessen Preußens weit entgegenkamen. So vereinbarten Frankreich und Preußen, die Neutralität in Norddeutschland zu achten, was Preußens Hand-

---

[40] Johannes Willms: Napoleon. Eine Biographie. 2. Auflage. München 2005.

[41] Clark: Preußen (wie Anm. 10), S. 338 ff.; Jerzy Lukowski: The partitions of Poland 1772, 1793, 1795. London 1999.

lungsfähigkeit im Osten absicherte. Außerdem schlossen sich weitere Staaten, wie etwa Hannover, der Neutralität an und standen nicht mehr zur Verteidigung des Heiligen Römischen Reiches zur Verfügung, so daß die Zielrichtung von Frankreichs Aggression verstärkt auf Österreich gelenkt wurde. Damit hatte Preußen zwar vorläufig Ruhe gewonnen, jedoch den Süden Deutschlands an Frankreich sowie Österreich als Schutzmacht ausgeliefert, das allerdings keinerlei Rücksicht mehr auf die kleineren und kleinsten Staaten nahm, sondern einzig seine eigenen Pläne verfolgte.

In einer Geheimklausel zum Separatfrieden hatte Preußen vereinbart, daß es, falls Frankreich die im Rheinland besetzten preußischen Gebiete dauerhaft behalten sollte, Preußen im Gegenzug mit Territorien östlich des Rheins entschädigt werden sollte – *»ein unheilvoller Vorgeschmack auf die Annektierungswelle, in deren Verlauf sich Deutschland am Ende des Jahrzehnts auflösen sollte«*.[42] Preußen bewahrte seine Neutralitätspolitik bis zum Beginn des preußisch-russischen Koalitionskrieges 1806, während Österreich den Kampf für das zunehmend sich auflösende Reich fortsetzte, das kaum noch bereit war, die enormen Lasten des Krieges zu tragen. Die Erfolge Napoleons in Italien schwächten die Position Österreichs ebenso, wie es die politische Rolle Napoleons in Frankreich stärkte, der durch einen Staatsstreich am 4. September 1797 die Kontrolle über das Direktorium übernahm. Vor diesem Hintergrund entschied sich Österreich am 17. Oktober 1797 zum Friedensvertrag von Campo Formio. Wien trat die österreichischen Niederlande an Frankreich ab und erhielt im Gegenzug Venedig und Salzburg, womit das geopolitische Gewicht in Europa deutlich verschoben wurde. Dies war nur der Beginn weitergehender Planungen, denn die Probleme der Entschädigung für die von Frankreich enteigneten linksrheinischen Gebiete sollten erst auf einem Kongreß im badischen Rastatt verhandelt werden.[43]

Entsprechend der Revolutionsideologie der *»Befreiung«* und der Politik der *»natürlichen Grenzen«* war nicht nur der Wechsel vom Revolutionskrieg zur Expansion[44] endgültig vollzogen, sondern Napoleon nutzte die Gelegenheit zu mehrfachen militärischen Initiativen von der Schweiz bis nach Ägypten und Palästina, aber auch auf den Weltmeeren, nicht zuletzt, um den Einfluß Großbritanniens als Weltmacht einzuschränken.[45]

---

[42] Clark: Preußen (wie Anm. 10), S. 344.

[43] Joachim Whaley: Das Heilige Römische Reich Deutscher Nation, 1648–1806. 2 Bände. Darmstadt 2014. Band 2, S. 706 ff.

[44] Struck/Gantet: Geschichte (wie Anm. 28), S. 89.

[45] Simms: Vorherrschaft (wie Anm. 4), S. 227 f.

Der Zweite Koalitionskrieg 1798 – 1802

Angesichts der uneingeschränkten militärischen Offensive Napoleons schlossen Russland, Österreich und Großbritannien eine Allianz, lediglich Preußen und sein neuer König Friedrich Wilhelm III. bewahrten strikte Neutralität. Der Zweite Koalitionskrieg begann. Nach anfänglichen Erfolgen in Süddeutschland und Italien brach die Koalition aufgrund gegensätzlicher Interessen wieder auseinander, als Rußland im Oktober 1799 aus der Allianz ausschied. Die Last des Krieges trugen nun überwiegend Österreich, Bayern und Württemberg. Inzwischen war Napoleon aus Ägypten zurückgekehrt und hatte mit einem Staatsstreich am 9. November 1799 die Macht an sich gerissen und das Konsulat als neue Regierungsform unter seiner Führung geschaffen. Zugleich wuchsen im Streit um Rußlands Einfluß am Mittelmeer sowie wegen des Vorgehens Großbritanniens gegen den neutralen Schiffsverkehr die Spannungen zwischen diesen beiden Garantiemächten des Heiligen Römischen Reiches. Diese Situation führte 1800 zu einer Allianz Rußlands mit den nordischen Staaten und Preußen gegen Großbritannien, in deren Folge Preußen das mit Großbritannien in Personalunion verbundene Kurfürstentum Hannover kurzzeitig besetzte. Das isolierte Österreich erschöpfte seine Ressourcen und trotz militärischer Erfolge in Italien und der Schweiz mußte es dem zurückgekehrten Napoleon nach den Niederlagen von Marengo (14. Juni 1800) und Hohenlinden (3. Dezember 1800) das Feld überlassen und am 9. Februar 1801 den Frieden von Lunéville schließen. Ein Jahr später, am 28. März 1802, unterzeichnete Großbritannien den Frieden von Amiens. Erneut erwies sich die staatliche und politische Organisation des Alten Reiches als rückständig, nicht mehr vereinigt handlungsfähig und zukunftsuntauglich.

Der junge Napoleon

Napoleons Siegeszug brachte ihm nicht nur die völlige Kontrolle über Süd- und Westeuropa, sondern auch die letztliche Anerkennung der Annexionen aller Reichsterritorien links des Rheins, wie dies Schiller 1801unter dem Eindruck des Friedens von Lunéville in Gedichtform zum Ausdruck gebracht hatte: »*Und das Band der Länder ist gehoben / Und die Grenzen aller Länder wanken / Und die alten Formen stürzen ein / Nicht das Weltmeer setzt der Kriegswut Schranken / Nicht der Nilgott und der alte Rhein*«.[46] Trotz der auch von Schiller angesprochenen globalen Perspektive des Krie-

[46] Schiller: Werke (wie Anm. 1), S.1.

ges zwischen Frankreich und Großbritannien, lag der Fokus der sich zunehmend klarer abzeichnenden militärisch-politischen Strategie Napoleons auf Europa. Die Fundamente des Heiligen Römischen Reiches waren ins Wanken gebracht, doch Preußen und Österreich noch nicht endgültig niedergerungen, Rußlands neuer Zar stellte sich gegen die französische Expansion, die die polnischen Entscheidungen und auch weitergehende Interessen Rußlands zu bedrohen drohte und Großbritannien war bemüht, *»mit diplomatischem Geschick und Gold eine neue Koalition gegen Frankreich zu schmieden«*.[47] Die Bevölkerung der Länder aber hoffte auf einen dauerhaften Frieden nach neun Jahren Kriegen, die Teile Frankreichs, Italiens, der Schweiz, des Rheinlandes und Süddeutschlands verwüstet hatten. Nach dem Frieden von Lunéville sah man in der literarischen Verherrlichung, wie sie beispielhaft Hölderlin verkörperte, diesen ersehnten Frieden gesichert durch einen Mann, der seine Macht durch Kriege errungen hatte. Er schien Garant für das tatsächliche Ende der Französischen Revolution, den Anfang stabiler Verhältnisse in Frankreich und der europäischen Staatenwelt: der Erste Konsul Frankreichs, Napoleon Bonaparte[48]. In diesem zweiten Alexander sahen auch Deutschlands Dichter und Publizisten einen fast hymnisch gefeierten Garanten für Frieden, Versöhnung und geopolitischer Ordnung. Als er sich 1802 in St. Cloud zum Konsul auf Lebenszeit ernannte, klang jedoch schon vorsichtige Skepsis an, wie etwa bei Johann Wilhelm Ludwig Gleim (1719–1803), als er vor der Gefahr von Machtversessenheit und Hybris warnte:

»Kröne Dein Werk mit dem ewigen Frieden, erhabener Krieger!
Sieh, den ewigen Krieg schreibt die Geschichte mit Blut!
Laß sie den ewigen Frieden mit lauterem Golde nun schreiben:
Setze die Krone nicht Dir, setze dem Werke sie auf!«[49]

Diese euphorische Einschätzung der Lage verkannte jedoch die realen Folgen des Friedens von Lunéville für Deutschland ebenso wie die Fragilität des Friedensprozesses, was sich ein Jahr später mit der erneuten Kriegserklärung Großbritanniens an Frankreich erweisen sollte. In Deutschland aber war vom Hochrhein bis nach Holland das linksrheinische Gebiet endgültig an Frankreich verlorengegangen, und in Rastatt wurde über die Entschädigung der Fürsten für deren linksrheinische Verluste verhandelt. Im *»Reichsdeputationshauptschluß«* vom 25. Februar 1803 wurde die Neuordnung des Reiches schließlich festgelegt.[50] Die weltlichen Fürsten wur-

---

[47] Simms: Vorherrschaft (wie Anm. 4), S. 233.

[48] Barbara Beßlich: Der deutsche Napoleon-Mythos. Literatur und Erinnerung 1800 bis 1945. Darmstadt 2007.

[49] Johann Wilhelm Ludwig Gleim: An Napoleon, den Erhabenen von St. Cloud, in: Napoleons Album, hg. von Edward Brinckmeier. Braunschweig 1842, S. 87.

[50] Whaley: Das Heilige Römische Reich (wie Anm. 43), S. 711–715; Ulrich Hufeld (Hrsg.): Der Reichsdeputationshauptschluß von 1803. Köln 2003; Harm Klueting (Hrsg.): 200 Jahre Reichsdeputationshauptschluß: Säkularisation, Mediatisierung und Modernisierung zwischen Altem Reich und neuer Staatlichkeit. Münster 2005.

Kaiser Franz II.

den mit den zahlreichen kirchlichen Fürstentümern, auch den Reichsabteien entschädigt, von den Reichsstädten blieben nur noch sechs übrig. Es war eine geopolitische Revolution mit der umfangreichsten Neuverteilung von Besitztümern in Deutschland vor 1945. Dabei war das neu verteilte Besitztum nach Fläche, Einwohnerzahl und Jahreseinkünften fast dreimal so groß wie die verlorengegangenen linksrheinischen Gebiete. Trotz ihrer Niederlagen gegen Frankreich profitierten Österreich und Preußen von den Entscheidungen, die eigentlichen Gewinner jedoch waren die größeren und mittleren Fürstentümer, insbesondere Baden, Württemberg und Bayern.[51] So bewahrte Frankreich die Chance mit strategischen Bündnissen eine Pufferzone gegenüber Österreich zu schaffen. Noch gravierender mußten die Veränderungen aber für die Entwicklung des Heiligen Römischen Reiches sein. Im Reichstag ging die katholische Mehrheit verloren, und der Nachfolger von Kaiser Leopold II., Franz II. (1768–1835), ahnte nicht nur die zunehmende Schwächung der Reichsstruktur, sondern erkannte deutlich, daß die traditionelle Verbindung zwischen Kaisertum und dem Haus Habsburg zu Ende ging. Daher erklärte er sich 1804 zum erblichen Kaiser von Österreich, so daß er den Kaisertitel unabhängig von der weiteren Entwicklung des Reiches für Österreich begründete. Es war diese Entscheidung auch verbunden mit dem Ziel der Ranggleichheit gegenüber Napoleon, der am 18. Mai 1804 mit einem Senatskonsult zum Kaiser der Franzosen erklärt worden war. Nicht zuletzt war damit ein weiteres Fundament des universalen abendländisch-römischen Kaisertums weggebrochen, und das Ende des Alten Reiches wurde absehbar. Als Napoleon am 12. Juli 1806 den unter seinem Protektorat stehenden Rheinbund gründete, war das offizielle Ende für das Reich am 6. August 1806 gekommen.

Der Dritte Koalitionskrieg 1805

Die von einer Friedenszeit mit einem Friedenskaiser Napoleon träumenden deutschen Intellektuellen mußten ebenfalls zur Kenntnis nehmen, daß Napoleon weiterhin eine Bedrohung für das Reich war, als er im Mai 1803 französische Truppen in Hannover einmarschieren ließ, und damit die mit Preußen vereinbarte Neutra-

---

[51] Whaley: Das Heilige Römische Reich (wie Anm. 43), S. 713; Hufeld (Hrsg.): Reichsdeputationshauptschluß (wie Anm. 50), S. 69–119.

litätszone verletzte. Weitere Nadelstiche und Demütigungen des Reiches folgten, bis hin zur Entführung des Duc d' Enghien (1772–1804) von deutschem Boden und dessen Hinrichtung nach einem Schauprozeß. Napoleon hatte damit noch während der letzten Verhandlungsphase über eine mögliche Neuordnung des Reiches seine rücksichtslose Aggression und sein Streben nach absoluter Vorherrschaft deutlich gemacht, was zunächst eine britisch-russische Allianz am 11. April 1805 ins Leben rief, befürchtete Großbritannien doch weitere napoleonische Aktivitäten gegen britische Interessen im Mittelmeerraum und in Übersee. Auch Zar Alexander I. (1777–1825) mißbilligte das französische Vorgehen in den Niederlanden, der Schweiz, Italien und im Mittelmeerraum. Friedrich Wilhelm III. und Preußen bewahrten auch weiterhin ihre neutrale Haltung, lediglich Österreich schloß sich nach einigem Zögern der Koalition an. Bayern dagegen schloß Ende August ein Bündnis mit Frankreich, ihm folgten schließlich Baden und Württemberg, womit Österreich von seinen süddeutschen Ressourcen abgeschnitten war. Während Großbritannien in der Schlacht bei Trafalgar am 21. Oktober seine Vormacht zur See entscheidend sichern konnte, endete der Landkrieg für Österreich und Rußland mit einer Katastrophe in der *»Drei Kaiser Schlacht«* von Austerlitz am 2. Dezember 1805. Daraufhin zog sich Rußland zurück und Österreich mußte am 26. Dezember 1805 im Frieden von Preßburg die von Napoleon diktierten Bestimmungen akzeptieren. Es verlor Italien und mußte Napoleon als italienischen König anerkennen. Seine süddeutschen Besitzungen wurden zudem zwischen Baden, Bayern und Württemberg aufgeteilt und die beiden letzteren zu souveränen Königreichen sowie Baden zum Großherzogtum erhoben.[52] Napoleons Ziele waren klar: Schwächung und Isolation Österreichs innerhalb des Reiches und entsprechend der schon bewährten politischen Strategien Frankreichs, deutsche Satellitenstaaten zu schaffen, die süddeutschen Verbündeten durch Landgewinne und durch Bedeutungserhebung an sich zu binden. Auch Preußen war von diesen Ereignissen trotz seiner wankenden Neutralitätshaltung betroffen. Es widersetzte sich dem Druck des russischen Zaren und schloß sich nicht den Alliierten an, obwohl französische Truppen das preußische Ansbach besetzten. Im Gegenzug okkupierte es lediglich Hannover. Friedrich Wilhelm III. glaubte, Preußen könne so in Abstimmung mit Rußland die Rolle eines bewaffneten Vermittlers zwischen Frankreich auf der einen sowie Rußland und Österreich auf der anderen Seite übernehmen, was einer völligen Fehleinschätzung der realen Machtpositionen gleichkam, wie Napoleons Sieg bei Austerlitz unmißverständlich offenbarte. Preußen war schließlich gezwungen, am 15. Dezember 1805 den Vertrag von Schönbrunn zu unterzeichnen. Es blieb ihm in der Folge zwar Hannover, jedoch gingen Ansbach und Bayreuth an Bayern, Neuchâtel und die rechtsrheinischen preußischen Gebiete des Herzogtums Kleve fielen an Napoleon. Preußen reihte sich in die Satellitenstaaten Frankreichs ein. Mit dem Vertrag von Schönbrunn und dem folgenden Frieden von Preßburg am 26. Dezember zwi-

52 Whaley: Das Heilige Römische Reich (wie Anm. 43), S. 728; Rudolphine Freiin von Oer: Der Friede von Preßburg: ein Beitrag zur Diplomatiegeschichte des napoleonischen Zeitalters. Münster 1965, S. 198 ff.

Schlacht bei Austerlitz, 2. Dezember 1805

schen Österreich und Frankreich war nicht nur der Dritte Koalitionskrieg beendet, auch Europa und das Reich standen vor einem Wendepunkt der Geschichte. Für den überzeugten Napoleonhasser Friedrich von Gentz stand Europa vor dem *»Abstieg in Gesetzlosigkeit und Barbarei«* und Metternich schrieb: *»Die Welt ist verloren, Europa brennt nun ab, und aus der Asche erst wird eine neue Ordnung der Dinge entstehen«*.[53] Eine erste weitreichende Konsequenz war die Gründung des Rheinbundes am 12. Juli 1806, dessen Fürsten am 1. August ihren Austritt aus dem Reich erklärten und ihren Schutz zukünftig beim französischen Kaiser suchten.[54] In logischer Konsequenz, aber unter Bruch imperialen Rechts, legte Kaiser Franz II. am 6. August 1806 die Krone nieder. Als der Herold des Reiches nach dem üblichen Fanfarenstoß in Wien diese Entscheidung öffentlich verkündete, war das offizielle Ende des Heiligen Römischen Reiches Deutscher Nation gekommen. Franz II. regierte künftig nur noch als Franz I., Kaiser von Österreich.

Der Vierte Koalitionskrieg 1806–1807

Spätestens seit dem Vertrag von Schönbrunn mußte Preußen erkennen, daß seine Politik nicht nur gescheitert war, sondern das Land selbst sich im Reich isoliert hatte. Das von Friedrich Wilhelm III., einem zögerlichen und allem Militärischen ablehnend begegnenden König, eisern verfochtene Prinzip der Neutralität wurde von Napoleon zwar formal anerkannt, aber bei jeder sich ergebenden Notwendigkeit verletzt.

[53] Ebd., S. 221.

[54] Hans Hubert Hofmann (Hrsg.): Quellen zum Verfassungsorganismus des Heiligen Römischen Reiches Deutscher Nation 1494–1815. Darmstadt 1976, S. 392 ff.

Zuletzt erkennbar geworden war dies beim Vormarsch der französischen Armeen zur Schlacht bei Austerlitz, als man durch die hohenzollerschen Exklaven Ansbach und Bayreuth zog. Wie kritisch die Verhaltensweisen in Berlin selbst bei den Mitgliedern des Hauses Hohenzollern gesehen wurden, machte nicht nur eine Denkschrift vom 2. September 1806 deutlich, die der Hofhistoriograf Johannes von Müller (1752–1809) aufgesetzt und u.a. Prinz Louis Ferdinand von Preußen (1772–1806) mit unterzeichnet hatte[55], sondern schon ein Brief des letzteren vom 9. Januar an seine Schwester, in dem er u.a. messerscharf analysiert: »*Wenn Berlin nicht schon seit langer Zeit allen Leuten, die beobachten können und wollen, die widerspruchsvollste Mischung von tausend verschiedenen Dingen darböte, von Militäromanie und von Furcht und Abneigung vor dem Kriege, von Strenge und Zügellosigkeit, rauher Einfachheit und Frivolität, Neigung zur Sparsamkeit und Luxus, wenn der ehrenhafteste und zuverlässigste König, der vielleicht jemals gelebt hat, nicht die treuloseste Politik anzunehmen und zu befolgen geschienen hätte – wenn alles dieses, meine ich, mir hätte entgehen können, so würde ich mich weniger darüber wundern, daß man so vergnügt dem Verderben entgegeneilt und daß man in Berlin tanzen und Bälle geben kann, während wir vor einem gefährlichen und langwierigen Kriege stehen oder einen Frieden schließen werden, der den Keim zu einem Kriege in sich trägt, welcher mit noch ungünstigeren Aussichten unternommen oder selbst unsere politische Freiheit zerstören wird. Kann man sich denn wirklich in dem Maße täuschen wollen, kann man einen Erfolg hoffen, wenn man nichts tut, ihn hervorzubringen, wenn man keinen Entschluß faßt? Alles, was geschieht, ist so widerspruchsvoll, daß auch der Unerfahrenste sehen muß, wie alles den Stempel der Unentschlossenheit trägt. Wir leben in den Tag hinein, in einer Art von Erstarrung, die unbegreiflich ist, wenn man an die Wichtigkeit des Augenblicks denkt.*«[56] Dabei schaute er nicht nur auf die Zustände in Berlin, sondern erklärte auch bereits seine in der späteren Denkschrift formulierte militärische Perspektive, die ein Vorgehen gegen Frankreich zwingend notwendig mache: »*Wenn der König die Umwälzung Deutschlands gutheißt, wenn er die Besetzung Hannovers duldet, wenn er nichts tut, um die deutschen Mächte, die ihm noch ergeben sind, zu beruhigen, so wird ganz Deutschland Napoleon zu Füßen liegen, und das Fest, welches er seiner Armee verspricht, wird sehr wohl das Fest seiner Krönung als Kaiser des Okzidents und Deutschlands werden können. Kann man in der Tat die Kurfürsten von Hessen und Sachsen tadeln, wenn sie die Partei einer Macht verlassen, deren Allianz wieder Vorteil noch Sicherheit bietet, die zu bedeutenden Ausgaben nötigt, ohne daß irgendeine Ehre, ein Vorteil daraus entsteht und deren schwankender und unsicherer Gang den Feinden keine Furcht und den Freunden kein Vertrauen einflößen kann, während Bonaparte seine Verbündeten zu beschützen und zu bereichern, seine Feinde zu strafen weiß? Dann wird Preußen mit Verdrießlichkeiten und Demütigungen überhäuft einem Zustande verfallen, in welchem seine Armee herabgewürdigt wird und die Federn der Maschine erschlaffen, bis der Augenblick kommt, wo nach Bonapartes Wil-*

[55] Clark: Preußen (wie Anm. 10), S. 355 f.

[56] Eckart Kleßmann: Deutschland unter Napoleon in Augenzeugenberichten. 2. Auflage. München 1982, S. 59.

len seine letzte Stunde schlägt. Dann wird der Krieg unter noch ungünstigeren Aussichten wieder ausbrechen, und einsam und ohne Alliierte wird Preußen fallen wie die anderen gefallen sind, ohne daß jemand für sein Schicksal Teilnahme haben wird, da es selbst für niemandes Schicksal Teilnahme gezeigt und da seine feige und schwächliche Politik Europa ins Verderben gestürzt hat.«[57] Die in der Denkschrift enthaltenen Vorwürfe trafen Friedrich Wilhelm III. sehr und noch bevor eine mögliche Koalition mit Rußland und Österreich abgestimmt war, kam es zu einer übereilten Reaktion Preußens. Am 26. September 1806 schrieb Friedrich Wilhelm III. zunächst an Napoleon einen Brief mit bitteren Anschuldigungen und Forderungen nach Einhaltung des Neutralitätspaktes sowie Rückgabe preußischer Territorien am Niederrhein. Dieses Schreiben wertete der Staatskanzler Freiherr von Hardenberg (1750–1822) im Rückblick als sehr unklug, da er in einer Sprache gehalten war, die höchstens ein Sieger führen konnte, *»nach der er ihn [Napoleon] gedemütigt hatte«*[58]. Das Ende des Briefes lautete: *»Gäbe der Himmel, daß wir uns auf Grundlagen verständigen könnten, die Ihnen Ihren vollen Ruhm lassen, aber den anderen Völkern ihre Ehre gönnen, und die endlich dem Fieber von Angst und Erwartung ein Ende bereiten, in dem niemand auf die Zukunft rechnen noch seine Aufgabe prüfen kann.«*[59] Die Antwort von Napoleon, die am 12. Oktober im kaiserlichen Hauptquartier in Gera unterzeichnet worden war, *»troff vor einer geradezu dreisten Mischung aus Arroganz, Aggressivität, Sarkasmus und falscher Sorge«*[60] und machte die folgende Auseinandersetzung von Jena-Auerstedt/Hassenhausen am 14. Oktober 1806 unausweichlich:

Friedrich Wilhelm III.

»Kaiserliches Hauptquartier Gera, 12. Oktober 1806

Mein Herr Bruder, ich erhielt erst am 7. den Brief Eurer Majestät vom 25. September. Es tut mir außerordentlich leid, daß man Sie ein solches Pamphlet hat unterzeichnen lassen.

[...] Glauben Sie mir, ich habe so mächtige Streitkräfte, daß alle die Ihrigen den Sieg nicht lange schwankend machen können! Warum aber soviel Blut vergießen? Zu wel-

[57] Ebd., S. 60 f.

[58] Ebd., S. 101.

[59] Ebd., S. 101.

[60] Clark, Christopher: Preußen (wie Anm. 10), S. 356.

chem Zweck? Ich spreche zu Eurer Majestät genau so, wie ich zum Kaiser Alexander vor der Schlacht von Austerlitz gesprochen habe. [...]

Hätten Sie in Ihrer Note um etwas Menschenmögliches gebeten, ich würde es Ihnen gewährt haben; so aber verlangten Sie meine Entehrung und mußten meiner Antwort gewiß sein. So ist also der Krieg zwischen uns erklärt, das Bündnis auf immer zerrissen! Weshalb aber sollen wir unsere Untertanen sich gegenseitig umbringen lassen? Ich lege keinen Wert auf einen Sieg, der mit dem Leben vieler meiner Kinder erkauft wird. Stände ich am Anfang meiner militärischen Laufbahn und müßte ich auf etwaiges Mißgeschick in den Schlachten befürchten, so wäre diese Sprache allerdings nicht am Platze. Aber, Sire, Eure Majestät wird besiegt werden! Sie werden die Ruhe Ihrer Tage, das Leben Ihrer Untertanen preisgeben, ohne auch nur den kleinsten Grund zu Ihrer Entschuldigung vorbringen zu können!«[61]

Bereits am 1. Oktober 1806 hatte Friedrich Wilhelm III. dem französischen Kaiser ein Ultimatum gestellt, umgehend Süddeutschland von den französischen Truppen zu räumen. Vor dem Hintergrund der realen Machtverhältnisse sah sich Napoleon noch nicht einmal zu einer Antwort genötigt. Nötig aber wäre für den bevorstehenden Waffengang die von Rußland zugesagte militärische Unterstützung für Preußen gewesen, jedoch stand das vorgesehene russische Armeekorps noch nicht zur Verfügung. Dennoch begann Preußen am 14. Oktober den Vierten Koalitionskrieg gegen ein nicht nur zahlenmäßig überlegenes französisches Heer. Das Kommando der Preußen hatte der 72jährige braunschweigische Herzog Carl Wilhelm Ferdinand. Er hatte dieses Kommando aus Pflichtbewußtsein aber mit großer Skepsis und wider besseres Wissen übernommen. Seine Warnungen vor der Überlegenheit der modernen französischen Armee und der militärischen Führungsfähigkeit Napoleons fanden in Berlin allerdings kein Gehör. Mit Blick auf den Zustand der eigenen Armee lag Carl Wilhelm Ferdinand bei seiner Einschätzung ebenso richtig: *»Und mit solchen Leuten soll man den Krieg führen, den Krieg gegen Napoleon, nein, der größte Dienst, den ich dem Könige leisten kann, ist, wenn es mir gelingt, ihm den Frieden zu erhalten.«*[62]

Am Morgen des 14. Oktober 1806 begann die Schlacht bei Jena, zeitgleich setzte sich die preußische Armee unter dem Befehl des Herzogs von Braunschweig von dessen Hauptquartier bei Auerstedt in Bewegung und traf bei Hassenhausen auf eine halb so große französische Streitmacht unter Marschall Davout (1770–1823). Die vernichtende Niederlage setzte endgültig ein mit der lebensgefährlichen Schußverletzung des braunschweigischen Herzogs Carl Wilhelm Ferdinand. Über das Geschehen berichtet als Augenzeuge Pfarrer Tietze aus Hassenhausen: *»Plötzlich unerwartet nahm hier vor dem Dorfe die Bataille ihren Anfang. In wenigen Minuten waren die*

---

[61] Kleßmann: Augenzeugenberichte (wie Anm. 56), S. 123 f.

[62] Kleßmann: Augenzeugenberichte (wie Anm. 56), S. 114.

Verwundung Carl Wilhelm Ferdinands, 14. Oktober 1806

Felder, die man von der Pfarre übersehen konnte, mit Preußen angefüllt. Die Franzosen hatten bei der ‚Haardt' und nach der alten Straße zu die ganze Mittagseite an der ‚Chaussee' entlang Stellung bezogen.

[...] Ich eilte sogleich mit meinem Schulmeister auf den Kirchturm, um das Schlachtfeld zu übersehen, konnten aber des dicken Nebels wegen und des ungeheuren Pulverdampfes, der auf das Dorf zurückgetrieben wurde, die Stellungen nicht bemerken. Wir sahen nur am Gewehrfeuer, daß die Franzosen im Augenblick zurückgedrängt wurden. Nachdem wir etwa eine halbe Stunde zugesehen hatten, befürchteten wir, die von der Anhöhe heranfliegenden Kanonenkugeln würden den Turm treffen und könnten uns dabei verletzen. Daher stiegen wir sogleich wieder in die Kirche nach unten. Dreimal hatten sich die Truppenteile und Regimenter der Division des Generals von Schmettau auf das Dorf Hassenhausen geworfen und dreimal mußten sie unter großen Verlusten zurückweichen.

General Blücher, an der Spitze seiner Reiterei, griff unter Trompetengeschmetter das Dorf an. Nach einer Viertelstunde aber mußte auch er wieder zurückgehen, die Verluste waren zu groß. Inzwischen war es 9 Uhr geworden und noch immer dicker, grauer Nebel über der Flur. Der Herzog von Braunschweig war mit seiner Hauptmacht herangezogen und gruppierte sich zum Angriff. Nun beteiligte sich auch die preußische Artillerie, deren Granaten krachend und zischend in die feindlichen Truppenmassen schlugen. Die Geschütze und Stückkugeln flogen so dicht auf und durch das Kirchendach, daß wir in große Furcht gerieten und dachten, es könnte eingeschossen auf uns herabstürzen. [...]Im Kampfgetümmel griff General Blücher mit seiner Reiterei noch einmal an. Im Halbkreis, aus der Richtung Spielberg kommend, wollte er das Dorf Hassenhausen umschließen. Stellenweise drangen seine Reitertruppen auch schon in einigen Gassen ein, hatten aber furchtbare Verluste. Ein französischer Gegenangriff drängte sie völlig zurück. Danach begann ein Angriff der Truppen unter Befehl des Herzogs von Braunschweig mit Unterstützung der Division von Wartensleben, wo der Herzog selbst an der Spitze ritt. Kurz nach 10 Uhr erhielt der Herzog an der Taugwitzer Wiese durch eine Kugel eine gefährliche Kopfwunde und mußte das Schlachtfeld verlassen."[63]

[63] Gerd Biegel: 14. Oktober 1806. Braunschweig 2006, S. 12; weitere Augenzeugenberichte sind gesammelt in dem Heft: Auf den Spuren deutscher Geschichte in unseren Fluren, erarbeitet von Walter Langholz, Hassenhausen 1992.

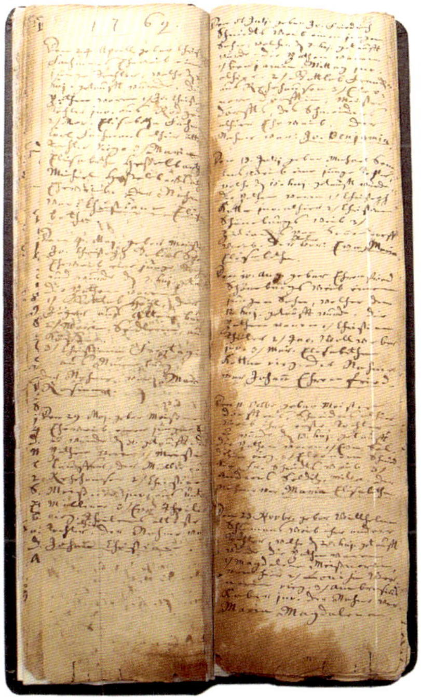

Kirchenregister der Gemeinde Hassenhausen. Die Blutspuren wiesen auf die Nutzung als Beinschienen.

Dieser Augenzeugenbericht läßt sowohl Tragik als auch Dramatik der Morgenstunden des 14. Oktobers 1806 im Nebel des Ortes Hassenhausen erahnen und empfinden. In gleicher Weise berichtet Hauptmann von Boyen über die Ereignisse bei Hassenhausen: *»Mit großer Tätigkeit war der Herzog beschäftigt, sich, soviel es der Nebel zuließ, ein Bild des Terrains und der Marschdirektion der Truppen zu verschaffen, und ich muß es der Wahrheit gemäß erwähnen, daß derselbe hiebei viel mehr Selbstbeherrschung als in den früheren Tagen vor der Schlacht zeigte. Der Kanonendonner hatte dem alten Kriegshelden wieder seine Feldherrenhaltung gegeben. Wir waren eine ganze Zeit beobachtend hin und her geritten, als der Herzog zwei Anhöhen entdeckte […]. Er faßte diese Höhen scharf ins Auge und rief mit aufgehobener Hand: „Das ist der Schlüssel zum Siege; wenn wir diese Höhen mit Infanterie und Geschütz besetzen, so ist der Sieg unser" und wandte sich nun nach seinem Gefolge um, und da ich in dem Augenblick gerade hinter ihm hielt, so befahl er, zurückzureiten und den anmarschierenden Divisionen zu sagen, daß sie sich in dieser Richtung bewegen sollten. Die Worte des Herzogs waren, ich sollte Truppen heranbeordern, wo ich sie fände. Dies war der letzte Augenblick, an dem ich den Herzog gesehen habe. Ich eilte meinem Auftrag gemäß zurück, fand die Ausführung desselben aber nicht so leicht, als ich sie mir vielleicht gedacht hatte. Bald darauf erfuhr ich dann auch die unglückliche Verwundung des Herzogs [ein Kartätschensplitter zerstörte seine Augen], ohne daß mir jemand sagen konnte, an wen der Oberbefehl übergegangen sei.«*[64]

Nicht nur die eingetretene Verwirrung durch den Verlust des Oberkommandierenden und das offenbare Chaos der Kommandostruktur führten zur endgültigen und vernichtenden Niederlage. Auch die im Gegensatz zu den flexiblen, überaus beweglichen Truppen der Franzosen starren und veralteten militärischen Formen der preußischen Armee trugen entschieden zu Napoleons Erfolg bei. Die seit den Zeiten Friedrichs des Großen eingeleiteten Heeresreformen der Preußen waren längst nicht abgeschlossen und keineswegs ausreichend, worauf Carl Wilhelm Ferdinand im Vorfeld des Kriegszuges immer wieder warnend, wenn auch erfolglos, hingewiesen hatte. Die Nachteile in taktischer Flexibilität und Schlagkraft mußten daher die preußischen Soldaten, allen voran ihr Anführer, der braunschweigische Herzog, am 14. Oktober 1806

[64] Kleßmann: Augenzeugenberichte (wie Anm. 56), S. 141–143.

auf den Schlachtfeldern von Jena und Auerstedt/Hassenhausen teuer bezahlen.[65] In den nächsten Wochen und Monaten rückten die französischen Truppen ohne nennenswerten Widerstand weiter vor. Bereits am 24. Oktober 1806 erreichten sie Berlin, und am 27. Oktober 1806 zog Napoleon als Sieger in die preußische Hauptstadt ein. Das Königspaar war nach Ostpreußen geflohen, und der Gouverneur von Berlin, Graf von der Schulenburg, ließ als Proklamation verkünden: *»Der König hat eine Bataille verlohren. Jetzt ist Ruhe die erste Bürgerpflicht. Ich fordere die Einwohner Berlins dazu auf.«*

Waffenstillstand, 25. Juni 1807

Die russischen Verbündeten hatten den Krieg noch weitergeführt und konnten am 7. und 8. Februar 1807 den Vormarsch der Franzosen durch einen Sieg (Preußisch-Eylau) kurzzeitig zum Halten bringen, unterlagen aber am 14. Juni 1807 bei Friedland und entschieden sich für einen Waffenstillstand, womit auch Preußens letzte Hoffnung auf eine Wende starb. Dieser Waffenstillstand wurde am 25. Juni 1807 auf einem Floß mitten auf der Memel in der Nähe von Tilsit zwischen Napoleon und Zar Alexander I. verhandelt. Es war die formelle Demarkationslinie des Waffenstillstands und sozusagen neutrales *»Territorium«*, während sich an den beiden Flußufern die jeweiligen Heere gegenüberstanden, wie der Chef-Chirurg Percy in seinem Tagebuch beschrieb: *»In aller Eile wird auf der Memel, gegenüber der Stadt [Tilsit], ein Holzhaus auf Flößen gebaut. Es muß um Mittag fertig sein, und hier werden die zwei Kaiser zu einer Unterredung zusammenkommen. Jeder ist gespannt. Man kommt, man geht, man fragt sich, ob das wahr oder nur ein Gerücht ist. Während all dem wird das Haus beendet, es wird mit Leinwand bedeckt, innen ausgeschmückt, und auf jeder Seite des Flusses werden Schiffe hergerichtet, um die gekrönten Häupter zum Rendezvous zu bringen.*

Um halb ein Uhr sind die beiden Seiten des Flusses mit Truppen besetzt, die Kaiser besteigen die Schiffe, das Napoleons ist mit Laub bekränzt. Er kommt zuerst an, fünf Minuten später Alexander. Die Majestäten begrüßen sich herzlich. Napoleon geht dem russischen Kaiser entgegen, umarmt und küßt ihn. Die kaiserlichen Marschälle und einige russische Großwürdenträger begleiteten ihre Herrscher. Die Unterredung dauerte einundeinehalbe

[65] Gerd Fesser: 1806. Die Doppelschlacht bei Jena und Auerstedt. Jena und Quedlinburg 2006; Konrad Breitenborn und Justus H. Ulbricht (Hrsg.): Jena und Auerstedt. Ereignis und Erinnerung in europäischer, nationaler und regionaler Perspektive. Dößel 2006 (= Veröffentlichungen des Landesheimatbundes Sachsen-Anhalt e. V. zur Landes-, Regional- und Heimatgeschichte Band 3); Wolf-Jörg Schuster: Napoleon in Thüringen 1806. 2. Auflage Jena 2005; Clark: Preußen (wie Anm. 10), S. 347 ff.

Stunde. Die beiden Kaiser waren allein. (Gegen Ende der Besprechung empfingen sie die Personen ihrer Umgebung.)«[66] Damit war der vierte Koalitionskrieg mit einem für alle Beobachter sichtbaren Triumph Napoleons zu Ende gegangen.

Der preußische König Friedrich Wilhelm III. war nicht zu dem Gespräch gebeten, er mußte am nächsten Tag unter demütigenden Umständen die Bedingungen für einen Friedensvertrag von Napoleon entgegennehmen, nachdem dieser der Forderung des Zaren nachgekommen war, Preußen als Staat zu erhalten.[67] Am 9. Juli 1807 unterzeichnete Preußen schließlich im Frieden von Tilsit einen der katastrophalsten Verträge seiner Geschichte. Die polnischen Erwerbungen der Zweiten und Dritten Teilung Polens und alle westelbischen Gebiete mußten abgetreten werden. Sie wurden verschiedenen Staaten einverleibt: im Osten zum Teil Rußland, zum Teil dem neu entstandenen Herzogtum Warschau, das der 1806 dem Rheinbund beigetretene und nun zum König von Sachsen erhobene Friedrich August I. (1750–1826) in Personalunion erhielt; im Westen verlor Preußen seine Territorien zum größten Teil an die napoleonischen Modellstaaten, dem Königreich Westphalen und dem Großherzogtum Berg, während die restlichen Gebiete von Frankreich annektiert wurden. Preußen bestand fortan nur noch aus Brandenburg östlich der Elbe, Pommern, Ost- und Westpreußen und Schlesien. Es umfaßte künftig nur mehr knapp die Hälfte seines Staatsgebietes von 1805: Von 5.700 Quadratmeilen blieben 2.800, von 9,75 Millionen Einwohnern noch 4,5 Millionen. Im Übrigen erlegte Napoleon dem verbleibenden Rest-Preußen weitere Bürden auf. Preußen mußte seine Großmachtsträume begraben, und auch seine Vormachtstellung in Norddeutschland, die man mit dem Neutralitätsabkommen glaubte gesichert zu haben, schien zukünftig beendet zu sein. Tiefer hätte der Sturz der einstigen Großmacht nicht ausfallen können.

Nachdem zuletzt Rußland Napoleon unterlegen war und Österreich sowie Preußen ihre Großmachtstellungen verloren hatten, besaß Napoleon auf dem europäischen Kontinent eine so einzigartige Machtfülle, daß sich kein Land mehr der Vorherrschaft Frankreichs entziehen konnte. Lediglich England blieb eine dauerhafte Gefahr, der zunächst dadurch begegnet werden sollte, daß neben das Kontinentalsystem die Kontinentalsperre trat. England sollte von allen kontinentalen Absatzmärkten sowie Rohstoffgrundlagen abgeschnitten werden, und zwar auch dann, wenn die Importe und Exporte über neutrale Drittländer gehen sollten. Daß damit ebenso die Wirtschaft auf dem Kontinent auf Dauer erheblich beeinträchtigt und sogar gefährdet werden mußte, spielte bei den politischen Überlegungen Napoleons zunächst keine Rolle. Es war ein Wirtschaftskrieg von neuen Dimensionen in der Geschichte der Neuzeit: *»Das war gegenüber dem traditionellen Krieg, der nur die Kombattanten betraf, ein Schritt zur Ausweitung des Krieges aufs Bürgerlich-Zivile, ein Schritt zum totalen Krieg –*

66 Kleßmann: Augenzeugenberichte (wie Anm. 56), S. 249.

67 Clark: Preußen (wie Anm. 10), S. 360 ff.

revolutionär und modern: zum letzten und umfassenden Einsatz aller Mittel für das Ziel der Politik.«[68] Die ökonomischen Folgen von Kontinentalsperre und Kontinentalsystem waren ambivalent, denn in bestimmten Wirtschaftsbereichen schufen sie von der englischen Konkurrenz befreit – wie bei der Textilherstellung – rasanten Aufschwung und Gewinne, in anderen Bereichen kam es teilweise zu wirtschaftlichen Zusammenbrüchen und zu erheblicher Verteuerung von Waren, insbesondere im Kolonialwarensektor. Litten die Menschen sowieso schon unter den generellen Folgen des Krieges, wie etwa im Braunschweigischen, so führte der Verlust der traditionellen englischen Absatzmärkte für hiesige Rohstoffe (z. B. Holz und Getreide) zu weiterer wirtschaftlicher Not und lösten zunehmend Widerstände gegen die französische Fremdherrschaft aus. Am Ende schufen die imperiale französische Wirtschaftspolitik, die hohen Kosten für das Militär und die Steuerpolitik eine antifranzösische Stimmung und Erbitterung, so daß die Forderungen nach »*Befreiung*« auch dort Resonanz fanden, wo am Anfang eine positive Erwartung in die »*neue*« Politik Frankreichs und die Vorteile revolutionärer Änderungen bestanden hatten.

Nach dem Frieden von Tilsit stellte sich für Napoleon jedoch zunächst die Frage, ob und in welcher Weise sein Herrschaftssystem konsolidiert und die neugewonnenen preußischen Gebietsteile zwischen Ems und Elbe so integriert werden konnten, daß damit ein funktionsfähiger Puffer gegenüber Restpreußen und Rußland geschaffen wurde. Im deutschen Süden und Südwesten waren die im Rheinbund mit Frankreich verbündeten Staaten ein funktionsfähiges Bollwerk gegenüber Österreich. In Norddeutschland sicherte das neugeschaffene Großherzogtum Berg die Gebiete östlich des Rheins, während Richtung Osten mit den eroberten Gebieten Preußens, dem Kurfürstentum Hannover, dem Kurfürstentum Hessen und dem Fürstentum Braunschweig-Wolfenbüttel allerdings unsichere politische Kandidaten vorhanden waren, die keineswegs als Stütze und Vorposten des »*Grand Empire*« gelten konnten. Daher sah Napoleon die Notwendigkeit zu einer grundsätzlichen politischen und territorialen Neuordnung, die ihm die erhoffte Sicherheit gegen Osten ebenso verschaffte, wie sie seinen machtpolitischen Einfluß in den eroberten Gebieten dauerhaft sichern konnte. Aus diesen Überlegungen entstand z. B. der französische Modellstaat des Königreichs Westphalen. Diese territoriale Neuordnung setzte sich zusammen aus dem Fürstentum Braunschweig-Wolfenbüttel, dem Kurfürstentum Hessen-Kassel, den südlichen Teilen Hannovers, den Fürstbistümern Hildesheim, Paderborn und Osnabrück, einigen kleineren Herrschaftsgebieten und den ehemals preußischen Gebieten westlich der Elbe. Hauptstadt wurde Kassel. Damit gelang aus sehr heterogenen Herrschaftsgebieten die Arrondierung eines Mittelstaates, der etwa die Fläche wie Preußen nach dem Frieden von Tilsit umfaßte und als politisch-militärisches Bollwerk gegen den Hohenzollernstaat und als Schutz der Nordflanke des Rhein-

[68] Thomas Nipperdey: Deutsche Geschichte 1800–1866. Bürgerwelt und starker Staat. 4. Auflage. München 1987, S. 17.

bundes dienen sollte, dem das Königreich Westphalen ebenso angehörte wie das 1806 geschaffene Großherzogtum Berg. Mit diesen Gebietserweiterungen wurde der Rheinbund endgültig zum entscheidenden Instrument der napoleonischen Hegemoniebestrebung, zumal er zu keiner Zeit ein Staatenbund, sondern ein Protektorat war, das überdies gezwungen war, aus machtpolitischen Interessen Frankreichs eine hohe Zahl von Soldaten für die Armee des »*Grand Empire*« zu stellen. 1808 waren dies insgesamt 119.000 Soldaten, davon hatte das Königreich Westphalen alleine 25.000 Mann zu stellen, bei einer Bevölkerung von ca. 1,9 Millionen Einwohnern. Von Anfang an ergab sich ein Widerspruch zwischen idealistischer Staatstheorie und politischer Alltagsrealität. »*Die Rheinbundstaaten waren fest in Kontinentalsystem und Kontinentalsperre eingefügt, sie hatten für Ruhe und Gehorsam der Untertanen gegenüber dem Imperator zu sorgen. Westphalen und zum Teil auch Berg mußten überdies aus den Domänen der enteigneten Landesherren den neugeschaffenen französischen Militär- und Verdienstadel mit großen Landgütern ausstatten und so auf einen großen Teil ihrer normalen Einnahmen verzichten. All das erzwang maximale Steuerleistungen – im Dienste des Imperiums. Insofern war das Rheinbundsystem [...] primär ein System der Ausbeutung und Unterdrückung*«.[69] So wurde dies jedoch vor Ort in den Anfangsjahren etwa des Königreiches Westphalen keineswegs gesehen oder empfunden. Die Menschen hofften vielmehr auf innere Reformen auf der Basis der viel gepriesenen Errungenschaften der Französischen Revolution, erwarteten die Auflösung des bedrückenden feudalständischen Systems und erkannten nicht die machtpolitische Fundierung, die Napoleon damit geschickt verbunden hatte. Napoleons Verdikt »*Das Haus Braunschweig hat aufgehört zu regieren*« konnte etwa im Falle Braunschweigs keineswegs dazu beitragen, die Fremdherrschaft zu legitimieren, weder politisch noch moralisch, zumal die Bevölkerung dem im Kampf gegen Napoleon ums Leben gekommenen Herzog Carl Wilhelm Ferdinand nachtrauerte und dem Welfenhaus gegenüber starke Loyalitätsgefühle besaß. Dies sollte sich besonders beim »*Zug der Schwarzen Schar*« unter dem Nachfolger Herzog Friedrich Wilhelm, dem »*Schwarzen Herzog*«, von Sachsen zur Nordsee und weiter nach England quer durch das von den Franzosen besetzte Land erweisen. Der »*Herzog ohne Land*« initiierte mit diesem legendären Vorgehen einen probraunschweigischen Patriotismus, wie er das gesamte 19. Jahrhundert die braunschweigische Geschichte beherrschen und das Verhältnis zum braunschweigischen Welfenhaus prägen sollte. Braunschweig war nach der Schlacht von Jena und Auerstedt/Hassenhausen und den Entscheidungen im Frieden von Tilsit im Juli 1807 von Franzosen besetzt und hatte schließlich als Teil des Königreichs Westphalen seine Eigenstaatlichkeit verloren.[70]

---

69 Ebd., S. 19.

70 Zum Königreich Westphalen sehen Sie in diesem Band den Beitrag von Gerhard Schild: Braunschweig unter westphälischer Herrschaft – Erfahrungen und späte Folgen.

Der Fünfte Koalitionskrieg 1809

Begann man in Preußen nach Tilsit mit durchgreifenden Reformen[71], die das Land modernisieren und zukunftsfähig machen sollten, war man in Österreich nur halbherzig dazu in der Lage. Politisch sah sich das Land zwar zur Anpassung an Frankreich gezwungen, der neue Außenminister Johann Philipp von Stadion (1763–1824) verfolgte weiterhin das primäre Ziel, die Verhältnisse durch einen neuen Krieg wieder zugunsten Österreichs zu wenden. Daher liegt nahe, daß sich die wenigen Reformansätze zunächst vor allem auf eine Militärreform konzentrierten.[72] Die regulären Truppen wurden unter Führung von Erzherzog Karl (1771–1847) reorganisiert. Darüber hinaus hat man gegen die Bedenken von Kaiser Franz I. die Bildung einer Landwehr durchgesetzt, die nach französischem Muster entstand, jedoch nahmen nicht alle Regionen, wie etwa Galizien oder Ungarn, an dieser neuen Einrichtung teil, so daß die Landwehr überwiegend in den deutschsprachigen Teilen des Kaiserreiches entstand. Die Vorstellungen der Kriegspartei in Wien gingen davon aus, daß sich Österreich an die Spitze einer gesamtdeutschen, antinapoleonischen Bewegung stellen könne, die nach Beginn eines erneuten Feldzugs gegen Napoleon eine revolutionäre Welle auch in den deutschen Staaten auslösen würde, die sich dann dem Krieg anschließen würde. Stadions Hauptziel war ein deutscher Nationalkrieg. Aufgrund der Heeresreform hatte Wien zu Beginn des Jahres 1809 eine potentiell starke Armee zur Verfügung. Da Napoleon mit den Aufständen auf der Iberischen Halbinsel beschäftigt war, wo inzwischen auch englische Truppen unter Wellington (1765–1862) gelandet waren und den Guerillakrieg gegen Frankreich unterstützten, glaubte man trotz nicht vollständig abgeschlossener Vorbereitungen und ohne ein breites Bündnis mit Preußen und Rußland, mit einem Vormarsch nach Bayern am 9. April 1809 den Krieg beginnen zu können. Es war dies der Fünfte Koalitionskrieg. Die Erwartungen einer allgemeinen revolutionären Bewegung aber erfüllten sich nicht, Österreich blieb militärisch allein.

Andreas Hofer, Ferdinand von Schill, Friedrich Wilhelm

Mit Ausnahme eines kleinen Aufstandes in Hessen unter Führung des Oberst Wilhelm von Dörnberg (1768–1850), der Revolte des Majors Ferdinand von Schill (1776–1809) und der Beteiligung des Braunschweiger Herzogs und Heerführers Friedrich Wilhelm(1771–1815) am österreichischen Feldzug rührte sich in den deutschen Län-

[71] Clark: Preußen (wie Anm. 10), S. 364–399.

[72] Helmut Rumpler: Eine Chance für Mitteleuropa. Bürgerliche Emanzipation und Staatsverfall in der Habsburgermonarchie. (= österreichische Geschichte 1804–1914, hg. von Herwig Wolfram). Wien 1997, S. 69 ff.

dern kein Finger für den österreichischen Freiheitskampf. Nur in Tirol unter Andreas Hofer (1767–1810), außerdem in Vorarlberg und Kärnten gab es jeweils einen Volksaufstand, der dem Ideal Stadions von der *»deutschen nationalen Volkserhebung«* entsprach. Doch die gesamtstrategischen Maßnahmen waren unkoordiniert und zu zögerlich, so daß der auf der Iberischen Halbinsel militärisch erfolglose Napoleon zurückkehrte, rasche Erfolge in Bayern erzielte und ihm der Weg nach Wien offenstand. Zwar schien sich das Blatt noch einmal zu wenden, als Erzherzog Karl am 21./22. Mai 1809 in Aspern bei Wien einen Schlachtensieg über die Franzosen errang. Es war dies die erste militärische Niederlage Napoleons. Heinrich von Kleist (1777–1811) widmete Karl, als dem *»Überwinder des Unüberwindlichen«* daher eine begeisterte Ode und drückte damit die Überraschung seiner Zeitgenossen aus, aber Napoleon war zwar besiegt, aber keineswegs überwunden.

»Hättest du Türenne besiegt,
Der, an dem Zügel der Einsicht,
Leicht, den ehernen Wagen des Kriegs,
Wie ein Mädchen ruhige Rosse, lenkte;
Oder jenen Gustav der Schweden,
Der, an dem Tage der Schlacht,
Seraphische Streiter zu Hülfe rief;
Oder den Suwarow, oder den Soltikow,
Die, bei der Drommete Klang,
Alle Dämme der Streitlust niedertraten,
Und mit Bächen von Blut,
Die granitene Bahn des Siegs sich sprengten:
Siehe, die Jungfraun rief` ich herbei des Landes,
Daß sie zum Kranz den Lorbeer flöchten,
Dir die Scheitel, o Herr, zu krönen!

Aber wen ruf ich (o Herz, was klopfst du?),
Und wo blüht, an welchem Busen der Mutter
So erlesen, wie sie aus Eden kam,
Und wo duftet, auf welchem Gipfel,
Unverwelklich, wie er Alciden kränzet,
Jungfrau und Lorbeer, dich, o Karl, zu krönen,
Überwinder des Unüberwindlichen!«[73]

Es war ein militärisch unbedeutender Sieg mit hoher Opferzahl und Wien blieb in französischer Hand, dennoch war es ein psychologisch wichtiges Signal. Der bisher ungeschlagene Napoleon hatte den Nimbus des Unbesiegbaren verloren. Trotz

[73] Heinrich von Kleist: Sämtliche Werke und Briefe. Band 1. München 1977, S. 30–31.

anfänglicher Erfolge und dem stark beachteten Sieg bei Aspern gelang kein entscheidender Durchbruch, und Napoleon schlug am 5. und 6. Juli 1809 die Österreicher vernichtend in der Schlacht bei Wagram. In der Folge mußte Österreich am 14. Oktober 1809 im Frieden von Schönbrunn harte Friedensbedingungen akzeptieren: Tirol und Vorarlberg waren endgültig verloren, Salzburg und Berchtesgaden sowie das Innviertel gingen an das mit Frankreich verbündete Bayern. Aus Gebieten in Westkärnten, Krain, Kroatien, Dalmatien und Triest schuf Napoleon die sogenannten Illyrischen Provinzen, womit Österreich auch seinen einzigen Zugang zum Meer verlor. Ostgalizien mußte schließlich an Rußland, das sich Napoleon angeschlossen hatte, abgetreten werden sowie Westgalizien und Krakau an das Großherzogtum Warschau.[74] Österreich war praktisch zum Satellitenstaat Frankreichs geworden.

Nachfolger von Graf Stadion als Außenminister wurde nun am 8. Oktober 1809 der Pariser Botschafter Clemens Wenzel Graf Metternich (1773–1859). Für Österreich begann mit der Ära Metternich nun ebenfalls eine neue Zeit reformorientierter Realpolitik.[75] Die patriotische Bewegung aber war in Österreich nach dem Frieden von Schönbrunn rasch wieder Vergangenheit. Obwohl der Krieg von 1809 anders als zuvor in weiten Kreisen der Bevölkerung populär war, bedeutete sein unrühmliches Ende doch große Erleichterung. Auch die wenigen Aufstandsbewegungen endeten mit Niederlagen, ihre hingerichteten Führer wie Ferdinand von Schill und Andreas Hofer fanden schließlich eine Verklärung als »*Volkshelden*«.

Noch aber schwebte der globale Konflikt Frankreich mit England ebenso über Europa, wie das französisch-russische Verhältnis die erstrebte endgültige Vorherrschaft Napoleons über Kontinentaleuropa infrage stellte. Das gegen England gerichtete Kontinentalsystem funktionierte keineswegs und gefährdete zunehmend auch die kontinentale Wirtschaft und die Kontinentalsperre war aufgrund der Schwäche der französischen Marine kaum wirkungsvoll durchzusetzen. Die Briten betrieben einen schwunghaften illegalen Handel, der Schmuggel blühte in allen Grenzzonen, besonders aber entlang der deutschen Nordseeküste, selbst in Staaten wie dem Herzogtum Oldenburg, das dem Rheinbund angehörte. Um diese Lücke zu schließen, annektierte Napoleon im Januar 1811 die Gebiete der deutschen Nordseeküste als Teil des Kaiserreiches Frankreich und besetzte auch das Gebiet des Alliierten Oldenburg. Die enge familiäre Verbindung zwischen Oldenburg und Rußland, die Schwester des Zaren, Katharina Pawlowna (1788–1819), war mit Prinz Georg von Oldenburg (1784–1812) verheiratet, sorgten für entsprechende Aufregung in St. Petersburg, das sich daher nicht mehr an der Kontinentalsperre beteiligte. Die Lage verschärfte sich noch, als die Absicht Napoleons bekannt wurde, Polen wieder als Puffer gegen Rußland zu beleben und zugleich französische Einheiten aus Süddeutschland in das Herzogtum War-

[74] James Allen Vann: Habsburg Policy and the War of 1809, in: Central European History 7 (1974), S. 291–310.

[75] Rumpler: Österreich (wie Anm. 72), S. 98–104.

schau und damit an Rußlands Grenze zu verlegen. Beide Seiten bereiteten sich seit 1811 auf eine kriegerische Auseinandersetzung vor: am Horizont zeichnete sich der sechste und letzte der seit 1792 stattfindenden Koalitionskriege ab.

Der Sechste Koalitionskrieg 1812 – 1814

Ende Mai 1812 setzte Napoleon die Grande Armée in Richtung Rußland in Marsch. Es war eine gewaltige Streitmacht von mehr als 500.000 Mann, davon rund ein Drittel Deutsche, die am 23. Juni 1812 die Memel überschritten. *»Hier trat erneut das alte napoleonische Sicherheitsdilemma zutage: Jede Eroberung erforderte zu ihrer Sicherung eine weitere, wodurch eine zerstörerische Dynamik in Gang gesetzt wurde, die letzten Endes in den Untergang führen musste.«*[76] Aufgrund der russischen Defensivtaktik kam es zu keiner frühen Entscheidungsschlacht, und die Franzosen mußten immer weiter in das Landesinnere vorrücken, jedoch ohne ausreichende Versorgungslinien für den Nachschub aufgebaut zu haben. Die erste größere und für Napoleon erfolgreiche Schlacht am 7. September bei Borodino brachte zwar hohe Verluste auf beiden Seiten, aber keine Entscheidung. Eine Woche später wurde Moskau eingenommen, das jedoch von den Russen verlassen und in Brand gesteckt worden war. Krankheiten, Hunger und der harte russische Winter forderten hohe Opferzahlen und zwangen Napoleon, nachdem Zar Alexander I. jegliche Friedensverhandlungen verweigert hatte, zum Rückzug. Über 250.000 Tote und etwa 200.000 Gefangene hatten die Grande Armée grausam dezimiert, und gegen Ende 1812 erreichten nur etwa 100.000 Mann die polnisch-ostdeutschen Grenzen. Napoleon war zuvor bereits in Paris eingetroffen. Die Katastrophe war für Frankreich endgültig eingetreten, und das Ausmaß übertraf alle Schreckensvorstellungen, wie ein Augenzeuge berichtet: *»Von Frost und Hunger waren die edelsten Gestalten krumm zusammen geschrumpft, voller blauer Flecken und weißer Frostbeulen. Ganze Gliedmaßen abgefroren und in Fäulnis (…), verbreiteten sie einen pestartigen Geruch (…). Ihre Kleidung bestand in Lumpen, Strohmatten, alten Weiberröcken, Schafsfellen, oder was sie sonst habhaft werden konnten. Keiner hatte eine ordentliche Kopfbedeckung, sondern das Haupt mit altem Tuch oder Hemde verbunden; statt der Schuhe und Strümpfe waren die Füße mit Stroh, Pelz oder Lumpen umwunden.«*[77] Russische Truppen folgten den versprengten französischen Einheiten und überschritten am 20. Dezember 1812 die Grenzen in Ostpreußen und wurden von vielen preußischen Bevölkerungsgruppen geradezu euphorisch als *»Befreier«* bejubelt.[78]

---

[76] Simms: Vorherrschaft (wie Anm. 4), S. 245; Willms: Napoleon (wie Anm. 4), S. 536 ff. ausführlich.

[77] Bernd v. Münchow-Pohl: Zwischen Reform und Krieg. Göttingen 1987, S. 377.

[78] v. Münchow-Pohl: Reform (wie Anm. 77), S. 378.

Entsprechend des gültigen Bündnisvertrags mit Frankreich hätte nun General Yorck von Wartenburg (1759–1830) mit seinem Armeekorps gegen die Russen Stellung beziehen müssen, um den Rückzug der geschlagenen Grande Armée an der Flanke zu sichern. Doch angesichts der realen Verhältnisse handelte General Yorck auf denkwürdige Weise. Am 30. Dezember 1812 traf er mit dem russischen Oberbefehlshaber General Hans Karl von Diebitsch (1785–1831) eine Vereinbarung, die als Konvention von Tauroggen in die Geschichtsbücher eingehen sollte. Yorck verpflichtete sich, sein preußisches Armeekorps für mehrere Wochen zu neutralisieren und damit aus dem Bündnis mit Frankreich auszuscheiden. Der Weg für die Russen durch Ostpreußen war damit frei geworden. Bemerkenswert bei dieser Entscheidung war die Tatsache, daß General Yorck ohne Wissen der Zustimmung des preußischen Königs, ja schließlich sogar gegen dessen Entscheidung handelte. Die Aktion von General Yorck bedeutete nicht nur Ungehorsam, es war letztlich Verrat.[79] Nipperdey beurteilt Yorcks Entscheidung als höchst bedeutsam, denn *»er stellte die patriotisch-nationale Legitimität höher als die dynastisch-militärische Autorität und bestimmte damit ein Stück Weltgeschichte«*.[80] Es war jener Patriotismus, der nun auch den preußischen König mehr und mehr zu einer aktiveren Politik gegen Napoleon drängte.[81]

Deutschland wurde nach dieser Niederlage Napoleons zum zentralen Schauplatz der endgültigen Wende für dessen europäische Hegemonialpolitik. Auf der Iberischen Halbinsel waren Wellingtons britische Invasionstruppen zeitgleich ebenfalls erfolgreich, und die allgemeine Stimmung in den französischen Satellitenstaaten Deutschlands hatte sich entscheidend gewandelt. Aus der Brise des Widerstands erwuchs allmählich ein ernstzunehmender Sturm. Noch aber waren die Monarchen uneinig, zweifelnd oder schlichtweg, wie der preußische König Friedrich Wilhelm III., zögerlich in ihren Entscheidungen über das weitere Vorgehen gegen Napoleon. Im Februar 1813 schließlich wurde der preußische König endlich aktiv und schloß mit Rußland den Vertrag von Kalisch, womit die wechselhafte Politik Preußens einem entschiedenen Abrücken von Napoleon gewichen war. Am 17. März hielt der König seine berühmte Rede *»An mein Volk«*. Kurze Zeit später betonten Zar Alexander I. und König Friedrich Wilhelm III. in der Erklärung von Kalisch, das Ziel eines vereinten Deutschland zu unterstützen. Es sollte ein patriotischer Befreiungskampf werden, ein *»Krieg des Volkes«*[82], und so spielten dieses Mal die Freikorps, wie z. B. die *»Schwarze Schar«* des Lützow`schen Freikorps, anders als 1809 eine große Rolle. Zentrum der Vorbereitungen war Breslau, wo Friedrich Wilhelm III., Gerhard von Scharnhorst (1755–1813), August Neidhard von Gneisenau (1760–1831) und Gebhard Leberecht von Blücher (1742–1819) mit ihren neuen russischen Verbündeten zusammentrafen und den

[79] Clark: Preußen (wie Anm. 10), S. 415; Nipperdey (Deutsche Geschichte (wie Anm. 68), S. 83.

[80] Nipperdey: Deutsche Geschichte (wie Anm. 68), S. 83.

[81] Ebd., S. 83 f; Clark: Preußen (wie Anm. 10), S. 419.

[82] Nipperdey: Deutsche Geschichte (wie Anm. 68), S. 83.

Völkerschlacht bei Leipzig, 1813

geplanten Feldzug koordinierten und organisierten. Ende März begannen die später so bezeichneten *»Befreiungskriege«*, die auch als Sechster und letzter Koalitionskrieg bekannt sind.[83]

Zunächst zögerte Österreich und Metternich hielt Anfang des Jahres 1813 noch Distanz zur preußisch-russischen Koalition. Er sah die Machtbalance in der Mitte Europas in Gefahr, wenn Frankreich besiegt war und fürchtete gleichzeitig eine zukünftige russische Hegemonie an Stelle der bisherigen französischen Vormacht. Das aber konnte ebenso wenig im Interesse Österreichs liegen wie die bestehende Lage. Nachdem aber mit den Reichenbacher Konventionen im Juni 1813 Großbritannien in bilateralen Vereinbarungen mit Rußland und Preußen Unterstützung und erhebliche Subsidien für den Krieg gegen Napoleon zugesagt hatte, trat auch Österreich Anfang September der Koalition bei. In den Allianzverträgen von Teplitz einigte man sich schließlich auf die Wiederherstellung des europäischen Gleichgewichts auf dem Stand von 1805 ebenso wie auf die Auflösung des Rheinbundes, die Unabhängigkeit der deutschen Staaten und die Wiederherstellung der territorialen Ordnung (von 1803) in Norddeutschland sowie eine neuerliche Teilung Polens.[84] Die

83 Gunther Rothenberg: Die Napoleonischen Kriege. Berlin 2000; Gerhard Bauer, Gorch Pieken, Matthias Rogg (Hrsg): Blutige Romantik. 200 Jahre Befreiungskriege. Dresden 2013.

84 Nipperdey: Deutsche Geschichte (wie Anm. 68), S. 87; Simms: Vorherrschaft (wie Anm. 4), S. 250; Clark: Preußen (wie Anm. 10), S. 425, dort auch ausführliche Darstellung der entscheidenden militärischen Strategie und des Verlaufs der Auseinandersetzung.

Waterloo, Denkmäler erinnern an die Schlacht

entscheidende Auseinandersetzung fand vom 16.–19. Oktober 1813 bei Leipzig statt. Es wurde die bis dahin größte Schlacht der Weltgeschichte in Kontinentaleuropa und blickt man auf die daran beteiligten Nationalitäten, so spricht man völlig zu Recht von der *»Völkerschlacht«*. Am Ende waren nicht nur ungeheure Verluste zu beklagen, sondern auch Napoleon und die französische Armee vernichtend geschlagen. Zwar gelang ihm der Rückzug nach Paris, als dies aber von den Alliierten Ende März eingenommen wurde, mußte Napoleon abdanken. Der Pariser Friede am 30. Mai 1814 beendete den langen und großen Kampf um die Vorherrschaft in Mitteleuropa nach 25 revolutionären Jahren. Die Neuordnung Europas wurde zur Aufgabe des Wiener Kongresses.[85]

Die zukünftige geopolitische Neuordnung Deutschlands und Europas zeichnete sich bereits während der Auseinandersetzungen sowie im Pariser Friede ab. Frankreich blieb als Großmacht in den Grenzen von 1792 bestehen und Metternich schuf im Vertrag in Ried am 8. Oktober 1813 einen Ausgleich mit Bayern, der letztlich die territoriale Ordnung der Rheinbundstaaten und die unter Napoleons Protektorat neu geschaffenen Mittelstaaten als zukünftige Ordnung – zumindest in Süddeutschland – bereits festschrieb. *»Die später staatenbündische Lösung der deutschen Frage wurde durch die Souveränitätsgarantie weitgehend präjudiziert«*.[86] Die Völkerschlacht bei Leipzig markierte einen entscheidenden Höhe- und Wendepunkt der europäischen Geschichte. Vor allem die französischen Satellitenstaaten, wie z. B. das Königreich Westphalen, wurden aufgelöst. So war auch das Fürstentum Braunschweig-Wolfenbüttel wieder restituiert worden und Braunschweigs *»Herzog ohne Land«*, Friedrich Wilhelm, konnte am 6. November 1813 die Wiederinbesitznahme seines Landes proklamieren lassen.[87] Noch während die europäischen Mächte in Wien die zukunftsträchtige Neuordnung Europas und Deutschland verhandelten,[88] wurde

[85] Zum Wiener Kongreß sehen Sie in diesem Band den Beitrag von Michael Hundt: Der Wiener Kongreß und Braunschweig.

[86] Nipperdey: Deutsche Geschichte (wie Anm. 68), S. 87.

[87] Siehe hierzu in diesem Band den Beitrag von Gerhard Schild: Braunschweig unter westphälischer Herrschaft – Erfahrungen und späte Folgen.

[88] David King: Wien 1814. Von Kaisern, Königen und dem Kongreß, der Europa neu erfand. München 2014; Adam Zamoyski: 1815 – Napoleons Sturz und der Wiener Kongress. München 2014.

Europa durch die Nachricht erschüttert, daß Napoleon aus der Verbannung nach Elba zurückgekehrt war.[89] Das letzte Intermezzo der *»Hundert Tage«* hatte begonnen. Erneut gelang es ihm, eine allgemeine Begeisterung bei der Bevölkerung zu wecken, getragen von der Erinnerung an die verlorengegangene Hegemonie auf dem Höhepunkt der napoleonischen Macht über Kontinentaleuropa. So erfolgreich Napoleons erste Unternehmungen waren, am 18. Juni 1815 wurde er bei Waterloo endgültig von einem alliierten Heer, das überwiegend aus Deutschen bestand, besiegt.[90] Nun wurde Napoleon erneut verbannt, und zwar auf die Insel St. Helena. Es wurde seine letzte Lebensstation und dieses Mal sollte er nicht mehr nach Frankreich und Europa zurückkehren.

Allierte Soldaten 1815

[89] Volker Hunecke: Napoleons Rückkehr. Die letzten Hundert Tage – Elba, Waterloo, St. Helena. Stuttgart 2015.

[90] Marian Füssel: Waterloo 1815. München 2015; Munro Price: Napoleon. Der Untergang. München 2015.

To ELBA.
To FONTAINEBLEAU
A throne is only made of wood and cover'd with velvet.
The greatest events in human life is turn'd to a puff.
Materials for the history of my life and exploits
A cargo of Mathematical books for my study at ELBA
Farewell my brave soldiers, my eagles adieu;
Stung with my ambition; o'er the world ye flew:
But deeds of disaster so sad to rehearse,
I have lived — fatal truth for to know the reverse.
From Moscow, from Lipsic; the case it is clear
I was sent back to France, with a flea in my ear.
The Journey of a modern Hero, to the Island of ELBA
A lesson to mortals, regarding my fall;
He grasps at a shadow; by grasping at all.
My course it is finish'd my race it is run,
My career it is ended just where it begun.
The Empire of France no more it is mine,
Because I can't keep it I freely resign.

Napoleon auf dem Schlachtfeld von 1806

Matthias Steinbach

Napoleon vor der Kaisergarde bei Jena, Öldruck von Vernet, um 1850

»Dreimal Napoleon«

Oder:

Vom Nutzen und Nachteil historischer Größe für das Leben

Walter Lange (1887–1969) als Napoleon von Cospeda

Große Männer vernebeln die Geschichte. Napoleon im Zusammenhang mit der vergleichsweise mäßig berühmten Figur des »*Schwarzen Herzogs*« schon wieder einmal vernehmlich werden zu lassen, ist ein nicht unproblematisches Unterfangen, ein müßiges und überflüssiges zudem, wie es scheinen könnte. Denn alles ist doch eigentlich gesagt über den Militär und Revolutionär, den Konsul, Kaiser, Eroberer, Tyrann, »*großen Plebejer*« (Treitschke), »*weltlichen Heiland*« (Heine) oder »*guten Europäer*«, eine Titulatur Friedrich Nietzsches.

Der hier dennoch unternommene Versuch eines *Napoleonischen Monologs* hängt mit der Entdeckung eines anderen Bonaparte zusammen, dem Schlachtfeldtouristen seit einigen Jahren auf jenen Höhen um Jena begegnen, die im Herbst 1806 Schauplatz eines nie da gewesenen preußischen Debakels wurden. Nach dem kleinen Korsen selbst und einem geschäftstüchtigen Gastwirt Walter Lange, der seit den 1920er Jahren als »*Napoleon von Cospeda*« für Aufsehen sorgte[1], handelt es sich dabei um eine dritte Napoleonfigur, die der Jenaer Pantomime Harald Seime gelegentlich »*erscheinen lässt*« – subversiv mit Blick auf das, was man *historische Größe* genannt hat. Anders als der urige Wirt Lange, der noch in authentischer Pose und kritikloser Einfühlung das große Original zu imitieren suchte und auf Bildern seinem Helden verblüffend ähnlich sieht, schlüpft Seimes Napoleon, viel älter übrigens als seinerzeit das große Original, in ganz ungewöhnliche Rollen, jagt nicht nur den Feind, sondern auch Schmetterlinge, plagt sich nicht nur mit der großen Politik, sondern auch mit Flöhen und Arthrosen, mutiert am Ende gar zum Friedenskaiser.

Seime verfremdet seinen Napoleon, indem er dem sonst so blassen, melancholisch entschlossenen Gesicht, wie wir es aus den Gemälden von David, Ingres, Gros oder

---

[1] Schöne Skizze bei Ernst Kaufmann: Das alte Jena in seinen berühmten Originalen. 2. Auflage. Bucha 2006.

Gérard kennen – Heinrich Heine sprach von der Farbe *»marmorner Griechen und Römer«*[2] –, Emotionen einhaucht und dadurch Gefühle und Leidenschaften extrovertiert, die ansonsten nur aus mühsamer Lektüre der doppelbödigen Selbstzeugnisse sowie der umfangreichen Memoirenliteratur gewonnen werden können. Die Fassade starrer, unangreifbarer Gelassenheit bröckelt. Die Masken fallen. Napoleon zeigt das, was er in Wirklichkeit nie oder nur sehr selten zeigte. Lust und Begeisterung, Hochmut, Hass, Trauer und auch jene durch Vitalität und Wachsein überspielten obsessiven Zweifel und Ängste, die ihn seit frühester Kindheit begleiteten. Vergessen wir nicht, dass er als Korse für Frankreich zunächst ein Fremder, ein Migrant war, dass er fremd dachte und redete, ritt wie ein Mongole. Seine Heimat blieb immer Korsika.

Harald Seime als Napoleon in Vierzehnheiligen, 2006

So paradox es klingt: *Verfremdung* und *Distanzierung*, die beiden von Harald Seime pantomimisch zur Geltung gebrachten Maximen Brechts, bringen uns dem *»Rätsel Napoleon«* auf die Spur. Bilder und Texte verschmelzen zu einem ambivalenten Charakterbild, in dem sich zeitgenössische Politik in ihren unmittelbaren Konsequenzen wie ihren Möglichkeiten spiegelt. Auch bestätigen Seimes Interpretationen auf eigenwillige Weise, dass große Individuen, wie Jacob Burckhardt sagt, *»nicht zum Vorbild, sondern als Ausnahme in die Weltgeschichte gestellt«* sind[3] und allenfalls zur Abschreckung Beispiele geben sollten. Insofern sind diese *großen Individuen* das, was wir nicht sind und nicht einmal wünschen sollten zu sein. Das von Seime derart *»überfallene«* Publikum kann mit solcher Art von Kritik und ironischer Distanz oft nur wenig anfangen. Ereignislüstern und den kleinen *Großen* zudem bewundernd, fühlt es sich, wie man zum 200. Jubiläum der Schlacht erleben konnte, durch den Aktionskünstler in seinem museal folkloristischen Interesse provoziert, gelegentlich auch einfach nur beim Festessen und der *Thüringer Schlachteplatte* gestört. Man will sich die Illusion, im Banne des Helden zu stehen, zu forschen und letztlich einer *heroischen* Wahrheit zu dienen, ebenso wenig nehmen lassen wie den Glauben an einen möglichen, leider aber eben durch Unfähigkeit vertanen Erfolg der Deutschen. *»Wieder nicht gewonnen«*, titelte daher nach dem großen Spektakel vom 14. Oktober 2006 angemessen bissig die *Frankfurter*

---

[2] Heinrich Heine: Ideen: das Buch Le Grand. Hrsg. von Dierk Möller. Stuttgart 1994.

[3] Vgl. Jacob Burckhardt: Weltgeschichtliche Betrachtungen. Historisch-Kritische Gesamtausgabe. Hrsg. von Rudolf Stadelmann. Pfullingen 1949, S. 281.

Allgemeine Zeitung. Der Glaube an eine bestimmte Realität verträgt weder variable Sehepunkte noch ironische Kommentierung. Doch bleibt es eine Unmöglichkeit, historische Figuren vom Schlage Napoleons oder Hitlers eins zu eins wiederzugeben, so wie es das historiengläubige Publikum häufig nicht nur vom Schauspieler, sondern auch vom Historiker verlangt. Bernd Eichingers *Untergangs*-Kammerspiel mit täuschend echter Darstellung Hitlers durch Bruno Ganz und einem so kenntnisreichen Berater wie Joachim Fest im Hintergrund war dafür ein Lehrstück. Man verzeiht es Ganz nicht, dass er besser war als der echte Hitler.

Anders liegen die Dinge bei Kindern und Jugendlichen ohne bildungsbürgerliche Attitüden oder besonderen Hang zur Militärgeschichte. Hier erhöht sich die Aufmerksamkeit schlagartig, wenn der andere, der *wortlose* Napoleon erscheint. Zugleich entsteht ein wirkliches Verlangen, diese Figur und ihre »*Faxen*« zu verstehen. Man ahnt die Möglichkeiten, die in der Vergangenheit schlummern, die aber allzu oft von einer Geschichte, vermittelt als *anonyme Macht* und Referenzpunkt politisch korrekter Bildungsabsichten, vertan werden. Vielleicht behauptet Napoleon im Persönlichen, Nichtanonymen ja gerade darum seinen Platz in der Geschichte und im Interesse der Nachwelt. Heroische Leistung und Unglück des besiegten Helden faszinieren ebenso, wie dessen kriegerische, ja mörderische Energien abstoßen. Napoleon steht für das traditionelle Diktum, wonach »*Männer die Geschichte machen*«. Er war der Prototyp des politischen *Misogyn,* der nicht nur seine Erzfeindin Luise, die Königin von Preußen, hasste, sondern Frauen in politischen und öffentlich-literarischen Angelegenheiten überhaupt verachtete, darin übrigens seinem Vorbild, Friedrich dem Großen, ganz ähnlich.

Die Idee, typische Posen des Pantomimen mit einem fingierten, aber im Kern aus den Quellen, insbesondere den Erinnerungen, Briefen, Bulletins und Reden Napoleons gearbeiteten Monologs zu kontrastieren, wäre nicht zu Stande gekommen ohne die Fotographien Anne Günthers. Ihre Schnappschüsse, die sie von Harald Seime vor dem im Jahre 1906 mit großem Pomp und viel Volk eingeweihten Vierzehnheiliger Denkmal machte, sind kleine Kunstwerke für sich. Vierzehnheiligen selbst war Mittelpunkt der Schlacht vom 14. Oktober 1806. Hier entschied sich das Schicksal des alten Preußen, das noch wie zu Zeiten Friedrichs des Großen stolz marschierte, um dann mit klingendem Spiel und fliegenden Fahnen unterzugehen. Hier endete die alte und begann eine neue deutsche Geschichte und an ihrem Anfang war, wie Thomas Nipperdey es so schlicht und treffend sagte, Napoleon[4]. Es ist in diesem Zusammenhang noch bemerkenswert, dass sich im Sommer 1944, wenige Wochen vor dem Attentat auf Hitler, Feldmarschall von Witzleben und einige Vertraute, Mitverschwörer allenthalben, am Denkmal trafen, offenbar, um sich ihrer altpreußisch-soldatischen Tradition noch einmal gewiss zu werden. Aus der peinlichen

---

4 Thomas Nipperdey: Deutsche Geschichte 1800–1866. Bürgerwelt und starker Staat. München 1983.

Niederlage gab es jetzt, spät freilich, doch noch etwas zu lernen. Nach dem Krieg sollen Gefallenendenkmal und Kirche ausgerechnet von den Russen vor der Zerstörung durch rigorose Kulturrevolutionäre bewahrt worden sein. Vielleicht dachten die Sieger von 1945 dabei an Blücher und Napoleon. Geschichtspolitisch brisanter Schlusspunkt bislang: Ein dem politischen Regietheater zugeneigter Bürgermeister lässt im Jahre 2006 zur Feier des Tages vor dem Denkmal die Marseillaise abspielen und Freund und Feind dazu stramm stehen. Wer hätte das gedacht: Napoleon am Ende ein deutscher Held?

Unbesehen dessen stehen Jena und Vierzehnheiligen wie auch *Quatre Bras* und *Waterloo* für das blutige Gemetzel der Napoleonischen Kriege, die allein Frankreich über eine Million Tote, Verstümmelte und Vermisste kosteten, ganz zu schweigen vom Leid der in die Kriege hineingezogenen und verwickelten europäischen Völker. Vor diesem Hintergrund erscheint Napoleon wie ein *»blutiger Hahn«*[5], der die Welt mit Tod und Verderben überzog. Bei aller Sympathie für seine Adelskritik, seinen bürgerlichen Reformeifer und ein visionäres europäisches Denken hat eine kritische Annährung dies immer zu vergegenwärtigen.

Den folgenden zwölf Szenen ist jeweils eine charakteristische Pose Napoleons zugeordnet. Der stumme *Seime-Napoleon* wird zum Sprechen gebracht. Unterbrochen wird das Selbstgespräch von Zeit zu Zeit durch Stimmen aus dem preußischen Hauptquartier. Sie kommen aus dem Hintergrund – ängstlich und leise, gelegentlich flüsternd, hier und da subversiv, provozierend. Neben der biografischen Literatur wurden vor allem Egodokumente Napoleons verwertet, seine Korrespondenz wie sein umfangreiches autobiographisches Schrifttum[6], die uns freilich auch nur einen immer wieder neu maskierten Helden präsentieren. Ein paar Pfeile Nietzsches sind ihm zudem auf die Zunge gelegt worden. Geboten werden in erster Linie Perspektiven und Bewertungen Napoleons, verfremdet und kritisch gegenwartsbezogen gewendet. Die beiden letzten Szenen durchbrechen Kontext und zeitlichen Horizont von 1806 und führen zu einer übergreifenden Diskussion napoleonischer Politik und Politikauffassung. Es spricht dann noch der *große Plebejer* und *Radikaldemokrat* und es geht dabei um die je nach Standpunkt und Bewertungsmaßstab sehr unterschiedlich zu beurteilenden Folgen der *»Franzosenzeit«* wie die Ambivalenz einer Epoche, in deren Zentrum Napoleon stand.

---

5 Bertolt Brechts auf Hitler und Stalin (?) bezogenes Bild im *»Lied von der Moldau«* (1943).

6 An biografischer Literatur wurden insbesondere die Arbeiten von Dufraisse, Sieburg, Tarlé, Tulard und Willms herangezogen sowie der Essay Seibts über Goethe und Napoleon und die Monografie Fabels über Prinz Louis Ferdinand und die Frauen.

Szenische Interpretation

Erste Szene:
»Heute wollen wir ein Liedlein singen ...«

»Heute wollen wir ein Liedlein singen,
Trinken wollen wir den kühlen Wein.
Und die Gläser sollen dazu klingen,
Denn es muß, es muß geschieden sein,
Gib' mir deine Hand,
Deine weiße Hand,
Leb wohl mein Schatz, leb wohl,
Denn wir fahren gegen Engeland [...].«[7]

---

[7] Hermann Löns: Matrosenlied (1910), zitiert in: Thomas Dupke, Hermann Löns. Mythos und Wirklichkeit. Hildesheim, S. 167.

Langsam, langsam. Erst einmal geht es gegen Preußen. Preußen!!! Eine Armee mit einem Staat. Der alte Fritz. Vor dem musste man sich noch in Acht nehmen. Aber Louis Ferdinand? Der arme Prinz – ein Künstler, der eine bessere Gesellschaft als die Berliner verdient hätte und schon gar nicht den Tod auf dem Schlachtfeld. Falsche Rolle. Er wollte sich nicht gefangen nehmen lassen und nun liegt er zerstochen auf einem ihrer lächerlichen kleinen Höfe. Dieser blauäugige Abgott der Frauen. Vor der Schlacht soll er Klavier gespielt haben, vortrefflicher als alle Pariser Pianisten. Bei der Armee wird sein Tod eine Sensation machen...

Stimmen aus dem preußischen Hauptquartier (leise aus dem Hintergrund)**:**

Wo ist dieser Bandit nur?
Er hat unseren Prinzen Louis Ferdinand getötet.
Was?
Ja, den Prinzen, unsere größte Hoffnung!
Unsere einzige Hoffnung!
Unsere letzte Hoffnung!
Sie haben die Leiche ausgeplündert und ausgezogen.
Nicht einmal die Stiefel haben sie ihm gelassen.
Diese Bestie! Er wird auch uns töten.
Wir sollten verhandeln.
Verhandeln nützt nichts. Er verhandelt nicht.
Er verhandelt nicht?
Nein, er verhandelt nicht, niemals.

Wenn der Prinz auch nicht der beste Bürger war, so ist sein Ende doch glorreich und verdient beklagt zu werden. Er ist gestorben, wie jeder gute Soldat es wünschen sollte. Er war die positive Ausnahme unter meinen Feinden.

Und entre nous: Welcher König hätte es denn nicht verdient, entthront zu werden? Sie alle haben ihre Herrschaft doch mit Verbrechen erkauft. Und man komme mir nicht mit Ludwig dem XVI. Das war ein Schwächling, ein Weichei. Ein paar harte Entscheidungen, ein paar »Stahlblicke« gegen seine arroganten Höflinge; ein wenig Politik, und er hätte überlebt; als König überlebt. Und sein Bruder erst?[8] *Dieser übergewichtige Schakal. Die Emigranten sind eine Schande für Frankreich. Man sollte sie in die Wüste schicken. Da können sie gegen den Sand intrigieren.*

[8] Ludwig XVIII., 1814–1824 König von Frankreich.

Zweite Szene:
»Nun seht euch nur dieses gepuderte Rentnerpack an …«

Nun seht euch doch bloß dieses gepuderte Rentnerpack da drüben an. Männer über fünfzig sollten keine Armeen führen. Ich war Leutnant der Artillerie mit sechzehn, Brigadegeneral mit vierundzwanzig. Die Italienarmee übernahm ich mit 27. Der, den ich ablöste, war 72. Ich habe den Leuten klar gemacht, was ein Fehler ist! Da drüben wissen sie das noch nicht. Spazieren herum wie Modekasper aus einer vergangenen Zeit.

Wenn ich so alt werde, dann höchstens als Schriftsteller, als Philosoph meinetwegen! Man muss sich sein Leben gut einteilen. Schreiben kann man im Alter. Mark Aurel! Larochefoucault! Friedrich der Große! Der hätte besser Franzose sein sollen. Wenn der noch am Leben wäre, wäre ich heute nicht hier...

Stimmen aus dem preußischen Hauptquartier:

Wir müssen Berlin und Potsdam schützen.
Er wird Guillotinen aufstellen und das Grab Friedrichs schänden.
Er verhöhnt unser altes Preußen.
Er ist ein Bauer.
Nein, nein, kein Bauer.
Doch. Er ist ein korsischer Bauer!
Unglaublich! Nicht mal Franzose.
Er hat Frankreich besiegt und nun will er die Welt besiegen.
Er ist ein Bauer. Er kann nicht mit Macht umgehen.

Dritte Szene:
»Das ist eine sehr gute Idee ...«

Das ist ein guter Einfall. Sobald wir in Potsdam sind, werde ich meine Offiziere an Friedrichs Grab versammeln und ich werde ihnen sagen: »Messieurs«, werde ich sagen, »nous ne serions pas là s'il était ici!« Wenn der noch am Leben wäre, meine Herren, wären wir heute nicht hier! Und merken Sie sich das und vergessen Sie Ihre scheiß jakobinische Herkunft. Diesem revolutionären Gesindel fehlt der Sinn für historische Größe. Und Friedrichs Degen und seine Uhr werde ich mitnehmen – die Insignien militärischen und überhaupt jeden Erfolgs. Wie? Sie wissen nicht, warum jemand wie er und ich Erfolg haben? Früh dran sein und hart dreinschlagen, so lautet das Erfolgsrezept. Und im richtigen Moment aufhören, so wie der Alte Fritz! Und dann als Friedens- und Reformkönig in die Geschichte eingehen, als »Antimachiavell«!

Stimmen aus dem preußischen Hauptquartier:

Er hat es tatsächlich vor. Er wird es machen!
Was denn?
Mit dem Schädel des Königs spielen, seinen Knochen fechten.
Das ist ja grauenvoll. Warum will er das tun?
Er langweilt sich. Wir langweilen ihn.
Der König hat sich verbrennen lassen.
Weil er wusste, was kommt.
Das ist doch Unsinn. Kein König lässt sich verbrennen,
nicht einmal Friedrich.
Woher wollen sie das überhaupt wissen?
Sein alter Diener Katz hat es erzählt.
Der König hat gesagt: *»Asche kann man*
nicht schänden, nur in alle Winde verstreuen.«

»Wenn der hier noch am Leben wäre, wären wir nicht hier.« Vielleicht wird man das ja auch einmal an meinem Grab sagen. Fragt sich nur, in welcher Sprache? In Russisch? Vielleicht. In Deutsch? Niemals. Wenn ein so braves, geduldiges Volk wie die Deutschen einmal wirklich revolutionär würde, so wäre es immer ein Aufstand für uns und gegen die kleinen Fürsten dort. Hätte der Himmel gewollt, dass ich als deutscher Fürst geboren würde, so wäre ich ihr Kaiser geworden: dreißig Millionen vereinigte Deutsche durch mich. Was hätte ich ihnen nicht alles erspart, was hätte ich der Welt nicht alles erspart! Und die Engländer? Gott möge verhindern, dass sie einmal als Eroberer an meinem Grab stehen. Und wenn doch, wären sie zu stolz, eine solche Wahrheit auch nur zu denken. Die würden eher ihre Windhunde auf meine Gebeine pissen lassen, als mich loben.

Vierte Szene:
»Dieses unselige, kalte Nest ...«

Dieses unselige, kalte Nest. Und dieser Nebel. Und kein heißes Bad. Wenn ich die Preußen geschlagen habe, werde ich Brücken und Straßen in Paris nach dieser popeligen Stadt, diesem »Popeljena«[9] benennen, – ich, der »Weltgeist zu Pferde«. Ein Wort ihrer Philosophen. Ich bin das Krokodil, aus dem sie ihren Mythos stricken, eine Theorie machen.

Jena!!! Dieser Name wird durch mich in Erinnerung bleiben. Um ganz sicher zu gehen, müsste ich es niederbrennen, wie die Griechen Troja. So was bleibt hängen bei den Leuten. Pont d'Iéna, Rue d'Iéna, Avenue d'Iéna – Weltgeschichte, über die man spazieren geht. Heute will ich sie das Fürchten lehren, so wie ich die Österreicher und Russen bei Austerlitz das Fürchten lehrte ....

Stimmen aus dem preußischen Hauptquartier:

Er muss ganz in der Nähe sein.
Wo?
Dort im Nebel.
Wo denn?
Na dort.
Ich sehe nichts.
Sehen Sie ihn nicht?
Wir müssen angreifen, wir dürfen nicht mehr warten ...

Wo sind die Preußen überhaupt? Anstatt im Rheinbund mitzumachen, stellen sie mir dieses lächerliche Ultimatum. Ich soll hinter den Rhein zurückgehen, ich! Derselbe Geist des Übermuts, der sie vor vierzehn Jahren in die Champagne führte. Goethe, der einzige Deutsche mit Sinn und Verstand! Und das alles, nachdem ich ihnen Hannover geschenkt habe!

Die dachten wohl, sie kriegen ganz England? Maßlosigkeit ist immer der Anfang vom Ende.

Stimmen:

Wir hätten ihn nicht reizen dürfen.
Er ist ein Tyrann und einen Tyrannen muss man stürzen.
Tyrannen bedrohen die Ordnung.
Aber nicht dieses Ultimatum.
Wir hätten längst handeln müssen.
Wir sind zu schwach.
Wir sind stark genug.
Stark genug ist niemand.
Wir haben Kavallerie und Kanonen und unsere langen Kerls.

---

9 Schimpfwort des Jenaer Historikers Alexander Cartellieri. Vgl. Matthias Steinbach/Uwe Dathe (Hrsg.): Alexander Cartellieri. Tagebücher eines deutschen Historikers. Vom Kaiserreich bis in die deutsche Zweistaatlichkeit (1899–1953). München 2014.

Ich sollte längst in Sanssouci sein. Ohne Sorgen in Luises Bett liegen: Das wäre doch die Lösung! Die Widerspenstige zähmen und die preußischen Kriegstreiber gleich mit. Diese Schwarzbrenner und Geschmacksverderber. Preußischer Kartoffelschnaps an der Seine, das wäre das Ende. Ihr Bier in unseren Kaffeehäusern. Nicht auszudenken. Aber Luises Bett? Kriege mögen dann die andere führen. Tu, felix Napoleon, nube![10] *Frauen sind zu nichts nütze, aber sie können einem gefährlich werden. Der alte Fritz wusste Bescheid: Maria Theresia, Zarin Elisabeth und die Pompadour, drei Weiber, die ihn fast umgebracht hätten. Luise kann mir gefährlich werden. Vierzig Kanonen gegen das Bett der Königin. Das wäre ein Geschäft! Glück und Unglück in der Weltgeschichte hängen ab vom Bett, in dem einer schläft. Niemand sollte länger als fünf Jahre im selben schlafen. Irgendwann im Frieden werde ich den Europäern solche Vorschriften machen, damit sie endlich von ihren Schollen loskommen.*

Stimmen:

Luise kann uns retten.
Die Königin?
Er redet nicht mit Frauen.
Aber er schläft mit ihnen.
Das ist ja ungeheuerlich. Schweigen sie!
Sie ist schön und klug. Sie wird sich ihm hingeben.
Ungeheuerlich.
Sie muss sich hingeben.
Er wird sie nehmen und wie eine dreckige Hure aus dem Schloss jagen.
Mit einem Friedensvertrag!
Der König wird das nicht dulden.
Der König ist ein Angsthase ohne Rückgrat.
Schweigen Sie endlich. Das ist ja ungeheuerlich!

Ich halluziniere. In Frauen steckt nichts Gutes: Entweder ein Kind oder eine Krankheit! Oder eine Verschwörung. Die Königin ist doch an allem Schuld und ihr kleines, süßes Näschen ist nichts als eine Falle. Napoleon im preußischen Rattenkäfig wegen diesem Näschen. Vorsicht! Nur den großen Nasen ist zu trauen. Meine Generäle, ich muss sie mir genauer ansehen …

Und dieser Dämel in Memel[11] *spielt um die Ruhe seiner langweiligen Tage und die Existenz seiner Untertanen. Alles ohne jeden Schatten eines vernünftigen Vorwandes! Mehr noch als meine Feindschaft fürchten sie meine Freundschaft. Sie sollen ja hier ganz in der Nähe sein, die Amazone sogar in der Uniform eines Dragoner-Regiments. Täglich schreibt sie*

[10] Bezugssinnspruch: »*Bella gerant alii, tu felix austria, nube.*«

[11] König Friedrich Wilhelm III. von Preußen, Gemahl von Königin Luise.

dutzende von Briefen, um nach allen Seiten den Brand zu schüren – Armida[12]*, die in ihrer Verblendung den eigenen Palast anzündet. Aber wenn Madame durchaus eine Schlacht sehen will? Nur zu! Ich werde ihr das Vergnügen machen. Wenn Männerblut sie erregt? Ich hasse sie wie die Staël und alle intriganten Frauenzimmer, die glauben klüger zu sein als ich. Wie unglücklich sind doch die Fürsten, die Frauen Einfluss auf politische Angelegenheiten gestatten. Am Ende riechen noch die diplomatischen Noten und Staatspapiere nach Moschus. Hohe Verträge unter Pudern und Spitzen und anderem Toilettenplunder. Pfui Teufel!*

Dieser unselige Nebel. Wann verzieht der sich endlich?

[12] Zauberin, die den Kreuzitter Rinaldo auf einer Insel gefangen hält (nach Torquato Tasso: Das befreite Jerusalem. 1575). Napoleon kannte die Opernfassung Vincenzo Righinis von 1803.

Fünfte Szene:
»Das sind ja Schießbudenfiguren! Pappkameraden ...«

Um Himmels Willen. Soll das die preußische Vorhut sein? Sieht eher aus wie eine Kaffeefahrt von Vorruheständlern. Und diese merkwürdigen Mützen. Unglaublich! Wie Schießbudenfiguren auf dem Jahrmarkt. Pappkameraden, Peng, Peng! Vielleicht tanzen die ja, wenn man sie aufzieht. Denen könnte nicht einmal Münchhausen helfen. Hohenlohe auf einer Kanonenkugel. Das wäre ein Spaß...

Stimmen aus dem preußischen Hauptquartier:

Wir haben 150 000 Mann. Soviel hat er niemals.
Woher soll er so viele Soldaten nehmen?
Die er hat, reichen ihm.
Aber sie haben keine Lust zu kämpfen.
Unsere Bauern etwa?
Er hat Marschälle, die sie nach vorn treiben.
Wofür sollte ein Franzose an der Saale kämpfen? Hier gibt's nur sauren Wein und hochnäsige Professoren.
Vielleicht will er Paris vor Jena verteidigen? Wissen wir es?

Wofür kämpfen wir eigentlich?
Er will unsere Bauern befreien.
Wozu?
Er ist eben ein Befreier.
Er ist ein Lump, ein blutiger Lump, der keine Gnade kennt.

Ich habe dem König geschrieben, dass ich seit Jahren sein Freund bin. Hätte er mich um etwas Menschenmögliches gebeten, ich hätte es gewährt. Aber ein Rückzug hinter die natürlichen Grenzen Frankreichs! Dafür wäre mein Kopf noch vor kurzem in der Kalkgrube gelandet. Ich lege keinen Wert auf einen Sieg, der mit dem Leben vieler meiner Kinder erkauft wird. Aber wenn sie kommen, werde ich sie besiegen. Ich puste sie nur an und Preußen wird nicht mehr existieren. Ich habe ihnen jedenfalls keinen Grund zum Krieg gegeben. Ich nicht! Warum unsere Untertanen zur Schlachtbank führen? Ein Schlachtfeld ist immer schrecklich, auch wenn Siege in der Jugend vielleicht blenden und alle Schrecken mit Ruhm schmücken können, aber später?

Stimmen:

Vielleicht ist er nicht so stark. Vielleicht überschätzen wir ihn.
Unsinn. Er ist immer unterschätzt worden. Alle haben ihn unterschätzt, die Korsen, die Franzosen, die Österreicher, das schlaffe Direktorium, einfach alle! Die Franzosen lachten über den Plebejer, der fremd plapperte.
Hochmut kommt vor dem Fall.
Und wir haben ihn genauso unterschätzt, ihn und seine Feldherrnkunst.
Er ist ein Soldat und kein Feldherr.
Er ist einer, der weiß, was es heißt, Krieg zu führen.

Wollen doch mal sehn: Unsere geschlossenen Karrees gegen ihre Kavallerie, wenn nötig mit dem blanken Bajonett. Eigentlich sollten wir ihre Reiterei fürchten. Seydlitz, Ziethen und ihre berühmten Attacken. Aber sie sehen zu traurig aus, diese Generäle. Die haben keine Ahnung mehr, was Krieg bedeutet. Der Herzog von Braunschweig, ein alter Narr ohne Lust, sich mit mir zu schlagen; Hohenlohe, schwach und eitel; Rüchel, nichts als ein Prahler; Möllendorf, abgestumpft und senil – allesamt tatenlose Routiniers, die ich weniger fürchten muss als meine Marschälle. Wenn man sich die müden Gockel auf ihren Pferden nur anschaut. Sie könnten jeden Moment runterfallen.
Wir könnten es ja ausreiten. Ich fordere Hohenlohe zum Zweikampf heraus. Hier fangen wir an und in Kapellendorf ist Ziel. Dann kann er mich gleich zum Frühstück in sein Hauptquartier einladen und die Kapitulation unterschreiben. Schneller als ich reitet niemand. Schöner vielleicht. Aber wen interessiert das schon, ob ich rechts oder links aus dem Sattel hänge. Schnell und hässlich, wie die Mongolen. Als Korse reitet man oder man ist keiner. Und wenn die Preußen auf mich wetten sollten, verdienten sie sogar noch dabei. Tote gäbe es auch keine. Napoleon, Friedenskaiser und Galopper des Jahres! Das muss ich unbedingt Joséphine schreiben.

Sechste Szene:
»Von wegen: Preußische Tugenden …«

Hohenlohe hat gesagt, dass er Punkt zwölf hier sein will. Da soll mir noch mal einer von preußischen Tugenden reden. Pünktlichkeit, Fleiß, Disziplin, Ordnung – da hat man in Deutschland Schulzensuren draus gemacht! Und ich stehe hier rum. Fünf, Herr Fürst und nachsitzen! Schämen sie sich! Was ist das nur für eine Kinderstube. Mich haben die Franziskanermönche an der Kriegsschule in Brienne anderes gelehrt. Patriotismus, Ehrgefühl und Pflichterfüllung – nicht um der Karriere oder der Gunst eines Königs Willen,

sondern im strengen Dienst am Gesetz Gottes und der Natur. Geographie und Geschichte lagen mir, Mathematik war mein Lieblingsfach. Man prophezeite mir eine seemännische Karriere. Dann kam ich zur Artillerie. Je weniger eine Truppe taugt, desto mehr Artillerie braucht sie. Das sollten sich die Deutschen merken. Ich will, dass Frankreich nach dem Krieg Gymnasien erhält, Kaderschmieden, die sich auf meine militärischen Erfahrungen gründen. Meine Kriegsschule des Lebens? Was mich nicht umbringt, macht mich stärker!

Stimmen aus dem preußischen Hauptquartier:

Greifen wir endlich an.
Es sind noch nicht alle da.
Es sind genug da. Sie sind ein Feigling.
Vorsicht ist keine Feigheit.
Sprüche, immer nur Sprüche. Geben Sie endlich den Befehl.
Wo ist die Ordonanz?
Geben Sie den Befehl.
Was machen wir mit ihm, wenn wir ihn fangen?
Was machen wir, wenn er uns fängt?
Geben Sie endlich den Befehl. Es wird schon Nachmittag und wir haben Oktober. Geben Sie in Gottes Namen den Befehl.

Sollte er etwa gar nicht mehr kommen, dieser Feigling? Vielleicht hat er ja Angst um seine Kriegskasse. Oder findet die Schlacht ganz woanders statt?

Bin ich etwa falsch? Und wo ist eigentlich mein Pferd?

»Wohl auf, Kameraden, aufs Pferd, aufs Pferd!
Ins Feld, in die Freiheit gezogen.
Im Felde, da ist der Mann noch was wert,
Da wird das Herz noch gewogen,
Da tritt kein Anderer für ihn ein,
Auf sich selber steht er da ganz allein.

Der Reiter und sein geschwindes Roß,
Sie sind gefürchtete Gäste;
Es flimmern die Lampen im Hochzeitschloß,
Ungeladen kommt er zum Feste,
Er wirbt nicht lange, er zeiget nicht Gold,
Im Sturm erringt er den Minnesold.«
Na, dämmerts? »Der Soldat allein, ist der freie Mann!?« Schiller![13]

---

[13] Reiterlied (1797), in: Friedrich Schiller: Wallensteins Lager, in: Schillers Werke Bd. 1. Textkritisch herausgegeben von Herbert Kraft. Frankfurt am Main 1966, S. 566–568.

Siebente Szene:
»Dann sollen sie Napoleon als Preußen erleben ...«

Ich werde es machen wie die Preußen, diese Menschenschinder. Blücher spielen, wenn Hohenlohe kneift. Den Hut so rum! Das wirkt doch gleich viel strenger. Da gibt es kein Verhandeln mehr! Nur Befehl und Gehorsam! Exerzieren, Grüßen, Brüllen, Spießruten laufen bis das Blut spritzt und das Fleisch in Fetzen von den geschundenen Rücken hängt. So geht das. Ich werde ihnen meine Freiheit schon bringen. Ich zeige ihnen, was wirklich preußisch ist. Und alles unter 1.80 (außer mir) in den Steinbruch oder Oderbruch oder in die Mongolei. Und Rrrruhe, wenn derrr Führrrer sprrricht! Verdammt noch mal.

Stimmen aus dem preußischen Hauptquartier:

Er kann nicht ganz Preußen besetzen.
Und ob er das kann. Er wird uns alles wegnehmen.
Lieber sterbe ich.
Er hat nichts zu verlieren als die Schlacht. Wir haben alles zu verlieren. Wir können nicht gewinnen.
Wird er uns etwas antun?
Ich sagte Ihnen doch schon: Er wird uns töten.
Er selbst?
Nein, natürlich nicht er und besser jedenfalls, als in Ketten durch Paris geführt zu werden...

Achtung! Im Gleichschritt marsch! Ganze Abteilung halt! Abteilung kehrt! Hinlegen! Aufstehen! Hinlegen! Aufstehen! Hinlegen. Wollt ihr wohl hochkommen, ihr faules Pack. Achtung! Präsentiert das Gewehr! Legt an! Feuer. Und die Kinder sollen schon getrimmt werden, singen, marschieren, korrekt grüßen. Wie lautet des Preußenknaben Morgengebet?

Stimmen:

Du lieber Gott ich danke Dir,
Dass ich ein deutscher Knabe.
Und dass ich einen deutschen Gott
Und deutsche Eltern habe!

So geht das. Und dazu haben sie jetzt obendrein noch einen französischen Kaiser. Denen ist es doch egal: Hauptsache einen Kaiser, vor dem sie abknien, den Nacken beugen, inbrünstig den Staub auflecken und ihr »ja« nicken können. Bitteschön. Nur zu.

Achte Szene:
»Mit einer Handvoll Vagabunden gegen den Feind! Echt napoleonisch …«

Einer von uns auf fünf Preußen! Das ist meine Partie. So liebe ich es. Wie bei Rivoli und Mantua. Mit einer Handvoll Vagabunden gegen den Feind. Echt napoleonisch.

Man muss seinen Gegnern klar machen, dass man der Bessere ist. Als ich 1796 Befehlshaber der Italienarmee wurde, saßen mir vier arrogante, stattlich gewachsene Divisionsgenerale gegenüber. Die wollten mir keinen Respekt zollen und ihre Hüte nicht abnehmen. Ich bat sie, Platz zu nehmen und nach einiger Zeit der Unterhaltung nahm ich meinen Hut ab. Die Generäle folgten meinem Beispiel. Wenig später setzte ich meinen Hut wieder auf und sah die Herrschaften dabei so durchdringend an, dass es keiner wagte, nach seinem Hut zu greifen. Am Ende verließen sie barhäuptig das Zimmer und Masséna murmelte irgendwas in der Art: »Der hat mir aber einen schönen Schreck eingejagt, der Kleine.« So macht man das!

Stimmen aus dem preußischen Hauptquartier:

Das sind Ja Mörderbanden.
Ich habe es Ihnen gesagt. Es sind Mörderbanden. Lauter düstere Jakobiner. Königsmörder.
Wir hätten angreifen müssen.
Haben wir es nicht getan?
Sie haben keinen Befehl gegeben.
Sie lügen. Ich habe ihn doch gegeben, den Befehl!
Aber es war zu spät. Viel zu spät. Sehen Sie auf die Uhr.
Meine ist stehen geblieben.
Sehen sie dort? Er verlässt das Schlachtfeld. Er lässt sich am Ende einer gewonnenen Schlacht doch nicht mehr erschießen. Er doch nicht.

Sie glauben immer, ich kann gar nicht gewinnen. Aber ich gewinne trotzdem. Durch diese hohle Gasse kann er nicht kommen, denken sie. Aber ich weiß, dass sie das denken, und komme genau deshalb durch diese hohle Gasse. Ich bin immer in Bewegung und muss mich deshalb nicht ständig schlagen. Hier ein Hieb, dort ein Stich.

»Fliegen wie ein Schmetterling und stechen wie eine Biene!«, hat mal ein großer Boxer gesagt.

Ihr denkt, ihr könnt mich kriegen, aber ich kriege euch. Ihr denkt, ihr habt noch Zeit, aber ich bin schon da. Ich bin der schnelle Igel, bewaffnet und kein Friedensheld.

Neunte Szene:
»Da laufen sie hin, die Fürsten, Prinzen und Generäle…«

Da laufen sie hin, die Fürsten, Prinzen und Generäle und brüllen noch nach ihren toten Leibburschen. Adelspack, das um sein Leben rennt! Das wird Zeilen in der Geschichte geben, und Denkmäler erst. Und ihr werdet einmal noch eure eigene Niederlage feiern und lange Reden von militärischen Dattergreisen über euch ergehen lassen müssen, die euch erzählen, wie die Schlacht hätte gewonnen werden können – nein, dass sie eigentlich gewonnen wurde. Die Geschichte ist die Summe der Lügen, auf die man sich nach 30 Jahren geeinigt hat!

Mit Knüppeln wolltet ihr mich davonjagen! Hättet ihr es doch wenigstens versucht! Jetzt wisst ihr, dass meine Feindschaft gefährlicher ist als alle Stürme des Weltmeeres.

Stimmen aus dem preußischen Hauptquartier:

Wo sind die Anderen nur.
Der Herzog ist tot. Zwei brave Jäger haben ihn aus der Schlacht geführt. Dann starb er. Ein tapferer Mann. Der Einzige!
Und der König?
Geflohen mit der Königin.
Wo sind wir?
Egal. Er ist hinter uns.
Er verfolgt uns weiter? Gnadenlos. In Berlin, heißt es, hätten sie ihm schon ewige Treue geschworen.
Eine Schande ist das. Eine Schande. Wir müssen die Festungen erreichen. Die werden uns Schutz bieten.
Die Festungen werden auch kapitulieren.
Ingersleben hat gesagt, er werde Küstrin verteidigten, bis ihm das Schnupftuch in der Hose brennt.
Den interessiert sein Schnupftuch mehr als die Festung. Er wird genauso davonlaufen.
Eine Schande ist das.

Noch in zweihundert Jahren soll Berlin seinen verlorenen Schätzen nachtrauern und von meinen Kaiseradlern träumen. Und die Marseillaise sollen sie zur Strafe singen, diese preußischen Junker, alle Strophen und Französisch! »Allons enfants de la Patrie, Le jour de gloire est arrivé!...«

Und ich warne euch: wagt es bloß nicht, zurückzukommen. Verzieht euch in die dunkelsten Winkel des Erdkreises und rührt euch nicht. Zerfleischt euch selber, meinetwegen, aber kommt nicht zurück. Von den Bourbonen trennt mich schon ein Graben von Blut. Ihr Fürsten und Könige sollt euch nicht wünschen, noch einmal nach Paris zurückzukehren. Ihr müsstet über Hunderttausende von Leichen gehen, um am Ende wäre immer noch ich da, Napoleon...

Zehnte Szene:
»Diktat des Siegers für Joséphine …«

Diktat für Joséphine[14]! Meine Freundin, ich habe herrlich gegen die Preußen manövriert und einen großen Sieg davongetragen. Sie waren 150.000 Mann. Am Schluss liefen sie wie die Hasen; Fürsten, Generäle, Soldaten – alles bunt durcheinander. Es war wie beim Scheibenschießen! Jeder gute Preuße wird lieber tausend Mal sterben, als das noch einmal erleben zu wollen. Davout hat bei Auerstedt eine ganz unbedeutende zweite Schlacht gewonnen. Ich werde es ignorieren. Ich habe 20.000 Gefangene gemacht, 100 Kanonen und mehrere Fahnen erobert. Ich war ganz in der Nähe des Königs von Preußen und hätte ihn und die Königin fast gefangen genommen! Seit zwei Tagen biwakiere ich. Es geht mir ausgezeichnet.

Mit den Geschlagenen, meine Liebe, will ich großzügig sein, denn ich wünsche die Leiden des Krieges soviel als möglich zu mildern. Die Auswechselung der Kriegsgefangenen wird unter folgenden Bedingungen vor sich gehen: Die Preußen sollen in Frankreich einen bestimmten Sold und ihre Rationen erhalten, unter der Bedingung, dass die von der preußischen Armee gemachten französischen Gefangenen dieselbe Behandlung erfahren. So wird jedem gefangenen preußischen Soldaten eine aus 24 Unzen Mehl bestehende Ration bewilligt, wovon drei Viertel Weizen und ein Viertel Roggen; außerdem erhalten sie ein halbes Pfund Fleisch, eine Unze Reis, drei Sous täglich und Wohnung. Die Unteroffiziere erhalten noch ein Drittel mehr. Die Unterleutnants 50 Francs monatlich, Leutnants 80, Hauptleute 100, Majore/Oberstleutnants 150, Oberste 180, Generalmajore 400, Generalleutnants 600 Francs monatlich. Frauen, Kinder, Chirurgen und alle Verwaltungsbeamte werden zurückgeschickt.

Stimmen aus dem preußischen Hauptquartier:

Wo sind wir?
Wer spricht da?
Franzosen.

Und jetzt soll das Orchester kommen. Musik beruhigt mich. Paisiello[15] ist sanft und wohltuend und lässt mich nebenbei noch an Staat und Politik denken. Staat und Politik! Die schönste aller Symphonien. Auf dem Klavier der kalten Macht spielen und dennoch ein schönes Stück dabei hervorbringen – mit einem Wort: NAPOLEON!

14 Joséphine de Beauharnais (1763–1814), Kaiserin der Franzosen und Ehefrau Napoleons.

15 Giovanni Paisiello (1740–1816), Lieblingsmusiker Napoleons.

Elfte Szene:
»Macht ist ein permanenter Alptraum…«

»Vive l'èmpereur! Vive l'èmpereur !« Sie kommen und schreien nach ihrem Kaiser. Ich kann es nicht mehr hören. Was wollen die von mir? Ich laufe vor ihnen weg, und sie folgen mir. Sie verfolgen mich bis in meine Alpträume. Lasst mich doch endlich in Ruhe!

> *»Verhasst ist mir das Folgen und das Führen.*
> *Gehorchen? Nein! Und aber nein – Regieren!*
> *Wer sich nicht schrecklich ist, macht Niemand Schrecken:*
> *Und nur wer Schrecken macht, kann Andre führen.«*[16]

[16] Friedrich Nietzsche: Der Einsame, in: Die fröhliche Wissenschaft (33). 2. Auflage. München 1988 (= Friedrich Nietzsche. Sämtliche Werke. Kritische Studienausgabe Bd. 3).

Als ich aus Italien zurückkehrte, wusste ich: Ich kann nicht mehr gehorchen. Aber führen? Einzig die Korsen hätten es verdient gehabt, von mir in die Unabhängigkeit geführt zu werden. Sie hätten mich nicht verstoßen dürfen...

Bin ich etwa schrecklich? Bin ich nur ein Kriegskaiser? Ich hätte General bleiben sollen! Damals im Orient wollte ich eine Religion stiften. Ich sah mich auf einem Elefanten unterwegs, den Turban auf dem Kopf, in der Hand einen neuen, von mir selbst verfassten Koran. Vielleicht lieben sie mich ja gar nicht? Vielleicht lauern sie nur auf meine Schwäche. Die auf den Thron geborenen Souveräne können sich zwanzigmal besiegen lassen und trotzdem immer wieder in ihre Hauptstädte zurückkehren. Ich werde den Tag nicht überleben, an dem ich nicht mehr stark und gefürchtet bin.

Stimmen aus dem preußischen Hauptquartier:

Er kann nicht immer gewinnen.
Nein, das kann er nicht.
Er wird verlieren. Es ist nur eine Frage der Zeit.
Es heißt, er sei krank.
Das Große bleibt groß nicht.
Philosophengeschwätz.
Wenn er schon Buchhändler erschießen lässt, muss er Angst haben. Wenn er vor bedrucktem Papier mehr zittert als vor Kanonen, kann es nicht mehr lange dauern.
Trotzdem ist Pressefreiheit schlecht. Ohne Zensur werden die Untertanen aufmüpfig.
Aber nicht gegen uns. Gegen ihn und uns und alle Herrn.
Er ist eine Bestie.

Was mache ich, wenn sie mich im Stich lassen, so wie sie den König im Stich ließen, und Danton und Robespierre? Was ist, wenn sie mir nicht mehr zuhören? Damals in St. Cloud, als der parlamentarische Pöbel »Ächtet ihn!« rief, und »Nieder mit dem Tyrannen!« – das war wie tausend Tode sterben. Wenn Lucien nicht gewesen wäre; und Desaix, Berthier, Davout, Ney. Ich brauche immer einen starken Mann an meiner Seite...

Aber ich bin umgeben von Ratten. Mein ganzes Leben lang war ich umgeben von Ratten: Fouché, Talleyrand, österreichische Ratten, preußische Ratten, russische Ratten. Am schlimmsten waren die englischen. Einzeln sind sie hilflos und feige, aber in Massen triumphieren sie wie alles Ungeziefer...

Schlussszene:
»Jakobiner oder Tyrann – Ihr wollt wissen, wer ich bin?«

Was heißt denn hier Tyrann, was heißt Despot? Sie werden den Despotismus meiner Person ertragen, so wie sie dereinst den Despotismus meines Andenkens ertragen werden. Mein Despotismus schafft Freiheit. Er nützt ganz Europa.

Die Hinrichtung Palms[17] *war ein notwendiges Exempel zur rechten Zeit. Es ersparte uns allen viel Blut. Dabei habe ich nie jemanden getötet. Eine Kanone, das bin doch nicht ich, das habe ich nicht zu verantworten. Diese kritischen Intellektuellen wissen nicht, was sie anrichten mit ihren Flugschriften. Sie provozieren den Terrorismus. Die Deutschen sind*

17 Johann Philipp Palm, Buchhändler, 1806 in Nürnberg durch die Franzosen hingerichtet.

nicht gemacht, um gegen etwas zu sein, und schon gar nicht, um der Welt den Frieden zu geben. Sie sind viel besser im Erfinden von Nützlichem. Das Einweckglas verdanken wir ihnen. Haltbare Kost für die Armee – eine großartige Idee …

Mein letztes Ziel war immer ein friedliches Weltreich. Der Krieg ist nur ein notwendiges Mittel dazu. Ich habe kein Nationalgefühl und das der anderen interessiert mich nicht. Ich bin Korse und Europäer. Wer hat denn vor mir Europapolitik betrieben? Wer denn? Nennen sie mich einen »Kriegskaiser«, meinetwegen! Aber indem ich England den Hahn zudrehte, rettete ich Europa. Wollen sie meine wahren Schätze kennen lernen? Bitte schön: das Hafenbecken von Antwerpen, die Docks von Venedig, die neuen Straßen von Venedig nach Amsterdam, von Mainz nach Metz, von Bordeaux nach Bayonne, die Alpenübergänge nach allen vier Himmelsrichtungen – ein europäisches Verkehrsnetz, das es seit dem Fall Roms nicht mehr gab. Was mir Frankreich verdankt, davon rede ich gar nicht: die Magistratur, den Staatsrat, die Banque de France, den Rechnungshof, den höheren Verwaltungsdienst, das Abitur, das Urheberrecht für Literaten und Publizisten! Über meine Kriegstaten wird man reden und streiten, aber das alles wird dauern...

Wenn es mir gelungen wäre, Europa einen dauerhaften Frieden zu geben, so wären ihre morschen Königreiche zusammengestürzt wie Kartenhäuser. Wie in Nordamerika, so hätten sich auch hier die liberalen Ideen der Revolution verbreitet. In ihren Augen war ich wie eine ansteckende Seuche, die ihre altersschwache Existenz bedrohte, wie ein Sumpffieber, das – allerdings! – die alten Schlacken hätte beseitigen und Europa neues Leben einhauchen können.

Stimmen aus dem preußischen Hauptquartier:

Unfassbar: Ein Schlächter, der als Freiheitsheld und guter Europäer in die Geschichte eingeht; als großer Plebejer!

Dabei ist er nichts anderes als ein Mastschwein des Geldadels.

Selbst wenn er verliert, gewinnt er. Glauben Sie mir: Am Ende wird man seine geschönten Erinnerungen wie Caesars Gallischen Krieg zur Schullektüre machen.

Man wird ihn als Vollender der Revolution feiern, die uns hinweggefegt hat.

Natürlich habe ich die Revolution fortgesetzt. La révolution c'est moi! Sie ist ohne mich überhaupt nicht zu denken, ebenso wenig wie ohne sie Beethoven nicht zu denken ist. Wir beide verkörpern ihre Rechtmäßigkeit und wer uns kennt, weiß, dass noch größere Erschütterungen folgen werden. Beendet habe ich die Revolution für die Bürokraten und Intellektuellen, für die keifenden Weiber. Ich bin der Mann der Plebiszite! Ich bin die Antike in der Moderne! Politik als Beruf ist etwas für Händler, die sich wohlbefinden und die Notstände des leidenden Volkes mit starken Lungen vor Parlamenten vertreten. Parlamentarismus macht nur Langeweile und fette Ärsche. In einer antiken Stadt trat man selber auf und hätte auf diese modernen Vertreter nichts gegeben – es sei denn einen Tritt!

Stimmen:

Am Ende ist er der Pöbel selbst.
Bei Gott: lieber einem französischen Grafen gehorchen als diesem ...

Aber noch mehr hasse ich die Pöbelherrschaft. Volksbewaffnung ist das Ende. Alkohol und dumpfe Gewalt gegen jedermann. Schlecht weggekommen sein und den Anderen die Schuld dafür geben. Bin ich eine Kanaille, so solltest du es auch sein. Das ist ihre Logik der Revolution. Aber nicht meine. Kein schlimmerer Tod als der in der Revolte. Dann lieber in der Schlacht sterben oder durch Selbstmord.

Als ich 1790 die Aufstände von Auxonne niederzuschlagen hatte, schickte ich alle rechtschaffenen Leute nach Hause: »Ich schieße nur auf Gesindel.«, sagte ich den Leuten. Später wollten mich diese jakobinischen Terroristen in die Luft sprengen und das nicht nur einmal. Zusammen mit dem Hochadel. Da musste ich sie zur Ader lassen. Aber ich war ohne Zorn, nur überzeugt, dass der Aderlass zu den Heilmitteln des politischen Arztes gehört. Die Revolution, das heißt für mich: »Weder rote Mützen noch rote Absätze!« Meine Politik ist, die Menschen so zu regieren, wie die meisten von ihnen regiert sein wollen. Ich bin der Granitbrocken unter den Sandkörnern der Zivilgesellschaft. Ich werde euch noch erscheinen und solange erscheinen, solange sich Nationen und Blöcke und Religionen zerfleischen. Mich werdet ihr sobald nicht los.

»Auf dem Weg nach Waterloo«

Der Schwarze Herzog

Für Braunschweig gegen Napoleon

Gerd Biegel

Friedrich Wilhelm von Braunschweig, der »Schwarze Herzog«

Teil II – Friedrich Wilhelm von Braunschweig – eine biographische Skizze

Die Epoche zwischen Französischer Revolution, Wiener Kongreß und Waterloo hatte nicht nur Europa in seinen Grundfesten erschüttert und für ein Vierteljahrhundert mit nur kurzzeitig unterbrochenen Kriegen überzogen, sondern es war auch die Zeit, in der unter schmerzhaften Geburtswehen die Grundlagen für das moderne Europa und das moderne Deutschland geschaffen wurden. Die geopolitischen Veränderungen und Neuausrichtungen betrafen aber nicht nur den europäischen Kontinent, sondern hatten auch globale Schauplätze, Auswirkungen und langfristige Nachwirkungen bis in die Gegenwart hervorgebracht.[91]

Herausragende Herrscherpersönlichkeiten, Militärs oder Politiker stehen meist im gesamtgeschichtlichen Zusammenhang im Vordergrund der Erinnerung, auch wenn die unzähligen Opfer der Kriege sowie die Namenlosen des Alltags keineswegs unbeachtet bleiben dürfen, denen sich die Geschichtswissenschaft in den letzten Jahrzehnten ebenso verstärkt widmet. Im Erinnerungsjahr der 200. Wiederkehr der »*Schlacht bei Waterloo*« richtet sich das öffentliche Augenmerk zwangsläufig neben dem eigentlichen Geschehen auf die Hauptakteure wie Napoleon, Wellington oder Blücher sowie die das europäische Geschehen bestimmenden Monarchen und Politiker, von Kaiser Franz I. von Österreich über König Friedrich Wilhelm III. von Preußen, Alexander I. von Rußland bis hin zu Fürst Metternich und vielen anderen mehr. Dieser europäischen und deutschen Betrachtungsperspektive stehen darüber hinaus kaum mehr überschaubare lokal- und regionalgeschichtliche Forschungen, Untersuchungen und Darstellungen an der Seite, die sich mit ebenso großem Geschichtsinteresse in die Erinnerungskultur zum 200. Gedenktag des 18. Juni 1815 einreihen.[92] Auch in der braunschweigischen Regionalgeschichte haben die Ereignisse von Französischer Revolution bis Waterloo eine große Bedeutung und hohen Stellenwert der Erinnerungskultur. In dieser Epoche waren die Herzöge Carl Wilhelm Ferdinand und Friedrich Wilhelm wirksam eingebunden. Der Vater, Carl Wilhelm Ferdinand, als Führer der preußischen Armee in den Koalitionskriegen (u.a. 1792 Campagne in Frankreich). Er wurde im Dienste Preußens bei Jena-Auerstedt/Hassenhausen am 14. Oktober 1806 tödlich verwundet. Der Sohn, Friedrich Wilhelm, der »*Schwarze Herzog*« führte nicht

---

91 Diese Zusammenhänge und ihre lange Entwicklung hat in herausragender Weise Brendan Simms in seinem Buch von 2014 aufgezeigt, das als Standardwerk gelten kann: Vorherrschaft (wie Anm. 4).

92 Als ein lokalgeschichtliches Beispiel weise ich auf Gifhorn und die dortige Schützentradition. Im Kontext der Ereignisse von Waterloo wurde das Landwehrbataillon Gifhorn gegründet, das auch bei Waterloo zum Einsatz kam. Noch heute wird durch eine uniformierte Kapelle als Teil des Bürgerschützenkorps Gifhorn an dessen Tradition erinnert. Außerdem findet aus gleichem Grunde das jährliche Schützenfest in Gifhorn stets in der Woche des 18. Juni statt, eingebunden in die Erinnerung an den 18. Juni 1815. Das Bürgerschützenkorps Gifhorn und das Uniformierte Schützenkorps von 1823 Gifhorn wahren so die Traditionen von Landwehr und Landsturm Gifhorn als Teil der Freiheitskriege. Dazu sehr detailliert und materialreich die Studie von Günter Weinhold: Erinnerungen an Waterloo. Weg und Schicksal des Landwehrbataillons Gifhorn. Gifhorn 1985.

nur 1809 als »*Herzog ohne Land*« eine persönlich aufgestellte Freischar, die »*Schwarze Schar*« durch das französisch besetzte Norddeutschland, sondern er fiel auch als Kommandeur der braunschweigischen Truppen »*auf dem Weg nach Waterloo*« bei der Schlacht von Quatre Bras am 16. Juni 1815. Es war eine Schlacht, die Wellington entscheidend zum Sieg über Napoleon am 18. Juni 1815 bei Waterloo verhalf. Dem 200. Todestag des »*Schwarzen Herzogs*« ist daher das Gedenken in Braunschweig 2015 besonders gewidmet, und mit der folgenden biographischen Skizze soll sein Leben und Wirken näher betrachtet und gewürdigt werden.

Der Fürstenkinder Jüngstes – Kindheit und Jugend

Am 9. Oktober 1771 wurde Friedrich Wilhelm im Residenzschloß in Braunschweig als sechstes Kind und vierter Sohn des Erbprinzen Carl Wilhelm Ferdinand und dessen englischer Ehefrau Augusta geboren. Es war der Tag des 36. Geburtstags des Erbprinzen, Sohn von Herzog Carl I. (1713–1780) und Herzogin Philippine Charlotte (1716–1801), der Schwester Friedrichs des Großen (1712–1786). Die älteren Geschwister von Friedrich Wilhelm waren Auguste (geb. 3.12.1794), Karl Georg August (geb. 8.2.1766), Caroline (geb. 17.5.1768), Georg (geb. 27.6.1769) und August (geb. 18.8.1770). Es war eine Zeit, in der sich das kleine Fürstentum Braunschweig-Wolfenbüttel in politisch-wirtschaftlich unruhigen und äußerst schwierigen Verhältnissen befand. Seit der Regierungsübernahme von Carl I. im Jahr 1735 war das Land durch die dynastischen Heiratsverbindungen eng verknüpft u. a. mit Preußen ebenso, wie durch die welfischen Familienbande mit dem Kurfürstentum Hannover und Großbritannien. Durch diese Netzgewebe war das kleine Land unmittelbar eingebunden in die europäischen und globalen Auseinandersetzungen der Jahrzehnte in der Mitte des 18. Jahrhunderts, deren kontinentaleuropäischer Höhepunkt der Siebenjährige Krieg (1756–1763) werden sollte, in dem sich der Onkel des Erbprinzen, Herzog Ferdinand (1751–1802) als Militär ebenso im Dienste Preußens auszeichnen sollte (Sieg über die Franzosen bei Minden am 1. August 1759) wie der Erbprinz und Vater des Neugeborenen, Carl Wilhelm Ferdinand. Doch die militärischen Leistungen waren nur eine Seite der Medaille, auf der anderen Seite standen die hohen finanziellen Folgen des Krieges für das Land, dessen wirtschaftliche Lage sowieso äußerst schwierig war.

Das durch Herzog Carl I. noch ganz im Geiste des Absolutismus geführte Land drohte an der kaum noch zu bewältigenden Staatsverschuldung zu zerbrechen.[93] Die hohen Kosten der Hofhaltungen des Herzogs, der Unterhalt der Herzogswitwen und die Aufwendungen für die Aussteuer der zahlreichen Prinzessinnen, steigende Reprä-

[93] Peter Albrecht: Die Förderung des Landesausbaues im Herzogtum Braunschweig-Wolfenbüttel im Spiegel der Verwaltungsakten des 18. Jahrhunderts (1671–1806). Braunschweig 1980; Ders.: Das Zeitalter des aufgeklärten Absolutismus (1735–1806), in: Horst-Rüdiger Jarck und Gerhard Schildt (Hrsg.): Die Braunschweigische Landesgeschichte. Jahrtausendrückblick einer Region. Braunschweig 2000, S. 575–610; S. 596 f.

Der Vater
Carl Wilhelm Ferdinand

Die Mutter
Prinzessin Augusta

sentations-Aufwendungen für Bauten und Kultur sowie die wenig erfolgreichen Wirtschaftsprojekte im Sinne des Merkantilismus (staatliche Manufakturen u. a.) führten das Land an den Rand des Staatsbankrotts. Erstmals seit 1682 wurden 1768 die Landstände einberufen, und obwohl diese einen großen Teil der Kammerschulden übernahmen, blieb die finanzielle Notlage bestehen. Es fehlte am ernsten Willen zum Sparen und der Einsicht zu grundlegenden Reformen. Erst nach dem Tode des konservativen Ministers Schrader von Schliestedt (1706–1773) konnte Carl Wilhelm Ferdinand umfassend reformerisch tätig werden, indem er faktisch als Mitregent und vielfach gegen den Willen und das Einsehen seines Vaters entscheidende Finanzreformen in die Wege leitete. So richtete er 1773 das Finanzkollegium ein[94], das von nun an die Einnahmen und Ausgaben des Staates kontrollierte und er zwang u. a. den Hof und die eigene Familie zu äußerster Sparsamkeit: »*Am Hofe begann Karl Wilhelm Ferdinand die größte Sparsamkeit einzuführen. Auch die kleinsten Ausgaben, soweit es nicht die Etikette beleidigte, mußten vermieden werden. Er selbst gab das schönste Beispiel. Seinen eigenen Hofhalt schränkte er auf das äußerste ein. Er verzichtete öffentlich auf die Apanage von seiten des Landes und begnügte sich mit den Einkünften aus dem Vermögen seiner Gemahlin.*«[95] Weitere Reformen folgten und die Lage schien sich zu verbessern, als Hannover 1774 ein Darlehen von 2 Millionen Talern aus dem Jahr 1756 zurückforderte, das im Schuldenetat bisher nicht berücksichtigt worden war. Diese Aktion war offensichtlich erfolgt, um die finanzielle Notlage Braunschweigs auszunutzen, nicht zuletzt in der Erwartung, das für das Darlehen verpfändete Fürstentum Blankenburg für Hannover zu gewinnen. Charakterisiert diese Handlung das durchaus schwierige Verhältnis zwischen Hannover und Braunschweig, so gelang es doch dem Geheimrat Féronce von Rotenkreutz (1723–1799), der nach dem Tod Schrader von Schliestedts 1773 zum Finanzminister ernannt worden war, durch direkte Verhandlungen in Großbritannien einen Aufschub der Rückzahlung zu erreichen. Entscheidend für die weitere Sanierung des braunschweigischen Staatshaushaltes wurde der mit Großbritannien am 9. Januar 1776 abgeschlossene Subsidienvertrag, aufgrund dessen braunschweigisches Militär für den Krieg in Nordamerika eingesetzt wurde.

---

[94] Albrecht: Absolutismus (wie Anm. 93), S. 598; Walter Deeters: Das erste Jahrzehnt des braunschweigischen Finanzkollegs von 1773 bis 1785, in: Braunschweigisches Jahrbuch 56 (1975), S. 101–119.

[95] Stern: Karl Wilhelm Ferdinand (wie Anm. 26), S. 70.

Es war dies eine im 18. Jahrhundert keineswegs unübliche Handlungsweise, wie zum Beispiel aus einem Brief von Gotthold Ephraim Lessing (1729–1781) an Eva König (1736–1778) vom 23. Januar 1776 hervorgeht, als deren Sohn Theodor den Wunsch hatte, zum Militär zu gehen: »*Der Einfall ihres ältesten Sohn's ist so unrecht gar nicht, wenn er nur erst völlig und sicher kuriert ist. Wenn er dieses schon jetzt wäre; so könnte ich vielleicht in B(raunschweig) jetzt für ihn tun, was Sie in Wien getan haben wollten. Denn Sie werden es wohl wissen, daß B(raunschweig) 4000 Mann in englischen Sold gibt.*«[96] Als Gegenleistung für die Bereitstellung eines für das kleine Fürstentum recht großen Truppenkontingentes erhielt Braunschweig 1776 bis 1786 insgesamt zwei Millionen Reichstaler, eine wesentliche Grundlage für Carl Wilhelm Ferdinand, die Entschuldung des Staates erfolgreich zu realisieren.

Nach dem Regierungsantritt von Carl Wilhelm Ferdinand im Jahre 1780 erfolgte in diesem Zusammenhang als wichtigste Maßnahme das sogenannte Schuldenedikt vom 1. Mai 1794, das gelegentlich sogar als Beginn einer konstitutionellen Ära gefeiert wurde. Mit diesem Schuldenedikt bestimmte der Herzog, daß ohne Zustimmung der Landstände keine Verschuldung oder Veräußerung von Domanialgut erfolgen könne. Die fürstlichen Kammergüter, die Ämter, Gerichte und Klöster sollten nicht mehr als Sicherheiten für Schulden oder Verbindlichkeiten des Herzoghauses genutzt werden können. Eine solch freiwillige Selbstbeschränkung war für das 18. Jahrhundert durchaus ungewöhnlich. Entsprechend wurde diese Entscheidung in der zeitgenössischen Presse kommentiert: »*Wenn sich ein Fürst selbst seiner Vorrechte begibt, und aus Liebe für seine Unterthanen sich und seine Nachfolger unfähig macht, jemals ohne dringende Umstände neue Schulden auf das Land zu bringen: so verdient Er die Liebe und Verehrung der Welt. Und dieß that der regierende Herzog von Braunschweig…*«.[97] Möglicherweise wirkten bei Carl Wilhelm Ferdinand nicht nur die Gedanken der Aufklärung nach, die ihm durch die Erziehung von Abt Jerusalem (1709–1789) und die enge Verbindung mit Friedrich dem Großen vertraut waren, sondern auch bereits die Ideen der Französischen Revolution. Dieser hatte er letztlich nicht so ablehnend gegenübergestanden, wie man etwa aus der Tatsache entnehmen könnte, daß er zwei Jahre zuvor noch das Koalitionsheer gegen das revolutionäre Frankreich geführt hatte (Campagne in Frankreich). Carl Wilhelm Ferdinand verkörperte in seiner Zeit das Bild eines aufgeklärt absolutistischen Herrschers in der zweiten Hälfte des 18. Jahrhunderts in idealer Weise nach dem Grundsatz »*Dienst am Staat und für den Staat*«.

Die rigorosen Maßnahmen zur Sanierung der Staatsfinanzen waren erfolgreich, was das vorbildliche Regierungshandeln des Herzogs unterstrich. Im väterlichen Verhält-

[96] Gotthelf Ephraim Lessing: Briefe von und an Lessing 1770–1776, hg. von Helmuth Kiesch. (= Gotthold Ephraim Lessing: Werke und Briefe, hg. von Wilfried Barner, Bd. 11/2). Frankfurt a. M. 1988, S. 740.

[97] Zitiert bei Albrecht: Absolutismus (wie Anm. 93), S. 598.

nis zu seinem jüngsten Sohn sollte sich das weise Handeln des Fürsten allerdings nicht widerspiegeln. Wenig Weitblick nämlich bewies Carl Wilhelm Ferdinand hinsichtlich der Erziehung seiner Söhne. Das Beispiel seiner eigenen liberal-fortschrittlichen Erziehung durch Abt Friedrich Wilhelm Jerusalem wirkte sich leider nicht aus, vielmehr herrschten weitgehend Fehlentscheidungen in der Auswahl der Erzieher und Lehrer, engherzige Strenge und Einseitigkeit bei der Festsetzung der Erziehungsziele vor. Wurde der älteste Sohn auf seine zukünftige Aufgabe als Thronfolger hin erzogen und ausgebildet, verdrängte Carl Wilhelm Ferdinand den gesundheitlichen Zustand der beiden nachfolgenden Söhne, bei denen nicht mit Regierungsfähigkeit zu rechnen war. Dennoch konzentrierten sich Erziehung und Ausbildung des Jüngsten ausschließlich auf die militärischen Fähigkeiten.

Friedrich Wilhelm, der am 15. Oktober 1771 getauft worden war, besaß im Gegensatz zu seinen drei älteren Brüdern eine gute gesundheitliche Konstitution. Unter strengen Anweisungen des Vaters erfolgte seine Erziehung zunächst, entgegen dem Rat von Abt Jerusalem, durch den vom Berliner Hof empfohlenen preußischen Major Johann Adolf von Ditfurth (Dittfurt), einem in Geschichte und Mathematik wohl kenntnisreichen Offizier, dem jedoch jegliche pädagogischen oder gar kindgerechten Erfahrungen fehlten. Auch der 1775 ausgewählte erste Lehrer Jocardi war ein Fehlgriff und er wurde wegen seiner Alkoholsucht wieder entlassen. Erst mit dem 1780 auf Empfehlung des Philanthropen Friedrich Eberhard von Rochow (1734–1805) eingestellten Karl Friedrich Pockels (1757–1814)[98] sollten sich die Voraussetzungen nachhaltig bessern.

In der biographischen Überlieferung (sofern sie überhaupt durch Quellen abgesichert werden kann) wird immer wieder betont, daß Friedrich Wilhelm bereits in jungen Jahren seine »*ganze Leidenschaft [...] dem Kriegerberufe zugewandt*« habe[99], was schließlich den Interessen des Vaters entgegenkam, der diese Einstellung daher nach Kräften gefördert habe. Diese Charakteristik erinnert allerdings sehr an das Persönlichkeitsbild, das Abt Jerusalem von dem Vater selbst gezeichnet hatte, als er feststellte, »*mit Feuereifer verschlang er die Memoiren berühmter Kriegshelden [...], denen gleich zu werden sein kindlicher Sinn sich erträumte*«[100]. Jedoch dürfte die spätere Militärlauf-

98 Karl Friedrich Pockels hatte an der Universität Halle Theologie und Philosophie studiert, ehe er als Prinzenerzieher nach Braunschweig wechselte. Er verzichtete auf eine Universitätslaufbahn und blieb in braunschweigischen Diensten. Pockels veröffentlichte zahlreiche Werke, wobei eine erste Biographie von Herzog Carl Wilhelm Ferdinand (1809) sein bedeutendster Beitrag zur braunschweigischen Geschichte war.

99 Paul Zimmermann: Der Schwarze Herzog. Friedrich Wilhelm von Braunschweig. Hildesheim und Leipzig 1936, S. 5. Zimmermann beschreibt sehr detailreich und mit vielen Quellenzitaten das Leben des Schwarzen Herzogs. Außerdem sehr nützlich sind: Louis Ferdinand Spehr: Friedrich Wilhelm, Herzog von Braunschweig=Lüneburg=Oels, hg. von Wilhelm Görges, Braunschweig 1861; Christopher Schulze: Der Schwarze Herzog. Friedrich Wilhelm von Braunschweig–Oels – Eine Biographie. Hamburg 2014.

100 Siehe Biegel: 6. Februar 1794 (wie Anm. 24), S. 12 (= Veröffentlichungen des Braunschweigischen Landesmuseums 74); Stern: Karl Wilhelm Ferdinand (wie Anm. 26), S. 21.

bahn von Friedrich Wilhelm, in die er weitgehend durch die Zeitumstände gezwungen war, zu der Einschätzung seiner Jugendinteressen beigetragen haben. Die ausschließliche Orientierung auf eine zukünftige Militärlaufbahn des jüngsten Sohnes war aber zweifellos vor dem Hintergrund der problematischen Gesundheitsverhältnisse der drei älteren Brüder eine unglückliche, ja geradezu falsche Entscheidung von Herzog Carl Wilhelm Ferdinand. So fehlte Friedrich Wilhelm jegliche Erfahrung in Verwaltung und Staatsführung, auch wenn ab Mai 1787 mit Ernst Theodor Langer[101] (1743–1820) ein hochqualifizierter Wissenschaftler mit der Erziehung beauftragt wurde. Besonderes Gewicht wurde weiterhin auf eine militärische Ausbildung gelegt, mit der man Generalleutnant von Riedesel (1738–1800) betraute[102].

Verordnete Zukunft – Der Weg zum Militär

Gerade konfirmiert, trat Friedrich Wilhelm eine militärische Ausbildung als Stabskapitän im Regiment Riedesel an, wobei in einem Brief an Riedesel die Skepsis des Vaters gegenüber dem jüngsten Sohn sehr deutlich zum Ausdruck kam: »*Ich wünsche, daß mein Sohn Wilhelm durch Dero Anleitung etwas männlicher werden möge, welches um so mehr zu wünschen stehet, da alles sonst scheinet übereinzustimmen, aus ihm einen feigen Buben zu machen, Dieselben werden von mir wohl glauben, daß ich das Geschwätz wegen der großen Fatiguen gar nicht mal beachte. Wenn er dienen will, so muß er jung sich gewöhnen, seine Kräfte anzustrengen, sonsten wird aus dem Jungen nichts werden.*«[103]

Den Lehrplan der weiteren Ausbildung und den Tagesablauf hatte Herzog Carl Wilhelm Ferdinand persönlich minutiös ausgearbeitet vorgeschrieben, selbst für eine mehrmonatige »*Bildungsreise*« zwischen August 1787 und Juli 1788 nach Lausanne, wobei sich der Vater regelmäßig Bericht erstatten ließ. Begleiter dieser Reise waren Langer sowie der Artillerie-Hauptmann Johann Carl Moll (1748–1831). Eine engere Vater-Sohn-Beziehung konnte sich bei diesen Voraussetzungen kaum entwickeln,

---

[101] Ernst Theodor Langer war von 1781–1820 als Nachfolger Lessings Direktor der Herzoglichen Bibliothek in Wolfenbüttel. Er war Aufklärer und polyhistorischer Gelehrter und engagierter Bibliothekar, jedoch kein politisch orientierter Staatswissenschaftler. Siehe dazu: Paul Zimmermann: Ernst Theodor Langer, Bibliothekar zu Wolfenbüttel. Ein Freund Göthes und Lessings, in: Zeitschrift des Harzvereins für Geschichte und Alterthumskunde 16 (1883) S. 1–78.

[102] Friedrich Adolf von Riedesel war seit 1761 in braunschweigischem Dienst und führte 1776 als Generalmajor die braunschweigischen Soldaten im britischen Dienst im amerikanischen Unabhängigkeitskrieg. Riedesel genoss als fähiger Offizier und als vielseitig gebildete Persönlichkeit hohes Ansehen. Siehe dazu: Max von Eelking: Leben und Wirken des Herzoglich Braunschweig'schen General-Lieutenants Friedrich Adolph Riedesel. Nebst vielen Original-Correspondenzen und historischen Aktenstücken aus dem siebenjährigen Kriege, dem nordamerikanischen Freiheits-Kampfe und dem französischen Revolutions-Kriege, 3 Bände. Leipzig 1856.

[103] 14. Mai 1787. Zitiert nach Spehr: Friedrich Wilhelm (wie Anm. 99), S. 10.

denn Friedrich Wilhelm »*sah in dem Vater zumeist den gestrengen Hofmeister, niemals den wohlmeinenden Freund*«[104].

Nach der Rückkehr von der Reise trat Friedrich Wilhelm in den preußischen Militärdienst ein, und zwar zunächst als Stabskapitän im Magdeburger Regiment von Lengefeld und wurde bereits am 26. Mai 1791 zum Major ernannt. Für die Führung des Haushaltes des Prinzen und die weitere Ausbildung stand ein junger Gelehrter, Jakob Heinrich Wittekop, zur Verfügung, und die militärische Ausbildung lag in Händen des Hauptmanns von Kleist, der nach Weisung des Herzogs ebenfalls im Haushalt des Prinzen leben sollte. Erneut griff der Vater maßgeblich in die weitere Entwicklung und Ausbildung ein. Er erließ zu diesem Zweck eine äußerst harte sowie detaillierte »*Instruction für den Prinzen Friedrich Wilhelm*«, aus der die bekannten strengen Erziehungsansichten des Vaters erkennbar waren, der erwartete, daß der Sohn »*sich eines sehr ordentlichen, regelmäßigen Lebenswandels befleißige, dem öffentlichen Gottesdienste fleißig beywohne und in allen seinen Handlungen Gott und die aus dessen heiligem Worte fließenden Vorschriften sich vor Augen habe, und nie und unter keinem Vorwande sich davon entferne*«[105]. Er sollte auch niemals ohne Begleitung ausgehen, keine Kaffeehäuser besuchen oder zu Hause Spieleabende veranstalten, selbst beim militärischen Wachdienst mußte er stets von einem Bedienten begleitet werden. Wie minutiös und ohne Möglichkeit zur freien Entfaltung der eigenen Persönlichkeit Carl Wilhelm Ferdinand den Tagesablauf des Sohnes bestimmte, wird ebenfalls deutlich: »*Da mein Sohn, besonders den Winter hindurch, neben seinen Dienstgeschäften noch Zeit übrig haben wird, die in der ersten Jugend versäumten Wissenschaften nachzuholen, so ist dem ihm zugegebenen Secretair Wittekop aufgetragen, die Mathematik gründlich mit ihm fortzusetzen und in diesem Fache ihn so weit zu bringen, als seine Fähigkeiten es je verstatten. Neben der Mathematik wird er ihm die Reichs- und Staatengeschichte lehren, Statistik, Geographie und Deutschen Styl mit ihm gründlich fortsetzen, wie denn im Französischen Styl der Hauptmann Favre ihm Unterricht geben wird. Und da mein Sohn mir wöchentlich einmal deutsch und darauf folgende Woche französisch eine kurze Nachricht von Anwendung seiner Zeit geben wird, so muß er des Winters wenigstens des Morgens halb 6 Uhr aufstehen, und präcise um 7 Uhr an die Arbeit gehen, damit er um 9 Uhr oder halb 10 Uhr zu seinen Dienstgeschäften übergehen könne. Gemeiniglich pflegen diese Geschäfte um 12 Uhr gänzlich beendigt zu sein. Er wird alsdann sein Mittagsessen so einrichten, daß er um 1½ Uhr wenigstens abgegessen und von halb 3 Uhr bis Abends um 7 Uhr seine Stunden fortsetze. Ich wünsche, daß mein Sohn sich gewöhne, Abends um 10 Uhr zu Bett zu gehen, und den Abend nicht täglich in Assembleen zubringe, sondern entweder durch Lesung nützlicher Bücher oder mit unterrichtenden Unterredungen sich beschäftige. Der Cammerdiener Linker wird stets in dem Zimmer meines Sohnes schla-*

[104] Zimmermann: Der Schwarze Herzog (wie Anm. 99), S. 10.

[105] Stadtarchiv Braunschweig. H VIII Bl, Nr. 101, 1–4. Abgedruckt auch bei Spehr: Friedrich Wilhelm (wie Anm. 99), S. 12–14.

fen. Sollte dieser krank werden, so muß an seiner Stelle der Laquai Tostmann in seinem Zimmer schlafen.«[106] Es mögen solche Einschränkungen weniger ein Hinweis bieten auf das schwierige Verhältnis des Sohnes zu dem dominanten Vater als vielmehr ein Grund dafür sein, daß dieser später in vielen seiner militärischen Aktionen übereilt, stürmisch und ohne Rücksicht auf sein eigenes Leben handelte. Dies sollte sich bereits bei seinen ersten militärischen Aktivitäten bestätigen. Durch die preußisch-österreichische Allianz gegen das revolutionäre Frankreich waren Vater und Sohn 1792 im von Frankreich gegen Österreich erklärten Krieg eingebunden. Carl Wilhelm Ferdinand führte in diesem Ersten Koalitionskrieg das alliierte Heer als preußischer Generalfeldmarschall und Oberkommandierender. Der Vormarsch nach Frankreich endete bereits in der Champagne, und die Kanonade von Valmy am 20. September 1792 wurde der Anfang der Katastrophe für die Alliierten. Das preußische Heer und die Franzosen überschritten in der Folgezeit die Rheingrenze. Schon in den Anfangswochen des Feldzuges, am 27. November 1792, wurde Friedrich Wilhelm im Dorf Esch bei Selters/Taunus beim Marsch auf das französisch besetzte Frankfurt verwundet. Ein Augenzeuge berichtete, daß er »*mit dem ersten Husaren in das Dorf Etsch hineinstürzte*«.[107] Erst Anfang Juni 1793 kehrte er wieder in den militärischen Dienst zurück. Nach wie vor fühlte sich der Prinz von seinem Vater unverstanden: In einem Brief vom 3. Oktober 1793 an seinen militärischen Mentor, Oberst Riedesel, beklagte er Zurücksetzung und teilweise sogar Erniedrigungen durch seinen Vater und meinte, »*mein Vater ist mir nicht gut; er bemüht sich, Gründe zum Klagen über mich zu finden, handelt dabei nicht aufrichtig, sondern sucht ganz fremde Leute auf, die mit mir sprechen und sein Mißvergnügen mir sollen zu erkennen geben: [...] Der Haß, den der Herzog mir jetzt unschuldiger Weise nachträgt, macht daß ich auf den Posten stehen bleibe, den ich seid mehreren Jahren schon bekleidet*«[108]. Nur das entschiedene Eingreifen von Oberst Riedesel verhinderte die Überlegung Friedrich Wilhelms, in englische Dienste zu wechseln, wie er des öfteren zwischen Vater und Sohn

Verwundung Friedrich Wilhelms bei Esch

[106] Ebd., S. 13.

[107] Christian Karl August Ludwig von Massenbach: Memoiren über meine Verhältnisse zum preußischen Staat und insbesondere zum Herzoge von Braunschweig. Amsterdam 1809. Bd. 1, S. 140; ausführlich werden der Ablauf des Geschehens und der Verwundung sowie die Genesung behandelt bei Hermann Voges: Die Verwundung des Prinzen Friedrich Wilhelm von Braunschweig im ersten Revolutionskriege (27. November 1792), in: Jahrbuch des Braunschweigischen Geschichtsvereins 8 (1936), S. 77–82.

[108] Max von Eelking (Hrsg.): Briefe des Herzogs Friedrich Wilhelm von Braunschweig-Oels aus der Campagne von 1793, in: Die Grenzboten 19 (1860), S. 27–37 und S. 57–68. Hier, S. 36.

besänftigend vermittelte. Im weiteren Verlauf der militärischen Auseinandersetzungen, die bei den alliierten Truppen durch tiefgreifende Konflikte zwischen Preußen und Österreich geprägt und zeitweise behindert wurden, konnte im Juli 1793 Mainz zurückerobert werden. Carl Wilhelm Ferdinand war mit seinen Truppen auch am 14. September bei Pirmasens und Ende November bei Kaiserslautern siegreich. An letzterem Feldzug hatte Friedrich Wilhelm teilgenommen, wobei er hinsichtlich des militärischen Könnens des Vaters seine Meinung offenbar ins Positive veränderte: »*Jetzt erst kenne ich, was der Herzog in der Armee gilt, und wie sehr seine Art zu denken aufs ganze Einfluß hat*«[109]. Die Auseinandersetzungen in der Führungsspitze der Alliierten veranlassten schließlich Carl Wilhelm Ferdinand, seine Demission einzureichen, und am 6. Februar 1794 kehrte er nach Braunschweig zurück.[110] Friedrich Wilhelm allerdings blieb weiter im Feld. Der Feldzug endete schließlich für Preußen mit dem Separatfrieden von Basel am 5. April 1795. Bis 1806 war Preußen aufgrund einer mit Frankreich vereinbarten und dann konsequent eingehaltenen Neutralitätspolitik nicht an den weiteren Koalitionskriegen beteiligt.

Bereits zum 20. Juni 1794 hatte Friedrich Wilhelm mit der Ernennung zum Oberstleutnant einen weiteren Aufstieg in seiner Militärkarriere erreicht. Diese Anerkennung seiner Leistung führte allerdings nicht zu einer Verbesserung im Verhältnis zu seinem Vater, wozu nicht zuletzt das persönliche Verhalten Friedrich Wilhelms nicht unerheblich beigetragen hat. Die Vorliebe des Prinzen für das Glücksspiel hatte wieder einmal zu hohen Spielschulden geführt, die der Vater schließlich unter großem Widerstreben erstattete. Diese Probleme im persönlichen Verhalten setzten sich, trotz aller Kontrollen durch die vom Vater beauftragten Aufpasser, weiterhin fort. Ein Jahr später wurde Friedrich Wilhelm vom preußischen König zum Kommandeur des 3. Infanterieregiments von Thadden in Halle berufen und im Januar 1796 zum Oberst befördert. Die persönlichen Krisen blieben aber auch in Halle nicht aus, deren Ursachen wohl in sehr unglücklichen Entscheidungen des Vaters zu suchen sind. Zwar hatte Friedrich Wilhelm als Oberst das militärische Kommando in seinem Regiment inne, aber er übte nach damaligem Militärrecht auch Polizeigewalt, Justiz und Disziplinarrecht aus. Die volle Handlungs- und Entscheidungsfreiheit von Friedrich Wilhelm wurde jedoch durch eine zweifelhafte Anordnung des Herzogs erheblich eingeschränkt, der »*den Prinzen für seine Person so gemessen unter die Aufsicht des Regimentschefs gestellt, daß kein Subaltern-officier es mehr sein konnte, ja ihm sogar in der Person eines ehemaligen Feldpredigers eine Art Hofmeister beigegeben*«.[111] Aus diesen demütigenden Zwängen befreite sich Friedrich Wilhelm in der ihm eigenen, wenn auch den militärischen Konventionen der Zeit keineswegs angemessenen Art und Weise. Seine Vorliebe für das Spiel trieb ihn erneut in die Verschuldung, mehrfach entfernte er sich unerlaubt

---

109 Eelking: Briefe (wie Anm. 108), S. 63 f.

110 Biegel: 6. Februar 1794 (wie Anm. 24), S. 106 ff.

111 Spehr: Friedrich Wilhelm (wie Anm. 99), S. 18.

Friedrich Wilhelm Herzog von Braunschweig

von der Truppe und frönte in Magdeburg lockerer Frauengeschichten (*»parties de plaisir«*). Schließlich ließ er sich in Auseinandersetzungen mit Studenten der Universität Halle ein, die am Ende in öffentliche Auseinandersetzungen und Tumulte ausarteten. Natürlich verurteilte der Vater erneut mit aller Härte diese Ausschweifungen, die er nur nach dem äußerlichen Geschehen beurteilte, keineswegs aber den psychologischen Hintergrund erkannte, der die Ursachen in seinen verfehlten Entscheidungen hinsichtlich des Sohnes hatte. Die gängigen Biographien beurteilen das Verhalten des Herzogs gegenüber seinem Sohn überwiegend unkritisch und deuten es als *»Fürsorge des Herzogs«*[112] und Ausdruck väterlicher Liebe. Ziel der Erziehung sei es schließlich, den Sohn zu einem außergewöhnlichen und untadeligen Militär auszubilden, und zwar ganz nach dem Vorbild des Vaters. In dieser Argumentation spiegelt sich allerdings eine eher unkritische Verherrlichungshaltung, um das lange bestehende Idealbild von Carl Wilhelm Ferdinand nicht zu trüben. Gleichzeitig wird suggeriert, daß Friedrich Wilhelm trotz solcher scheinbaren Widrigkeiten seine militärische Laufbahn später so gestaltet habe, daß er als *»Heldenherzog«* in die Geschichte eingehen sollte. Allerdings war das Verhalten, das den Ruf des Prinzen in der Öffentlichkeit und am Hof in Berlin geschädigt hatte, Anlaß zur Reaktion der Vorgesetzten. Zum 4. Januar 1797 wurde Friedrich Wilhelm als Kommandeur zum 12. Infanterie-Regiment des Generals von Kleist nach Prenzlau in der Uckermark versetzt. Die Nähe zur Metropole Berlin und dem preußischen Hof ließen Mißtrauen und Besorgnis des Vaters gegenüber dem Sohn erneut wachsen und er erwähnte ihm gegenüber mit deutlichen Worten: *»Deine ganze Wirtschaft, Deine liederliche, unordentliche Lebensart haben Dir dies zugezogen, Verachtung, Entfernung aller rechtlich denkenden Leute; Du bist ein verlorener Mensch, wenn Du bleibst, wie Du bist.«*[113] Dies kann man kaum als Fürsorge väterlicher Liebe deuten.

Spielball der Dynastie – Die Heirat mit Marie von Baden

Tatsächlich aber hatte sich das zweifelhafte Verhalten von Friedrich Wilhelm durchaus nachhaltig negativ auch auf das Privatleben ausgewirkt. Als der Prinz erstmals an eine Eheschließung dachte und sich dazu kurz zuvor um die verwitwete Prinzessin Friederike von Mecklenburg-Strelitz (1778–1841) bemühte, war diese von seinem Antrag wenig angetan und lehnte vehement, auch mit Unterstützung ihres Vaters, ab.

---

[112] Zimmermann: Der Schwarze Herzog (wie Anm. 99), S. 21 passim.

[113] Zitiert nach Zimmermann: Der Schwarze Herzog (wie Anm. 99), S. 21.

Der fragwürdige Ruf Friedrich Wilhelms am Berliner Hof scheint zu dieser Entscheidung nicht unerheblich beigetragen zu haben, wie zumindest Carl Wilhelm Ferdinand in einem Brief vom 26. September 1797 an seinen Sohn mutmaßte: »*Die Leute in Berlin beobachten Dich genau; nicht der gewöhnliche Revue-Mechanismus gibt sein Urteil über Dich ab; man wird auf Dein sittliches Betragen sehen, Deine Beurteilungskraft prüfen, zu ergründen suchen, was von Deinem Charakter und Deinen Geistesgaben zu erwarten steht. Öffentliche Meinung ist seit der Kampagne von 1794 und den Halleschen Ausschweifungen gegen Dich. Bedenke Deine Handlungen, bevor Du handelst.*«[114] Der Hinweis auf die öffentliche Meinung war aber sicherlich keine bloße Mahnung an den Sohn, sondern Ausdruck einer tiefen Besorgnis von Carl Wilhelm Ferdinand als Oberhaupt des braunschweigischen Welfenhauses. Zunehmend wuchs die Unsicherheit hinsichtlich der Fortdauer der Familiendynastie und vor allem der Sicherung der Thronfolge im Fürstentum Braunschweig–Wolfenbüttel. Es ging längst nicht mehr nur um die militärische Karriere des jüngsten Sohnes, sondern eine Ehe Friedrich Wilhelms wurde zum drängenden familiär-dynastischen Problem. Die Ehe des Erbprinzen Karl Georg August war kinderlos geblieben, und da bei den beiden jüngeren Prinzen Georg und Wilhelm keine Eheschließung zu erwarten war, wuchs in der Familie und im Land die Angst um die Zukunft der braunschweigischen Welfendynastie. Selbst die Landstände drückten ihre Bedenken in dieser Frage mit einer Eingabe am 14. Mai 1800 an den Herzog aus. Damit kamen Sorge, Verpflichtung und Hoffnung für den Erhalt der Dynastie als weitere Last auf Friedrich Wilhelm zu. Sorge um die Zukunft des kleinen Landes, Verpflichtung zu einer standesgemäßen Heirat und Hoffnung auf die Geburt eines möglichen Thronfolgers. Keineswegs aber dachte Carl Wilhelm Ferdinand bei der Diskussion um eine Heirat von Friedrich Wilhelm an die Notwendigkeit hinsichtlich des jüngsten Sohnes sichere Vorkehrungen für eine mögliche Thronfolge zu treffen oder ihn doch auf die Übernahme von Staatsgeschäften vorzubereiten. Mit dieser Haltung ließ Carl Wilhelm Ferdinand weiterhin leichtfertig die Zukunft des Landes unbeachtet.[115] Die Bedenken der Landstände teilte der Herzog in einem Reskript durchaus. Entsprechend der dynastischen Gepflogenheiten der Zeit wurden nun auf diplomatischem Wege die Möglichkeiten geeigneter Heiratskandidatinnen eruiert. Diese Form der dynastischen Eheschließungen war generell üblich, ging es hierbei doch um weit mehr als das private Glück (oder Unglück) zweier junger Menschen, sondern von diesen Entscheidungen konnte das Schicksal von Staaten abhängen.[116] Demzufolge waren die Auswahlkriterien für beide Seiten von dynastischen, aber auch persönlichen Faktoren abhängig, wie bereits das Scheitern des ersten Eheversuches bewiesen hatte. Ein Manko war zweifellos für Friedrich Wilhelm, daß er scheinbar

---

[114] Zitiert nach Zimmermann: Der Schwarze Herzog (wie Anm. 99), S. 23.

[115] Kritisch bewertete dies bereits Spehr: Friedrich Wilhelm (wie Anm. 99), S. 23.

[116] Heinz Duchhardt: Die dynastische Heirat, in: Europäische Geschichte Online (EGO), hg. vom Institut für Europäische Geschichte (IEG), Mainz 2010-12-03. URL: http://www.ieg-ego.eu/duchhardth-2010-de URN: urn:nbn:de:0159-20100921192[zuletzt abgerufen 05.06.2015].

Marie von Braunschweig

keine Aussicht auf eine Thronfolge als gewichtigen Rangvorteil aufweisen konnte, ein Fehler des engstirnigen Traditionalismus seines Vaters.[117] Vor dem Hintergrund der unsicheren Lage, dem politischen Druck der Landstände und der Öffentlichkeit sowie der drängenden Zeit wurden schließlich zwei mögliche Verbindungen näher in Betracht gezogen, nämlich eine Prinzessin von Hildburghausen sowie Amalie Christiane von Baden (1776–1823), Tochter des Erbprinzen Karl Ludwig von Baden (1755–1801). Der Vorzug für das Haus Baden lag nahe, wäre man doch durch die Heirat mit einer badischen Prinzessin in ein dynastisches Netzwerk mit den Herrscherhäusern in Rußland, Schweden und Bayern eingebunden gewesen. Ein solcher familiärer sowie politischer Prestigegewinn lag ganz im Trend der Zielsetzungen der europäischen Heiratspolitik des 18. und 19. Jahrhunderts.[118] Da aber Amalie von Baden eine Heirat mit dem Braunschweiger ablehnte, fiel die Wahl schließlich auf die jüngere Schwester Marie Elisabeth Wilhelmine (1782–1808), eine zu diesem Zeitpunkt auch von weiteren hochrangigen Adligen umworbene Prinzessin. Friedrich Wilhelm aber hatte in Maries Onkel, Markgraf Ludwig (1763–1830) einen Fürsprecher in der Familie am badischen Hof. Im Laufe einer überraschenden Reise nach Karlsruhe wurde schließlich am 12. Juni 1801 die Verlobung offiziell bekanntgegeben. Zwei Tage später reiste Marie mit ihrer Familie nach St. Petersburg und ihr Verlobter begleitete sie bis Potsdam. Die Trauung des 31jährigen Welfenprinzen Friedrich Wilhelm mit der 20jährigen badischen Prinzessin Marie fand schließlich am 1. November 1802 in Karlsruhe statt, allerdings ohne ein Mitglied der Familie des Bräutigams. Über Marie von Braunschweig berichtet Sebastian Besgen im folgenden Beitrag mehr.

Nach der Hochzeit lebten Friedrich Wilhelm und seine Frau zunächst in Prenzlau. Schon 1799 hatte der Prinz das Rittergut Graukloster erworben und dieses alte Franziskanerkloster mit einem neuen Wohnhaus ausgebaut. Die erste Zeit der Ehe verlief ruhig, Friedrich Wilhelm war eingebunden in seine militärischen Pflichten, Marie dagegen hatte einzig durch Besuche am Berliner Hof ersehnte Abwechslung von dem

[117] Paul Zimmermann beschreibt zwar eine vorausschauende Erbfolgeplanung des Herzogs, der selbst eine vordringliche Ausbildung des jüngsten Sohnes für die Regierungsgeschäfte vorgesehen habe, aber weder kam eine solche Regelung tatsächlich zustande, noch ist sie quellenmäßig nachvollziehbar belegt. Das uneingeschränkt positive Bild von Herzog Carl Wilhelm Ferdinand dürfte bei diesen Ausführungen Zimmermanns ebenfalls der entscheidende Beweggrund für ihn gewesen sein. Zimmermann: Der Schwarze Herzog (wie Anm. 99), S. 27 ff.

[118] Daniel Schönpflug: Die Heiraten der Hohenzollern. Verwandtschaft, Politik und Ritual in Europa 1640–1918. Göttingen 2013, hat dies beispielhaft für das Haus Hohenzollern herausgearbeitet und dabei auch die allgemeingültigen Überlegungen und Tendenzen der Zeit aufgezeigt. Angela Klein: Welfen und Hohenzollern. Ausgewählte Stationen einer Beziehung, in: Meike Buck, Maik Ohnezeit, Heike Pöppelmann (Hrsg.): 1913 – Herrlich moderne Zeiten? Braunschweig 2013, S. 18–25.

eher tristen Leben in Prenzlau. Am 30. Oktober 1804 wurde der erste Sohn Karl, der spätere Herzog Karl II. (1804–1873) in Braunschweig geboren. Abwechselnd lebte die Familie in der Folgezeit in Prenzlau und am Hof in Braunschweig, wo schließlich am 26. April 1806 der zweite Sohn, Wilhelm, geboren wurde. Im Jahr zuvor hatte Friedrich Wilhelm von seinem Onkel, Herzog Friedrich August (1740–1805), das niederschlesische Herzogtum Oels in der Nähe von Breslau geerbt.[119] Dieses Herzogtum mit mehr als 100.000 Einwohnern war überwiegend agrarisch strukturiert und hoch verschuldet. Dennoch war es für Friedrich Wilhelm erstmals die Gelegenheit, ohne väterlichen Zwang sich in eigenverantwortlicher Entscheidungsfreiheit mit Regierungsgeschäften vertraut zu machen, allerdings ohne seine wirtschaftliche Abhängigkeit vom Braunschweiger Hof völlig zu beseitigen.

Krieg wird sein Leben – Friedrich Wilhelm gegen Napoleon

Aber private Verhältnisse oder landesfürstliche Tätigkeiten traten zunehmend in den Hintergrund des Geschehens, denn die geopolitischen Verhältnisse in Europa liefen auf einen erneuten Krieg zu, und zunehmend geriet nun Preußens Neutralitätspolitik unter Druck, denn Napoleon scherte sich wenig um die Vereinbarungen mit dem preußischen König.

Friedrich Wilhelm war allerdings durch seine familiäre Bindung an das badische Haus indirekt persönlich von Auseinandersetzungen zwischen der Familie von Marie und Napoleon betroffen. Maries Bruder Karl Ludwig Friedrich (1786–1818) war mit der bayrischen Prinzessin Auguste (1788–1851) verlobt. Als Gegenleistung für die Erhebung Bayerns in den Rang eines Königtums forderte aber Napoleon von Augustes Vater Maximilian (1756–1825), seine Tochter mit Napoleons Stiefsohn Eugène de Beauharnais (1781–1824), dem Vizekönig von Neapel, zu verheiraten. Sowohl der Bayer, als auch der Badener erklärten sich zum Entsetzen der betroffenen Kinder mit diesen Forderungen einverstanden. Am 1. Januar 1806 wurde Maximilian zum König von Bayern ausgerufen und vierzehn Tage später fand die geforderte Heirat statt. Noch im selben Jahr mußte Maries Bruder Karl Ludwig Friedrich eine Adoptivtochter Napoleons, Stephanie de Beauharnais (1789–1860), heiraten. Diese eher privaten Angelegenheiten haben sicherlich Friedrich Wilhelms ablehnende Haltung gegen Napoleon nachhaltig vertieft.

Inzwischen wurde immer deutlicher, daß Europa auf einen erneuten Krieg zusteuerte, als sich Österreich, Rußland und Großbritannien 1804/1805 zu einer erneuten, der Dritten Koalition gegen Napoleons ungehemmte Expansionspolitik zusammen-

[119] Zum Herzogtum Oels siehe Norbert Conrads (Hrsg.): Schlesien. Berlin 1994 und Hugo Weczerka (Hrsg.): Handbuch der historischen Stätten. Schlesien. Stuttgart 1977.

schlossen. Dabei ging es nicht nur um eine wirksame geopolitische Barriere, um Napoleons Vormarsch zu bremsen, sondern auch um eine territoriale Reorganisation Europas und innenpolitische Neuorganisation der vom französischen Joch befreiten Länder. Zentral war dabei die Frage der Haltung Preußens. Außenminister Christian Graf von Haugwitz (1752–1832) verteidigte nachhaltig die seit 1795 gewahrte Neutralitätspolitik. Auf der Gegenseite plädierten Freiherr Karl August von Hardenberg (1750–1822), der 1804 von Haugwitz im Amt nachfolgte, und sein Mitstreiter Freiherr Karl vom Stein zum Altenstein (1757–1831) für die Kriegsteilnahme auf der Seite der Koalition.[120] Immer wieder hatte Napoleon bewiesen, daß er das Neutralitätsabkommen mit Preußen zu mißachten bereit war, wenn es seinen Zielen und Wünschen diente, zuletzt noch bei der gegen Großbritannien gerichteten Besetzung Hannovers 1803. Eine klare Entscheidung aber traf der zögerliche König Friedrich Wilhelm III. nicht und wechselte in seiner Haltung mehrfach zwischen Frankreich und Rußland.

Anders als sein Vater stand Friedrich Wilhelm dieser unsicheren Politik Preußens äußerst kritisch gegenüber und seine antinapoleonische Einstellung war keineswegs unberechtigt, wie sich bald herausstellen sollte. Er erkannte früh in dem Franzosen die Gefahr, daß dessen grenzenloser Machthunger alle Länder Europas bedrohte, wenn sie sich nicht bereits in Abhängigkeit von Frankreich befanden. Für Friedrich Wilhelm wurde die Haltung des preußischen Königs geradezu unerträglich, sicherlich auch ein Grund, den Berliner Hof zu meiden.

Als Napoleon 1805 auf dem Vormarsch nach Süden gegen die Koalition erneut die Neutralitätsvereinbarung brach und seine Truppen durch das preußische Ansbach und Bayreuth vorrückten, bezog der König endlich Stellung gegen Napoleon und zeigte Interesse an einem Bündnis mit Rußland. Nach der vernichtenden Niederlage der Koalition bei Austerlitz (2. Dezember 1805) zog Preußen aber doch wieder eine Annäherung an Frankreich vor und sah sich schließlich durch den Vertrag von Schönbrunn (15. Dezember 1805) in ein Bündnis mit Frankreich eingebunden, das mit der Schließung der Nordseehäfen für die britische Schifffahrt und der Besetzung sowie Annexion des Kurfürstentums Hannover auch eine ernsthafte Krise mit Großbritannien provozierte. Den Einmarsch preußischer Truppen leitete Herzog Carl Wilhelm Ferdinand, der sein Hauptquartier in Hannover eingerichtet hatte. Für Vater und Sohn sicherlich keine einfache Aufgabe, denn Preußen forderte nicht nur Großbritannien heraus, sondern die Braunschweiger besetzten zugleich das Land ihrer nächsten welfischen Verwandten.[121] Diese Schaukelpolitik brachte Preußen schließlich in eine prekäre militärische Situation und wurde ihm zum Verhängnis.

[120] Clark: Preußen (wie Anm. 10), S. 351 ff.

[121] Vgl. Zimmermann: Der Schwarze Herzog (wie Anm. 99), S. 48 ff.

Rheinbund, Huldigung an Napoleon 12. Juli 1806

An der Besetzung Hannovers mußte Friedrich Wilhelm mit seinem Regiment teilnehmen, während seine Frau und der Sohn nach Braunschweig reisten. Hier wurde am 25. April 1806 der zweite Sohn, Wilhelm, geboren, an dessen Taufe am 11. Mai auch der Vater teilnehmen konnte. Friedrich Wilhelm hielt sich einige Wochen bei seiner Familie in Braunschweig auf, ehe er im Zuge der Zuspitzung der Gesamtlage Ende August zu seinem Regiment nach Prenzlau zurückkehren mußte. Preußens König hatte die allgemeine Mobilmachung angeordnet. Durch die Gründung des Rheinbundes (12. Juli 1806) und dem Ende des Heiligen Römischen Reiches Deutscher Nation (6. August 1806) hatten sich die Verhältnisse in Europa dramatisch zugespitzt, und Preußen glaubte sich zu einer militärischen Reaktion gegen Napoleon verpflichtet. Die unwägbare Neutralitätspolitik war endgültig gescheitert, und am 9. Oktober 1806 erfolgte eine übereilte Kriegserklärung an Frankreich. Der Vierte Koalitionskrieg im Bündnis von Preußen und Rußland hatte begonnen. Oberkommandierender des preußischen Heeres wurde der 72jährige Herzog Carl Wilhelm Ferdinand. Sein Sohn Friedrich Wilhelm übernahm das Kommando über ein Korps von 10.000 Mann und wurde dem Oberbefehl des Herzogs Carl August von Sachsen-Weimar-Eisenach (1757–1828) unterstellt.

Zur Thronfolge gezwungen – Friedrich Wilhelm als politischer Erbe des Vaters

Noch während der Vorbereitungen für den Kriegszug erfuhr Friedrich Wilhelm, daß am 20. September sein ältester Bruder, der Erbprinz Karl Georg August, verstorben war. Der Vater war zu diesem Zeitpunkt im Hauptquartier in Naumburg und forderte Friedrich Wilhelm auf, sich schnellstens dort einzufinden. Nun sollte sich die bisher ungelöste Frage der Erbfolge im Fürstentum Braunschweig-Wolfenbüttel in ihrer ganzen Tragweite offenbaren. Carl Wilhelm Ferdinand erwartete von seinem Sohn, daß er umgehend nach Braunschweig reise, um mit seinen beiden älteren (nicht regierungsfähigen) Brüdern eine einvernehmliche Regelung über die Thronfolge zu seinen Gunsten zu vereinbaren. Da aber die Mutter, Herzogin Augusta (1737–1813), gegen einen Thronverzicht der älteren Brüder war[122] und Friedrich Wilhelm seiner militäri-

[122] In einem Brief vom 2. Oktober 1806 berichtet Marie ihrem Mann von einem Gespräch mit der Herzogin, in dem diese sie beauftragte, »*dir darüber zu schreiben und Vorsicht zu empfehlen, worauf ich ihr versicherte, es würde dir nicht daran fehlen, indem du dich gewiß in nichts mischen würdest und nie gewünscht hättest, den geringsten Vortheil von deinen Brüdern zu besitzen*«. Friedrich Zimmermann: Zum Gedächtnis der Herzogin Marie zu Braunschweig und Lüneburg, in: Braunschweigisches Magazin 1908, S. 38.

Tödliche Verletzung des Herzogs von Braunschweig am 14. Oktober 1806 bei Hassenhausen

schen Verpflichtung Priorität einräumte, blieb er mit Zustimmung seines Vaters weiter im Dienst. Der Vierte Koalitionskrieg endete für Preußen in der Katastrophe von Jena-Auerstedt/Hassenhausen am 14. Oktober 1806. Das Korps des Herzogs von Weimar und mit ihm Friedrich Wilhelm stand während der Schlacht in Reserve und hatte in die heftigen Kämpfe nicht eingegriffen, bei denen der Herzog von Braunschweig gleich zu Beginn schwer am Kopf verletzt worden war. Diese erschreckende Nachricht erreichte Friedrich Wilhelm schließlich auf dem Weg nach Erfurt, wobei man zunehmend auf panisch flüchtende Reste des preußischen Heeres stieß. Um einer Kapitulation in Erfurt zu entgehen, teilte der Herzog von Weimar sein Korps. Er führte die Kavallerie und Friedrich Wilhelm übernahm das Kommando über die Infanterie. Über Mühlhausen, Heiligenstadt, Dingelstedt ging der Marsch über den Harz Richtung Clausthal, Goslar und schließlich nach Wolfenbüttel. In Braunschweig traf Friedrich Wilhelm seinen Vater wieder, der seine Residenzstadt am 20. Oktober erreicht hatte. Noch aus Blankenburg hatte der Arzt Prof. Dr. med. Konrad Friedrich Heyer berichtet, »*seine Wunde ist zwar schmerzhaft, aber nicht gefährlich*«[123], doch dies war eine falsche Einschätzung der realen Gefährdung des Herzogs. Beim Eintreffen in Braunschweig war schließlich die herzogliche Familie nicht mehr anwesend. Die Herzogin mit Schwiegertochter und Söhnen flüchtete nach Rostock, Marie mit ihren Kindern ging über Stralsund nach Malmö zu ihrer Schwester, der Königin Friederike von Schweden (1781–1826).

Nun, nachdem keine Hoffnung mehr war, wurden im Residenzschloß in Braunschweig in aller Eile jene notwendigen Erbvereinbarungen getroffen, die Carl Wilhelm Ferdinand so lange verzögert und vor sich hergeschoben hatte. Friedrich Wilhelm wurde

[123] Ebd., S. 39.

Abtransport von Carl Wilhelm Ferdinand am 14. Oktober 1806

als Thronfolger und Erbprinz eingesetzt, während die älteren Brüder offiziell zu dessen Gunsten auf ihre Ansprüche verzichteten und entsprechend entschädigt werden sollten.[124] Noch am Abend des 21. Oktober 1806 unterzeichnete Friedrich Wilhelm die rechtmäßige Urkunde, während seine Brüder dies nach Erhalt ihrer Urkunden am 27. Oktober in Rostock nachholten. Der schwer verwundete Herzog und sein Sohn, der nunmehrige Erbprinz, verließen daraufhin unverzüglich Braunschweig. Der Herzog floh weiter in das neutrale dänische Ottensen, wo er am 10. November 1806 an den Folgen der Verwundung von Jena-Auerstedt/Hassenhausen verstarb. Friedrich Wilhelm dagegen kehrte umgehend zu seiner Truppe nach Wolfenbüttel zurück, bei der inzwischen der Herzog von Weimar mit seinem Truppenteil ebenfalls eingetroffen war.

Unaufhaltsam rückten die französischen Truppen durch preußisches Gebiet vor, und am 27. Oktober 1806 zog Napoleon als Sieger in Berlin ein. In Wolfenbüttel hatten der Herzog von Weimar und Friedrich Wilhelm beschlossen, sich jener preußischen Truppen anzuschließen, die unter General Gebhard Leberecht von Blücher (1742–1819) und Oberst Gerhard von Scharnhorst (1755–1813) auf dem Rückzug über Brandenburg nach Nordwesten waren. Am 26. Oktober überschritt Friedrich Wilhelm mit seinem Korps die Elbe bei Sandau, während einen Tag später das weimarsche Korps in Havelberg Quartier nahm. Von dort kehrte unter dem Druck Napoleons Herzog Carl August schließlich nach Weimar zurück, um die angedrohte Annexion seines Landes durch Frankreich zu vermeiden. An seiner Stelle übernahm Friedrich Wilhelm zusätzlich das Kommando über dessen weimarsches Kavalleriekorps und schloß sich mit dem gesamten Korps den preußischen Truppen unter General von Blücher an. Dessen Vorhaben, mit seinen fast 22.000 Soldaten französische Einheiten im Elberaum so lange zu binden, bis neue preußische Truppeneinheiten aus Ostpreußen zur Verstärkung gegen die mit ca. 60.000 Mann massiv vorrückenden Franzosen eintrafen, gelang nicht. Blücher entschied sich, seine restlos erschöpften Truppen ins neutrale Lübeck zu führen,[125] um diese über See nach Ostpreußen oder Großbritannien in Sicherheit zu bringen. Die Preußen erzwangen die Aufnahme in der Stadt. Als man am 5. November 1806 dort eintraf, beschloß Blücher zur Verteidigung gegen die dicht hinter den Preußen folgenden französischen Truppen in erster Linie die drei

---

[124] Zimmermann: Der Schwarze Herzog (wie Anm. 99), S. 58.

[125] Blüchers Zug von Auerstedt bis Ratkau und Lübecks Schreckenstage (1806). Quellenberichte zusammengestellt von Horst Kohl (= Voigtländers Quellenbücher Band 46). Leipzig 1912.

Schlacht vor dem Burgtor in Lübeck 1806

gefährdeten Stadttore – Burgtor, Hüxtertor und Mühlentor – durch seine Truppen zu schützen, um den Rückzug durch das durch seine natürliche Lage sichere Holstentor auf das nahegelegene neutrale dänische Gebiet zu sichern. Den preußischen Verteidigern standen beim Eintreffen der Verfolger mehr als 50.000 französische Soldaten in drei Einheiten unter dem Befehl der Generäle Murat, Soult und Bernadotte gegenüber, und am Morgen des 6. November begann der Angriff. Der Hauptangriff fand unter Bernadotte auf dem Burgfeld vor dem Burgtor statt, dessen Verteidigung in der Verantwortung des braunschweigischen Herzogs Friedrich Wilhelm lag. Entgegen den Befehlen Blüchers und Scharnhorsts konzentrierte Friedrich Wilhelm seine Infanterie nicht auf die direkte Verteidigung des gefährdeten Burgtores, sondern stellte sie auf einem Festungswall zum Schutz einer Artilleriestellung auf. Dieser Wall war jedoch durch einen Flußlauf geschützt. Da sich zudem ein preußisches Bataillon unter Führung des Braunschweigers auf dem Burgfeld befand, konnte die eigene Artillerie nicht frei feuern. Diesen strategischen Fehler erkannte Bernadotte und griff entschieden das kaum geschützte Burgtor und das davorliegende Burgfeld an. Das Gefecht entwickelte sich rasch zugunsten der Franzosen, und als kurz nach 12.00 Uhr die Preußen den ungeordneten Rückzug in die Stadt antraten, drangen die Franzosen ein. Nach heftigen Straßenkämpfen mußte Lübeck von den Preußen schließlich aufgegeben werden. Blücher konnte mit etwa 1.000 Soldaten durch das Holstentor Richtung Schwartau entkommen, Scharnhorst dagegen geriet in Gefangenschaft. Der Herzog von Braunschweig schloß sich den Flüchtenden an, ohne sich auf weitere Kämpfe einzulassen. Am 7. November 1806 mußte Blücher bei Ratkau endgültig kapitulieren. Er beklagte in der Folge, daß diese Niederlage auf taktische Fehlentscheidungen des Braunschweigers zurückzuführen sei, was das Gutachten der Immediatuntersuchungskommission vom 5. April 1810 bestätigte. Der preußische General Gerhard Johann David von Scharnhorst beschrieb dieses Geschehen in einem Brief an seine Tochter (7.11.1806): »…*Ich habe in meinem Leben keine unglücklicheren und verzweifelteren Momente erlebt, als die im Anfange meiner Gefangenschaft. … Über 200 Offiziere sind gefangen, von denen aber manche durch Kapitulation gefangen sind. … Unsere Offiziere wissen nicht zu kommandiren; nur wenige sind in ihrer Stelle brauchbar. Allen fehlt die Routine. Dazu war das Korps durch so viele vorhergehende Unglücksfälle niedergeschlagen und durch unbeschreibliche Fatiguen und Hunger entkräftet. …*

Zur Stadt führten nach der feindlichen Seite 3 Tore, die Trave geht mitten durch; die Wälle bei den Toren sind rasiert, weiterhin aber ist ein Wall und Graben. Der Eingang hat keine

30 Schritt Breite. – Auf einem dieser Eingänge, auf den 16 Kanonen gerichtet waren, drangen die Franzosen durch, weil der Herzog von Braunschweig=Oels große Fehler machte, die nicht mehr zu rapariren waren. Das Gefecht in der Stadt war terrible. Die französische Infanterie focht mit unbeschreiblicher Wut und Bravour. Unsere Leute vor den andern beiden Toren wurden abgeschnitten. Meine ehemalige Kompagnie ist fast ganz aufgerieben.«[126]

Herzog ohne Land – Friedrich Wilhelm nach dem Frieden von Tilsit

Für Friedrich Wilhelm und seine Familie begann ein unsicherer Weg der Irrungen und Wirrungen und stets verbunden mit dem gnadenlosen Verdikt Napoleons nach der Schlacht bei Jena-Auerstedt/Hassenhausen: »*Das Haus Braunschweig hat aufgehört zu regieren*«. Die unnachgiebige Haltung Napoleons hatte sich bereits nach der schweren Verwundung von Carl Wilhelm Ferdinand gezeigt, als er »*diese Welfen in die Sümpfe Italiens zurückscheuchen*« wollte.[127] Schon bei den ersten Verhandlungen mit Napoleon war deutlich geworden, wie tief verwurzelt noch das Trauma der Campagne in Frankreich 1792 war, so daß er mit wütender Verachtung gegenüber dem braunschweigischen Herzog reagierte, indem er auf dessen Drohung von 1792 verwies, Paris dem Erdboden gleichzumachen. Napoleon sah in dem braunschweigischen Herzog den einzig Verantwortlichen für den Krieg mit Preußen und kannte daher keine Gnade für dessen Land. Mit zwei Proklamationen im Bulletin de la Grande Armée vom 28. und 30. Oktober 1806 wurden das Land Braunschweig und große Teile Hessens und Niedersachsens durch das Kaiserreich Frankreich in Besitz genommen. Braunschweig war Teil des neu geschaffenen Königreichs Westphalen unter König Jérôme Bonaparte (1784–1860), einem Bruder Napoleons. Entsprechend der grundsätzlichen Haltung Napoleons und vor dem Hintergrund der geschaffenen Fakten blieben alle Bemühungen der bayrischen und badischen Verwandten von Marie – immerhin Verbündete Napoleons – ohne Erfolg, etwas zugunsten des Herzogs und des Landes zu erreichen. Immer wieder forderte Marie von Braunschweig ihren Bruder Karl zur aktiven Unterstützung auf. Sie selbst unternahm im November bei schwierigsten Wetterbedingungen eine Seereise über die Ostsee, in der Hoffnung, ihren Mann und Napoleon in Berlin zu treffen, mußte jedoch wenige Tage später unverrichteter Dinge zurückreisen. Auch der Rat der badischen Verwandten an Friedrich Wilhelm, direkt Kontakt mit Napoleon aufzunehmen, brachte im Oktober 1807 keinerlei Änderung der Verhältnisse. Gegenüber dem Gesandten stellte Napoleon erneut klar: »*Ich habe Cassel und Braunschweig verjagt, sie werden nicht mehr regieren, ich will es nicht, und ich will alle diese Fürsten lehren, wie sie sich zu betragen*

[126] Karl Linnebach (Hrsg.): Scharnhorsts Briefe. 1. Band. Privatbriefe. München und Leipzig 1914, S. 292 f.

[127] Gerd Biegel: »*Wie Phoenix aus der Asche*«. Vergangenheit–Gegenwart–Zukunft eines Denkmals, in: Breitenborn/Ulbricht (Hrsg.) (wie Anm. 65), S. 163 ff.

haben« und dies gelte auch für den jungen Herzog von Braunschweig, denn »*kennen Sie nicht das alte Sprüchwort, ›daß an den Kindern die Schuld ihrer Väter heimgesucht werden soll?‹ es ist nichts mehr daran zu ändern*«.[128] Friedrich Wilhelm war ein »*Herzog ohne Land*«. Bevor nicht weitere Klärungen über die Vermögenslage innerhalb der Familie der Welfen stattfinden konnten, waren Friedrich Wilhelm und Marie auf die Unterstützung der nächsten Verwandten angewiesen, denn auch das Fürstentum Oels war von den Franzosen besetzt. Daher nahm Friedrich Wilhelm das Angebot an, auf Schloß Bruchsal mit Frau und Kindern vorläufig Asyl zu nehmen. Sein Land aber blieb dem Herzog Friedrich Wilhelm vorerst verwehrt und verschlossen. Als Teil des Königreichs Westphalen hatte er keinen Einfluß mehr auf die weitere Entwicklung Braunschweigs. Über die Entwicklung im Königreich Westphalen berichtet Gerhard Schildt im nachfolgenden Beitrag.

Als erstes wurde für Friedrich Wilhelm die Klärung der familiären Vermögensverhältnisse notwendig. Seine Mutter und die beiden Brüder hielten sich auf Schloß Augustenburg in Dänemark auf und hatten dort das aus der Residenz gerettete Vermögen der herzoglichen Familie in Sicherheit gebracht. Der Weg aus dem Bruchsaler Exil hätte durch das französisch besetzte Norddeutschland ohne Zustimmung der Besatzer ein unwägbares Risiko bedeutet, eine solche aber wurde nicht gewährt. Dennoch ging Friedrich Wilhelm das Risiko ein und durchquerte inkognito, als einfacher Bürger, das Königreich Westphalen und traf im Dezember 1807 in Glücksburg mit seinen Brüdern zusammen. Am 25. Dezember hatte man sich schließlich geeinigt, das vorhandene Vermögen zu gleichen Teilen an alle drei Brüder aufzuteilen, und Friedrich Wilhelm kehrte über seinen Garnisonsstandort Prenzlau und Oels im Januar 1808 nach Bruchsal zurück. Vor Ort hatte er sich jeweils persönlich ein Bild über die eingetretenen Zustände machen wollen, die aber kaum Anlaß zur Hoffnung gaben. Nicht nur die politische Lage war wenig hoffnungsvoll für den »*Herzog ohne Land*«, auch ein persönlicher Schicksalsschlag traf ihn wenige Wochen später. Seine Frau Marie war erneut schwanger, jedoch wurde die Tochter am 19. April tot geboren und einen Tag später starb auch Herzogin Marie von Braunschweig. Die Wirkung dieses Verlustes auf den Herzog läßt ein Brief an seinen Vertrauten in Braunschweig erahnen, in dem er am 7. Mai 1808 schrieb: »*Ich erkenne mit aufrichtigem Dank Ihre wohlgemeinten Gesinnungen: doch wie und wo könnte ich wohl Beruhigung über meinen innigen Schmerz finden, nachdem das Wesen mir fehlt, welches so allein mein Vertrauen und meine innige Liebe besaß. Durch meine seelige Frau änderte ich manches in meinem Handeln, und wurde, wenn ich es aufrichtig sagen soll, mehr Herr von mir selbst; so würkte ihr Benehmen und Handeln unwillkührlich auf mich. Von der Stuffe des Glücks befinde ich mich daher tief herab gesunken, und dann werden Sie es leicht beurtheilen, daß ich von meiner Zufriedenheit in ein nichts versetzt bin.*

[128] Zimmermann: Gedächtnis (wie Anm. 122), S. 51 und 52.

Um mir meine gute liebe Marie zu erhalten, hätte ich so gern alles gethan, und dennoch mußte sie mir entrissen werden, selbst dann, da alle menschliche Kräfte aufgeboten waren, sie mir zu erhalten: Sie starb in meinen Armen, und ihr letzter Blick, ihr letztes Verlangen, »gib mir Deine Hand«, ist unauslöschbahr in meinem Hertzen, sowie die Hertzlichkeit ihrer Gefühle für mich. Empfindungen laßen sich nicht beschreiben, diese grenzen an das Ueberirrdische, und nur der kann sie beurtheilen, welcher gleiche Erfahrungen gemacht. Was könnte ich Ihnen daher noch weiter sagen, als daß ich mich in jeder Rücksicht verlaßen und unglücklich fühle.«[129]

Diese im Brief erkennbare emotionale Betroffenheit weist auf eine in der Ehezeit gewachsene enge Beziehung des Herzogs zu seiner einst aus dynastischer Notwendigkeit und zeitgemäßen Konventionen geheiratete Ehefrau Marie. Schon früh hatte sich in den Erzählungen zum Leben von Herzog Wilhelm jene Anekdote gefunden, die auch Zimmermann in seiner Biographie als »*Erinnerungen an die geliebte Gattin*« wiedergibt: »*In dem Knopf des Säbels, den er trug, als er bei Quatrebras fiel, fand sich eine Locke von Maries Haar*«.[130] Tatsächlich findet sich noch heute diese Locke im Säbel des Herzogs. Nach dem Tod seiner Frau aber fand Friedrich Wilhelm keine Ruhe mehr in Bruchsal. Untätigkeit und Abhängigkeit vom Willen Dritter entsprach nicht seinem Charakter, diplomatische Initiativen allerdings auch nicht. Seine Gedanken und Interessen waren wie stets auf militärisches Handeln gerichtet, und Friedrich Wilhelm hatte in Napoleon ein klar definiertes Feindbild. Ihm gab er die Schuld am Tod seines Vaters sowie am Tod seiner Frau und sah in dem Kaiser der Franzosen den Räuber seines Landes.

Einziger noch erreichbarer Besitz des Herzogs war das Fürstentum Oels geblieben, das im noch erhaltenen Teil Preußens lag. Da ihn in Baden nichts mehr hielt, übersiedelte Friedrich Wilhelm im September 1808 nach dort. Seine beiden Söhne blieben vorläufig bei der Großmutter in Bruchsal, das schien ihm zum Wohle der Kinder die beste Lösung. Auf Schloß Oels war Friedrich Wilhelm zunächst um die Verwaltung des Besitzes bemüht, nicht zuletzt weil damit seine – wenn auch geringen – Einkünfte verbessert werden sollten. Nach wie vor aber waren seine Gedanken und Pläne darauf gerichtet, gegen den französischen Agressor militärische Initiativen zu entwickeln. Dafür wollte er notwendige Ressourcen schaffen, um mit dem Vermögen aus dem väterlichen Erbe sowie eingeworbenen Geldern Waffen und Material zu erwerben und so für den Ernstfall gerüstet zu sein. Zentralort dieser Vorbereitungen war zunächst Schloß Oels, ungeachtet der Tatsache, daß sich französische Besatzungstruppen im Land befanden. Mit diesen Aktivitäten und Planungen war Friedrich Wilhelm allerdings keineswegs alleine.

---

[129] Zimmermann: Gedächtnis (wie Anm. 122), S. 54.

[130] Zimmermann: Der Schwarze Herzog (wie Anm. 99), S. 91.

Ein Freiheitskämpfer wird geboren – Friedrich Wilhelm und die Schwarze Schar

Die übergroße Macht Frankreichs in Europa nach dem Frieden von Tilsit 1807 und dem Scheitern der Dritten Koalition führte zunehmend zu Reaktionen in Europa. Reformbewegungen wie in Preußen unter Stein und Hardenberg waren die eine Seite, aufständische Unruhen etwa in Spanien, Portugal oder Tirol die andere. Die Folgen der französischen Besetzungen, z. B. im Königreich Westphalen, wie höhere Steuern, Truppenaushebungen für das französische Militär u. a. überwogen längst die anfänglich positiven Erwartungen der Bevölkerung gegenüber der Umsetzung der Ideen von »*Freiheit*«, »*Gleichheit*« und »*Brüderlichkeit*« und wurden als belastende Repressionen empfunden. Insofern hatte der damalige Außenminister Frankreichs, Charles Talleyrand (1754–1838), warnend gemeint, »*daß jedes System, das darauf abzielt, anderen Völkern die Freiheit mit offener Gewalt zu bringen, nur bewirkt, daß diese Freiheit gehaßt und ihr Triumph verhindert wird*«.[131] Es rumorte also weiter in Europa. Der Aufstand des spanischen Volkes griff wie ein Flächenbrand um sich und entwickelte sich zum Volksaufstand, der eine wahrhaft nationale Angelegenheit war. Es handelte sich keineswegs um einen »*guerre de brigandage*« (Bandenkrieg), wie man in führenden Kreisen der französischen Eroberer geringschätzig meinte. Keine regulären Truppen kämpften in diesem Krieg; an vorderster Front standen schlecht bewaffnete Bauern, Priester, Mönche und Pfahlbürger, die dem neuartigen Charakter des Krieges ein Gesicht gaben. Es war ein Guerillakrieg, dem die französischen Besatzungstruppen und ihre militärische Führung mit Unverständnis und in gewisser Weise hilflos gegenüberstanden. Am 8. Juni zerstörte ein französisches Armeekorps unter General Dupont die reiche Stadt Cordoba, die völlig ausgeplündert wurde. Doch schon am 20. Juli mußte Dupont bei Andujar gegen ein Heer der Aufständischen kapitulieren. Es wurde ein Desaster, das nachhaltig den Nimbus der Unbesiegbarkeit der französischen Armee beschädigte und den Flächenbrand des Aufstands auf der Iberischen Halbinsel anfachte. Auch in Europa wurde man zunehmend auf dieses Geschehen aufmerksam und als die Aufstandsbewegung auf Portugal übergriff, reagierte zunächst Großbritannien, dessen wirtschaftliches Interesse bei den Häfen des Landes besonders betroffen war. Zur Unterstützung der Aufständischen auf der Iberischen Halbinsel entsandte Großbritannien nun ein Expeditionskorps unter Führung von Sir Arthur Wellesley (1769–1852), dem späteren Herzog von Wellington. Da Napoleon durch diese Ereignisse in Spanien gebunden schien, nutzte Österreich die Gelegenheit zu einem, wie man glaubte, entscheidenden Schlag gegen Napoleon. Es wagte neben Großbritannien erneut den Krieg gegen Frankreich, in der Hoffnung, sich dabei an die Spitze einer gesamtdeutschen antinapoleonischen Bewegung zu stellen. Am Ende aber, nach der vernichtenden Niederlage im Juli 1809 bei

[131] David Lawday: Napoleon's Master. A Life of Prince Talleyrand. London 2007, S. 3. Dies sollte sich zunächst in Spanien bestätigen, wo es zu einem Volksaufstand kam. Vgl. dazu Willms: Napoleon (wie Anm. 40), S. 469 ff.

Treffen bei Oelper

Wagram, fand sich auch Österreich endgültig besiegt und mit erheblichen territorialen Verlusten belastet in der Reihe der von Napoleon und Frankreich abhängigen europäischen Satellitenstaaten. Friedrich Wilhelm, der als freier Reichsfürst im Winter 1808/1809 zweimal nach Wien gereist war, ein Bündnis mit Österreich geschlossen und sich mit einem aus eigenen Mitteln aufgestellten Korps als Alliierter des Kaisers an dem Krieg beteiligt hatte, sah sich nach dem österreichischen Friedensschluß trotz aller Anstrengungen alleingelassen und mußte sich die Frage stellen, ob alles umsonst gewesen war. Konnte er daher nicht selbständig und mit seinem eigenen Korps die vielfältig spürbaren lokalen Unruhen nutzen und zumindest in Norddeutschland den Kampf gegen die Besatzer und für die Befreiung seines Landes Braunschweig aufnehmen? Sehr genau hatte er die Ereignisse auf der Iberischen Halbinsel verfolgt und erkannt, wie erfolgreich die dortige Guerillataktik der Aufständischen war. Ohne Unterstützung Preußens, Friedrich Wilhelm III. lehnte jede militärische Aktivität gegen Napoleon ab und untersagte auch preußischen Soldaten und Offizieren den Eintritt in das geplante Freikorps, setzte Friedrich Wilhelm seine Vorbereitungen fort. Mit seinen Überlegungen lag der Herzog ganz auf der Linie der Partei der patriotischen Reformer in Berlin. Zunehmend wuchs auch in Preußen und den deutschen Staaten der Gedanke an Widerstand in der neuen Form einer Volkserhebung, »*an der sich Scharen bewaffneter, von der Liebe zum Vaterland entbrannter Bürgersoldaten beteiligten*«.[132] Ganz in diese Richtung gingen auch die Entscheidungen Friedrich Wilhelms, die schließlich zum »*Zug der Schwarzen Schar*« 1809 führten.[133] Zwar war dieser Plan bereits als Option im Vertrag mit Österreich enthalten, doch nun mußte er eigenverantwortlich und ohne militärische oder politische Rückendeckung realisiert werden. Zweifellos überwogen bei Friedrich Wilhelm keine überzeugenden strategischen Überlegungen, sondern die Ideen eines deutschen Patriotismus, wenig begründete schwache Hoffnungen auf Befreiung des eigenen Landes und eine tiefgehende Abneigung gegen Napoleon und Frankreich. Im Einzelnen wird der daraus entstandene »*Zug der Schwarzen Schar*« im nachfolgenden Beitrag von Eike Kuthe behandelt.

---

[132] Clark: Preußen (wie Anm. 10), S. 406.

[133] Eine detailreiche Darstellung hat bereits Louis Ferdinand Spehr in seinem Werk »*Friedrich Wilhelm*« (1847 und 1861) geliefert, auf die Zimmermann: Der Schwarze Herzog (wie Anm. 99), S. 93 und Schulze: Der Schwarze Herzog (wie Anm. 99), S. 65 mit ebenso ausführlicher Schilderung aufgebaut haben. Zum Gedanken des »Volkskrieges« siehe Alexandra Bleyer: Auf gegen Napoleon! Mythos Volkskrieger. Darmstadt 2013.

Vor allem emotionale, also keine rationalen Gründe hatten Friedrich Wilhelm zu diesem Zug durch das besetzte Norddeutschland bewogen. Militärisch-strategisch war der Zug tatsächlich ohne Ergebnis geblieben. Auch die Hoffnung auf eine Initialzündung für einen breiten Volksaufstand scheiterte völlig, denn noch spielten in der Bevölkerung Ideen einer nationalen deutschen Bewegung, wie sie preußische patriotische Intellektuelle wie Johann Gottlieb Fichte (1762–1814) oder Ernst Moritz Arndt (1769–1860) verkündeten, keine Rolle. Lediglich in Braunschweig war die alte Loyalität zum welfischen Fürstenhaus erkennbar und entwickelte als Folge im 19. Jahrhundert einen spezifischen probraunschweigischen Patriotismus, der immer wieder an das Gedenken an den »*Zug der Schwarzen Schar*« anknüpfte und den »*Schwarzen Herzog*« als antinapoleonische Lichtgestalt feierte. Doch dies war eher eine lokale Traditionskomponente, auch wenn Friedrich Wilhelm für einige Zeit in der europäischen Öffentlichkeit geradezu als Medienstar in Erscheinung trat und gar im Verständnis der Zeit als »*Heldenherzog*« gefeiert wurde. Auch für diese Reaktionen gilt, daß sie eher emotional geprägt waren und rational überwiegend einer realen Grundlage entbehrten.

Gescheitert ins Exil – Friedrich Wilhelm in Großbritannien

Nach dem Scheitern seiner Pläne verbrachte Friedrich Wilhelm die nächsten Jahre weitgehend tatenlos und als Privatmann in Großbritannien. Nach der Überfahrt von Elsfleth über Helgoland begegnete er dort seiner Mutter und seinen Schwestern wieder, und im Oktober trafen auch seine beiden Söhne in Großbritannien ein. Soldaten des Herzogs wurden in britische Dienste genommen und schließlich vor allem in Südfrankreich und auf der Iberischen Halbinsel eingesetzt. Er selbst hatte beim Militär seines hannoverschen Verwandten, König Georg III. (1738–1820), keine Verwendung gefunden, und auch sein ursprünglicher Wunsch, als Befehlshaber seiner »*Schwarzen Schar*« in englischen Diensten auf dem Kontinent gegen Napoleon eingesetzt zu werden, fand kein Gehör. Zwar wurde ihm formal der Titel eines Generalleutnants der englischen Armee verliehen und von König und Parlament eine jährliche Unterstützung in Höhe von 7.000 Pfund Sterling zugebilligt, jedoch weder eine militärische noch diplomatische Aufgabe ermöglicht. Friedrich Wilhelm, der »*Herzog ohne Land*«, lebte weitgehend unbeachtet im Schatten seiner welfischen Verwandten auf Großbritanniens Thron im Asyl und bewohnte das Anwesen Belmont House in der Nähe von London. Engeren Kontakt zum Hof vermied er auch in Großbritannien, lediglich mit seiner Schwester Caroline (1768–1821) traf er des Öfteren zusammen, hatten sie doch beide erhebliche Konflikte mit deren Ehemann, dem Kronprinzen Georg (1762–1830), zu bewältigen. Als Caroline 1814 aus Großbritannien floh, fand sie zunächst Zuflucht bei ihrem Bruder in Braunschweig. Mindestens dreimal soll Friedrich Wilhelm, trotz der damit verbundenen Gefahr, heimlich Braunschweig besucht haben, um sich mit Vertrauten zu treffen. In der Folgezeit beschäftigten den Herzog überwiegend die Erziehung seiner Kinder und persönliche sowie familiäre

Caroline von England, Schwester von Friedrich Wilhelm

Angelegenheiten. Hinzu kam nach dem Tod des älteren Bruders Georg am 16. September 1811 die weitere erbrechtliche Vermögensklärung mit dem einzig noch lebenden Bruder August und seiner Mutter Augusta. Ohne weitere Schwierigkeiten gelang dies bis zum 20. Dezember 1811. Eine Investition der dabei gewonnenen Vermögenswerte lehnte Friedrich Wilhelm ab. Auch der Vorschlag seines Verwalters Mens in Oels, die heruntergekommenen Besitzungen in Schlesien zu sanieren und wenigstens diesen einzig verbliebenen Eigenbesitz in wirtschaftlich tragfähigen Zustand zu versetzen, fand beim Herzog keine Zustimmung. Ganz offenbar sicherte er das Geld, um zu einem geeigneten Zeitpunkt erneut in militärische Aktionen gegen Napoleon investieren zu können. In dieser – letztlich unerfüllten – Hoffnung wurde er bestärkt durch briefliche Kontakte zu Stein, Scharnhorst und Gneisenau in Preußen, die weiterhin als prominente Vertreter der sog. patriotischen Kriegspartei Militärreformen, Wiederaufrüstung und Kriegspläne gegen Frankreich entwickelten, um König Friedrich Wilhelm III. endlich zu einer aktiveren Politik gegen Napoleon zu bewegen. Dabei rechnete man in militärischen Kreisen offenbar auf eine tatkräftige Mitwirkung des Herzogs, dessen Beurteilung als Militär nach dem Feldzug durch Norddeutschland eine deutliche Aufwertung erfahren hatte. Man erwartete, »*daß ihm, wenn er mit seinem Corps nach Deutschland zurückkehren werde, viele Menschen zuströmen würden*«.[134] Darin und in weiteren Beispielen spiegelte sich aber keineswegs eine ernsthafte Einschätzung der militärischen Fähigkeiten des Herzogs wider. Bei Beginn der Freiheitskriege zwei Jahre später sollte sich erweisen, wie wenig die führenden Militärs Interesse hatten, ihn bei militärischen Operationen einzuplanen. Es ist offensichtlich, daß Friedrich Wilhelm aufgrund seiner öffentlichen Popularität für die eigentlichen Interessen der Berliner Kriegspartei, Großbritannien für ihre Ziele und ein Bündnis für Preußen zu gewinnen, schlichtweg instrumentalisiert wurde. In gleichem Sinne schrieben Stein und Gneisenau im Oktober 1811 noch an Graf Münster (1766–1839), den hannoverschen Vertreter am englischen Hof und Vermittler des englischen Kronprinzen, dem späteren König Georg IV.: »*Wenn wir mit irgend einigem Erfolge fechten, dann möchte es zeitgemäß sein, den Herrn Herzog von Braunschweig mit seinem Korps nach Deutschland wieder zu versetzen. Er hat sich einen großen Namen bei uns gemacht, und es werden ihm viele Menschen zuströmen*«.[135] Hatte aber Großbritannien bereits 1809 jegliche

[134] Spehr: Friedrich Wilhelm (wie Anm. 99), S. 187.

[135] Zitiert nach Zimmermann: Schwarzer Herzog (wie Anm. 99), S. 154 f. Zur tatsächlichen Verwendung der Schwarzen Schar in Großbritanniens Diensten siehe Fred Mentzel: Der Vertrag Herzog Friedrich Wilhelms mit der britischen Regierung über die Verwendung des Schwarzen Korps (1809), in: Braunschweigisches Jahrbuch 55 (1974), S. 230–239.

Unterstützung des Herzogs und seiner Freischar-Unternehmung verweigert, so stellte sich Kronprinz Georg weiterhin entschieden gegen jegliche Unternehmung Friedrich Wilhelms in englischen Diensten auf dem Kontinent. Die von ihm als Begründung vorgeschobene Fürsorge für den welfischen Schwager war dabei an Zynismus kaum zu überbieten. Gleichzeitig offenbarte sich ein weiteres Problem, das Friedrich Wilhelm den Aufenthalt in Großbritannien erschwerte, ja wohl zeitweise unerträglich machte, und dies war eben sein Schwager. Dieser war auf Druck seines Vaters Georg III. seit 1795 mit der Schwester von Friedrich Wilhelm, Caroline, verheiratet, jedoch sollte sich diese Ehe von Beginn an als katastrophal erweisen[136]. Entsprechend war das Verhältnis zwischen Georg und Friedrich Wilhelm durch persönliche Distanz, ja Abneigung geprägt. Einzig König Georg III. blieb dem braunschweigischen Verwandten und seiner Schwiegertochter eng verbunden. Georg III. war unter den Hannoveranern auf dem englischen Thron sicherlich der herausragendste Vertreter der Krone[137], jedoch immer wieder durch eine schwere Erkrankung eingeschränkt und seit 1811 regierungsunfähig. An seine Stelle trat seitdem sein Sohn als Prinzregent, und die Ehekrise spitzte sich weiter zu mit entsprechenden Folgen auch für die von London (und Hannover) abhängige Verwandtschaft. Kein Wunder also, daß Friedrich Wilhelm alle Hoffnungen auf einen erneuten europäischen Krieg gegen Napoleon setzte und die Gelegenheit herbeisehnte, persönlich gegen den verhaßten Usurpator kämpfen zu können.

Gefesselter Löwe – Friedrich Wilhelm und der Beginn der Freiheitskriege

Diese Gelegenheit schien gekommen, als Napoleon 1812 in Rußland einmarschierte und der Feldzug in einer Katastrophe für die Grande Armée endete. Nach der Konvention von Tauroggen am 30. Dezember 1812 kam schließlich die Wende und Preußen wandte sich gemeinsam mit Rußland gegen Frankreich. Zugleich waren die Verhältnisse anders als 1806 und 1809, denn zum einen hatte die Armeereform Preußens Armee so modernisiert, daß sie militärisch vorbereitet und kampffähig war. Zum anderen war der Gedanke eines Volkskriegs in der Bevölkerung und der militärischen Führung akzeptiert. Landwehr und Landsturm verstärkten zugleich die regulären Einheiten. Ein Beispiel für die wachsende Begeisterung für die nationale Sache gab der 51jährige Philosoph und Professor Johann Gottlieb Fichte, als er sich umgehend als Freiwilliger zum Kampf gegen Napoleon meldete. Noch 1808/1809 hatte Fichte bekanntlich mit seinen »*Reden an die Deutsche Nation*« die Saat für die nationale Idee in Deutschland gelegt. In Preußen, aber zunehmend auch in den anderen deutschen Staaten, war der Unmut über die Besatzungsmacht gewachsen, ja teilweise in blanken Hass umgeschlagen. Am 17. März 1813 schließlich hielt König Friedrich Wilhelm

[136] Flora Fraser: The Unruly Queen. The Life of Queen Caroline. London 1996.

[137] John Brook: King George III. London 1972.

III. seine berühmte Ansprache »*An mein Volk*« (»*Preußen und Deutsche seyen*«), kurze Zeit später wurde der Landsturm gegründet und Freikorps aus Jägern aufgestellt. Das bekannteste sollte das Lützow'sche Freikorps werden, das ebenfalls wegen seiner dunklen Uniform als »*Schwarze Schar*« bezeichnet wurde. Die später so genannten »*Freiheitskriege*« standen damit erstmals unter einem nationalen Impetus, wie auch der König betonte: »*Es ist der letzte, entscheidende Kampf, den wir bestehen, für unsere Existenz, unsere Unabhängigkeit, unsern Wohlstand. Keinen andern Ausweg gibt es, als einen ehrenvollen Frieden, oder einen ruhmvollen Untergang. Auch diesem würdet Ihr getrost entgegen gehen, um der Ehre willen; weil ehrlos der Preuße und der Deutsche nicht zu leben vermag*«. Mit diesen Worten rief Friedrich Wilhelm III. Preußen und Deutsche zum nationalen Freiheitskampf auf, die Freiheitskriege hatten begonnen.

Der in Literatur, Liedern und Volksmeinung der Zeit längst gefeierte braunschweigische »*Freiheitsheld*« Friedrich Wilhelm, der »*Schwarze Herzog*«, verließ tatendurstig am 13. Mai auf dem Kriegsschiff »*Rosario*« Großbritannien, um zutiefst gedemütigt am 23. Juni tatenlos wieder nach London zurückzukehren. Weder die Russen noch die Preußen hatten Verwendung für den »*Helden von 1809*«. Entgegen der Erwartung von Zar Alexander I. und Friedrich Wilhelm III. war der Schwarze Herzog ohne finanzielle, militärische oder politische Unterstützung Großbritanniens, sozusagen »*mit leeren Händen*«, auf dem Festland eingetroffen und als bloßer militärischer Führer war er für die Monarchen ohne Interesse.[138] Auch für die Aufstellung eines eigenen Freikorps verweigerten der englische Kronprinz und die englische Regierung die notwendigen Gelder, und die einst großen Worte von Steins und Gneisenaus an Graf Münster vom unabdingbar notwendigen Einsatz des Herzogs von Braunschweig (1811) erwiesen sich nun hohl und waren Schall und Rauch. Ohnmächtig und ohne Einfluß mußte Friedrich Wilhelm, dessen oberstes Lebensziel stets der Kampf gegen Napoleon und für die Befreiung des Landes Braunschweig war, die Auseinandersetzungen in der entscheidenden Phase der Freiheitskriege aus dem Exil in London miterleben. In diesem Sinne war aus dem gefeierten »*Helden*« von 1809 ein tragischer »*Held*« im Jahr 1813 geworden.

Nach anfänglichen Erfolgen Napoleons und der französischen Armee änderte sich bald die militärische Lage und die Völkerschlacht bei Leipzig vom 16. bis 19. Oktober 1813 bedeutete die endgültige Niederlage Frankreichs und das Ende des Hegemonialstrebens Napoleons über Europa.[139] Friedrich Wilhelm konnte seit der Rückreise vom Kontinent das dortige Geschehen nur beobachten, nicht beeinflussen. In der Konvention von Kalisch gegen Ende Februar zwischen Rußland und Preu-

---

[138] Der Herzog hatte zunächst geplant auf Wunsch der Stadt Hamburg, den Befehl über die 3000 Mann starke Bürgermiliz zu übernehmen und sich mit den Russen gegen die Franzosen zu verbünden, wurde von deren General Tettenborn jedoch abgewiesen.

[139] Bauer/Pieken/Rogg (Hrsg.): Blutige Romantik (wie Anm. 83); Munro Price: Napoleon (wie Anm. 90), S. 205 ff.; Simms: Vorherrschaft (wie Anm. 4), passim.

ßen wurde Preußen eine territoriale Erweiterung in Norddeutschland zugestanden, ausgenommen war ausdrücklich das Kurfürstentum Hannover. Offenbar vor diesem Hintergrund war Herzog Friedrich Wilhelm von maßgebender Seite nahegelegt worden, seine »*Partisanenunternehmungen*« nicht weiter zu verfolgen, und von englischer Seite kam der Rat, sich dafür enger an Hannover anzuschließen. Diesem Ansinnen folgte er schließlich, war ihm doch auf der einen Seite jegliche militärisch angemessene Beteiligung an dem Freiheitskampf unmöglich gemacht worden, auf der anderen Seite vertrat man bei den Verhandlungen in Kalisch den Grundsatz, »*ein vom Feinde seines Thrones beraubter Fürst sollte, wenn sein Land ohne sein Zutun zurückerobert worden sei, in seine alten Rechte nicht ohne weiteres wiedereingesetzt werden*«[140]. Vor diesem fragwürdigen Hintergrund entschloß sich Friedrich Wilhelm, den Rat des englischen Prinzregenten und des Grafen Münster anzunehmen. Mit Großbritanniens Beteiligung am Sechsten Koalitionskrieg ab Juni 1813 waren auch die Belange Hannovers wieder stärker berücksichtigt worden und davon sollte Braunschweig profitieren. In der Konvention von Reichenbach am 14. Juni wurde daher als erweitertes Kriegsziel u. a. die Wiederherstellung der von Frankreich eroberten Staaten festgeschrieben. Darin war auch neben dem Kurfürstentum Hannover die Wiederherstellung des »*Ducal House [s] of Brunswick*« ausdrücklich aufgeführt[141], so daß Friedrich Wilhelm in Erwartung der Sicherung seines Landes erste Vorkehrungen für dessen zukünftige Entwicklung treffen konnte und nicht nur zu untätigem Abwarten in London gezwungen war. Zunächst wurde es notwendig, einen Vertreter auf dem Kontinent zu benennen, der zum richtigen Zeitpunkt durch eine Proklamation das Land wieder in Besitz nehmen sollte. Weitere Überlegungen betrafen die Eidesleistung und die Einsetzung der Landstände. Ein erster Plan, als Vertreter für Friedrich Wilhelm den Freiherrn Wilhelm von Dörnberg zu beauftragen, gelang nicht, da dieser seine Aufgaben in Hessen wahrnehmen wollte. Stattdessen bevollmächtigte der Herzog im Juli Major Johann Elias Olfermann (1776–1822) mit der Stellvertretung und verfaßte für diesen am 25. September 1813 eine Instruktion, die vor allem das Militär betraf, für das er eine Sollstärke von 10.000 Mann festlegte. Dies war zugleich ein deutliches Signal für den Schwerpunkt der herzoglichen Politik nach einer möglichen Befreiung und Restitution seines Landes. Wichtigster Auftrag aber für Olfermann war zunächst, zu gegebener Zeit im Namen des Herzogs die Besitzergreifung des Fürstentums zu proklamieren. Dabei war eine vorläufige Eidesleistung zu fordern und die Landstände wieder einzusetzen, die als höchste Zivilbehörde dienen sollten. Die Geschäfte sollten ansonsten in der bisherigen Form fortgesetzt werden. Diese grundsätzlichen Regelungen, die bereits für von Döring entworfen worden waren, hatte Friedrich Wilhelm im September für Olfermann erweitert. Die unter westphälischer Regierung eingesetzten Zivilbeamten sollten vorerst im Amt bleiben, und alle Kassen unter die Kontrolle der Landstände gestellt werden.

[140] Zimmermann: Der Schwarze Herzog (wie Anm. 99), S. 169.

[141] The Consolidated Treaty Series, ed. by Clive Parry. 231 Bde. New York 1969–1981. Bd. 62, S. 275: Art. 1.

Der Heimkehrer – Friedrich Wilhelm als Regent

Nach der Völkerschlacht bei Leipzig zogen am 6. November 1813 erstmals wieder herzogliche Truppen in Braunschweig ein und Major Olfermann nahm das Land im Namen des Herzogs in Besitz. Seine Proklamationen erschienen am 13. November 1813 entsprechend den zuvor von Friedrich Wilhelm ausgefertigten Instruktionen.[142] In Olfermanns Aufruf an die Bevölkerung am 6. November waren diese bereits grundsätzlich enthalten, und er betonte, daß er den Auftrag habe, »*provisorisch diejenigen Anordnungen zu treffen, welche zur Erhaltung der innern Ruhe und Ordnung und zur Benutzung der Kräfte des Landes für die gemeinschaftliche Sache der deutschen Freiheit notwendig sind. Braunschweiger! – denn das seid Ihr wieder und bleibt es von jetzt an – im Namen Eures rechtmäßigen Fürsten fordere ich jeden Einzelnen unter Euch auf, zur Erhaltung der öffentlichen Ruhe und Ordnung aus allen Kräften beizutragen.*

Möge die Zeit nicht fern sein, wo dieser Fürst keine andere Pflicht kennt, als die Sorge für Euren Wohlstand, für Recht und Innere Ordnung. Aber diese schöne Zeit ist noch nicht erschienen. Die Macht des Tyrannen, welche Europa fesselte, ist gebrochen, aber nicht vernichtet. Einem Kampfe der Verzweiflung muß unser deutsches Vaterland, müssen auch wir mit vereinter Kraft begegnen, um die eben errungene Freiheit zu behaupten und zu verdienen. Zu den Waffen ruft uns jetzt unsere erste Pflicht. Zu den Waffen, die Euer Fürst, wie Europa ihm bezeugt, mit Ehren führte, ruft Er durch mich jeden unter Euch, den nicht die unerläßlichsten Pflichten auf andere Weise binden.

Braunschweiger! ich rechne darauf, Ihm bald aus Eurer Mitte eine tapfere Kriegsschaar vorstellen zu können, stark genug, um an dem gemeinschaftlichen Kampfe für Deutschlands Freiheit, an diesem Kampfe, der auch für unsere Freiheit, für das Leben und das Eigenthum jedes Einzelnen unter uns noch gekämpft wird, denjenigen Antheil zu nehmen, welchen der alte Ruhm des braunschweigischen Hauses und die jetzige politische Lage des Landes nothwendig machen.«[143]

Erneut wurde deutlich, daß die Frage der militärischen Aufrüstung oberste Priorität beim politischen Neuanfang nach der Völkerschlacht besaß, und dafür alle nur denkbaren Ressourcen genutzt und ausgeschöpft werden sollten. Die Soldaten der »*Schwarzen Schar*« von 1809 blieben zunächst weiter in englischen Diensten auf der Iberischen Halbinsel, in Südfrankreich und Sizilien. Das braunschweigische Infanterieregiment kehrte erst 1814, das Husarenregiment im Mai 1816 nach Braunschweig

---

[142] Niedersächsisches Landesarchiv – Standort Wolfenbüttel M 3140, Nr. 646–677; Braunschweigische Anzeigen vom 13. November 1813; Dorothea Puhle: Das Herzogtum Braunschweig-Wolfenbüttel im Königreich Westphalen und seine Restitution. 1806–1815 (= Beihefte zum Braunschweigischen Jahrbuch Band 5). Braunschweig 1989; S. 358; Strauß: Franzosenzeit, in: Jarck/Schildt (Hrsg.): Landesgeschichte (wie Anm. 93), S. 706–708.

[143] Zitiert nach Spehr: Friedrich Wilhelm (wie Anm. 99), S. 196 f.

zurück. Mit dem Eintreffen Olfermanns in Braunschweig fand auch der Aufenthalt von Herzog Friedrich Wilhelm in Großbritannien sein Ende. Am 22. Dezember 1813 traf er, nun erstmals als regierender Herzog, in Braunschweig ein. Friedrich Wilhelm war kein »*Herzog ohne Land*« mehr. Noch aus London hatte er den Braunschweigern mit einem Brief seine Rückkehr angekündigt und mit Blick auf ihre »*treue Anhänglichkeit*« die Hoffnung ausgedrückt, er könne seine »*geringen Kräfte aufbieten, das mir stets von den Bewohnern Braunschweigs bewiesene hohe Vertrauen zu verdienen*«.[144] Zugleich verwies er aber, wie schon Olfermann, auf die zukünftig noch zu erwartenden Probleme und betonte: »*Dennoch muß ich mit Bedauern in die Zukunft sehen, daß der jetzige Zustand der Finanzen und die außerordentlichen Hilfsmittel, welche noch erfordert werden, um Unsere alte deutsche Freiheit wieder hergestellt zu sehen, Maßregeln erfordern die den frühern glücklichern Zustand Braunschweigs unter der weisen und milden Regierung Unsers vielgeliebten und unvergeßlichen Herrn Vaters selig noch auf Jahre verschieben werden…*«[145]. Noch deutlicher wurde er in seiner Proklamation am 26. Dezember 1813: »*Für jetzt aber verpflichtet uns die größte Dankbarkeit und Verehrung gegen die hohen alliirten Mächte, mit Bereitwilligkeit und zuvorkommendem Eifer alle unsere Kräfte aufzubieten und zu ihrem großen Zwecke nach Möglichkeit mitzuwirken. Bei den Opfern und unvermeidlichen Lasten, welche die Pflicht uns jetzt noch auferlegen wird, rechne Ich mit Zuversicht auf Eure patriotischen Gesinnungen; je zahlreicher Ihr Euch unter Meinen Fahnen versammelt, je bereitwilliger Ihr die jetzigen drückenden Lasten ertragt, desto eher können wir hoffen, jene frühere glücklichere Zeit zurückkehren zu sehen, wo es Mir erlaubt sein wird, diese Lasten zu mildern und nur für Eure Ruhe und Euren Wohlstand zu sorgen.*«[146]

Die Rückreise am 8. Dezember gestaltete sich seit der Landung vor Nordwyk zu einem feierlichen Triumphzug, wie Nachrichten über den Empfang in Osnabrück oder Hannover belegen.[147] Auch zahlreiche zeitgenössische Berichte und Würdigungen lassen erkennen, daß besonders die Braunschweiger ihren Landesherrn nicht nur im Sinne der Konventionen der Zeit als Landesherrn feierlich und festlich empfingen, sondern ihm tatsächlich eine Welle der Begeisterung und Sympathie aus Stadt und Land entgegenschlug. Dabei war die Erinnerung an den Zug von 1809 ebenso lebendig wie die Hoffnung bestand, der junge Herzog werde, ganz wie sein Vater Carl Wilhelm Ferdinand, eine segensreiche Regierungstätigkeit zugunsten des Landes und seiner Bewohner ausüben. Besonders aufwendig gestaltete man jenen Platz am Braunschweiger Petritor, an dem beim Durchzug 1809 der Herzog biwakiert hatte. Anknüpfend an ein römisches Vorbild hatte man einen Tempel der Vesta

---

[144] Ebd., S. 198.

[145] Ebd., S. 198.

[146] Ebd., S. 202.

[147] Spehr: Friedrich Wilhelm (wie Anm. 99), S. 199 f.; Zimmermann: Schwarzer Herzog (wie Anm. 99), S. 178–181.

Ehrenpforte am Petritor

angedeutet mit einem reich geschmückten Altar, umrahmt von 12 weißgekleideten Jungfrauen (Verstalinnen), flankiert von Fahnen und bewacht von »*Knaben in der Tracht der Krieger*«. Mit religiösem Impetus begründet, wollte man, so wie in der Antike, den Hort der Vaterlandsidee darstellen, an dem das Vaterland feierte.[148] Es war nur eines von vielen Beispielen für die Stimmung im Lande und zugleich Ausdruck einer Hoffnung, die sich am Ende jedoch nicht in Gänze erfüllen sollte.

Ein Hindernis bei der Umsetzung seiner Regierungsaufgaben war zunächst, daß ihm aufgrund der verfehlten Erziehung seines Vaters jegliche Erfahrung in der Führung der Staatsgeschäfte fehlte. Hinzu kam, daß durch die langjährige Fremdherrschaft die unterschiedlichen Landesteile verwaltungsmäßig, aber auch vom Selbstverständnis her, zu einem zumindest im Inneren organischen Ganzen zusammengeführt werden mußten. Seit dem Zusammenbruch des Königreichs Westphalen hatte es zudem heftige Auseinandersetzungen in der Bevölkerung gegeben. Dabei richtete sich der Zorn der Massen vor allem gegen diejenigen, die im Dienst Westphalens beschäftigt waren oder notwendige Kontakte zur französischen Besatzung gepflegt hatten, und nun als Verräter und Kollaborateure verdächtigt oder verunglimpft wurden.[149] Aufgrund solcher Vorfälle standen wichtige Persönlichkeiten für politische Ämter oder für die notwendigen Reformen in Verwaltung und Justiz dem Herzog nicht mehr zur Verfügung. Zwar gab es unzählige Bewerbern, die in freie Amtsposten drängten, jedoch war die Qualifikation in den meisten Fällen äußerst dürftig, eine konsequente Überprüfung und gezielte Auswahl blieb aber überwiegend aus. Bei der dringend notwendigen Reorganisation von Verwaltung und Justiz fehlte es ebenso an fachlich qualifizierten Reformern wie auch am Willen zu ernsthaften Reformen, so daß alle diese Versuche in Ansätzen stehen blieben. Alles Reformwerk blieb provisorisch und Friedrich Wilhelm verwies auf die bevorstehenden Verhandlungen in Wien, deren Ergebnisse für die deutschen Länder erst einmal abgewartet werden sollten. Allerdings strebte Friedrich Wilhelm nicht generell eine Wiederherstellung der Verhältnisse vor 1806 an, sondern beließ einige westphälische Reformen (z. B. Abschaffung des Zunftwesens) bestehen. Demgegenüber gab es einschneidende Maßnahmen, so in der Justiz, wo der Code Napoléon ebenso außer Kraft gesetzt, wie in wichtigen Bereichen die Tren-

[148] Braunschweigs Feier bei dem Einzuge seines Durchlauchtigsten Fürsten und Landesherren Friedrich Wilhelm am 22sten December 1813. Braunschweig 1814; Stadtarchiv Braunschweig H VIII Nr. 3698; Braunschweigische Anzeigen 1813, Sp. 3199; Zimmermann: Der Schwarze Herzog (wie Anm. 99), S. 179.

[149] Verschiedene Aktionen und Beispiele nennt Puhle: Westphalen (wie Anm. 142), S. 358 f.

nung von Justiz und Verwaltung wieder rückgängig gemacht wurden. Eigentliches Ziel beim Vorgehen des Herzogs war es, in allen Dingen möglichst rasch eine zumindest arbeitsfähige Verwaltung und Justiz zu schaffen und darauf aufbauend, nach und nach, eine gründliche sowie dauerhafte Reform zu realisieren. So richtig diese Überlegungen im Ansatz waren, am Ende fehlte, durch die Zeitereignisse bedingt, die notwendige Zeit für zukunftsfähige Änderungen und Reformen des Landes.[150]

Beibehalten wurden zunächst die bestehenden Behörden sowie die drückenden Steuern. Ende Dezember setzte Friedrich Wilhelm als oberstes Organ der Landesverwaltung eine Regierungskommission ein. An der Spitze stand Karl Friedrich Gebhard von der Schulenburg (1763–1818) und an seiner Seite die Regierungsräte von Reiman und Justus von Schmidt-Phiseldeck (1769–1851), der zwei Jahre später auch das Land beim Wiener Kongreß vertreten sollte. Regierungssekretär wurde Wilhelm Arnold Eschenburg (1778–1861). Diese Kommission wurde bereits am 1. März 1814 wegen Unstimmigkeiten zwischen dem Herzog und von der Schulenburg wieder aufgelöst und durch ein Geheimratskollegium ersetzt unter dem Vorsitz des Herzogs selbst, und am 19. Mai 1814 folgte noch die Einrichtung eines Kammerkollegiums. Bereits am 24. Februar 1814 war als neue Behörde für die Landesverwaltung die Oberhauptmannschaften eingerichtet worden. Diese vorläufige Reorganisation der Verwaltung schien zwar abgeschlossen, dennoch kann nicht von einem echten und funktionsfähigen Neuanfang die Rede sein. Dazu fehlte dem Herzog zunächst die Erfahrung, dann die Zeit und schließlich auch der ernsthafte Willen. Die Feststellung, daß Friedrich Wilhelm mit großem Eifer daran ging, die »*angekündigten Reformen und Vorhaben umzusetzen*«, ist daher eher rückblickende Verklärung als realistische Bewertung des Herzogs als Landesherr.[151] In gleicher Weise gilt dies für Venturinis frühe (1816) Einschätzung von Friedrich Wilhelms Ideal einer »*volkstümlichen Regierung*«, denn »*Fürst und oberster Handhaber wollte er sein für alle, ohne Kasten- und Privilegienunterschied*«.[152] Friedrich Wilhelm gelang es in der ganzen Zeit seiner Regierung nicht, dauerhaft erfahrene und qualifizierte Berater für sich zu gewinnen, denen er vertrauensvoll eigenständige und der Sache dienende Entscheidungen zugestanden hätte. Er behielt sich jegliche Entscheidungen selbst vor und ging kaum auf gegenteilige Einwände zu seiner Meinung ein. Er versuchte gleichzeitig, alle Regierungsgeschäfte mit rücksichtslosem Tempo und übereilt voranzutreiben, ohne Rücksicht auf die notwendigen Gegebenheiten. Sorgfalt, abwägendes sachliches Urteil, Eingehen auf Bedenken der Beamten oder Anerkennung von Leistungen fehlten fast völlig. Er entschied und erwartete umgehende Erledigung seiner

---

150 Zimmermann: Der Schwarze Herzog (wie Anm. 99), S. 189–195; Strauß: Franzosenzeit (wie Anm. 142), S. 709 f.; Puhle: Westphalen (wie Anm. 142), S. 374–423.

151 Schulze: Friedrich Wilhelm (wie Anm. 99), S. 157; Zimmermann: Der Schwarze Herzog (wie Anm. 99), S. 190 f.

152 Karl Venturini: Ehre und Wahrheit für Friedrich Wilhelm, den verewigten Herzog von Braunschweig-Lüneburg. Leipzig und Altenburg 1816. Neu herausgegeben in: Paul Zimmermann: Friedrich Wilhelm. Herzog zu Braunschweig-Lüneburg-Oels in Stimmen seiner Zeitgenossen. Neue Ausgabe. Braunschweig 1907, S. 41.

Anordnungen. Diese Vorgehensweise erwies sich bald als gewaltige Belastung der Regierung und des Landes. Insofern dürfte als zeitgenössisches Fazit zu seiner (kurzen) Regierungszeit eher zutreffen, »*wer zuviel fordert, erhält am Ende nichts; und man macht es nicht immer gut, wenn man es gut meint*«[153].

Ganz anders bei Fragen des Militärs, die für Friedrich Wilhelm oberste Priorität besaßen, der alle anderen staatlichen Angelegenheiten nachgeordnet blieben. Darauf und auf die damit verbundenen steuerlichen Belastungen für die Bevölkerung hatten sowohl Olfermann als auch der Herzog bereits in ihren ersten Proklamationen hingewiesen. Ziel war ein Korps von 10.000 Mann, was bei einer Bevölkerungsgröße von wenig mehr als 200.000 Einwohnern ein außergewöhnlich ehrgeiziges Ziel war. Der geforderte patriotische Eifer der Bevölkerung hielt sich jedoch angesichts der gerade überstandenen Kriegsjahre und Besatzungszeit in Grenzen, so daß nicht genügend Freiwillige für den Dienst zur Verfügung standen und auf Weisung des Herzogs Aushebungen stattfanden. Alle jungen Männer im Alter zwischen 18 und 25 Jahren wurden zum Militärdienst verpflichtet, diejenigen zwischen 26 und 35 Jahren bildeten die Reserve. Noch immer träumte Friedrich Wilhelm davon, aktiv an den Kriegen gegen Napoleon teilnehmen zu können. Bis Anfang April 1814 war das ehrgeizige Ziel erreicht und ein Feldkorps mit 10.000 Mann aufgestellt, bereit zum Ausmarsch nach Frankreich[154]. Dieser erfolgte auch am 13. April in Richtung Maas, obwohl völlig überflüssig, da die Alliierten bereits am 31. März 1814 in Paris einmarschiert waren und Napoleon endgültig gestürzt war. Dennoch setzte Friedrich Wilhelm den Truppenmarsch über die Maas bis nach Brabant fort und reiste von dort am 23. Mai zu den verbündeten Fürsten nach Paris. Erneut blieb, trotz höflicher Anerkennung seiner Initiativen, sein Versuch, Zusagen etwa zu Gebietserweiterungen Braunschweigs zu erhalten, ohne jeglichen Erfolg. Am 10. Juli kehrten er und die Truppen ergebnislos nach Braunschweig zurück. Trotz der hohen Belastung für den Staatshaushalt sowie der Bewohner des Landes, die Einquartierungen hinnehmen mußten, wurde die Größe der Truppen nicht verringert. Diese Verhältnisse führten allmählich zu einem Stimmungsumschwung bei den Menschen im Lande. Längst war die anfängliche Euphorie verflogen, und es wurde nach und nach immer deutlichere Kritik an der Regierungstätigkeit des Herzogs laut. Außer bei militärischen Angelegenheiten reagierte Friedrich Wilhelm mehr oder weniger nicht. Bei Forderungen nach notwendigen politischen Reformen verwies er immer wieder darauf, daß der geplante Wiener Kongreß entscheidende Voraussetzungen für die verfassungsrechtlichen Grundlagen der deutschen Länder schaffen würde und diese müsse man abwarten. Er selbst reiste nach Wien zum Kongreß und dazu sei auf den nachfolgenden Beitrag von Michael Hundt verwiesen.

[153] Ebd., S. 50.

[154] Zu Ausstattung und Ausbildung sowie Einzelheiten des Zuges von 1814, siehe Schulze: Schwarzer Herzog (wie Anm. 99), S. 161–164; S. 161 auch Informationen zum Landsturm, der im April 1814 ebenfalls eingerichtet wurde. Zimmermann: Der Schwarze Herzog (wie Anm. 99), S. 197–200.

Der Weg nach Waterloo – Friedrich Wilhelms Tod bei Quatre Bras

Noch tagte der Kongreß in Wien, als die Teilnehmer die Nachricht erhielten, daß Napoleon Elba heimlich verlassen und in Frankreich gelandet sei. Da alle maßgeblichen Entscheidungsträger in Wien versammelt waren, erfolgte eine prompte Reaktion der europäischen Mächte. Am 13. März wurde Napoleon als *»Feind und Zerstörer der Ruhe der Welt geächtet«* und man beschloß erneut die vereinigten Armeen in Richtung Frankreich in Gang zu setzen, um endgültig Napoleons Treiben ein Ende zu bereiten. Noch bevor die geballte Heeresmacht der Alliierten vereint war, ergriff Napoleon die Initiative, um die Gegner einzeln anzugreifen und besiegen zu können. Schon im Frühsommer standen ihm 360.000 Mann zur Verfügung. Die alliierte Armee unter dem Kommando von Wellington bestand aus britischen Einheiten, einer belgisch-niederländischen Armee, verschiedenen Kontingenten deutscher Territorien, so etwa aus Hannover, Braunschweig, Nassauern sowie der King's German Legion. Die preußische Armee führte General Gebhard Leberecht von Blücher, Fürst von Wahlstatt (1742–1819), der auch als *»Marschall Vorwärts«* bekannt wurde. Wellington stand am Beginn der Auseinandersetzungen mit seinem Heer im heutigen Belgien, während Blücher noch vom Niederrhein vorrückte und die restlichen Armeen an Mittel- und Oberrhein aufmarschierten. Einem Zusammenschluß aller Armeen wollte Napoleon mit seinem raschen Vorstoß gegen die am nächsten stehenden Armeen entgehen, um anschließend die einzelnen Heere am Rhein anzugreifen, so kurz gefaßt, die von ihm stets geübte Angriffsstrategie.

In Braunschweig sah sich Herzog Friedrich Wilhelm in seiner Einschätzung, daß Napoleon, trotz seiner Verbannung nach Elba, noch nicht endgültig geschlagen sei, bestätigt und konnte aufgrund der bisher praktizierten Militärpolitik umgehend reagieren. Mitte April marschierte sein Feldkorps in einer Stärke von mehr als 7.000 Mann aus Braunschweig Richtung Maas ab. Die Braunschweiger waren der alliierten Armee unter Wellington unterstellt und blieben als braunschweigisches Korps unter Führung des Herzogs geschlossen zusammen. Als Napoleon am 14. Juni bei seinen Truppen ankam, waren die Armeen von Blücher und Wellington noch weit getrennt, und er beschloß daher zunächst die Preußen anzugreifen. Napoleon teilte seine Armee in zwei Heeresgruppen auf und schickte Marschall Ney mit seiner Armee zu strategisch wichtigen Kreuzung zweier Hauptstraßenverbindungen bei Quatre Bras, mit der zweiten Armee marschierte er selbst nach Osten in Richtung Ligny, um gegen die Preußen vorzugehen. Napoleon wollte also die feindlichen Armeen getrennt schlagen und ihre Vereinigung verhindern.

Noch am Abend vom 15. auf den 16. Juni 1815 befanden sich Wellington und Friedrich Wilhelm mit einer Vielzahl hoher Adliger und Militärs in Brüssel auf einem festlichen Ball der Herzogin von Richmond. Es war dies einer der legendärsten Bälle des 19. Jahrhunderts. Der englische Dichter Lord Byron (1788–1824) nutzte diese Szenerie, um dem braunschweigischen Herzog eine literarische Erinnerung zu widmen:

»Es scholl ein Freudenjubel durch die Nacht
In Belgiens Hauptstadt; Schönheit stand gestellt
Mit Ritterschaft; es strahlt der Kerzen Pracht
Auf holde Fraun und Männer brav im Feld;
Und tausend Herzen schlugen glückgeschwellt,
Und bei der Festmusik wollüst'gem Klange
Sprach manch ein Aug' zum Auge gluterhellt,
Und froh war alles wie beim Hochzeitsgange, –
Da, horch! Ertönt ein Schall wie Totenglocken bange!

Habt ihr's gehört? – Es war wohl nur der Wind,
Auf stein°gem Weg das Rasseln nur der Wagen;
Zum Tanze frisch! Erfasst die Lust geschwind!
Schlaf nicht so träg', wo Freud' und Jugend tagen,
Die flücht'gen, glüh'nden Stunden zu verjagen! –
Doch horch! – von neuem dröhnt der dumpfe Schall,
Wie von den Wolken hallend hergetragen,
Und näher, stärker, tödlicher diesmal!
Auf! Zu den Waffen, auf! Das ist Kanonenknall!

In einer Fensternische saß im Saal
Braunschweigs geprüfter Fürst. Zuerst entdeckte
Er jenen Schall mitten im Freudenmahl,
Des Klang wie Todesahnung ihn erschreckte.
Und ob man ihn, weil er ihn nah' wähnt, neckte;
Sein Herz, es wusste sich den Knall zu deuten,
Der seinen Vater auf die Bahre streckte
Und Rache heischt, die Blut nur kann bereiten.
Er flog voran zum Kampf und fiel im ersten Streiten.

Nun hier und dort, welch Rennen hin und her!
Welch Tränenmeer, welch Zittern in der Not!
Wie bleich die Wangen all, die kurz vorher
Von ihrer Schönheit Lob noch waren rot!
Da gab's ein jähes Scheiden, das zum Tod
Das Herz erdrückte, Seufzer zum Ersticken,
Vielleicht die letzten! – Vom Geschick umdroht,
Wird je dies Auge noch zum Auge blicken?
Wie konnt' so süße Nacht so grausen Morgen schicken!«[155]

[155] Lord Byron: Childe Harolds Pilgerfahrt, Dritter Gesang, Strophe 21–24, in: ebd.: Byrons Werke, hg. von Friedrich Brie. Leipzig und Wien 1911, S. 185 f.

Bereits zu Beginn des Festes erfuhr Wellington von einem preußischen Boten, daß die Franzosen auf dem Vormarsch waren. Noch am Abend des 15. Juni hatte es erste Gefechte mit der französischen Vorhut gegeben. Die Geamtsituation am 16. Juni 1815 ergab etwa folgendes Bild: bei Ligny stand Napoleon mit seiner Armee den Preußen unter Blücher gegenüber und bei Quatre Bras traf das französische Armeekorps unter Marschall Ney auf die vorrückende alliierte Armee unter Wellington. So entwickelten sich an diesem Tag zwei Schlachten, deren Ausgang für die Entscheidung bei Waterloo zwei Tage später entscheidend werden sollten. Die Straßenkreuzung bei Quatre Bras war von strategisch großer Bedeutung für Wellingtons Vormarsch von Brüssel zur Vereinigung mit Blüchers Preußen, denn über Quatre Bras mußten die Alliierten die Straße Richtung Namur marschieren. Wellington hatte noch morgens Blücher diese Unterstützung zugesichert, sofern er nicht selbst angegriffen werde. Doch eben dies traf ein, denn Napoleon hatte zum Schutz seiner linken Flanken an Marschall Ney den Befehl gegeben, die Straßenkreuzung von Quatre Bras einzunehmen und damit den Vormarsch der Alliierten aufzuhalten. Am Morgen des 16. Juni aber beging Marschall Ney einen strategischen Fehler, da er bei der Eroberung und Besetzung der Straßenkreuzung zunächst zögerte, wodurch Wellington seine verstreuten Truppen zusammenführen konnte. Es entwickelte sich schließlich am Nachmittag eine heftige und auf beiden Seiten verlustreiche Auseinandersetzung zwischen Alliierten, darunter auch Hannoveraner und Braunschweiger, und den Franzosen, an deren Ende eine Patt–Situation bestand.[156] Die Folgen allerdings waren gravierend. Napoleon besiegte bei Ligny die Preußen unter Blücher, jedoch erreichte ihn keine Verstärkung von Marschall Ney, so daß er die Preußen nicht völlig ausschalten konnte. Damit waren jene Voraussetzungen geschaffen worden, die zwei Tage später bei Waterloo Napoleon zum Verhängnis wurden, daß nämlich dem eigentlich schon unterlegenen Wellington und seiner Alliierten Armee, Blücher doch noch mit seinen Preußen zu Hilfe kommen konnte. Insofern war Quatre Bras ein Schlüsselmoment auf dem »*Weg nach Waterloo*« und dem Sieg über Napoleon. Die Verluste aber waren erheblich. Bei Quatre Bras waren es etwa 4.800 Mann auf alliierter und 4.000 Mann auf französischer Seite.

Für die Braunschweiger aber steht Quatre Bras für den größten Verlust der Tage bei Waterloo: dem Tod des Herzogs Friedrich Wilhelm am Nachmittag des 16. Juni 1815 kurz nach fünf Uhr. Über die Umstände berichtete ein Augenzeuge, Korporal Ernst Carl Külbel, von der 2. Kompanie des braunschweigischen Leibbataillons: »*Von hier wandten wir uns zunächst links von der Chaussee nach S.-O., und mußten uns dann gleich hinter Quatrebras rechts nach der Chaussee zu ziehn, welche von Namur*

156 Zum Ablauf der Ereignisse bei Quatre Bras siehe Schulze: Der Schwarze Herzog (wie Anm. 99), S. 174–181; Füssel: Waterloo (wie Anm. 90), S. 28–40; eine hervorragende Beschreibung mit Blick auf die beteiligten Deutschen hat aktuell Brendan Simms vorgelegt, der auch nochmals die Bedeutung von Quatre Bras für die Entscheidung von Waterloo aufzeigt: Brendan Simms: Der längste Nachmittag. 400 Deutsche, Napoleon und die Entscheidung von Waterloo. München 2014.

Karl Georg August
von Braunschweig-Lüneburg

nach Nivelles geht und die Brüsseler Straße fast rechtwinklig schneidet. – Unsere nächste Bestimmung war, eine englische Batterie zu decken, die südlich von Quatrebras auf der Brüsseler Chaussee aufgefahren war. Wir deckten die linke Seite und hatten Gelegenheit, mehrere Male Angriffe französischer Cavallerie zurückzuschlagen und sie zum Rückzuge zu zwingen. – Eine Stunde lang mochten wir in dieser Situation gewesen sein, als wir von einem englischen Bataillon abgelöst wurden und den Befehl erhielten, uns wieder links zu ziehn (nach S.-O.). Wir marschirten dabei in Linie, bis der Hochselige Herzog zu uns herankam und dem Major zurief: »Major, wozu der Fahnenmarsch? Quarrée formirt!« Was weiter gesprochen wurde, blieb bei dem gewaltigen Kanonendonner unhörbar. – Der Marsch wurde diesem Befehle zufolge im Quarrée fortgesetzt, bis wir zu einem links an der Brüsseler Straße gelegenen Vorwerke gelangten, und S.-O. von demselben eine neue Position einnahmen. Unser erster Zug bildete eine Tiralleurlinie, wir hatten jedoch eine so schlechte Stellung, daß wir fortwährend mit Granaten und Rollkugeln beworfen wurden, so daß vorauszusehen war, wir würden, wenn das Quarrée zu hart decimirt war, von der feindlichen Cavallerie auf das zweite Treffen zurückgedrängt werden. Und in der That hatten wir etwa um halb acht Uhr Abends zum dritten Male das Unglück, so arg beschossen zu werden, daß es offen bar ward, wir würden einen Angriff der feindlichen Reiter nicht mehr aushalten, und erhielten daher den Befehl, uns auf das zweite Treffen zurückzuziehn. Während dieses früher aus Engländern, später aus schottischen Hochländern bestanden hatte, waren jetzt Hannoveraner an ihre Stelle getreten, die die Erhöhung eines Chausseegrabens inne hatten. Gegen diese mit uns vereinten Truppen richtete sich nun der Angriff der französischen Cavallerie, und sie mochte wohl auf funfzig Schritt herangekommen sein.

In demselben Augenblicke ritt unser durchlauchtigster Herzog, von den Husaren oder Uhlanen kommend, ohne alle Begleitung, mit halb rechts, gerade zwischen uns und die französische Reiterei, wo in demselben Moment ein Pelotonfeuer eröffnet wurde. Dabei wurde das Pferd Sr. Durchlaucht scheu, stutzte und wollte nicht weiter, so daß noch eine zweite Salve erfolgte, wobei unser Durchlauchtigster Herzog seine Wunde erhielt. Eine Kugel hatte, wie sich später herausstellte, das rechte Handgelenk gestreift und war dann quer durch die rechte Brust zur linken Schulter herausgegangen, und so fiel unser hochgeliebter Herr zur rechten Seite des Pferdes auf die Erde. Er lag etwa in der Mitte zwischen uns und den Franzosen, circa 25 Schritt vor unserer Linie; um jedoch den theuren Fürsten nicht den näher rückenden Feinden zu überlassen, beredete ich zwei meiner Came-

Tod Friedrich Wilhelms am 16. Juni 1815 bei Quatre Bras

radenm den Hornisten Auer und den Jäger Reckau, mit mir den allerdings mit einiger Gefahr verbundenen Versuch zu machen, ihn von dort zu uns herüberzuholen. Beherzt sprangen wir vor und nahmen ihn angesichts der Feinde so behutsam, als es die Gefahr des Augenblicks erlaubte, auf und trugen ihn eilends auf meinem Gewehre nach unserer Seite zu. Zu derselben Zeit war jedoch in der Stellung der Unsrigen eine Aenderung vorgegangen; das Leibbataillon hatte seine frühere Position einnehmen müssen und war schon im Rückmarsche begriffen, als das Unglück sich ereignete, woher es auch kam, daß so Wenige eigentliche Zeugen davon waren. Glücklich erreichten wir das zweite Treffen, und auf meine dringende Bitte, uns durchzulassen, da noch das Bayonnet auf meinem Gewehre steckte, trat eine ganze Section aus, um uns Platz zu machen. Dabei fragte mich ein großer Mann (ich glaube, ein Unterofficier), wer das wäre, und rief, als ich ihm antwortete: »Unser Herzog!« aus: O weh! – Glücklich waren wir hinter das zweite Treffen gelangt und so der größten Gefahr entronnen; es handelte sich nun darum, ein bequemeres Transportmittel für unsern geliebten Landesherrn aufzufinden. Aus den Tornistern mehrerer todt daliegender Engländer nahmen wir die freilich sehr schadhaften Decken, indeß waren sie immerhin ein weicheres Lager, als unsere Gewehre. Bis dahin hatte der theure Verwundete noch wenig Lebenszeichen von sich gegeben und erst, als wir ihn auf die Decken legten, öffnete er die Augen und sagte: »Mich dürstet!« – Leider hatte ich Nichts, aber der Hornist Auer erinnerte sich, noch Etwas in seiner Feldflasche zu haben, nur könne es etwas warm sein. Ich stützte den Kopf des Verwundeten mit meinem Arme, um ihm dann mit der linken Hand die Flasche zu reichen, bemerkte dann aber, daß der Herzog eine Bewegung mit den Lippen nicht machte, worauf ich seinen Kopf sanft auf meine Knie sinken ließ, ihm behutsam den Mund öffnete, um ihm so das Wasser einzuflößen; jedoch ging es so nicht, es lief wieder heraus. Ich ließ daher den Kopf sanft zur Erde gleiten, um es in dieser Stellung zu versuchen, und den Unglücklichen besser ruhen zu lassen, ob vielleicht dann die Lebensgeister rascher wiederkehrten.«[157]

Der tödlich verwundete Herzog wurde zum nahe der Brüsseler Straße gelegenen Packhof »*la baraque*« verbracht, wo er im Beisein von General-Stabsarzt Pockels kurze Zeit später verstarb. Auf dem Weg dahin soll er nochmals die Augen geöffnet und gesagt haben: »*Olfermann – wo ist Olfermann?*«. wie ein weiterer Augenzeuge berichtet: »*Dies traurige Ereigniss ›des Todes meines vielgeliebten heldenmüthigen Herzogs Friedrich Wilhelm von Braunschweig-Oels‹ fand in der Nachmittags-Stunde gegen sechs Uhr des 16ten Juni's statt, als Höchstderselbe kurz vorher mit der ihm gewöhnlichen Unerschrockenheit zwei seiner Bataillone einer starken feindlichen Colonne entgegen geführt hatte, die unseren ganzen Flügel bedrohte, etwas zurücktritt, um dem mit großer Übermacht anrückenden Feinde noch mehr Truppen entgegen zu werfen. Eine ›unglückliche‹ Gewehrkugel drang dem ›für Deutschlands Freiheit stets so heldenmüthig gestrittenen‹ unglücklichen Fürsten durch das Gelenk der rechten Hand in die rechte [M] 1642: Seite des Leibes, durchbohrte die echte deutsche Heldenbrust so, daß sie auf der linken Seite des Körpers wieder herausfuhr. Augenblicklich sank der Herzog vom Pferde; er wurde von dem sich in der Nähe befindenden Major von Wachholz mit Hülfe dreier Jäger des Leib-Bataillons, in dessen Nähe sich das Unglück ereignete, sogleich aufgehoben, konnte aber nur noch mit matter Stimme sagen: ›Ach mein lieber Wachholz, wo ist Olfermann?‹*«[158] Olfermann sorgte nicht nur für den Abtransport des Verstorbenen, sondern übernahm an dessen Stelle den Oberbefehl über das braunschweigische Korps. Er führte die Braunschweiger, wenn auch nicht als geschlossene Einheit, zwei Tage später am 18. Juni 1815 in die alles entscheidende Schlacht bei Waterloo, die den endgültigen Sieg über Napoleon brachte. Mit Waterloo endete nicht nur Napoleons Intermezzo der »*Hun-*

Begräbnissstätte Friedrich Wilhelms

[157] Ernst Carl Külbel: Die letzten Augenblicke unseres Durchlauchtigsten Herzogs Friedrich Wilhelm bei Quatrebras den 16. Juni 1815. Celle 1859, S. 5–8.

[158] Eine weitere noch für die Forschung zu entdeckende Quelle für die gesamte Zeit von 1806–1815 befindet sich im Niedersächsischen Landesarchiv-Standort Wolfenbüttel (VIHS11 Nr. 91). Es handelt sich um die Memoiren des Majors Wilhelm Erdmann von Franckenberg (1786–1861) – Ludwigsdorf. Ein Auszug liegt seit kurzem gedruckt vor, hg. von Ruthard von Franckenberg. Ich danke Herrn von Franckenberg sehr herzlich für ein Exemplar für die Bibliothek des Instituts für Braunschweigische Regionalgeschichte. Im Schwarzen Korps bei Waterloo. Memoiren des Majors Erdmann von Franckenberg, hg. von Ruthard von Franckenberg. Hamburg 2015. Zimmermann: Der Schwarze Herzog (wie Anm. 99), S. 222.

dert Tage«, sondern auch das erste französische Kaiserreich.[159] Napoleon wurde auf die Atlantikinsel St. Helena verbannt, wo er 1821 starb.

Die bedeutendste Schlacht des 19. Jahrhunderts ist in der braunschweigischen Geschichte eng mit dem Welfenherzog Friedrich Wilhelm verbunden, der fast sein ganzes Leben gegen Napoleon gekämpft hatte, dessen endgültige Niederlage er jedoch nicht mehr erleben konnte. Nach der Überführung seines Leichnams aus Belgien wurde er in der Nacht vom 3. auf den 4. Juli 1815 in der Welfengruft des Braunschweiger Domes beigesetzt. Seine beiden Söhne Karl und Wilhelm waren noch minderjährig und der Erbprinz daher nicht in der Lage, die Thronfolge sofort anzutreten. Zum Vormund der Söhne hatte Friedrich Wilhelm seinen Schwager, den englischen Kronprinzen Georg als nächsten Agnat des braunschweigischen Welfenhauses bestellt. Seit 1811 übte der Kronprinz bereits die Regentschaft für seinen schwer kranken Vater Georg III. aus, ehe er 1820 als König Georg IV. die Nachfolge als König von Großbritannien und von Hannover antrat. In seinem Auftrag führte Graf Münster faktisch die Geschäfte für das Königreich Hannover und das Herzogtum Braunschweig. Sein Ansprechpartner in braunschweigischen Angelegenheiten war der bereits beim Wiener Kongreß Braunschweig vertretende Geheimrat von Schmidt-Phiseldeck, der damit eine führende Stellung im Geheimen Rat, dem Ministerium in Braunschweig, einnahm.

Die Verwaltung des Vermögens lag in den Händen des Grafen Münster, dem Leiter der Deutschen Kanzlei in London. Obwohl die vormundschaftliche Regierung nur bis zum 18. Lebensjahr des Erbprinzen hätte andauern müssen, wie es der Erbvertrag vorsah, hatte bereits Friedrich Wilhelm (in weiser Voraussicht und Einschätzung der charakterlichen Eignung von Karl?) in seinem Testament die Erziehung bis zum 20. Lebensjahr festgelegt.

Offenbar mit Blick auf seine eigenen Erfahrungen, legte er auf die weitere Erziehung beider Söhne auch hinsichtlich der Kenntnisse der Staatskunst größten Wert, wie eine ergänzende Notiz zum Testament erkennen läßt: »*Die Erziehung meiner Kinder ist der wichtigste Gegenstand für ihr künftiges Glück, daher ich diesen der besonderen Aufmerksamkeit der Vormünder anvertraue, ich wünsche daß der Unterricht so geleitet wird, sie zu brauchbaren Staats-Bürgern, guten Fürsten und kraftvollen Regenten zu bilden.*« [160] Auch Georg IV. hielt Karl noch nicht reif genug für die Thronfolge. Der daraus sich entwickelnde Konflikt wurde durch einen Kompromiß Metternichs gelöst. Die Vormundschaft um ein Jahr verlängert und Karl II. trat formal am 30. Oktober 1823 seine Herrschaft an.

---

159 Füssel: Waterloo (wie Anm. 90); Hunecke: Rückkehr (wie Anm. 89).

160 Kodizill zum Testament von Herzog Friedrich Wilhelm. Niedersächsisches Landesarchiv – Standort Wolfenbüttel 12 A Neu F6 1 Nr. 2b.

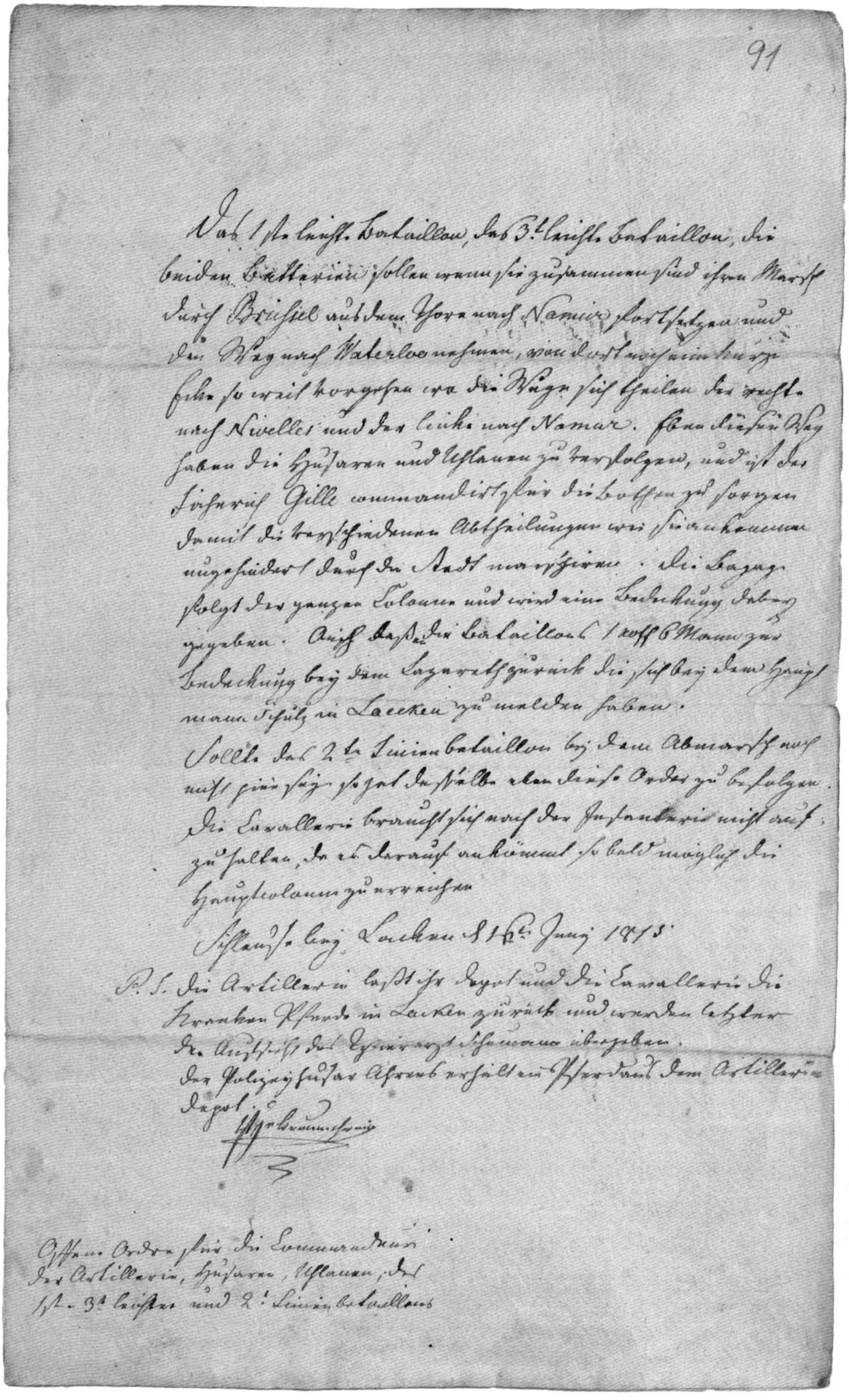

91

Das 1ste leichte Bataillon, das 3te leichte Bataillon, die beiden Batterien sollen wenn sie zusammen sind ihren Marsch durch Brüssel aus dem Thore nach Namür fortsetzen und den Weg nach Waterloo nehmen, und dort noch ein kurzes Stück so weit vorgehen wo die Wege sich theilen der rechte nach Nivelles und der linke nach Namur. Eben diesen Weg haben die Husaren und Uhlanen zu verfolgen, und ist der Fähnrich Gille commandirt für die Bagage zu sorgen damit die verschiedenen Abtheilungen wie sie ankommen ungehindert durch die Stadt marschiren. Die Bagage folgt der ganzen Colonne und wird eine Bedeckung dabey gegeben. Auch lassen die Bataillons 1 Off. 6 Mann zur Bedeckung bey dem Lazareth zurück die sich bey dem Hauptmann Schulz in Laecken zu melden haben.

Sollte das 2te Linienbataillon bey dem Abmarsch noch nicht hier seyn so hat Dasselbe eben diese Ordre zu befolgen.

Die Cavallerie braucht sich nach der Infanterie nicht auf zu halten, da es darauf ankommt so bald möglich die Hauptcolonne zu erreichen.

Schloß Laecken d 16te Juny 1815

P. S. Die Artillerie läßt ihr Depot und die Cavallerie die kranken Pferde in Laecken zurück und werden letztere der Aufsicht des Thierarzt Schumann übergeben.
Der Polizeyhusar Ahrens erhält ein Pferd aus dem Artillerie Depot.

FWHzBraunschweig

Offene Ordre für die Commandeurs der Artillerie, Husaren, Uhlanen, des 1st. 3t leichten und 2t Linienbataillons

Offene Ordre, mit letzter eigenhändiger Unterschrift des Herzogs Friedrich Wilhelm am 16. Juni 1815

Marie – Prinzessin von Baden, Herzogin von Braunschweig

Sebastian Besgen

Prinzessin Marie von Baden

Viel ist über Marie von Baden nicht geforscht worden.* Laut den Notizen in den Findbüchern des Niedersächsischen Landesarchivs – Standort Wolfenbüttel war Friedrich Karl von Vechelde (1801–1846) der Erste, der sich für die Korrespondenz zwischen Friedrich Wilhelm und seiner Gattin Marie von Baden interessierte. Die Biografien über Herzog Friedrich Wilhelm von Louis Spehr (1811–1881) aus dem Jahr 1847[1] und die 1936 posthum erschienene Biografie von Paul Zimmermann (1854–1933) beinhalten die umfangreichsten Darstellungen über Marie von Baden. Paul Zimmermanns 1893 zu Ehren der Diakonissenanstalt Marienstift gehaltener Vortrag enthält eine detaillierte Biografie der Prinzessin. Die im Braunschweigischen Magazin (1908) Nr. 4 und 5 von Zimmermann edierten Briefe der Herzogin Marie an ihren Gemahl umfassen den Zeitraum vom 2. Oktober 1806 bis zum 23. Dezember 1807. Es folgen ein Nachruf ihres Gemahls Friedrich Wilhelm am 24. April 1808 sowie weitere Briefe des Witwers. Die Briefe werden weitestgehend unkommentiert präsentiert, lediglich Namen und Ereignisse werden in knappen, aber treffend formulierten Fußnoten an die Hand gereicht.

Eine der wichtigsten Quellen zum badischen Hofalltag der ersten Hälfte des 19. Jahrhunderts sind die *»Erinnerungen aus dem Hofleben«* der Freiin Karoline Sophie von Freystedt (1775–1862), die eine Hofdame von Maries Mutter Amalie von Baden war.[2] In ihren Erinnerungen werden Brautwerbung, Hochzeit und Maries Tod detailliert beschrieben.[3]

Maries frühe Jahre

Marie Elisabeth Wilhelmine wurde in Karlsruhe am 7. September 1782 geboren. Die Taufe erfolgte am selben Tag gegen acht Uhr abends.[4] Wahrscheinlich erhielt sie ihren Rufnamen nach der russischen Kaiserin Marie Feodorowna, die gemeinsam

* Dieser Essay ist eine erheblich gekürzte Version meiner Masterabschlussarbeit aus dem Jahre 2010 an der TU Braunschweig und bietet den aktuellen Forschungsstand zu Marie von Baden.

1 Louis Ferdinand Spehr: Friedrich Wilhelm, Herzog von Braunschweig-Lüneburg-Oels. Braunschweig 1847. Louis Ferdinand Spehr: Friedrich Wilhelm, Herzog von Braunschweig-Lüneburg-Oels. Mit Porträts, Schlachtenbildern nach Monten und anderen Illustrationen. Braunschweig 1865. Louis Ferdinand Spehrs Biografie erschien einmal 1847 und ein weiteres Mal 1865. Der Text ist in beiden Ausgaben identisch, lediglich die Seitenzahlen variieren. Zitiert wird hier nach der Ausgabe von 1847.

2 Karl Obser (Hrsg.): Karoline von Freystedt. Erinnerungen aus dem Hofleben. Heidelberg 1902, S.V-XVI, hier S.VI.

3 Mein Dank für Rat und Unterstützung gilt Frau Angela Klein (Braunschweigisches Landesmuseum) und Herrn Gerd Biegel (Institut für Braunschweigische Regionalgeschichte).

4 Paul Zimmermann: Marie Herzogin zu Braunschweig-Lüneburg-Oels geb. Prinzessin von Baden. Vortrag gehalten zum Besten des Marienstifts in Braunschweig, Wolfenbüttel 1893, S. 2.

mit ihrem Gatten gerade zu Besuch war.[5] Was dem Hause Baden-Durlach[6] zu diesem Zeitpunkt allerdings fehlte, war ein legitimer männlicher Erbe; deshalb war Maries Geburt eine Enttäuschung, die man nicht einmal durch Boten bekannt geben wollte.[7] Das Markgrafenpaar, Maries Eltern, Karl Ludwig von Baden (1755–1801) und Amalie (1754–1832), geborene Prinzessin von Hessen–Darmstadt, hatte sieben Kinder, die nicht im Kindesalter starben. Mit viel diplomatischem Geschick verheiratete Amalie ihre Töchter an bedeutende und einflussreiche Fürstenhöfe, so z.B. nach Bayern, Russland und Schweden, während die älteste Tochter ins Stift Quedlinburg ging und der zweite Sohn Karl Ludwig Friedrich (1786–1818) Badens zweiter Großherzog wurde.

Die Inhalte der Erziehung waren mit denen an anderen Höfen vergleichbar: Französisch, Schreibkunst, Musizieren, Zeichnen, Geschichte, Religion, aber auch Reiten, Tanzen und Turnen; außerdem waren sie bei Festlichkeiten mit dabei.[8] Bei einer Aufführung zu Ehren ihres Großvaters am 5. März 1796 spielte die dreizehnjährige Marie eine Novizin eines Priesterinnenchors, während die älteren Schwestern Musen verkörperten.[9] Am 42. Geburtstag der Mutter wiederum wirkte Marie an einer Aufführung von Glucks *»Iphigenie in Aulis«* mit; vier Tage darauf floh sie mit ihrer Familie nach Ansbach, das unter preußischer Verwaltung stand, wo sie im Schloss Tiesdorf lebte.[10]

»Pauvre Marie«

Als Marie 19 Jahre alt war, bemühte sich Prinz Friedrich Wilhelm von Braunschweig-Lüneburg auf Drängen seiner Eltern, eine Braut zu finden, da seinem Vater Herzog Carl Wilhelm Ferdinand bereits eine Petition der Braunschweigischen Landschaft vorlag,[11] dass zügig ein Thronerbe präsentiert werden sollte. Carl Wilhelm Ferdinand schlug seinem Sohn u.a. vor, nach Baden zu reisen, um den dortigen noch unverheirateten Prinzessinnen seine Aufwartung zu machen.

---

5 Ebd., S. 2.

6 Marie gehörte der Zähringer Linie des Badischen Fürstenhauses an. Maries Großvater Karl Friedrich (1728–1811) hatte die beiden Linien begründet. Aus seiner ersten Ehe mit Caroline Luise (1723–1783), geb. Prinzessin von Hessen–Darmstadt, gingen die Zähringer hervor. Aus der zweiten Ehe (zur linken Hand) mit Luise Karoline Geyer von Geyersberg (1768–1820) stammt die Hochberger Linie.

7 Paul Zimmermann: Der Schwarze Herzog Friedrich Wilhelm von Braunschweig. Hildesheim und Leipzig 1936, S. 31.

8 Ebd., S. 32.

9 Zimmermann: Marie (wie Anm. 4), S. 3.

10 Von Freystedt: Erinnerungen (wie Anm. 2), S.16–17. Die drei jüngsten badischen Kinder, also Marie, Karl und Wilhelmine, wurden außerhalb des Schlosses untergebracht. Anna Schiener: Markgräfin Amalie von Baden (1754–1832). Regensburg 2007, S. 91–92.

11 Selma Stern: Karl Wilhelm Ferdinand. Herzog zu Braunschweig und Lüneburg. Hildesheim und Leipzig 1921, S. 281.

Wilhelmine Marie Elisabeth

Nachdem ein früherer Plan gescheitert war, schlug der Herzog seinem Sohn vor, sich in einem vierwöchigen Urlaub Prinzessin Marie anzusehen und möglichst schnell zu entscheiden.[12] Oberstallmeister Karl Florian von Thielau (1755–1825)[13] wurde entsandt, um die Verlobung in die Wege zu leiten:[14] *»Auch für die Prinzessin Marie stellten sich bald Freier ein […]. Die Sache war noch in der Schwebe, als plötzlich ein dritter Bewerber auftauchte, der Prinz [Friedrich] Wilhelm von Braunschweig-Lüneburg.«*[15]

So unverhofft, wie Zimmermann es beschreibt, tauchte der Welfenprinz allerdings nicht auf. Hofdame Karoline von Freystedt berichtet: *»Diese Verlobung hatte Prinz Louis von Baden zustande gebracht. Er war früher in preußischen Diensten; dem alten Herzog Karl Ferdinand von Braunschweig sehr ergeben, benützte er den Einfluß, welchen er auf den Markgrafen Karl Friedrich, seinen Herrn Vater, hatte, um ihn für diese Heirat zu gewinnen, die auch der Mutter der Prinzessin nicht ganz angenehm war. Prinzeß Marie war ihre Lieblingstochter und diese Heirat schien ihr im Vergleich mit denen der Schwestern nicht glänzend genug, da der Prinz drei ältere Brüder hatte, welche ihm in der Regierungsfolge vorangingen. Die Garnison in Prenzlau, wo der Prinz wohnte, mißfiel der Mutter und der Tochter. Beide willigten nur ungern in diese Verbindung [ein], welche nach einiger Zeit sehr glücklich wurde, bis ein trauriges Geschick sie so gewaltsam trennte.«*[16]

Braunschweig hatte keinen Thronfolger, da die drei älteren Söhne ungeeignet für die Thronfolge waren bzw. keine Kinder hatten. Während die älteren Schwestern Maries glänzende Partien gemacht hatten, hatte Marie als Ehefrau eines jüngeren Sohnes trotzdem wenig Aussichten, Braunschweigs nächste Herzogin zu werden, was ihrer ehrgeizigen Mutter missfiel. Hinzu kam, dass der braunschweigische Prinz als Kommandant der preußischen Garnison ein freizügiges Leben führte.

---

[12] Zimmermann: Der Schwarze Herzog (wie Anm. 7), S. 25.

[13] Dieter Lent: Thielau, Karl Florian von, in: Horst-Rüdiger Jarck, Günter Scheel (Hrsg.): Braunschweigisches Biographisches Lexikon. 19. und 20. Jahrhundert, Braunschweig 1996, S. 606.

[14] Spehr: Friedrich Wilhelm (wie Anm. 1), S. 33.

[15] Zimmermann: Der Schwarze Herzog (wie Anm. 7), S. 33.

[16] Von Freystedt: Erinnerungen (wie Anm. 2), S. 19 f.

Die schnelle Verlobung 1801 führte nach Spehr bereits unter den Zeitgenossen zu Verwunderung und Spekulationen.[17] Laut Spehr äußerte sich Herzog Carl Wilhelm Ferdinand dazu so: »*Ich habe alle Ursache zu glauben, [...] daß nur allein die Prinzessin Maria die Eltern entschieden hat, das Jawort noch vor der Reise nach Petersburg zu geben. Zu Potsdam und Charlottenburg schienen die jungen Leute auf einem überaus freundschaftlichen Fuße mit einander zu sein und eine 18jährige junge Prinzessin, die das Ebenbild der Unschuld ist, scheint nicht in der Verstellungskunst solche Fortschritte bereits gemacht zu haben, um ihren Widerwillen zu unterdrücken gegen einen jungen Menschen, den Niemand sie nöthiget zu heirathen. Mein Sohn ist außerordentlich mit seiner Wahl zufrieden, es ist einzig der beiden Verlobten Wahl und Wille, der sie verbindet.*«[18] Spehr kommt daher zum Schluss: »*Die Heirath war keine Convenienzverbindung, sie war durch die heiligsten gegenseitigen Bande der Liebe herbeigeführt und befestigt.*«[19]

Sie musste allerdings wegen einer Reise der badischen Familie nach St. Petersburg vertagt werden: »*Der feierliche Ehecontract wurde am 25. October in Braunschweig, am 1. November in Karlsruhe unterzeichnet[.] An demselben Tage fand hier Abends nach 6 Uhr im Fürstlichen Residenzschlosse die Trauung statt, die vom Oberhofprediger Walz vollzogen wurde.*«[20]

Von Seiten der Braunschweiger waren am 1. November 1802 nur der Bräutigam und der Oberstallmeister von Thielau zugegen. Karoline von Freystedt schrieb: »*Man war sehr beschäftigt mit der nahen Vermählung der Prinzessin Marie mit dem Herzog von Braunschweig-Öls. Die Braut schien nichts weniger als glücklich durch diese Verbindung, die eine Art von Überraschung geknüpft hatte. Einige Male schien diese Verbindung wieder auf dem Punkt, sich aufzulösen; man war ihrer nicht ganz gewiß bis zur Ankunft des Bräutigams. Mutter und Tochter geizten sozusagen mit den Augenblicken, die sie noch vor seiner Ankunft allein zusammen zubringen konnten. Vorher ward noch eine kurze Reise nach Nymphenburg unternommen wegen einer gefährlichen Krankheit der Kurfürstin, die sich aber schon vor der Ankunft der Mutter zum guten gewendet hatte. Den 1. November fand die Trauung des Braunschweigischen Fürstenpaares statt mit aller Feierlichkeit, welche die Gelegenheit erforderte. Wer hätte die Zukunft geahnt, welche so bald dieses Bündnis auf so traurigste Art trennen sollte! Kaum war die Trauungszeremonie im Marmorsaal des Schlosses beendigt, als die Mutter mit ihrer engelschönen Tochter, um dem versammelten Hof ihre Bewegung zu verbergen, in ein nahes Nebenzimmer eilte, wo die Neuvermählte im Glanz des Brautstaats, mit Diamanten bedeckt, sich ihrer Mutter in die Arme warf und ausrief: ‚Maman, je suis la plus malheureuse créature qui*

---

17 Spehr: Friedrich Wilhelm (wie Anm. 1), S. 34.

18 Zitiert nach ebd., S. 34–35.

19 Ebd., S. 34.

20 Zimmermann: Marie (wie Anm. 4), S. 8.

existe!'[21] *Ich erinnere mich, daß dieser Ausruf in diesem Augenblick, in der höchsten Aufregung, mir durch die Seele ging. Den Abend vor ihrer Abreise und ersten Trennung von ihrer so innig geliebten Mutter war ich im Dorzimmer, wie sie diese verließ, und im Übermaß des Kummers sich mit verhülltem Gesicht fest an die Thüre lehnte. Die graziöse Gestalt, der Anblick des tiefen, wahren Schmerzgefühls prägte sich mir so sehr ein, daß ich den andern Tag das Bild, wie es vor meiner Seele stund, mit Bleistift und Sepia skizzierte. Die Erbprinzessin [Schwester Amalie] bekam es zu sehen, wollte es haben, und immer hing es in ihrem Schreibkabinett. Sie hatte darunter geschrieben: pauvre Marie! Für die Großherzogin von Hessen, welche die Prinzeß sehr liebte und gewünscht, sie zur Schwiegertochter zu haben, mußte ich die Zeichnung kopieren. Das junge fürstliche Ehepaar reiste den 1. Dezember ab über München nach Braunschweig und Berlin.«*[22]

Über die offenbar problematische Anfangszeit schrieb Karl Venturini in seinen Erinnerungen: *»Es würde lächerlich sein, eine unter so widerwärtigen Auspizien und mit so widerstrebenden Empfindungen geschlossene Verbindung als Muster glücklicher Ehen darzustellen. Wer zu viel beweisen will, beweist am Ende gar nichts. So mag denn auch nicht geleugnet werden, daß diese Ehe, so lange sie kinderlos blieb, zuweilen durch stürmische Szenen getrübt wurde.«*[23]

Katharina von Württemberg (1783–1835), die Tochter König Friedrichs I. von Württemberg und Königin von Westphalen, meinte: *»Ich beklage meine arme Tante von Braunschweig, daß sie in der Blüthe der Jahre gestorben ist; aber sie wird um so glücklicher sein; denn nur ihrem vielen Kummer und den Mißhandlungen ihres Gatten ist sie unterlegen. Ich weiß all diese Einzelheiten von einer Dame, die an unserem Hofe ist, und die sie gut gekannt hat; sie ersehnte und suchte den Tod, so sehr war sie des Lebens und besonders ihres lieben Gatten überdrüssig.«*[24] All diese Stimmen bezogen sich auf die frühen Jahre der Ehe, als das Paar in der Garnison in Prenzlau Quartier nahm. Die gelangweilte Marie suchte die Nähe des preußischen Hofes und seiner Vergnügungen. Eine wohl treffende Beschreibung hat Bernhard Kiekenap formuliert: *»Von Anfangsschwierigkeiten abgesehen, war die Ehe sehr glücklich, aber kurz.«*[25]

---

21 *»Mama, ich bin das unglücklichste Geschöpf auf Erden!«*

22 Von Freystedt: Erinnerungen (wie Anm. 2), S. 25 ff.

23 Karl Venturini: Ehre und Wahrheit für Friedrich Wilhelm, den verewigten Herzog von Braunschweig-Lüneburg. Eine aus den besten Quellen geschöpfte biographische Skizze dieses Helden von einem vaterländischen Geschichtsschreiber. Leipzig und Altenburg 1816, in: Friedrich Wilhelm. Herzog zu Braunschweig-Lüneburg-Oels in den Stimmen seiner Zeitgenossen Dr. K. Venturini, Heinr. Conr. Stäffe und E. C. Külbel. Nebst einer Schwarzen Liste der westfälischen Polizei, Braunschweig 2. Auflage 1907, S. 12.

24 Zimmermann: Marie (wie Anm. 4), S. 22 f.

25 Bernhard Kiekenap: Karl und Wilhelm, Die Söhne des Schwarzen Herzogs. Band I. Braunschweig 2000, S. 19. Anna Schiener (wie Anm. 10, S. 105) kommt zu demselben Schluss.

Als Marie kurz nach der Hochzeit in Lutter am Barenberge braunschweigisches Territorium betrat, waren die Braunschweiger Untertanen begeistert. An der Universität Helmstedt hielt der Hofrat und Professor für Geschichte und Statistik Julius August Remer (1738–1803) einen Vortrag vor seinen Kollegen, den anderen Professoren der Universität, in dem er den Vorteil einer Erb- vor einer Wahlmonarchie propagierte. Die bevorstehende Ankunft der badischen Prinzessin in Braunschweig gab den Rahmen für Remers Ansprache vor: »*Laut äußern sich jetzt diese Gesinnungen der Liebe und der Dankbarkeit der Unterthanen unsers Fürsten in der allgemeinen Theilname an den Vaterfreuden, mit welchen die frohe Begebenheit, zu deren Feyer wir uns heute versammelt haben, die Vermählung des Durchlauchtigsten Prinzen Wilhelm von Braunschweig mit der Durchlauchtigsten Markgräfin Wil-*

Prinz Friedrich Wilhelm von Braunschweig

Prinzessin Wilhelmine Marie Elisabeth von Baden

helmine Marie Elisabeth von Baden[26], Sein Herz erfüllt. Sie haben mir, Verehrungswürdiger Herr Vicerector, Verehrungswürdige Lehrer dieser Universität, den ehrenvollen Auftrag ertheilt, auch unsre Empfindungen auszusprechen, unsre feurigen Wünsche, unsre lebhaften Hoffnungen laut werden zu lassen, der Vorsehung Dank darzubringen, für die Vermehrung der Glückseligkeit unsers Durchl. Regenten-Hauses, und für die nunmehr zwiefache erweiterung beruhigender Aussichten dieses Landes.«[27]

Eine der Aussichten, einen möglichen Thronfolger aus der Ehe von Friedrich Wilhelms ältesten Bruders zu bekommen, sollte enttäuscht werden. Aber nicht die zweite: Marie war bald guter Hoffnung.

Braunschweigs Glück der Nachwelt gesichert

Der 30. Oktober 1804 war in Braunschweig ein Jubeltag. Der lang ersehnte Thronfolger Karl II. war geboren. Karl Venturini berichtete: *»Die Geburt des ältesten Prinzen Karl Friedrich August Wilhelm, war jedoch für die Braunschweiger ein wahres Volksfest. Die neuen Freuden und das heilige Vatergefühl entwickelten erst die schönen Empfindungen ehelicher Zärtlichkeit und Liebe in Friedrich Wilhelms Herzen. Er selbst trug den Erstgeborenen den glückwünschenden Abgeordneten mit sichtbarem Entzücken entgegen.«*[28]

Wie Karoline von Freystedt überliefert, war Maries Mutter nach Braunschweig gereist, um bei der ersten Niederkunft ihrer Tochter dabei zu sein: *»Sie [Marie] gebar den Sohn, der in der Folge so wenig die rührende Freude rechtfertigte, welche das Land bei diesem Ereignis so lebhaft und wahr äußerte. Der Hof von Braunschweig war ein kleines Berlin, glänzend, der Adel reich und gesellig. Ein französisches Theater hatte das deutsche verdrängt, gewährte aber eine sehr angenehme Unterhaltung, hier blieb die Markgräfin zwei Monate in höchst angenehmen Verhältnissen. Ihre Tochter hatte nun den Gemahl liebgewonnen, sie war glücklich durch die Geburt ihres Sohnes. Der Herzog, seine Gemahlin [...] und sein ganzes Haus bemühten sich, der Markgräfin den Aufenthalt so ange-*

---

26 Remer verwechselt hier die Namen. Er meint Marie, hält aber ihren dritten Namen Wilhelmine für ihren Rufnamen.

27 Julius August Remer: Die Vorzüge der Erbstaaten vor den Wahlstaaten. Eine Rede, zur Feyer der Vermählung des Durchlauchtigsten Prinzen Friedrich Wilhelm von Braunschweig-Lüneburg mit der Durchlauchtigsten Markgräfin Wilhelmine Marie Elisabeth von Baden; im Namen der Julius Carls Universität in Helmstedt gehalten. Helmstedt 1802, S. 7. Vgl. Ida Schikorsky: Remer, Julius August, Prof., in: Horst-Rüdiger Jarck, Günter Scheel (Hrsg.): Braunschweigisches Biographisches Lexikon, 19. und 20. Jahrhundert. Braunschweig 1996, S. 483.

28 Venturini: Ehre und Wahrheit (wie Anm. 23), S. 12.

nehm als möglich zu machen.«[29] Markgräfin Amalie reiste erst im Dezember 1804 zurück nach Karlsruhe.[30]

Die Einsegnung Maries erfolgte am 22. Dezember 1804 durch den Domprediger Johann Wilhelm Gottlieb Wolff. Er bezeichnete die Feierlichkeiten als ein: *»Dankfest für Ihre [Maries] Genesung und für alle die Wohlthaten, welche Ihnen des Ewigen Güte in den verflossenen ersten Tagen Ihres freudenreichen Mutterstandes erzeigt hat«*[31].

Herzogin Marie von Braunschweig mit ihrem Sohn Karl

Exil in Malmö

Während sich Herzog Carl Wilhelm Ferdinand und Friedrich Wilhelm 1806 im Krieg gegen Napoleon befanden, lebte Marie mit ihren Söhnen bei Herzogin Augusta am Stadtrand von Braunschweig im Schloss Richmond, das der Herzog seiner Gemahlin errichtet hatte. Zimmermann setzt hier mit seiner Edition der Briefe Maries an ihren Gatten ein. Es ist die erste Quelle, die direkt von Marie stammt:

»Richmond d. 2 Octobre 1806 Donnerstag Mittags 1 Uhr.

[…] Ich bin heute mehr als je zu traurigen Gedanken gestimmt, denn ich war diesen Morgen zum erstenmahl in der Burg Kirche, um mit der Herzogin zu communizieren; man sah noch alle Anstalten des Begräbnißes deines Bruders[32]*, alle die schwarzen Tücher, Kerzen ec. machten mir einen so wehmüthigen Eindruck, daß ich mich über die Ruhe und Gela-*

29 Von Freystedt: Erinnerungen (wie Anm. 2), S. 34–35.

30 Ebd., S. 35.

31 Johann Wilhelm Gottlieb Wolff: Anrede und Gebet bei der Einsegnung der Durchlauchtigsten Fürstin, Frau Maria Elisabeth Wilhelmine vermählten Prinzessin zu Braunschweig gebohrnen Prinzessin von Baden am 22sten December 1804 von J. W. G. Wolff, herzogl. Braunschw. Kirchenrathe und Domprediger. Braunschweig und Helmstädt [sic] 1804 oder 1805, S. 1.

32 Friedrich Wilhelms ältester Bruder war am 20. September 1806 gestorben.

ßenheit der Herzogin wunderte; mit dem Alter kömmt dieß wohl von selbst, und ich finde es eigentlich glücklich. – Künftigen Sonntag soll ich auch eine Trauer Rede in der Burg Kirche hören, worauf mir schon im Voraus bange ist. Prinz August scheint den Verlust seines Bruders tief zu empfinden, er sprach heute mit vieler Rührung davon; Prinz George zwar auch, aber er hat schon andere Gedanken dabei. Du hattest wohl recht, zu denken, daß mir die Herzogin viel über dieß alles sprechen würde, sie trug mir sogar auf dir darüber zu schreiben und Vorsicht zu empfehlen, worauf ich ihr versicherte, es würde dir nicht daran fehlen, indem du dich gewiß in nichts mischen würdest und nie gewünscht hättest, den geringsten Vortheil vor deinen Brüdern zu besitzen.«[33] Marie berichtete hier vom Tod des braunschweigischen Erbprinzen Karl Georg August am 20. September 1806. Es dürfte zu diesem Zeitpunkt bereits klar gewesen sein, dass Friedrich Wilhelm über kurz oder lang in die Regierungs- und Amtsgeschäfte eingebunden werden sollte. Wichtig war es Marie hier zu versichern, dass ihr Ehemann die Erbansprüche seiner älteren Brüder wahrte.

Weiter schrieb Marie: *»[Die Jahreszeit] wird [...] immer übler [...] für die Kinder.*[34] *Aber im Fall einer Flucht bleibt mein Wunsch, dann auf eine andre Seite als der Hof zu reisen, unter allen Umständen derselbe, und du billigst ihn auch gewiß wie bisher, Lieber Wilhelm. Bisweilen hoffe ich noch, daß es nicht dazu kommen wird.«*[35]

Marie plante also eine Reise nach Bruchsal, eventuell auch nach Oels, wie ein späterer Brief meldete, um der Bedrohung durch Napoleon auszuweichen. Die Themen Krieg und Flucht ließen Marie nicht mehr los. So schrieb sie am 13. Oktober:

»Da ich dir eben schreiben wollte, Lieber Wilhelm, kam die Freistedt[36] *und brachte mir einen Brief von Gallatin mit der schrecklichen Nachricht des unglücklichen Todes des Prinzen Louis Ferdinand,*[37] *noch kann ich mich kaum darüber faßen, dieser traurige Anfang des Krieges läßt mich alles befürchten und vermehrt meine Angst um dich, Lieber Wilhelm. [...] Deine Mutter war diesen Morgen lange hier, aber wir wussten beide noch nichts von den traurigen Nachrichten, welche später kamen; ich bemerke keine Veränderung in ihrem Benehmen gegen mich, im Gegenteil, sie behandelt mich sehr gut, ich vermu-*

33 Paul Zimmermann: Zum Gedächtnis der Herzogin Marie zu Braunschweig und Lüneburg (Teil 1), in: Braunschweigisches Magazin, Nr. 4, April 1908, S. 37–38.

34 Marie hatte inzwischen noch einen zweiten Sohn, Prinz Wilhelm (geboren 1806).

35 Zimmermann: Zum Gedächtnis (wie Anm. 33), S. 38.

36 Laut Zimmermann handelt es sich um Auguste von Freystedt (oder Freistedt), eine Jugendfreundin Maries. Vgl. Zimmermann: Zum Gedächtnis (wie Anm. 33), S. 39, Fußnote 1.

37 Prinz Louis Ferdinand von Preußen (1772–1806) war Befehlshaber der preußischen Truppen im Gefecht bei Saalfeld, wo er am 10. Oktober 1806, vier Tage vor Jena und Auerstedt, fiel.

the also, daß Sie noch nichts vom dem neuen arrangement[38] *weiß, ich gestehe, daß mir recht bange auf die Zukunft ist, indeßen beschäftigen mich die hießigen Angelegenheiten jezt weit weniger als deine gegenwärtige Lage. Die großmüthige Art, mit der du dich mit deinen Anverwandten über Oels verglichen hast, ist mir ein theurer Beweiß deiner Liebe für mich und unsre Kinder, Lieber Wilhelm; bei den jetzigen Verhältnißen ist ein solcher Zufluchtsort, wo man sicher ist, gut aufgenommen zu werden, gewiß eine wahre Beruhigung, doch wünsche ich nie in den Fall zu kommen davon Gebrauch machen zu müßen, und ohne dich nach Oels zu reisen.«*[39]

Am 14. Oktober begann die Schlacht von Jena und Auerstedt/Hassenhausen, in der der 71-jährige Herzog Carl Wilhelm Ferdinand, Oberbefehlshaber des preußischen Heeres, schwer verwundet und über Blankenburg nach Braunschweig gebracht wurde: *»[S]echs Tage nach der Schlacht kam der traurige Zug in Braunschweig an. Gegen Abend trug man, um alles Aufsehen zu vermeiden, auf einer gepolsterten Bahre den blinden Fürsten nach seinem Schlosse. [...]Augusta war in besinnungsloser Angst nach Rostock gereist, ebenso ihre zwei blinden Söhne und die Aebtissin Auguste Dorothee. [...] Marie hatte sich über Uelzen, Grabow und Rostock nach Stralsund gewandt, um auf schwedischem Gebiete das Weitere abzuwarten.«*[40] Von den Ereignissen in Braunschweig berichtete Marie in einem Brief an Friedrich Wilhelm am 19. Oktober, als sie bei ihrer Flucht in Uelzen Station machte:

»Dein Vater ist glücklich in Blankenburg angekommen, seine Wunde ist zwar schmerzhaft, aber nicht gefährlich [...]. Nun ein Wort über meine schnelle Abreise [...]. Vorgestern Vormittag kam der Hr. v. Thielau[41] *zu mir nach Richmond mit der Nachricht, der Prinz Heinrich von P(reußen) und Paul v. Württemberg wären vom Schlachtfeld der letzten unglücklichen Bataille nach Braunschweig gekommen und hätten die Herzogin beredet denselben Abend zu flüchten, weil die Franzosen ihnen gleich folgen würden. Hr. v. Thielau bat mich also inständig die Kinder fort zu bringen; [...] als ich dort [in Braunschweig] ankam, war die Herzogin noch am Tisch, ich gieng also zur Erbp(rinzessin). Während wir zusamen waren, sahen wir einen Wagen vorfahren, und ehe wir Zeit hatten in ihr Zimmer zu kommen, war die Herzogin fort, ohne jemand zu sagen, wo sie hin gieng; den Abend kamen immer üblere Nachrichten, General Pfuhl rieth uns auch Braunschweig zu verlaßen, dennoch konnte ich mich noch nicht entschließen fort zu gehen ohne irgend eine Nachricht von dir zu haben. Die Erbp(rinzessin), ihre Mutter, deine übrigen Verwandten reißten indeßen alle in der nehmlichen Nacht der Herzogin nach, ich glaube in die Gegend von Ros-*

---

38 Marie meint den Plan des Herzogs, die Thronfolge an Friedrich Wilhelm zu übertragen. Herzogin Augusta befürchtete wohl, dass in so einem Fall die Erbansprüche von August und Georg nicht hinreichend berücksichtigt würden.

39 Zimmermann: Zum Gedächtnis (wie Anm. 33), S. 39.

40 Stern: Karl Wilhelm Ferdinand (wie Anm. 11), S. 345.

41 Karl Florian von Thielau begegnete uns bereits bei den Verlobungsfeierlichkeiten Maries 1801 in Karlsruhe.

tock, alle hatten mehr oder weniger den Kopf verlohren, man glaubte den Feind schon vor dem Thor, und Wolffradt, Thielau ec. legten es mir so sehr zur Pflicht die Kinder zu retten, daß ich endlich gestern Mittag 1 Uhr Braunschweig mit unaussprechlichem Kummer verließ, um nach Stralsund zu gehen, da man mir sagte, es wäre unmöglich gleich nach Oels durch zu kommen. […] [H]ier bin ich nun seit einer Stunde, aber ganz bereit auf die erste gute Nachricht wieder zurück zu kehren, o wären wir doch wieder vereinigt! und ruhig; ich wünsche nun nichts als Frieden.«[42]

Marie hatte den Entschluss gefasst, das Einrücken der französischen Truppen abzuwarten, aber zum Wohl ihrer beiden Kinder ließ sie sich zur Flucht überreden. Sicherlich bestand die Möglichkeit, dass sie von den französischen Truppen verhaftet worden wäre. Aber die Kinder hätte man wohl kaum von ihr getrennt.

Marie gelangte heil nach Stralsund und schrieb ihrem Gatten am 25. Oktober:

»Hier bin ich endlich gestern Abend nach vielen Mühseligkeiten und mit schwerem Herzen angekommen, Lieber Wilhelm […]. Wie sehr ich mich unglücklich fühle, so weit von dir zu sein, ohne zu wissen wie es dir geht, ob du meine Reise billigest, brauche ich dir wohl nicht zu sagen […]. [S]o bald mir Hr. v. Thielau die Nothwendigkeit einer Flucht vorstellte, erklärte ich ihm meinen Wunsch nach Oels zu reißen, allein er und jedermann, den ich darüber sprach, versicherte mich, es wäre unmöglich über Berlin oder durch Sachsen durch zu kommen, weil ich gewiß der Französischen Armée begegnen würde, es blieb mir also keine Wahl als mit deinen Verwandten oder hieher zu gehen, ich wählte das letztere um weniger aufgehalten zu werden und niemand beschwerlich zu sein […]. Deine Mutter war zwei Tage vorher dort angekommen, ich ging also zu ihr […] und fand sie traurig, aber doch ziemlich ruhig, wiewohl sie eben so wenig Nachrichten wußte als ich, […] aber da wir keine Wohnung fanden, und die Herzogin meine weitere Reise zu billigen schien, mußten wir uns wohl nach einer Stunde wieder auf den Weg machen. […] [A]ber ich möchte doch viel lieber in Oels sein, könntest du mir nur einen Wink hierüber geben lieber Wilhelm, aber Gott weiß, ob du meine Briefe erhälst und wo du jetzt bist, diese schreckliche Ungewißheit ängstigt mich unaussprechlich! […] Der Zustand deines Vaters betrübt mich auch so sehr; wenn es nur wahr ist, daß er sein Land Neutral erklären will«[43].

Marie wollte weiterhin am ursprünglichen Plan festhalten, nach Oels zu reisen. Das erscheint wenig verwunderlich, war es doch die letzte Abmachung, die sie mit ihrem Gemahl im Falle einer Flucht abgestimmt hatte. Ihr war meines Erachtens sichtlich unwohl bei dem Gedanken, diese Reise ohne Rücksprache mit ihrem Ehemann zu unternehmen. Dieses Motiv wird auch in den folgenden Briefen immer wiederkehren, aber der schwerwiegendere Tabubruch bestand wohl darin, dass sie zwei klei-

[42] Zimmermann: Zum Gedächtnis (wie Anm. 33), S. 40.

[43] Zimmermann: Zum Gedächtnis (wie Anm. 33), S. 40–41.

nen Kindern, die immerhin die einzigen Thronfolger Braunschweigs waren, die nicht abschätzbaren Risiken einer spätherbstlichen Reise zumutete. Sie hatte keine Nachricht von ihrem Gatten erhalten, der inzwischen in Kriegsgefangenschaft geraten war. Daher folgte sie den Bitten ihrer Schwester Friederike, der schwedischen Königin, nach Malmö in Schweden zu kommen.[44]

In Schweden erfuhr Marie auch vom Tod ihres Schwiegervaters. Da ihre Schwäger derweil ihre Verzichtserklärungen unterschrieben hatten, war sie von diesem Zeitpunkt an die legitime Herzogin von Braunschweig-Lüneburg und Oels. Am 19. November schrieb sie wieder an ihren Gatten, der jetzt der Herzog von Braunschweig war[45] und gedachte, mit Schweden auf diplomatische Tuchfühlung zu gehen. Der König lud daraufhin Friedrich Wilhelm nach Schweden ein.[46] In einem weiteren Brief aus Malmö vom 24. November 1806 zeigte sich Marie besorgt, weil sie vom zwischenzeitlichen Einmarsch der Franzosen in Hamburg erfahren hatte, nichts jedoch über den Verbleib ihres Gatten wusste und keine Briefe mehr erhielt. Sie vermutete ihn entweder in Altona oder in Braunschweig, von seiner Kriegsgefangenschaft in Altona ahnte sie nichts oder sie schrieb es zumindest nicht auf. Weiterhin erfahren wir, dass Marie die Rückreise nach Deutschland plante und ihren Bediensteten Berger vorausschickte, um von Friedrich Wilhelm zu erfahren, wohin sie reisen sollte. Auch sollte Berger die Antworten auf ihre Stafetten entgegennehmen, die Marie an ihren Bruder, Großherzog Karl von Baden nach Berlin gesandt hatte.[47]

In dieser kritischen Lage verließ Marie plötzlich Schweden, während ihre Söhne dort blieben. In einem Brief an Friedrich Wilhelm vom 28. November begründete sie ihr Vorgehen. Sie habe erfahren, dass man ihm jeden Pass verweigere, was sie niedergedrückt habe, und »*zugleich war es mir auch unmöglich länger unthätig in Schweden zu bleiben, und ich faßte sogleich den Entschluß, dem Rath des Carls zu folgen, für dich zu handeln oder doch in jedem Fall dein Schicksal zu theilen und nicht länger ohne dich zu sein; die Hoffnung deine Freiheit zu erlangen oder etwas zum künftigen Schicksal und Glück unserer Kinder beizutragen ist so tröstend, daß ich darum und in der Überzeugung meine Pflicht erfüllt zu haben gewiß alles ertragen kann, was mir sonst schwer fallen würde. Ich gieng also gestern früh von Malmö weg, ließ aber aus Vorsicht und in der Ungewißheit meines Schicksals unsre Kinder unter dem sicheren Schutz des Königs und meiner Schwester […]. Der Himmel gebe, daß ich dort [in Stralsund] Nachricht von dir finden möge, ich mögte so gern nichts ohne deine Genehmigung unternehmen, und doch ist die Zeit jetzt so kostbar, daß vielleicht jeder verlohrne Augenblick wichtig für uns*

44 Zimmermann: Zum Gedächtnis (wie Anm. 33), S. 41.

45 Carl Wilhelm Ferdinand hatte seinen Sohn Friedrich Wilhelm bereits am 21. Oktober 1806 zum neuen Herzog ernannt. Vgl. Schiener: Markgräfin Amalie (wie Anm. 10), S. 106.

46 Zimmermann: Zum Gedächtnis (wie Anm. 33), S. 41.

47 Ebd., S. 41–42.

hätte sein können! Meine Lage wird mit jedem Tag peinlicher! Ich habe schon meinem Bruder geantwortet und ihn gebeten mir so bald als möglich nach Stralsund zu schreiben, ob er noch eine Reise nach Berlin für nützlich hält und wahrhaft glaubt, daß ich sie in dieser Hoffnung unternehmen könnte, da ich im entgegen gesetzten Fall nach Altona zu dir eilen würde, aber nicht ohne dich und unsre Kinder nach Carlsruhe gehen kann.«[48]

Hier haben wir einen entscheidenden Wendepunkt in Maries Biografie. Sie handelte aktiv als Herzogin auf der politischen Ebene. An diesem Punkt wollte sie lediglich die Freilassung ihres Mannes aus französischer Kriegsgefangenschaft erwirken. Die Gründung des Königreiches Westphalen erfolgte erst am 7. Dezember 1807. Marie wird dem Rat ihres Bruders Karl allerdings nicht gefolgt sein, ohne sich mit dem schwedischen Königspaar und ihren Begleitern beraten zu haben.

In Stralsund angekommen, hoffte Marie dort Nachricht und Anweisungen von Herzog Friedrich Wilhelm zu erhalten. Aber sie wurde enttäuscht:

»[K]önnte ich nur die Antwort [Friedrich Wilhelms] zugleich mit der meines Bruders erhalten, aber es ist beinah nicht möglich, und dann muß ich wieder ohne deinen Rath und Beistand vieleicht eine unnöthige doch gewiß traurige Reise unternehmen! Mein Entschluß mich von unsern Kindern […] zu trennen hat mich unendlich gekostet, aber mündlich könnte ich dir Ursachen angeben. […] Lebe wohl und gesund und schreibe recht bald deiner Marie, daß du ihr noch gut bist und ihr Verfahren nicht missbilligest.«[49]

Sicherlich trug die Auswahl der Briefe durch Zimmermann dazu bei, bei den Lesern der beiden Ausgaben des Braunschweigischen Magazins Spannung zu erzeugen. Der Leser erfuhr in keiner Silbe etwas über die Antworten des Herzogs, sodass Maries emotionale Situation dem Leser, beinahe kommentarlos, unmittelbarer gegenübertrat. An dieser Stelle – die Briefe sind von Zimmermann chronologisch angeordnet – werden zwei Briefe Maries an ihren Bruder Karl eingestreut:

»Stralsund d. 6. Dec. 1806.

Lieber Carl; […] erfuhr ich endlich zu meiner großen Betrübniß, daß du Berlin den 25 t/ verlassen und also meine Reise ganz vergebens und ohne Zweck ist. […] [D]a du dich wahrscheinlich in diesem Augenblick immer mehr von mir entfernst und ich dich doch in keinem Fall erreichen könnte, möchte ich keine Zeit verliehren, so bald als möglich mich wieder mit Wilhelm zu vereinigen, der mich mit Ungeduld in Altona erwartet; […]

48 Zitiert nach ebd., S. 42.

49 Zitiert nach ebd., S. 42–43.

ich werde also morgen früh wieder abreisen und mein künftiges Schicksal mit Wilhelm erwarten und theilen.«[50]

Karls Plan, dass Marie Napoleon treffen sollte, war also zunächst gescheitert. Marie stand wieder im Briefkontakt mit ihrem Gatten, den sie in Altona treffen und dann mit ihm nach Bruchsal reisen wollte. Aber sie reiste nicht nach Altona. Sie kehrte nach Schweden zurück.[51] Ihr Vorgehen erklärte sie in einem Brief an ihren Bruder vom 19. Januar 1807:

»*[Ich] würde […], ohngeachtet der unangenehmen Lage, in der ich mich befand, noch länger dort [in Stralsund] gewartet haben, wenn mich nicht die dringensten Bitten und Vorstellungen Wilhelms hierher zurück berufen hätten; mein schneller Entschluß, allein zu reisen beunruhigte ihn so sehr, daß mir kein anderes Mittel übrig blieb, als sogleich denselben Weg wieder zurück zu nehmen, um meine Kinder abzuholen und dann über den Sund und die Belth zu ihm zu gehen; dieß war mein festes Vorhaben, allein ein langweiliges Flussfieber, das ich, vermutlich als Folge meiner wiederholten Seereise, bekam, nöthigte mich mehrere Tage das Zimmer zu hüten […]. Er [Wilhelm] wünschte, daß ich eher hier als in Altona eine bessere Jahreszeit erwarten mögte, da er doch bis jetzt keinen Paß nach Bruchsal oder Carlsruhe erhalten kann*«[52].

Maries Mission, die Freilassung Friedrich Wilhelms oder zumindest einen Pass für ihn zu erwirken, scheiterte. Die Abstände der von Zimmermann präsentierten Briefe wurden zunehmend größer. Verschiedene weitere Pläne wurden von Marie und ihrem Ehemann erdacht, u. a. gemeinsam zu Friedrich Wilhelms Schwester Caroline (1768–1821) nach England zu reisen oder den Herzog wieder am Krieg teilnehmen zu lassen. Marie riet ihrem Gatten am 26. April:

»*[D]u hast indeßen Zeit zu überlegen, ob du dich dem Schicksal der Fürsten des Rhein Bundes unterwerfen, oder bei deinen bisherigen Gesinnungen bleiben willst; dies leztere ist ohne Zweifel ehrenvoller, und ich werde dir gewiß nie einen entgegen gesezten Rath geben, wenn du mich darum befrägtest, Lieber Wilhelm, denn ich glaube, daß man sich zu nichts verpflichten muß, ohne vorher geprüft zu haben, ob man auch darinn aushalten kann, und dieß mögte dir wohl mehr als Selbstüberwindung kosten, ohne vieleicht den Vortheil zu verschaffen, den man versprechen würde.*«[53] Generell schien Marie für eine Kriegsbeteiligung ihres Gatten Verständnis zu haben und vielleicht sogar eine Notwendigkeit darin zu sehen, um das Herzogtum zurückzuerhalten. In einem weiteren Brief zeigte sie sich außerdem empört über das mangelnde Engagement König Fried-

50 Zitiert nach ebd., S. 43.

51 Ebd., S. 43.

52 Ebd., S. 44.

53 Ebd., S. 45–46.

rich Wilhelms III., den Herzog von Braunschweig mit einem Gefangenenaustausch frei zu bekommen oder ihm zumindest einen Pass ausstellen zu lassen. Unterdessen wollte das schwedische Königspaar, in Erwartung der baldigen Geburt eines Kindes nach Stockholm reisen. Sie versuchten, Marie dazu zu bewegen, sie zu begleiten. Marie kehrte dennoch aus Schweden zurück und traf ihren Gatten in Gravenstein.[54]

Über die weitere Reise Maries durch deutsche Lande berichtet Karoline von Freystedt: *»Im September kam die Königin von Bayern nach Rohrbach mit ihrer Schwester, der Herzogin von Braunschweig, letztere nach langem Umherirren, auf der Flucht vor den Franzosen [...]. Ihr Land, vom Feind eingenommen, durfte sie nicht betreten, so suchte sie denn eine Zuflucht im Vaterland bei ihrer Mutter und ihrem Bruder [...]. Die Markgräfin führte sie erst nach Bruchsal, um dort auszuruhen. Da brachte sie [Marie] den Winter zu und kehrte nach kurzem Aufenthalt in Karlsruhe wieder dahin [nach Bruchsal] zurück. Sie war guter Hoffnung, ein rührendes Bild der Sanftmut und Resignation. Die Erziehung zweier blühender Söhne war in Abwesenheit ihres Gemahls, der nun ganz ihr Herz gewonnen hatte, ihre einzige Beschäftigung. Der Herzog erhielt erst später von Napoleon die Erlaubnis, sich mit seiner Gemahlin und seinen Kindern zu vereinigen.«*[55]

Bereits zuvor hatte Markgräfin Amalie versucht, ihren Einfluss bei Napoleon geltend zu machen und für die Einsetzung des Herzogs in Braunschweig plädiert.[56] Aber die Hoffnungen erfüllten sich trotz aller Bemühungen nicht: Das Herzogtum Braunschweig-Lüneburg wurde dem neugegründeten Königreich Westphalen eingegliedert und ging Herzog Friedrich Wilhelm verloren.

Schließlich versuchte der von Markgräfin Amalie eingesetzte badische Gesandte Karl Christian Freiherr von Berckheim bei Napoleon die Einsetzung des braunschweigischen Herzogs in einem anderen Land zu erwirken oder zumindest das Vermögen der Herzogsfamilie zu retten, so z. B. Schloss Richmond, das Maries Schwiegermutter Augusta ihr überschrieben hatte.[57] Aber Friedrich Wilhelm hatte nicht alle seine Besitzungen verloren, allerdings konnten nicht nur er, sondern auch seine älteren Brüder Anspruch auf die Besitztümer erheben. Während Marie mit den Kindern den Winter über in Bruchsal blieb, versuchte sich Friedrich Wilhelm in langen Reisen über die Aufteilung des Erbes mit seinen Brüdern zu einigen.[58]

---

54 Paul Zimmermann: Zum Gedächtnis der Herzogin Marie zu Braunschweig und Lüneburg, in: Braunschweigisches Magazin, Nr. 5, Mai 1908, S. 49.

55 Von Freystedt: Erinnerungen (wie Anm. 2), S. 51–52.

56 Ebd., S. 50–51.

57 Zimmermann: Herzogin Marie (wie Anm. 54), S. 49–53.

58 Ebd., S. 53.

Am 23. Dezember 1807 schrieb Marie an Friedrich Wilhelm: »*Ich bekam gestern mit den Zeitungen einen Brief von H(enneberg) aus Hamburg, der aber noch nichts von deiner Ankunft in G(lücksburg) wußte; vielleicht bekomme ich heute oder Morgen gute Nachrichten daher, du kannst denken, mit welcher Ungeduld ich sie erwarte! H. schreibt in demselben Brief (der wie gewöhnlich an die F. v. Berchuer adressirt ist), daß man in Br(aunschweig) noch sehr, nur zu sehr mit dir beschäftigt ist, und sich der G(eheime) R(at) die Sache so angelegen sein läßt er so gar weitere Verordnungen hierüber erlassen hätte. H. meint nun, daß dir ein neuer Paß aus Carlsruhe nöthig sein könnte. [...] Vieleicht bekömmst du diese Zeilen mit dem Endes des Jahrs; Gott gebe, daß uns das künftige bald zu beßeren Zeiten vereinige!*«[59]

»Gieb mir deine Hand«

Kurze Zeit nach dem Wiedersehen des Herzogspaares wurde Marie schwanger. Aus Bruchsal schrieb Friedrich Wilhelm an seinen Schwager Karl: »*Lieber Bruder. Meinem Versprechen folge zu leisten, benachrichtige ich Dich, daß die Marie noch in ebendem zustand ist; als Du sie verlassen hast, doch scheind es, daß es näher zum Ziel rückt, sie läßt gegen 10 Uhr zur Ader, da sie mehr beklemmung auf der Brust fühlt; wir hoffen alle das beste, und Fischer versichert, was lange wird, würde gut. Da so wenig jetzt; als früher sich was ereignet hat, was für die Gesundheit, der Mutter oder des Kindes nachtheilig gewesen; so haben wir allen Uhrsach das beste zu erwar[ten.] Solte sich bis zu dem Zeitpunkt, daß Du hierher kömst, was besonders ereignen, so schicke ich über Wacheusel den Weg welchen Du immer nimmst Dir einen entgegen. Lebe wohl und gedenke Deines Freundes und Bruder Wilhelm*

Bruchsaal den 19ten April morgens ½ 10 Uhr 1808«[60].

Die Hoffnungen Friedrich Wilhelms sollten sich nicht erfüllen: »*Gegen Ostern ging die Markgräfin nach Bruchsal mit der Herzogin von Braunschweig, wo diese ihre Wochen halten sollte; dort war es, daß letztere mit ihrem Kind, einer Tochter, welche auch tot zur Welt kam, in den Armen ihrer Mutter den Geist aufgab. Dies geschah den 20. April. Bruchsal ward damals schon ein großes Trauerhaus. Die Markgräfin mußte ihre schöne, sanfte, liebenswürdige Tochter in ihrem 25. Jahre sterben sehen. Der Herzog [Friedrich Wilhelm], aus seinem Lande verjagt, mit zwei jungen Söhnen, sah sein ganzes Lebensglück zerstört; er ließ der Markgräfin die Kinder und reiste im Sommer nach Schlesien. In Karlsruhe ward er durch den französischen Gesandten scharf überwacht; traute ihm damals schon zu, was er durch seinen heldenmütigen Zug mit seinen schwarzen Husaren später ausführte.*

[59] Ebd., S. 53. Die Anmerkungen in den runden Klammern stammen von Zimmermann.

[60] Landesarchiv Hannover – Standort Wolfenbüttel: 249 A N 63 (3) Nr. 10. Dank an Frau Erika Hildebrandt aus Braunschweig.

Auch der Erzherzog [von Baden] war trostlos über den Tod seiner Schwester; er kam in der Nacht dieses schrecklichen Tages von Schwetzingen nach Bruchsal und weinte wie ein Kind vor Schmerz; er war stets ein guter Bruder, wie er es bei mehreren Gelegenheiten bewies.«[61] An den Hofrat Pabst schrieb Friedrich Wilhelm am 21. Mai 1808: *»[S]ie starb in meinen Armen, und ihr letzter Blick, ihr letztes Verlangen ‚gieb mir Deine Hand', ist unauslöschbahr im meinem Herzen, sowie die Herzlichkeit ihrer Gefühle für mich.«*[62] Begraben sind Marie und ihre Tochter in der südlichen Gruft der Pforzheimer Schlosskirche, die ab 1553 als Grablege der badisch-durlachischen Markgrafen diente. Der unglückliche Witwer schrieb mehrere bewegende Briefe, in denen er seine Trauer über den Tod seiner Frau ausdrückte.[63] Der braunschweigische Hofrat und Geheime Etatsrat Eberhard August Wilhelm von Zimmermann (1743–1815) konnte in einem weiteren Schreiben des Herzogs lesen: *»Sie [Marie] war die Einzige, welche Alles über mich vermochte, mich leitete und warnte, daß ich manches nicht that, was ich nachher hätte bereuen können. Das meinem Herzen so unendlich theure Wesen habe ich verloren, und mit ihm Alles, was mich früher an diese Welt fesselte. Meine gute Marie ist todt, und damit ist mir alles Uebrige gleichgültig. Nach diesem schmerzhaften Ereignis kann mir nichts mehr begegnen, das mein innerstes Gefühl so unglücklich macht.«*[64]

[61] Von Freystedt: Erinnerungen (wie Anm. 2), S. 55.

[62] Zimmermann: Herzogin Marie (wie Anm. 54), S. 54.

[63] Zimmermann: Herzogin Marie (wie Anm. 54), S. 53–54.

[64] Spehr: Friedrich Wilhelm (wie Anm. 1), S. 71–72.

Braunschweig unter westphälischer Herrschaft – Erfahrungen und späte Folgen

Gerhard Schildt

Peter Joseph Krahe, Entwurf für den Triumphbogen für König Jérôme am Augusttor in Braunschweig

Man vergisst leicht, dass Europa schon einmal im Begriff war, eine Art von politischer Einheit zu realisieren. Das geschah damals nicht durch den Konsens der beteiligten Länder, sondern durch den Willen eines Eroberers, nämlich Napoleons. Das politische Gebilde, das er bis etwa 1811/12 geschaffen hat, reichte von Spanien bis Polen, von Dänemark bis Sizilien. Braunschweig gehörte selbstverständlich dazu. Es war Teil eines Satellitenstaates, nämlich des Königreichs Westphalen, das seit 1807 bestand, dessen Hauptstadt Kassel war und dem Napoleons Bruder Jérôme als König vorstand.[1] Im preußisch-deutschen Geschichtsbewusstsein ist das napoleonische Großreich verhasst und die Kriege, die zu seiner endgültigen Zerschlagung geführt haben, sind unter dem Namen »*Befreiungskriege*« im Kollektivgedächtnis der meisten Deutschen verankert.

Jérôme und Katharina vor der Napoleonshöhe

Das Königreich Westphalen wurde nicht von Anfang an als ein französischer Zwangsstaat empfunden. Was ihn in den Augen vieler Deutscher zunächst attraktiv machte, war die Einführung des Code civil, des französischen Gesetzbuches. Dieses, von Napoleon 1804 eingeführt, war ein Kind der Französischen Revolution. Die Gleichberechtigung aller Bürger (allerdings nicht der Frauen) war hier festgehalten worden, unabhängig von der sozialen Stellung, von der Konfession oder vom Alter. Kein Katholik, kein Protestant, kein Jude durfte wegen seines Glaubens benachteiligt werden. Adelsvorrechte, etwa im Militärwesen oder beim Landbesitz, gab es nicht mehr. Ein älterer Sohn hatte keine höheren Erbansprüche als ein jüngerer. Festgestellt wurde die Unabhängigkeit der Gerichte. Sie unterstanden nicht länger der Obrigkeit. Kein Fürst durfte zukünftig noch ein Gerichtsurteil diktieren oder aufheben. Fortan konnte man obrigkeitliche Entscheidungen vor Gericht anfechten.

Auch die Adelsvorrechte wurden beseitigt. Jede Stellung im Staat war allen Bürgern gleichermaßen zugänglich. Jeder konnte im Prinzip Minister werden, jeder Offizier. Man konnte normalen Bürgern nicht mehr den Besitz bestimmter Güter verweigern, weil diese angeblich nur Adeligen gehören durften. Bestimmte Stifte, in denen bis

1 Einen hervorragenden Überblick bietet: Ulrike Strauss: Die „Franzosenzeit" (1806–1815), in: Horst-Rüdiger Jarck und Gerhard Schildt (Hrsg.): Die Braunschweigische Landesgeschichte. Jahrtausendrückblick einer Region. 2. Aufl. Braunschweig 2001, S. 691–712. Ausführlicher Dorothea Puhle: Das Herzogtum Braunschweig-Wolfenbüttel im Königreich Westphalen und seine Restitution 1806–1815, Braunschweig 1989 (= Beihefte zum Braunschweigischen Jahrbuch, Bd. 5).

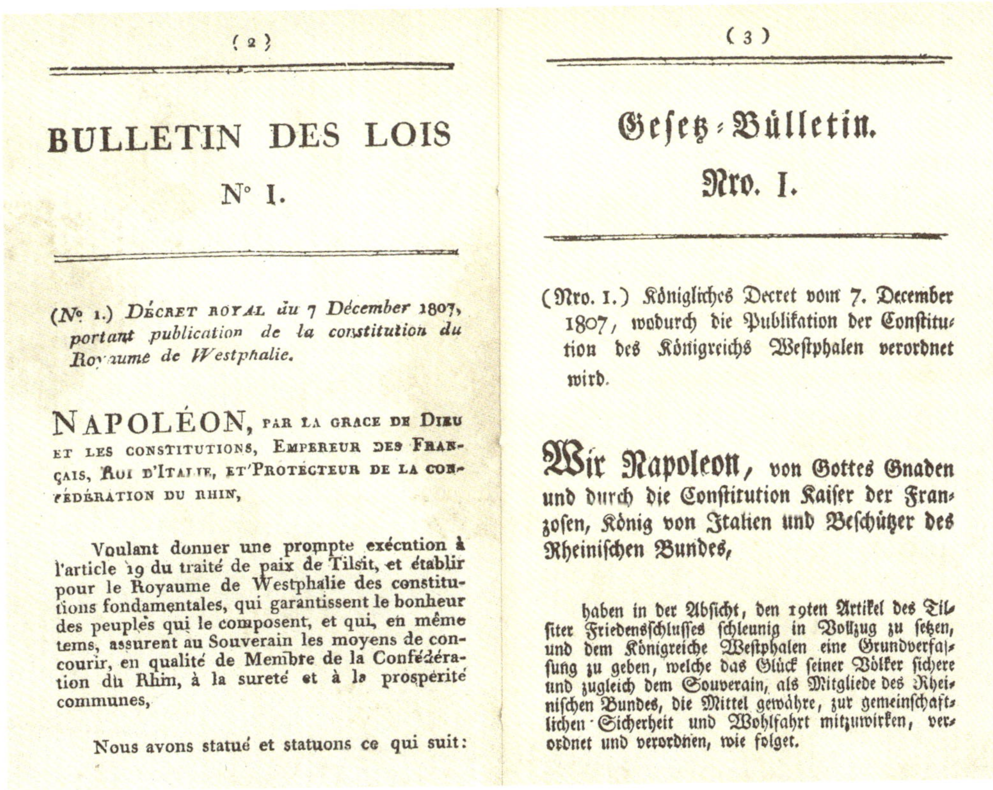

(2)

BULLETIN DES LOIS

N° I.

(N° 1.) *Décret royal du 7 Décember 1807, portant publication de la constitution du Royaume de Westphalie.*

NAPOLÉON, par la grace de Dieu et les constitutions, Empereur des Français, Roi d'Italie, et Protecteur de la Confédération du Rhin,

Voulant donner une prompte exécution à l'article 19 du traité de paix de Tilsit, et établir pour le Royaume de Westphalie des constitutions fondamentales, qui garantissent le bonheur des peuples qui le composent, et qui, en même tems, assurent au Souverain les moyens de concourir, en qualité de Membre de la Confédération du Rhin, à la sureté et à la prospérité communes,

Nous avons statué et statuons ce qui suit:

(3)

Gesetz-Bülletin.

Nro. I.

(Nro. 1.) Königliches Decret vom 7. December 1807, wodurch die Publikation der Constitution des Königreichs Westphalen verordnet wird.

Wir Napoleon, von Gottes Gnaden und durch die Constitution Kaiser der Franzosen, König von Italien und Beschützer des Rheinischen Bundes,

haben in der Absicht, den 19ten Artikel des Tilsiter Friedensschlusses schleunig in Vollzug zu setzen, und dem Königreiche Westphalen eine Grundverfassung zu geben, welche das Glück seiner Völker sichere und zugleich dem Souverain, als Mitgliede des Rheinischen Bundes, die Mittel gewähre, zur gemeinschaftlichen Sicherheit und Wohlfahrt mitzuwirken, verordnet und verordnen, wie folget.

Gesetz-Bulletin des Königreichs Westphalen Nro. 1

dahin nur unverheiratete adelige Damen leben durften, standen nun allen Frauen offen.

Aber nicht nur sozial höhere Schichten konnten die Nutznießer der neuen Regelungen sein. Es wurde Gewerbefreiheit eingeführt, d.h. jeder, der wollte, durfte einen Handel oder eine Produktion beginnen. Es wurde nicht mehr nach seiner Ausbildung gefragt, nicht danach, ob es einen Bedarf gäbe an einem neuen Gewerbebetrieb – das war das Risiko des neuen Unternehmers. Die bisherigen Gewerbetreibenden konnten nicht einfach ein neues Geschäft verbieten, um keine Konkurrenz zu bekommen – dieser Zustand war vorbei. Auch Freizügigkeit wurde eingeführt. Niemandem konnte der Zuzug in eine Stadt oder ein Dorf verwehrt werden, etwa mit der Begründung, der Ort sei voll. Wer eine Wohnung mieten oder kaufen konnte, durfte dort wohnen.

Nicht zuletzt wurde das Regierungssystem modernisiert. Bis dahin hatte sich der Fürst mit Männern seines Vertrauens umgeben und mit ihnen allen die Staatsangelegenheiten beraten. Jetzt wurden Staatsministerien geschaffen, d.h. für das einzelne Fachgebiet war immer nur eine Person zuständig. So wurde vermieden, dass es zu einem allgemeinen Herumgerede von Leuten kam, die alle nicht für das betreffende Politikfeld verantwortlich waren. Künftig konnten Entscheidungen sachkundiger vorbereitet und zügiger verabschiedet werden.

Es gab weitere Entscheidungen, die man aus der Rückschau nur begrüßen kann. Eine nachhaltige Forstwirtschaft wurde z. B. realisiert, d. h., dass ebenso viel Wald nachgepflanzt werden musste, wie abgeholzt worden war. Noch bedeutsamer vielleicht: Es wurde eine allgemeine Pockenimpfung durchgeführt, die vorher von der Kirche als Eingriff in Gottes Willen verurteilt worden war. Damit wurde eine Krankheit wirksam bekämpft, der bis dahin unzählige Menschen zum Opfer gefallen waren.

Der große französische Romancier Marie-Henri Beyle, den man unter seinem Künstlernamen Stendhal kennt, weilte als Verwaltungsoffizier von 1806 bis 1808 in Braunschweig, wo er mit den Spitzen der Gesellschaft verkehrte. Er traf anscheinend nur auf franzosenfreundliche Gesinnung.[2] Sie zeigte sich besonders im Mai 1808, als Jérôme eine Rundreise durch sein Königreich unternahm. »*Ich kann E. M. nicht beschreiben*«, schrieb er seinem Bruder Napoleon, »*mit welchem Enthusiasmus ich in allen Städten und Ortschaften meiner Staaten, besonders aber in Braunschweig, empfangen worden bin.*«

Und die offizielle Staatszeitung des Kaiserreichs, der Moniteur, ergänzte:

»*Niemals war der Freudenruf allgemeiner als in dieser trefflichen Stadt* [Braunschweig]. *Alles stellte das Bild des Glücks dar, alles drückte die aufrichtigsten Gesinnungen eines freudetrunkenen Volks aus.*«[3]

Aber die Segnungen des neuen Rechts waren zwiespältig. Z. B. sah die Verfassung eine 100-köpfige Volksvertretung vor, die Reichsstände.[4] Gewählt (vielmehr bestimmt) wurden sie von den Departements, und zwar sollten es 70 Grundeigentümer sein, 15 Kaufleute oder Fabrikanten, 15 Gelehrte oder andere um den Staat verdiente Männer. Ein solches indirektes Wahlrecht ergab natürlich keine Volksvertretung und die Festlegung, dass die Abgeordneten gewissen Berufsgruppen angehören mussten, widersprach völlig dem Grundsatz von der Gleichheit aller Menschen, der im Code civil niedergelegt worden war. Zu den Aufgaben dieser Reichsstände sollte es gehören, den Staatshaushalt zu genehmigen. Vielen Einzelvorhaben der westphälischen Regierung stimmten die Abgeordneten zu, aber der Grundsteuer in

---

2 Hans Mattauch (Hrsg.): Stendhal: Zeugnisse aus und über Braunschweig (1806–1808). Bielefeld 1999 (= Braunschweiger Beiträge zur deutschen Sprache und Literatur. Bd. 3).

3 Arthur Kleinschmidt: Geschichte des Königreichs Westfalen. Gotha 1893. Fotomechanischer ND Kassel 1970. S. 171.

4 Besonders eingehend Puhle: Königreich Westphalen (wie Anm. 1), S. 49–63.

der vorgesehenen Form nicht. Darauf rief der Regierungsvertreter den Abgeordneten zu: »*Sie haben sich vergeblich Mühe gegeben, das Gesetz zu verwerfen; denn was Sie jetzt in dieser Form verweigern, wird des Königs Majestät sehr bald als Verordnung verkündigen.*«[5] Dieser Vorgang von 1808 wiederholte sich 1810 und in der Tat erließ Jérôme die vorgesehenen Gesetze mit einer Proklamation. Die Reichsstände sollten offenbar nur als eine Art Akklamationsorgan fungieren. Wenn sie anderer Meinung als die Regierung waren, konnte diese ihre Entscheidungen als Verordnung verkünden, ohne dass die Reichsstände noch irgendwelche Einspruchsrechte geltend machen konnten. Die Institution der Reichsstände, obgleich in der westphälischen Verfassung verankert, erwies sich als Farce. Jérôme scheint es wichtiger gewesen zu sein, dass seine Abgeordneten in einer fantasievollen Uniform oder Livree auftraten, als dass sie Beschlüsse fassten.

Widerstand, auch nur verbal, regte sich nicht. Die Bevölkerung kannte keine parlamentarische Tradition. Unter den Welfen hatten die Stände, weithin der grundbesitzende Adel, ein gewisses Steuerbewilligungsrecht gehabt, waren aber auch von ihren Fürsten weitgehend ignoriert oder umgangen worden. Die neue Lage, eine Verfassung mit Reichsständen, die aber ignoriert wurde, fiel kaum auf.

Das lag z. T. an dem sozialen System, das sich von dem französischen tiefgreifend unterschied. Ein zahlreiches, unternehmerisches, neue Tätigkeitsfelder suchendes Bürgertum fehlte. Die Mehrheit der Bevölkerung war bäuerlich geprägt, eingebettet in teilweise jahrhundertealte Überlieferungen und Rechtsordnungen und die Masse der unterbäuerlichen Bevölkerung war völlig damit beschäftigt, ihr Überleben zu sichern. Die städtische Bevölkerung war handwerklich geprägt, auch sie eingebunden in jahrhundertealte Handwerksordnungen. Das Blickfeld der relativ wenigen Künstler und Intellektuellen (unter ihnen z. B. viele Pastoren) reichte kaum weiter und wirklich weitsichtige Unternehmer (in Braunschweig z. B. die Angehörigen des Bank- und Handelshauses Löbbecke oder des Verlagshauses Vieweg) waren sehr selten. Proklamationen wie die Gleichberechtigung aller, die der Code civil aussprach, gingen an dem Horizont der meisten vorbei.

Generell war die Rechtslage verwirrend. Nahezu alle Bauern waren seit alter Zeit verpflichtet, Abgaben zu zahlen und Leistungen zu erbringen. Die Bezugsberechtigten waren klassischerweise Grundherren; aber auch die Kirche, der Staat, öffentliche Einrichtungen wie z. B. das Große Waisenhaus in Braunschweig, konnten Leistungsempfänger sein. Diese Abgaben in ihrer verwirrenden Fülle und wechselnden Benennung konnten in natura einen Großteil der Ernte umfassen, andere Abgaben bestanden nur darin, zu bestimmter Zeit etwa eine Taube oder ein Huhn zu liefern. Auch Hand- und Spanndienste wurden gefordert, d. h. die Pflichtigen mussten zu festen Termi-

5 Kleinschmidt: Königreich Westfalen (wie Anm. 3), S. 102.

nen mit oder ohne Gespann (das war natürlich jedem Einzelnen genau vorgeschrieben) bei einem Dienstherrn erscheinen und die befohlene Arbeit erledigen.

Alle diese Leistungen sollten auf längere Sicht fortfallen. In Frankreich hatte sie die Revolution ohne Entschädigung der alten Bezugsberechtigten beseitigt. Im Königreich Westphalen sollten die Berechtigten nicht auf revolutionäre Weise enteignet werden, sondern entschädigt. Geldrenten sollten z. B. mit der einmaligen Zahlung des 20-fachen Betrags abgegolten sein, Naturalabgaben mit dem 25-fachen, so wurde 1809 beschlossen. Die Pflichtigen hatten nicht wenig Interesse an einer solchen Beseitigung ihrer Lasten, sie waren jedoch fast niemals in der Lage, die entsprechenden Summen aufzubringen. 1810 wurden die Sätze deshalb auf das 16fache bzw. das 20-fache für Naturalabgaben ermäßigt, ohne dass das die Lage veränderte. Auch hofften viele Bauern, dass Dienste und Abgaben vielleicht, der revolutionären Tradition Frankreichs folgend, entschädigungslos aufgehoben werden könnten.[6]

Das Königreich Westphalen in den Grenzen von 1812

Die Situation wurde noch dadurch kompliziert, dass sich Napoleon einen Großteil der Staatsgüter selbst angeeignet hatte, um sie seinen Militärs weiterzugeben oder sie unmittelbar für die Finanzierung der Armee zu verwenden. Jede Beeinträchtigung dieser Domänen durch Ablösungen, sogar durch Steuern, lehnte Napoleon ab. Diese Domänen bildeten einen Staat im Staate. Sie waren praktisch dem Staate Westphalen entzogen.

Und damit ist eine wesentliche Schwäche von Napoleons Herrschaft berührt. Er schwankte in seinen Zielen. Einerseits wollte er die Bevölkerung mit dem Code civil für sich gewinnen. Andererseits konterkarierte er dieses Ziel dadurch, dass er für sich und seine Generäle feudale Vorrechte sicherte. Einerseits stützte er sich auf formal selbständige Staaten wie das Königreich Westphalen. Andererseits machte er ihnen und auch den Bundesgenossen wie z. B. Preußen unablässig Vorschriften und beutete sie finanziell aus. Trotzdem misstraute er ihnen, was dazu führte, dass er große, auch rechtsrheinische Gebiete unmittelbar Frankreich einverleibte (bis Lübeck einschließlich). Diese aber rechtlich dem übrigen Frankreich gleichzustellen, dazu konnte er sich dann wieder nicht entschließen.

6 Puhle: Königreich Westphalen (wie Anm. 1), S. 104 ff.

Napoleon war ein genialer Kriegsführer. Er war auch ein fähiger Staatsmann. Aber wozu er seine Fähigkeiten nutzen wollte, was er letztendlich erreichen wollte, darin war er sehr unsicher.[7]

Gravierend waren die ständigen und ständig wachsenden Belastungen durch das napoleonische Militärwesen. Das begann schon mit dem Einmarsch der französischen Truppen 1806. »*Vom October 1806 bis zum 5. December 1807 sind hier an fremden Truppen durchgekommen 4510 Officiere, 98 706 Unterofficiere und Gemeine, und der Durchmarsch hat noch kein Ende.*«[8] Das bedeutete, dass die Bevölkerung diese Soldaten bei sich unterbringen und beköstigen musste, solange sie sich in der Stadt aufhielten. Auch Pferde und Fuhrwerke musste sie stellen.

Ebenso belastend war der ungeheure Steuerdruck. Dem Staat war eine wesentliche Einnahmequelle dadurch genommen worden, dass Napoleon die einträglichsten Domänen an sich gezogen hatte. Der westphälische Staat musste aber ein Mehrfaches an Geldmitteln aufbringen, um die fortlaufenden Kriege Napoleons zu finanzieren. Ununterbrochen wurde in Spanien gekämpft und auch der Krieg gegen England nahm kein Ende. Hinzu kam 1809 der Krieg gegen Österreich und ab 1812 gegen Russland.

Am schwersten aber belastete die Wehrpflicht das Land. Etwa 60.000 Mann mögen aus dem Königreich Westphalen im Laufe der Zeit eingezogen worden sein. Aus dem ehemaligen Herzogtum Braunschweig nahmen am Russlandfeldzug 1812 ungefähr 2.500 Soldaten teil, nur etwa 140 kamen zurück. Das sind weniger als 6 %. Als danach erneut eine Armee aufgestellt werden sollte, entzogen sich die jungen Männer weitgehend der Einberufung oder desertierten, obwohl ergriffene Deserteure mit der Todesstrafe rechnen mussten.

Ein Markstein in der Geschichte der westphälischen Zeit war der Durchzug von Friedrich Wilhelm 1809 durch Braunschweig. Von seinem Vater Carl Wilhelm Ferdinand war er zum Nachfolger auf dem Herzogsthron ernannt worden, er konnte seine Herrschaft aber nicht antreten, weil Napoleon das Herzogtum annektiert und dem Königreich Westphalen einverleibt hatte. Friedrich Wilhelm hielt sich danach auf seinem Privatbesitz in Oels (Schlesien) auf und als 1809 ein neuer Krieg zwischen Österreich und Frankreich ausbrach, warb Friedrich Wilhelm aus eigenen Mitteln Truppen an und unterstellte seine Streitmacht dem österreichischen Oberbefehl. Als Österreich wenig später die Waffen strecken musste, beschloss Friedrich Wilhelm, alleine weiter zu kämpfen. Er marschierte mit seiner Truppe vom südlichen Sachsen quer durch das

7 Deutlich wird das z. B. in den Gesprächen, die Napoleon auf St. Helena führte. (F. M. Kircheisen: Gespräche Napoleons des Ersten. Bd. 3., 2. Aufl. Stuttgart 1913).

8 So die Braunschweiger Tagebuchschreiberin Albertine Müller. (Heinrich Mack: Zur Geschichte der Stadt Braunschweig in der Franzosenzeit, in: Braunschweigisches Magazin 1897, S. 169–173 und S. 179 –184).

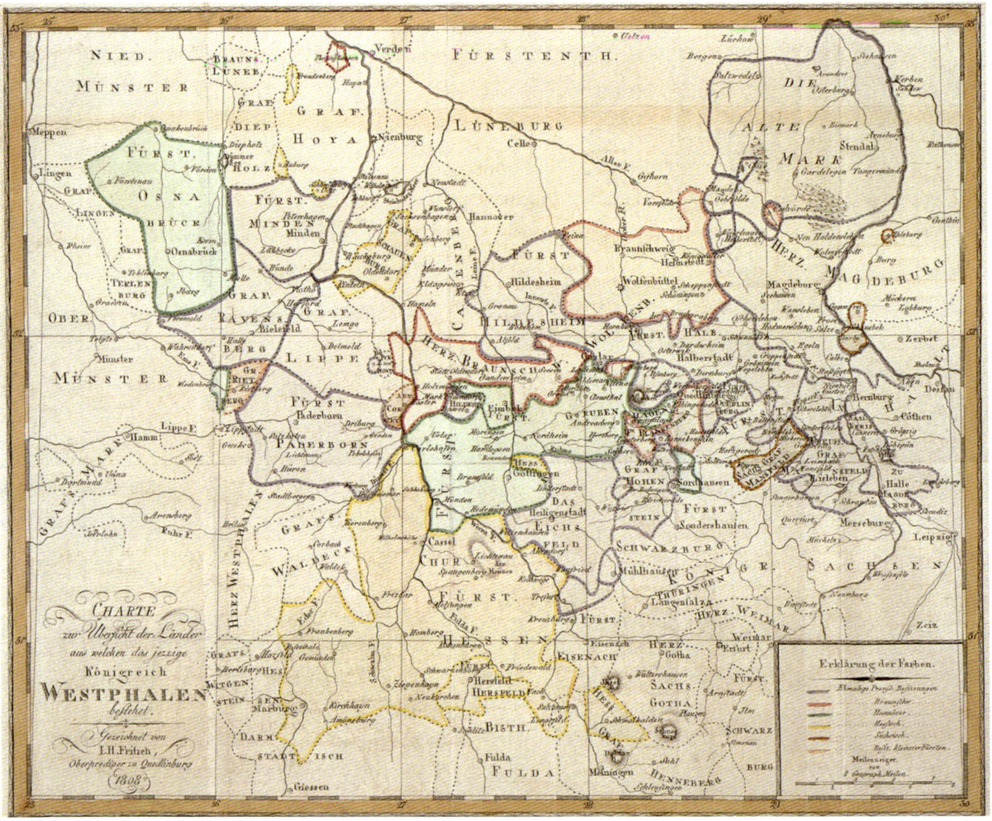

I. H. Fritsch, Charte zur Übersicht der Länder, aus welchen das jezzige Königreich Westphalen bestehet, 1808

von Napoleon beherrschte Deutschland, um an die Nordsee zu gelangen und dort von englischen Schiffen aufgenommen zu werden. Dabei kam er auch durch Braunschweig und wurde mit Begeisterung von den Einwohnern begrüßt, die auch das Ihre taten, um die Freischar etwa mit Nahrungsmitteln zu unterstützen.

Unmittelbar nördlich der Stadt wurde den Braunschweigern der Weitermarsch nach Norden von westphälischen Truppen versperrt. Bei Ölper kam es zum Gefecht, danach zogen sich die westphälischen Truppen zurück und gaben den Weg frei.[9]

Zu einem allgemeinen Volksaufstand war es beim Durchzug Friedrich Wilhelms nicht gekommen, aber die Stimmung wandte sich mehr und mehr gegen die französische Herrschaft. Es kam zu zahlreichen antifranzösischen Krawallen, die auch Todesopfer forderten, und die Bauern von Ölper sammelten sogar Geld und kauften Waffen, um

9 Militärisch war das nicht erforderlich. Es ist nicht ausgeschlossen, dass der westphälische General Reubell den Befehl zum Rückzug gegeben hat, um nicht den Herzog und seine Soldaten der napoleonischen Justiz ausliefern zu müssen.

sie dem Herzog zur Verfügung zu stellen.[10] Dennoch: Als der große Russlandfeldzug begann, waren die braunschweigischen bzw. westphälischen Truppen noch guten Mutes. Dass sie, zumal unter Napoleons unmittelbarer Führung, dem Untergang entgegengingen, war allen unvorstellbar.[11] Als dieses Unvorstellbare dann jedoch eintrat, löste sich das Königreich Westphalen weitgehend auf. Eine neue Armee aufzustellen, wie Napoleon es selbstverständlich wollte, war kaum noch möglich. Wer konnte, versteckte sich vor der Aushebung oder desertierte. Streifzüge russischer oder preußischer Truppen wurden umjubelt und spätestens nach der Völkerschlacht von Leipzig am 16./19. Okt. 1813 löste sich das Königreich Westphalen auf.

Nachdem am 22. Dezember 1813 Friedrich Wilhelm aus England nach Braunschweig zurückgekehrt war, selbstverständlich allgemein umjubelt, war seine erste Sorge, wieder eine neue Armee aufzustellen. Um sie zu finanzieren, wurden alle westphälischen Steuerauflagen beibehalten. Auch jetzt kam es zu zahlreichen Desertationen. Als nach wenigen Monaten Napoleon abdanken und nach Elba gehen musste, wollte Friedrich Wilhelm jedoch seine Armee nicht umsonst aufgestellt haben und sie mindestens dem großen Feldherrn vor Augen führen. Er marschierte deshalb mit ihr nach Flandern und ließ sie dort exerzieren. Wahrscheinlich war Friedrich Wilhelm erfreut, als Napoleon von Elba entwich und deshalb ein letzter Krieg gegen ihn geführt werden musste. In diesem war nun die braunschweigische Truppe an zentraler Stelle beteiligt. Der Herzog selbst fiel am 16. Juni 1815 auf dem Schlachtfeld bei Quatre Bras (Belgien), zwei Tage vor der Entscheidungsschlacht von Waterloo.

Damit war ein rund neunjähriger Abschnitt der braunschweigischen Geschichte zu Ende, die Zeit der französischen Herrschaft. Im Großen und Ganzen war diese Zeit schlimm gewesen. Der finanzielle Druck hatte die Bevölkerung belastet, viel schlimmer aber war, dass die Kriege der braunschweigischen Bevölkerung hohe Verluste gebracht hatten, die meisten im Russlandfeldzug 1812/13. Es ist deshalb nur zu verständlich, dass man einen der konsequentesten Kämpfer gegen Napoleon, nämlich Friedrich Wilhelm, verehrte. Er und sein Vater waren im Kampf gefallen, die beiden letzten deutschen Monarchen, die auf dem Schlachtfeld ums Leben gekommen sind. Das konnte jeden Braunschweiger mit Stolz erfüllen. Wir, so sagten sie sich, haben für die Unabhängigkeit gekämpft, für Deutschland und Braunschweig.

Aber das war nur die eine Lehre, die man aus den Ereignissen ziehen konnte. Man konnte noch mehr lernen und dieser Lernprozess ging über das Jahr 1815 hinaus. Seit 1806 hatte es zunächst gar keinen Fürsten gegeben, der für Braunschweig zuständig war. Dann wurde es Jérôme, aber das war kein Braunschweiger, nicht einmal ein

10 Sie waren allerdings auf eine Irreführung durch einen westphälischen Geheimpolizisten hereingefallen; Puhle: Königreich Westphalen (wie Anm. 1), S. 329.

11 Puhle: ebd., S. 332.

Deutscher, und er saß in Kassel. Als Friedrich Wilhelm 1813 zurückkehrte, konnte man ihn als legitimen Fürsten begrüßen, aber wahrscheinlich hat kaum jemand Verständnis dafür aufgebracht, dass er die napoleonischen Geldbelastungen beibehielt, sogleich eine relativ große Truppe aufstellte und mit ihr nach Belgien marschierte, obwohl Napoleon auf Elba saß. Nach Friedrich Wilhelms Tod wurde der Prinzregent von England, der spätere George IV., als Regent in Braunschweig eingesetzt. Er war der nächste Verwandte des Herzoghauses über männliche Linien und von Friedrich Wilhelm selbst als Regent bestimmt worden. Aber er saß in England. Das Herzogtum Braunschweig war ihm herzlich gleichgültig. Anscheinend interessierte ihn nicht einmal sein Königreich Hannover. Er war Herrscher über ein Weltreich. Kanada, Australien, Neuseeland, Südafrika gehörten dazu, nicht zuletzt ein großer Teil von Indien. Die deutschen Angelegenheiten überließ George IV. einem Mann seines Vertrauens, dem Grafen Münster, einem hannoverschen Adeligen. Auch dieser hielt sich meistens in London auf und beauftragte mit der Regelung braunschweigischer Angelegenheiten den Geheimrat Schmidt-Phiseldeck. Erst 1826 griff mit Karl II. wieder ein angestammter Herzog nach den Zügeln der Regierung.

Das heißt, die Braunschweiger waren 20 Jahre ohne Monarchen gewesen. Wenigstens hatte er sich nicht in ihrer Mitte aufgehalten und hatte die Regierungsgeschäfte durch andere erledigen lassen. Die kurze Erfahrung, die sie 1814/15 mit Friedrich Wilhelm hatten machen müssen, war keineswegs erfreulich gewesen, und mit Herzog Karl II., der ab 1826 in Braunschweig regierte, machte man womöglich noch schlechtere Erfahrungen. Denn er schaffte es, in kurzer Zeit alle einheimischen Kräfte und ebenso die Mitfürsten vor den Kopf zu stoßen und zutiefst zu beleidigen.[12]

Es geht auch ohne Fürsten: dies war anscheinend die Lehre, die die führenden Köpfe der braunschweigischen Gesellschaft aus der Vergangenheit zogen. Und wenn ein Fürst an der Spitze des Staates stehen muss, weil jede andere Möglichkeit im Deutschen Bund unterbunden ist, dann sollte es ein machtloser Fürst sein. Und so machte Braunschweig denn eine Revolution gegen den legitimen Fürsten Karl II. mit einer Erstürmung des Schlosses, wobei es Todesopfer gab, mit dem Niederbrennen des Schlosses, mit der Verjagung des Fürsten und der Verhinderung seiner Rückkehr durch die handfeste Drohung, ihn beim Grenzübertritt zu erschießen. Alle Schichten der braunschweigischen Bevölkerung, vom hohen Adel bis zu den Unterschichten, waren sich einig gewesen, Karl II. zu stürzen. Dem Nachfolger, seinem Bruder Herzog Wilhelm, stellten die Revolutionäre eine neue Regierung vor, die sie selbst zusammengestellt hatten, und gingen alsbald daran, eine neue Verfassung zu schreiben. Unter dem Titel einer »*Neuen Landschafts-Ordnung*« trat sie im Oktober 1832 ins Leben. Sie ließ dem Herzog nur sehr wenige Rechte. Kein Wunder, dass er sich vor

[12] Vor allem: Bernhard Kiekenap: Karl und Wilhelm. Die Söhne des Schwarzen Herzogs. Bde. 1 und 2, Braunschweig 2000; Bd. 3, Braunschweig 2004.

Braunschweiger Schlossbrand, 1830

allem in Oels oder in Wien aufhielt, denn in Braunschweig hatte er nichts zu tun. Nach seinem Tode 1884 ging es seinen Nachfolgern nicht anders und der letzte Welfe, Ernst August, der 1913 dank seiner Heirat mit der Kaisertochter Victoria Luise den braunschweigischen Thron besteigen durfte, beschäftigte sich während des 1. Weltkriegs vorzugsweise mit der Frage, wie die Standarte an seinem Wagen gestaltet werden sollte. Er hatte kaum mehr Befugnisse.

Der Ausfall monarchischer Gewalt veranlasste die Braunschweiger, ihre sozialen und politischen Aufgaben selbst zu regeln. Von allen diesen Aufgaben war die Agrarreform die wichtigste. Angeregt durch das Vorhaben der westphälischen Regierung wurde eine Agrarreform in Angriff genommen mit einer Entschädigung für die bisherigen Bezugsberechtigten. Diese Entschädigung war höher, als sie die westphälische Regierung vorgesehen hatte. Aber jetzt wurde in Braunschweig bestimmt, dass das Herzogl. Leihhaus, eine der Wurzeln der heutigen Norddeutschen Landesbank, den Pflichtigen die Ablösekapitalien vorschießen musste. So konnte die Ablösung der Lasten relativ leicht erfolgen und etwa dreißig Jahre später waren die Bauern von einer Last befreit, die sie Jahrhunderte lang gedrückt hatte.

Womöglich noch segensreicher war ein anderer Teil der Agrargesetzgebung, nämlich die Separation. Es herrschte zu Beginn des 19. Jahrhunderts eine große Flurzersplitterung.[13] Diese Zersplitterung wurde beseitigt und das Land in relativ großen

13 Zur Agrarreform Gerhard Schildt: Die Bauernreform, in: Werner Pöls, Klaus Erich Pollmann (Hrsg.): Moderne Braunschweigische Geschichte. Hildesheim 1982, S. 53–70.

Stücken neu verteilt. Eine gewaltige Arbeitserleichterung war die Folge. Daneben hatte es große Gemeindeweiden gegeben, ungepflegt, überweidet und unergiebig, wie das mit Gemeinschaftseigentum zu gehen pflegt. Diese Gemeindeweiden wurden privatisiert.

Ablösung und Separation bewirkten einen gewaltigen Aufschwung der braunschweigischen Landwirtschaft. Der Statistiker Viebahn konnte schon um 1862 erklären, »*das in so vielen Stücken musterhafte Braunschweiger Land stellte auch in dieser Beziehung ein befriedigendes Vorbild auf.*«[14] Die Landwirtschaft des Herzogtums wurde gegen Ende des 19. Jahrhunderts die ertragsstärkste von allen deutschen Flächenstaaten.[15]

Die Innovationsfreudigkeit Braunschweigs wird auch daran deutlich, dass dieser Staat der erste war, der eine Eisenbahn baute. Vorgesehen war, eine Eisenbahnverbindung zwischen den sächsischen Gewerbegebieten und den Hansestädten Bremen oder Hamburg herzustellen und so den modernen Verkehr über Braunschweig zu leiten, ganz so, wie er im Mittelalter schon verlaufen war. Der Weg zur Küste wurde aber durch den hinhaltenden Widerstand des Königreichs Hannover versperrt. Die Einwirkungsmöglichkeiten des Kleinstaats stießen an ihre Grenzen. Dies machte sich auch bei den Zollregelungen bemerkbar. Trotzdem vollzog sich auch hier eine bemerkenswerte Industrialisierung.[16]

Ein Schatten liegt auf dem selbstbewussten und erfolgreichen Braunschweig. Die Oberschichten, einschließlich der Bauern, regelten die Politik unter sich. Das Wahlrecht schloss die Unterschichten praktisch von einer Vertretung im Landtag aus. Es hat bis 1918 keinen einzigen Arbeiter im braunschweigischen Landtag gegeben. Dies ist wahrscheinlich die Hauptursache für die Radikalität der braunschweigischen Arbeiterbewegung im 20. Jahrhundert.

Aber es kann auch festgehalten werden, dass die braunschweigischen Oberschichten keinen Hass gegen ihre Arbeiter hegten. Einige Indizien dazu: Als 1870 der Braunschweiger Arbeiterführer Wilhelm Bracke wegen einer regierungskritischen Meinungsäußerung vom preußischen Militär verhaftet und nach Ostpreußen abtransportiert worden war, wurde er nach seiner Rückkehr von dem Obergericht in Wolfenbüttel quasi freigesprochen. 1878 verbot das Sozialistengesetz reichsweit sozialdemokratische Zeitungen. Der »*Braunschweiger Volksfreund*«, die hiesige sozialdemokratische Zeitung, durfte nicht mehr erscheinen. Deshalb gab sie sich den

[14] Georg von Viebahn, Statistik des zollvereinten und nördlichen Deutschlands. Teil 2: Bevölkerung, Bergbau, Bodenkultur. Berlin 1862, S. 593.

[15] Beiträge zur Statistik des Herzogtums Braunschweig. Heft VI, S. 21 (Zeitraum 1878–1883).

[16] Gerhard Schildt: Die Industrialisierung, in: Jarck, Schildt (Hrsg.): Braunschweigische Landesgeschichte (wie Anm. 1), S. 787–820.

Namen »*Braunschweigisches Unterhaltungsblatt*«, war ansonsten jedoch absolut unverändert. Selbstverständlich wusste das die Braunschweiger Justiz, unternahm aber nichts. Oder: 1912 erkämpften die Hannoveraner Arbeiter mit einem erbitterten dreimonatigen Streik die 57-Stunden-Woche. In Braunschweig brauchte man in dieser Zeit nur noch 54 Stunden wöchentlich zu arbeiten.

Die Braunschweiger waren stolz auf ihr Land. »*Die Landesverfassung ist entschieden besser als die preußische*«, konnte man 1878 in der braunschweigischen Presse lesen. »*Von einer Beschränkung des Budgetrechts enthält sie keine Spur. Die Kultur des Bodens, die Verwaltung der vorzüglichen Forsten läßt kaum etwas zu wünschen übrig. … Man braucht nur über die Grenze zwischen Braunschweig und Preußen zu treten oder gar zu fahren,* [um zu bemerken], *wie wohlgepflegt die Wege hier sind. Da ist es dann wohl leicht einzusehen, weshalb … die Selbständigkeit des kleinen Landes ein allgemeiner Wunsch der Bevölkerung ist.* «[17] Besonders schätzten die Braunschweiger anscheinend die vorzügliche Finanzlage des Staates. »*Nur eben ein Viertel der gesamten Staatsausgaben wird durch Landessteuern aufgebracht*«, konstatierte etwa der preußische Gesandte 1884, »*alles übrige wird aus dem Staatsvermögen und aus anderen Intraden wie Leihhaus und Lotterie bestritten.*« Er stellte deshalb fest, es gebe ein »*starkes Gefühl der Zusammengehörigkeit, man kann wohl sagen, eine Art von Staatsbewusstsein. … Sie fühlen sich als Braunschweiger und sind stolz auf ihr Braunschweigertum.*«[18]

Man braucht nur hinzuzufügen, dass die Wurzeln dieses braunschweigischen Patriotismus weit zurückreichen.

17 Klaus Erich Pollmann: Das Herzogtum im Kaiserreich (1871–1914), in: Jarck, Schildt (Hrsg.): Braunschweigische Landesgeschichte (wie Anm. 1), S. 824.

18 Hans Philippi: Preußen und die braunschweigische Thronfolgefrage 1866–1913. Hildesheim 1966, S. 63 und 61.

J. v. MÜLLER.

Der Zug der Schwarzen Schar – 1809
Anfang einer Heldenlegende

Eike Kuthe

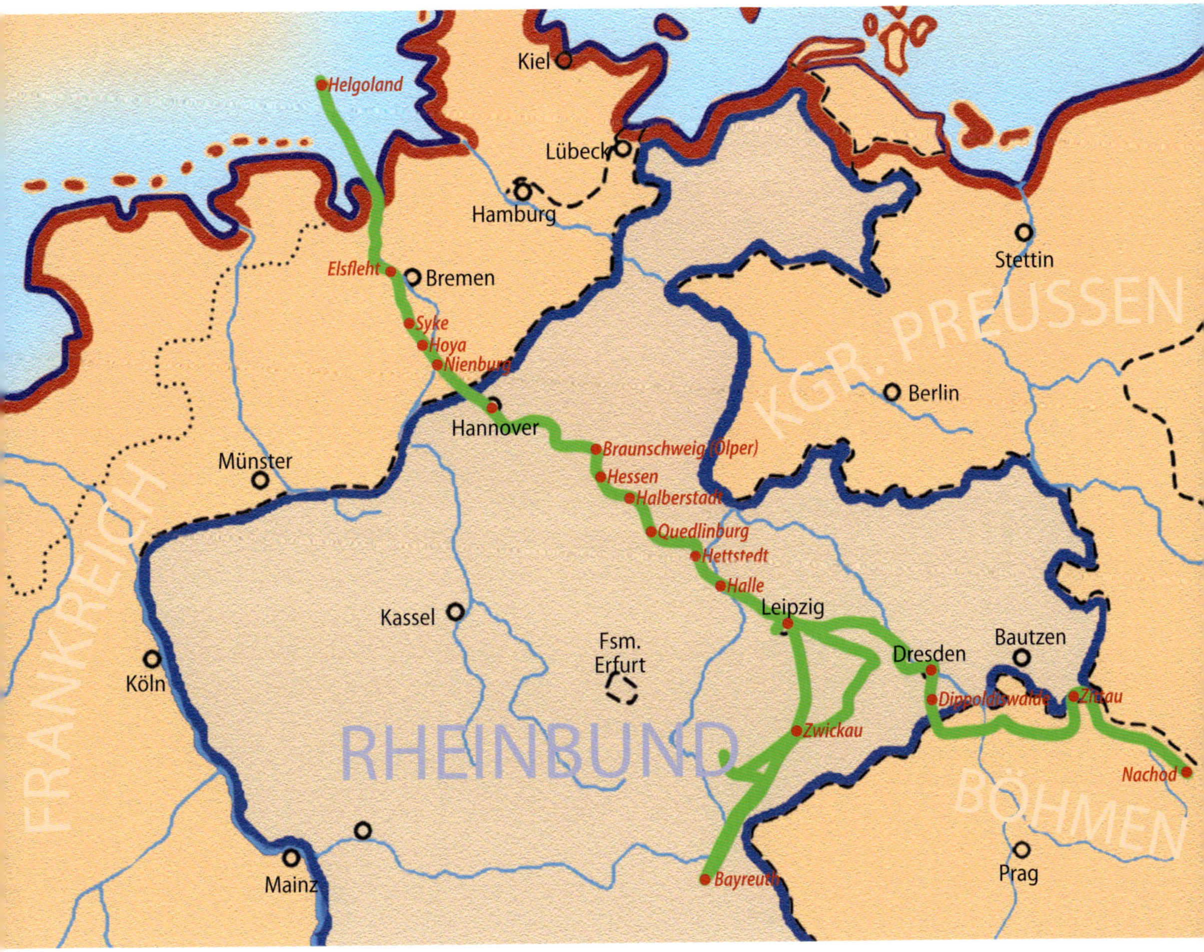

Stationen des Freikorps

Friedrich Wilhelm,
Herzog von Braunschweig-Oels

Friedrich Wilhelm war wie sein Vater Herzog Carl Wilhelm Ferdinand Teilnehmer des preußisch-französischen Krieges von 1806/07. In der Doppelschlacht von Jena und Auerstedt/Hassenhausen am 14. Oktober 1806 erlitt Preußen eine entscheidende Niederlage und musste im späteren Friedensschluss die Hälfte seines Territoriums abgeben. Auch das Fürstentum Braunschweig-Wolfenbüttel wurde nicht verschont. Obwohl im Krieg offiziell neutral, wurde es aufgelöst und fiel 1807 an das neugegründete Königreich Westphalen unter Jérôme Bonaparte, den jüngsten Bruder Napoleons. Da der Braunschweiger Herzog Carl Wilhelm Ferdinand 1806 nicht nur Oberbefehlshaber der preußischen Truppen gewesen war, sondern auch schon beim Frankreichfeldzug 1792 die Zerstörung von Paris angedroht hatte (Manifest von Koblenz), sah Napoleon in ihm einen persönlichen Feind und verkündete schließlich: »*Das Haus Braunschweig hat aufgehört zu regieren!* «[1]

Herzog Carl Wilhelm Ferdinand selbst war bei der Schlacht schwer verwundet worden. Er konnte zwar noch in Braunschweig seinen jüngsten Sohn Friedrich Wilhelm als Nachfolger bestimmen, doch erlag er auf der Flucht vor Napoleon am 10. November 1806 in Ottensen seinen Verletzungen. Aufgrund der Bildung des Königreichs Westphalen, dessen Territorium, mit Ausnahme von Thedinghausen, auch das gesamte Herzogtum Braunschweig umfasste, konnte Friedrich Wilhelm seine Herrschaft dort nicht antreten. Allerdings wurde ihm durch den westphälischen König eine jährliche Rente von 100.000 Gulden zugesichert, die er aber ablehnte.[2] Friedrich Wilhelm ging daher mit seiner Familie nach Bruchsal in die badische Heimat seiner Frau Marie, welche dort im Alter von nur 26 Jahren am 20. April 1808 nach einer Totgeburt verstarb.[3] Unter Zurücklassung seiner beiden Söhne Karl und Wilhelm, welche später von Oberst Fleischer von Nordenfels nach England in Sicherheit gebracht wurden,[4] reiste Friedrich Wilhelm unter dem Decknamen »*Graf Franke*« am 14. August

1 Ulrike Strauß: Die „Franzosenzeit" (1806-1815), in: Horst-Rüdiger Jarck, Gerhard Schildt (Hrsg.): Die Braunschweigische Landesgeschichte. Braunschweig 2000, S. 691–712, S. 692.

2 Paul Zimmermann: Der Schwarze Herzog Friedrich Wilhelm von Braunschweig. Hildesheim 1936, S. 77 f.

3 Wilhelm Görges: Friedrich Wilhelm´s Album. Braunschweig 1847, S. 69 ff.

4 Bernhard Kiekenap: Karl und Wilhelm – Die Söhne des Schwarzen Herzogs. Braunschweig 2000. Band 1, S. 26.

1808 über die Oberpfalz ins österreichische Böhmen.[5] Er sah sich als ein deutscher Fürst, welcher ein unabhängiger Verbündeter Österreichs war.[6]

Uniformen der »Schwarzen Schar« 1809 (v. l. n. r.) Offizier des Husaren-Regiments; Trompeter des Husaren-Regiments; Mannschaft Ulanen-Eskadron

Am 25. Februar 1809 wurde daher in Wien zwischen Herzog Friedrich Wilhelm und Erzherzog Karl von Österreich eine geheime Konvention vereinbart. Es wurde unter anderem festgehalten, dass ein Korps auf Kosten des Herzogs aufgestellt, 2.000 Mann stark sein und im Kriegsfall mit Österreich gegen Frankreich eingesetzt werden sollte.[7] Hauptquartier des Korps war die Ortschaft Nachod in Nordostböhmen.[8] Zur Truppe meldeten sich dort Freiwillige mit unterschiedlichem sozialen Hintergrund. Es meldeten sich Männer aus allen Teilen Deutschlands und sogar aus Osteuropa. Die Anzahl der eigentlichen Braunschweiger im Korps war sehr gering.[9] Der größte Teil der Soldaten kam aus Preußen. Die preußische Grenze lag nämlich in der Nähe und das dortige Heer war aufgrund des Tilsiter Friedensvertrages auf 42.000 Mann beschränkt, so dass es dort viele entlassene Offiziere und Soldaten gab. Zudem hatte der Name Braunschweig bei den Preußen immer noch ein hohes Ansehen, war doch der verstorbene Herzog Carl Wilhelm Ferdinand preußischer Generalfeldmarschall gewesen. Da jedoch die Regierung in Berlin die Meldung zu den Freikorps verboten hatte, mussten die Freiwilligen heimlich nach Böhmen rei-

5 Anton Ernstberger: Die deutschen Freikorps 1809 in Böhmen. Prag 1942, S. 18.

6 Gustav von Kortzfleisch: Geschichte des Herzogl. Braunschweig. Infanterie-Regiments. Braunschweig 1896, 1. Band, S. 1 f.

7 Ernstberger: Freikorps (wie Anm. 5), S. 405 ff.

8 Martin Bethke: Das „Schwarze Korps" – der Privatkrieg des Herzogs von Braunschweig gegen Napoleon, in: Hans Rempel (Hrsg.): Damals Heft 5. Gießen 1971, S. 387–405. S. 394.

9 Eik F. F. Reher: Elsfleth und der Schwarze Herzog. Oldenburg 1999, S. 16.

Uniformen der „Schwarzen Schar" 1809 (v. l. n. r.) Soldat des Infanterie-Regiments; Bataillons-Offizier des Infanterie-Regiments; Offizier des Jägerbataillons; Soldat des Jägerbataillons

sen.[10] Zusätzlich gingen aber auch noch aktive Soldaten zum Korps über. Manche reichten offiziell ihren Abschied ein, andere, wie 28 preußische Infanterieoffiziere, verließen heimlich ihre Einheiten.[11]

Offiziell wurde das Korps am 1. April 1809 aufgestellt und der erste Sold ausgezahlt.[12] Für die Finanzierung musste Friedrich Wilhelm seine Güter in Oels für zwei Millionen Taler an den preußischen Staat verpfänden. Später wurde sein Besitz von den Preußen noch ganz eingezogen.[13] Die Truppe umfasste Ulanen (schwere Reiterei), Husaren (leichte Reiterei), Jäger und leichtes Fußvolk.[14] Die Sollstärke von 2.000 Mann war allerdings bei weitem noch nicht erreicht.[15] Die Uniform wurde größtenteils in Schwarz gehalten, der Farbe der Rache und des Todes. Dies führte dazu, dass das Freikorps umgangssprachlich auch »*Die Schwarzen*«, »*Schwarze Legion*«, »*Schar der Rache*« oder auch »*Die Legion des Todes*« genannt wurde. Passenderweise erhielten die schwarzen Tschakos der Soldaten einen weißen Totenkopf über gekreuzten Totenbeinen. Die Parole hieß dementsprechend »*Sieg oder Tod*«.[16] Jeder sollte bereit sein, das eigene Leben für die Freiheit und die Ehre Deutschlands zu opfern.[17] Trotz oder vielleicht gerade wegen dieser Aufopferungsbereitschaft führten die Schwarzen im Vergleich zu den anderen Soldaten ein besseres Leben. Die Besoldung war hoch und auch die gemei-

10 Ernstberger: Freikorps (wie Anm. 5), S. 29.

11 Von Kortzfleisch: Infanterie-Regiments (wie Anm. 6), S. 10.

12 Von Kortzfleisch: Infanterie-Regiments (wie Anm. 6), S. 9.

13 Reher: Elsfleth (wie Anm. 9), S. 16.

14 Friedrich Steger: Das Haus der Welfen. Braunschweig 1843, S. 384.

15 Von Kortzfleisch: Infanterie-Regiments (wie Anm. 6), S. 9.

16 Ernstberger: Freikorps (wie Anm. 5), S. 39.

17 Steger: Welfen (wie Anm. 14), S. 384.

nen Soldaten wurden von ihren Offizieren mit einem respektvollen »*Sie*« angesprochen.[18] Generell war die Anzahl der angeworbenen Offiziere für die Größe des Korps viel zu hoch. Da man aber auf einen norddeutschen Volksaufstand hoffte, wollte Friedrich Wilhelm dafür ausreichend Führungskräfte bereithalten.[19]

Ferdinand von Schill

Österreich wollte Revanche für die Niederlage von 1805 bei Austerlitz und im Frühjahr 1809 schien die Gelegenheit günstig. Die Franzosen waren in Spanien gebunden und in Deutschland brachen mehrere Aufstände aus, wie etwa der von Schill (Brandenburg/Mecklenburg), Katte (Altmark), Dörnberg (Hessen) sowie der Tiroler Volksaufstand unter Führung von Andreas Hofer. Am 10. April 1809 begann Österreich den Krieg mit einem Angriff auf Bayern und am 15. April mit einem Angriff auf das Herzogtum Warschau, welche beide mit Frankreich verbündete Staaten waren. Erst am 12. Mai 1809, über einen Monat nach der österreichischen Kriegserklärung an Frankreich, brach das Korps auf.[20] Die Grenze zum Rheinbundstaat Sachsen passierte man am 21. Mai 1809. Obwohl beim Erscheinen am sächsischen Grenzort Zittau der Ruf »*Die Schwarzen sind vor dem Böhmischen Thor*« erscholl, waren ihm die meisten Bürger der Stadt freundlich gesinnt und verteilten Speisen, Branntwein und Tabak an den »*Feind*«.[21]

In der Stadt hielt Friedrich Wilhelm eine Ansprache, die gleichermaßen an seine Männer wie auch an die Zittauer gerichtet war. Mit seinem Freikorps kämen nicht Feinde zu Feinden, sondern Deutsche zu Deutschen, sogar Brüder zu Brüdern. Sachsen würde nicht als Feind angesehen und mehr als Verpflegung und Unterkunft dürfe keiner seiner Soldaten einfordern.[22] Zusätzlich ließ der Herzog unter der Bevölkerung seine Proklamation verteilen, in der er die Sachsen zu nichts Geringerem als zu einem Volksaufstand aufrief.[23] Friedrich Wilhelm appellierte an die Einheit der einzelnen deutschen Volksgruppen. Er forderte die Bevölkerung auf, zueinander zu ste-

18 Von Kortzfleisch: Infanterie-Regiments (wie Anm. 6), S. 12.

19 Ernstberger: Freikorps (wie Anm. 5), S. 124.

20 Von Kortzfleisch: Infanterie-Regiments (wie Anm. 6), S. 17.

21 Von Kortzfleisch: Infanterie-Regiments (wie Anm. 6), S. 19 f.

22 Ernstberger: Freikorps (wie Anm. 5), S. 131.

23 Johann Christoph Kröger: Norddeutsche Freiheits- und Heldenkämpfe. Leipzig 1856, S. 157.

Nächtliche Erstürmung von Zittau

hen und nicht gegeneinander zu kämpfen und sich nicht für ein fremdes Volk aufzuopfern, von dem man unterdrückt werde.

Es hieß weiter, dass diejenigen, die aufgrund der räumlichen Entfernung nicht zu seinem Freikorps kommen könnten, damit waren besonders die Braunschweiger gemeint, die Verbindungs- und Nachschubwege des Feindes stören, Boten und Kuriere abfangen, Rekrutentransporte verhindern, Lebensmittel- und Waffenmagazine zerstören sollten.[24] Was Friedrich Wilhelm verlangte, war nichts Geringeres als ein Guerillakrieg, wie er in Spanien geführt wurde. Dies hätte ohne Zweifel hohe Opfer in der Zivilbevölkerung gefordert.

Auch der österreichische General am Ende, der ebenfalls mit seinen Truppen in Sachsen einmarschiert war, forderte die hiesige Bevölkerung in seiner Proklamation vom 9. Juni 1809 zum Befreiungskampf auf.[25] In dieser Bekanntmachung wurde ebenso an die Sachsen appelliert, als Deutsche für Deutschland zu kämpfen, ansonsten müssten nicht nur sie, sondern auch ihre Nachfahren mit der Schande des Verrates an Deutschland leben. So polemisch und pathetisch diese Aufrufe auch waren, so gering war ihre Auswirkung. In Zittau meldeten sich nur zwei Freiwillige für das Korps.[26]

[24] Ernstberger: Freikorps (wie Anm. 5), S. 132 f.

[25] Kröger: Freiheits- und Heldenkämpfe (wie Anm. 23), S. 157.

[26] Von Kortzfleisch: Infanterie-Regiments (wie Anm. 6), S. 20.

Aufruf bei Zwickau

Es ist allerdings anzumerken, dass es im Königreich Sachsen offiziell verboten war, sich fremden Armeen anzuschließen, besonders wenn Sachsen mit diesen im Krieg stand.[27] Im weiteren Zug durch Sachsen konnten dennoch einige neue Freiwillige angeworben werden, auch wenn die meisten aus dem nahen Preußen kamen. Dennoch bedeutete das Eintreten der Sachsen, dass nicht das ganze sächsische Volk das politische Verhalten seines Königs guthieß.[28] Es meldeten sich 300 bis 400 Mann, so dass das Korps nun eine Größe von 1.400 hatte, was jedoch weiterhin unter dem Plan lag.[29] In Sachsen hatte das Korps gegen Truppen aus Westphalen zu kämpfen, unter denen sich auch Braunschweiger befanden. Sie wurden ebenso vom Herzog aufgefordert sich ihm anzuschließen. Doch von den rund 18.000 Männern lief keiner über, da sie einen Eid auf König Jérôme abgeleistet hatten, an den sie sich gebunden fühlten.[30]

Im weiteren Verlauf des Krieges zog das Korps über Dresden, Meißen, Chemnitz und Zwickau bis hin nach Bayreuth, kehrte dann aber wieder nach Zwickau zurück, bevor Österreich gegen Frankreich die Waffen streckte.[31] Friedrich Wilhelm stand nun vor der Entscheidung, ebenfalls aufzugeben oder mit seinem Korps auf eigene Faust wei-

27 Ernstberger: Freikorps (wie Anm. 5), S. 133.

28 Ernstberger: Freikorps (wie Anm. 5), S. 170.

29 Von Kortzfleisch: Infanterie-Regiments (wie Anm. 6), S. 41.

30 Von Kortzfleisch: Infanterie-Regiments (wie Anm. 6), S. 54.

31 Veit Veltzke (Hrsg.): Für die Freiheit – gegen Napoleon. Köln 2009, S. 200.

Erstürmung von Halberstadt

terzukämpfen. Er entschloss sich für Letzteres und der legendäre Zug der Schwarzen Schar quer durch Feindesland begann.

Am Morgen des 24. Juli 1809 teilte der Schwarze Herzog vor den Toren Zwickaus seinen Entschluss dem Offizierskorps mit.[32] In offenen Worten wurde den Offizieren deutlich gemacht, dass er niemals die französische Herrschaft über Deutschland kampflos akzeptieren werde, selbst wenn es den eigenen Untergang bedeuten würde. Militärisch gab Friedrich Wilhelm ehrlich zu, dass nur das Vertrauen auf die Landung englischer Truppen in Norddeutschland den Hauch einer Siegeschance bedeuten würde. War der Zulauf zum Korps zwar unter den Erwartungen gewesen und der deutschlandweite Volksaufstand ausgeblieben, ist es doch umso erstaunlicher, wie sich die meisten Mitglieder des Korps entschieden. Nachdem auch den Mannschaften der Entschluss zum Weiterkämpfen mitgeteilt und jedem sein Abschied freigestellt worden war, verließen nur rund 200 Männer die Truppe. Vorab ließen sich schon 27 Offiziere aus dem Dienst entlassen.[33]

Als das Korps in den frühen Morgenstunden des 27. Juli 1809 Halle erreicht hatte, wurde es von den Einwohnern, besonders aber von der Studentenschaft, jubelnd begrüßt. Hier wurde man als Befreier empfangen, da die ehemals preußische Stadt

---

[32] Von Kortzfleisch: Infanterie-Regiments (wie Anm. 6), S. 74 ff.

[33] Von Kortzfleisch: Infanterie-Regiments (wie Anm. 6), S. 79 f.

Biwak vor Braunschweig

seit 1807 zu Westphalen gehörte.[34] Auch der Einzug in Quedlinburg zwei Tage später wurde vom Jubel der Einwohner begleitet.[35] In den Abendstunden desselben Tages wurde das von einer leichten westphälischen Übermacht gehaltene Halberstadt erreicht und bestürmt. Nach einem erbitterten Häuserkampf mussten die Westphalen in den frühen Morgenstunden des 30. Juli 1809 kapitulieren.[36] 1.500 Soldaten gerieten in Kriegsgefangenschaft, von denen 300 sich freiwillig dem Herzog anschlossen und in sein Korps eintraten. Bemerkenswert war auch, dass das Freikorps während der Kampfhandlungen Unterstützung von der Einwohnerschaft erhielt.[37]

Waren die braunschweigischen Truppen in den ehemals preußischen Städten als vermeintliche Befreier begrüßt worden, steigerte sich noch der Zuspruch des Volkes, als am 30. Juli 1809 bei der Ortschaft Hessen die Grenze zum alten Herzogtum Braunschweig erreicht wurde. Beim Marsch zur ehemaligen Residenzstadt Wolfenbüttel am folgenden Tag wurden die Soldaten von einer großen Menschenmenge begleitet. Als es abends weiter in Richtung der Hauptstadt Braunschweig ging, war die zwölf Kilometer lange Strecke so dicht von Menschen gesäumt, dass das Freikorps kaum

34 Louis Ferdinand Spehr: Friedrich Wilhelm, Herzog von Braunschweig-Lüneburg-Oels. Braunschweig 1847, S. 154.

35 Von Kortzfleisch: Infanterie-Regiments (wie Anm. 6), S. 86.

36 Spehr: Friedrich Wilhelm (wie Anm. 34), S. 160 ff.

37 Von Kortzfleisch: Infanterie-Regiments (wie Anm. 6), S. 92 ff.

Gefecht bei Oelper

vorankam. Trotz allen Jubels gab es aber keine Anzeichen einer allgemeinen Volkserhebung.[38] Bemerkenswert war, dass Friedrich Wilhelm die Nacht nicht in der Stadt verbrachte, sondern bei seinen Soldaten im Biwak vor dem Petritor. Trotz Bitten aus der Bürgerschaft im herzoglichen Residenzschloss am Bohlweg zu übernachten, da es doch sein väterliches Eigentum sei, lehnte er ab: »*Das war es einst; es ist uns aber gestohlen und gehört jetzt dem Könige von Westfalen, und unter dessen Dache will ich nicht ruhen.*«[39]

Am 1. August 1809 nahm Friedrich Wilhelm sein Herzogtum offiziell in Besitz. Diese Proklamation musste der Vieweg-Verlag unter Gewaltandrohung drucken. Dies geschah jedoch nur, um den Verlag vor späteren westphälischen Repressalien zu schützen. Der Akt der Inbesitznahme sollte vor der Weltöffentlichkeit deutlich machen, dass er als souveräner Fürst und nicht als Freischarführer Krieg führte. Dies sollte sowohl ihn als auch seine Soldaten schützen: »*Wenn man also später Angehörige des Korps französischerseits als Rebellen behandelte, so war das eine grobe Verletzung des Völkerrechts.* «[40]

[38] Von Kortzfleisch: Infanterie-Regiments (wie Anm. 6), S. 99 ff.

[39] Zimmermann: Schwarze Herzog (wie Anm. 2), S. 137.

[40] Gerd Biegel: Husarenstreich – Der Schwarze Herzog lagerte mit seinem Freikorps am Petritor. Braunschweig 2008. Vortrag vom 15. Juni, S. 7.

Biwak bei Burgdorf

Es ist zudem anzumerken, dass Friedrich Wilhelm der in westphälischen Diensten stehenden Beamtenschaft gegenüber nicht nachtragend war und keine sogenannte Hexenjagd veranstalten wollte. Auch hier rief er das Volk zu den Waffen, allerdings interessanterweise nur diejenigen, die keine anderen Verpflichtungen hatten. Dies tat er, obwohl der Herzog inzwischen wusste, dass das britische Expeditionskorps in Norddeutschland nur ein kleiner Trupp von 800 Soldaten war, viel zu wenig, um den Krieg noch einmal zu wenden. Die einzige Möglichkeit bestand nur noch darin, schnell zu den britischen Schiffen an der Wesermündung vorzustoßen. Um nicht unnötig aufgehalten zu werden, wurden mit Ausnahme der führenden Offiziere alle westphälischen Kriegsgefangenen entlassen, welche mit Hochrufen auf Friedrich Wilhelm in ihre Heimat abzogen.[41]

Es ist anzunehmen, dass diese Proklamation neben der moralischen Unterstützung und Bestärkung der Braunschweiger in erster Linie eine militärische Finte war, die den westphälischen Generälen seine wahre Absicht verschleierte. Es sollte der Eindruck erweckt werden, dass sich das Korps in Braunschweig verschanzen würde und der Gegner sich zurückhalten musste, bis er genügend Truppen bereitgestellt hätte. Dies würde dem Schwarzen Korps die Zeit geben, sich bis zur Nordsee durchzuschlagen.[42] Wie die eigentlichen Hintergründe der Proklamation auch gewesen sein mögen, kam es dennoch in Braunschweig zu keinem kollektiven

41 Von Kortzfleisch: Infanterie-Regiments (wie Anm. 6), S. 100.

42 Spehr: Friedrich Wilhelm (wie Anm. 34), S. 196.

Volksaufstand. Es schlossen sich aber in dieser recht aussichtslosen Lage immerhin 200 Freiwillige dem Korps an.[43] Aus Celle kam nämlich der westphälische Truppenverband von General Reubell, dem man sich in Ölper stellen wollte. Bis auf die Augusttor- und die Petritorbrücke wurden alle Brücken der Stadt sowie die Brücken in Veltenhof und Eisenbüttel abgetragen. Um 14.00 Uhr rückte das Korps, begleitet von einer großen Anzahl Braunschweiger, ab. Das Gros der Truppen ging mit zwei Geschützen am Ölper Berg südlich des Dorfes in Stellung. Die Linien, welche mit Einwohnern von Braunschweig und der umliegenden Dörfer untermischt waren, erstreckten sich vom Ölper Berg durch von Gräben, Hopfenpflanzungen und Hecken durchschnittenes Gelände bis zur Schäferbrücke. Dort wurden ebenfalls zwei Geschütze stationiert, die ein Schussfeld bis zum Pawelschen Holz hatten. Nicht weit davon wurden am linken Flügel die Husaren aufgestellt. Die Frontlinie war rund 1000 Meter lang. Ölper selbst wurde geräumt, weil sonst die Frontlinie zu stark auseinandergezogen worden wäre. So wurde Ölper kampflos von den Westphalen besetzt, von wo gegen 20.00 Uhr deren Angriff auf die braunschweigische Hauptstellung begann. Die Attacke konnte mit Hilfe der zwei Geschütze zurückgeschlagen werden.

Der Herzog befahl den Gegenangriff und stellte sich persönlich an die Spitze des 1. Bataillons, allerdings scheiterte auch dieser Angriff. Während Friedrich Wilhelm das Pferd unter dem Leibe weggeschossen wurde, fiel der Kompaniechef Raibel, was die Schwarzen entmutigte und sie zogen sich in die Ausgangsstellung zurück. Westphälische Angriffe auf den linken Flügel konnten vorerst abgewehrt werden und die Husaren dem Gegner nachsetzen. Allerdings stellten die sieben Geschütze der westphälischen Artillerie das Gefecht wieder her. Bei Eintritt der Dunkelheit wich der linke Flügel der westphälischen Übermacht zum Weißen Ross aus. Die Westphalen rückten nach, wodurch auch der rechte Flügel unhaltbar wurde und der Herzog gegen 21.00 Uhr den Abmarsch nach Braunschweig befehlen musste. Das Schicksal des Schwarzen Korps schien besiegelt, da es schon am nächsten Tag von den Westphalen und den aus Richtung Magdeburg anrückenden Holländern von zwei Seiten angegriffen werden konnte.[44] Gerade plante man einen nächtlichen Überfall auf die Westphalen, als die Nachricht eintraf, dass diese abgezogen waren, und sich somit selbst um die Früchte ihres Sieges gebracht hatten.

Warum sie dies taten und dem Freikorps so den Fluchtweg öffneten, konnte nie gänzlich aufgeklärt werden. Es ist jedoch anzunehmen, dass General Reubell die Stärke des Gegners aufgrund der vielen in Schwarz gekleideten Zivilisten zu hoch einschätzte und lieber auf die von Magdeburg kommende Verstärkung wartete. Nichtsdestotrotz musste das Schwarze Korps in dieser Nacht seine schwerste Krise überste-

---

43 Von Kortzfleisch: Infanterie-Regiments (wie Anm. 6), S. 100.

44 Von Kortzfleisch: Infanterie-Regiments (wie Anm. 6), S. 105 ff.

hen, die Stimmung war auf dem Nullpunkt und man befürchtete ein Blutbad wie in Stralsund, wo rund zwei Monate zuvor das Schill´sche Freikorps niedergemacht worden war. Es wurde sogar Friedrich Wilhelm von seinem Stab gedrängt, inkognito nach England zu fliehen, was von diesem abgelehnt wurde, da er lieber im Kampf sterben als in Schande leben wolle. Am 2. August um 2.00 Uhr morgens wurde noch einmal im Weißen Ross Kriegsrat gehalten. Man kam zu dem Ergebnis, das Unternehmen fortzuführen und zur Wesermündung zu marschieren. Es wurde jedoch jedem Soldaten freigestellt, das Korps zu verlassen, wovon auch einige Gebrauch machten, darunter 11 Offiziere.[45]

Einzug in Hannover

Um 8.00 Uhr verließ das Korps Braunschweig. Um die rettende Nordsee zu erreichen, wurden jetzt ausschließlich Gewaltmärsche von jeweils 50 km durchgeführt. Alle verfügbaren Fuhrwerke wurden zum Transport der Infanterie mitgenommen, so dass die Marschkolonne an die 400 Wagen zählte. Gegen 17.00 Uhr traf man in Burgdorf ein, wo man biwakierte. Heute stehen dort ein Gedenkstein und ein Hotel namens »*Schwarzer Herzog*«. Als am 3. August das Korps um 3.00 Uhr früh aufbrach, traf die Nachhut, welche man schon aufgegeben hatte, aus Braunschweig in Burgdorf ein. Diese hatte unterwegs noch einige Versprengte aufgenommen, so dass dem Korps nun 275 weitere Soldaten zugeführt werden konnten. Gegen 10.00 Uhr erreichten die Braunschweiger Hannover, wo sie von den jubelnden Bürgern empfangen wurden. Die dort aufgestellte Miliz ließ sich freiwillig entwaffnen. Um 14.00 Uhr ging es weiter Richtung Neustadt am Rübenberge, welches man um 22.00 Uhr erreichte. Am nächsten Tag, dem 4. August, war erst um 10.00 Uhr Abmarsch. In Nienburg, wo man gegen 14.30 Uhr eintraf, wurde wenige Stunden gerastet, bevor es weiter nach Hoya ging. Während die Vorhut schon um 21.00 Uhr den Ort erreichte, traf das Gros der Trup-

45 Von Kortzfleisch: Infanterie-Regiments (wie Anm. 6), S. 110 ff.

Gedenktafel in Hannover

pen erst gegen 23.00 Uhr ein. Hier setzte man auf das linke Weserufer über. Am 5. August wurde um 5.00 Uhr zum Weitermarsch angetreten. Eine Nachhut blieb jedoch in Hoya zurück, um mit Hilfe der hiesigen Zimmerleute die Weserbrücke zu zerstören. Als zwei Brückenjoche zerstört worden waren, erschien General Reubell mit seiner Vorhut. Dieser war am 3. August in Burgdorf eingetroffen und am 4. August nördlich über Mellendorf abgebogen, um dem Freikorps den Weg abzuschneiden.

Während nun die braunschweigische Nachhut schleunigst das Weite suchte, ließ Reubell seine Soldaten auf Kähnen übersetzen und die Brücke wieder herstellen, bevor er seine Verfolgung fortsetzte. Der Großteil der Braunschweiger hatte inzwischen um 11.30 Uhr Syke erreicht. Hier hielt man Kriegsrat und beschloss, den Marsch über oldenburgisches Gebiet fortzusetzen und sich über Delmenhorst nach Elsfleth zu wenden. Zum Schein verließ man Syke jedoch auf der Bremer Straße und bog erst bei Barrien Richtung Delmenhorst ab, während Major Korfes mit einem kleinen Teil der Truppe zur Täuschung weiter Richtung Bremen marschierte. Obwohl die letzten Truppen Delmenhorst erst um 23.00 Uhr erreichten, wurde schon am 6. August nachts um 1.30 Uhr weitermarschiert.[46]

Da der Marsch inzwischen durch das oldenburgische Land ging, lag es in der Aufgabe des hiesigen Rheinbundfürsten Peter Friedrich Ludwig von Oldenburg, das Korps aufzuhalten. Dies wurde offi-

46 Von Kortzfleisch: Infanterie-Regiments (wie Anm. 6), S. 115 ff.

Einschiffung bei Elsfleth

ziell auch so gehandhabt, allerdings schickte er seine Soldaten immer dorthin, wo die Braunschweiger nicht waren. Der Oldenburger war mit Friedrich Wilhelm verwandt und stand, wenn auch inoffiziell, loyal zu ihm. Pro forma stellten sich einige oldenburgische Dragoner dem Korps entgegen, ließen sich aber sofort entwaffnen und gefangen nehmen.[47] Diese dienten dem Korps als Ortskundige und führten es die Weser entlang nach Huntebrück. Dies war Friedrich Wilhelm recht, da er so nicht in die peinliche Verlegenheit kam, über die Hauptstadt Oldenburg marschieren zu müssen. In Huntebrück traf man um 6.00 Uhr ein. Da es hier keine Brücke gab, musste mittels einer Fähre die Hunte überquert werden, was bis 16.00 Uhr dauerte. Um Zeit zu sparen, wurden über 100 Wagen entlassen und mitgeführte Beutewaffen aus Halberstadt und Hannover im Fluss versenkt. Nach dem Übersetzen wurde das Tau der Fähre durchgehauen und diese am Nordufer festgemacht. 180 Mann und ein Geschütz blieben vorerst als Nachhut zurück. Diese wurden jedoch nicht angegriffen.

General Reubell traf wenige Stunden später ebenfalls in Delmenhorst ein und schien somit nicht auf die Kriegslist hereinzufallen. Er war sich dann aber unsicher, welchen Weg das Korps genommen hatte, und ließ am nächsten Tag auf Bremen weitermarschieren. Dorthin war ja nur eine kleine Abteilung, zwischen 60 und 150 Mann, unter Major Korfes aufgebrochen. [48] Als diese am 5. August abends in Bremen ankam,

---

[47] Reher: Elsfleth (wie Anm. 9), S. 40 f.

[48] Von Kortzfleisch: Infanterie-Regiments (wie Anm. 6), S. 119 ff.

Denkmal des Herzogs Friedrich Wilhelm in Elsfleth

gab es eine kleine Schießerei mit denen am Buntentore abgestellten Zollwächtern, welche allerdings bald die Flucht ergriffen. Die 50 Mann der dort ebenfalls stationierten Stadtmiliz ließen sich sofort entwaffnen und die wenigen Schüsse der in der Verschanzung aufgestellten Kanonen waren eher als Salut zu bewerten. Auch wurde man beim Einrücken in die Stadt von einer Senatsabordnung als »*deutsche Brüder*« begrüßt. Die Stadt hatte zwar einen westphälischen Kommandanten, der die Stadt auch verteidigen wollte, aber mit wenigen eigenen Soldaten und gegen den Widerstand des Senates konnte auch er nichts ausrichten. Daher flohen die Westphalen in Richtung der von Osten anrückenden Dänen.

Am 6. August verließ die Abteilung Korfes Bremen Richtung Delmenhorst, wo man auf die Vorhut der Westphalen traf. Da man weit unterlegen war, wich die Abteilung nach Nordosten Richtung Weser aus, die man in der Nacht, wahrscheinlich bei Rabelinghausen, erreichte. Morgens am 7. August fuhr die Abteilung auf dem Weserkahn »*Junge Heinrich*« flussabwärts. Abends erreichte man Elsfleth, wo man noch auf einige Nachzügler traf und diese mitnahm. Das Gros des Korps war zu diesem Zeitpunkt bereits ausgeschifft und das Ablenkungsmanöver der Abteilung Korfes war erfolgreich gewesen.[49] Bereits in den Morgenstunden des 6. August hatte die Vorhut des Freikorps Elsfleth erreicht, wo alle verfügbaren Schiffe beschlagnahmt und einsatzbereit gemacht wurden. Mit der Morgendämmerung des 7. Augusts wurde die bereits am Vorabend begonnene Einschiffung fortgesetzt. Beim Auslaufen der Schiffe standen die Menschen dicht gedrängt auf den Deichen und jubelten den Soldaten zu, was

49 Von Kortzfleisch: Infanterie-Regiments (wie Anm. 6), S. 121 ff.

eigentlich in allen Städten Norddeutschlands der Fall war, die das Korps passierte. An der Wesermündung wurde man zwar noch von den Dänen beschossen, doch wurde am 9. August 1809 Helgoland erreicht. Zwei Tage später ging es mit englischen Transportern zu den britischen Inseln, wo man am 14. August 1809 eintraf.[50]

Insgesamt hatte das Korps noch eine Stärke von knapp 1.600 Mann.[51] Für sie war der Krieg allerdings nicht zu Ende, sondern sollte weitergehen. Friedrich Wilhelm war immer noch entschlossen den Kampf fortzusetzen. Aus diesem Grund stellte er sein Korps in britische Dienste. Es wurde im weiteren Verlauf des Krieges auf der Iberischen Halbinsel und in Südfrankreich gegen Frankreich und seine Verbündeten eingesetzt. Erst 1814 sollten die Ersten wieder nach Deutschland zurückkehren.[52] Das Husarenregiment, welches auch auf Sizilien kämpfte, sogar erst 1816.[53]

Dennoch war es gerade der Zug von 1809, 500 Kilometer quer durchs Feindesland, welcher den legendären Ruf der Schwarzen Schar begründete. Selbst Napoleon war so beeindruckt, dass er über Friedrich Wilhelm sagte:

»Ah c'est un vaillant guerrier!« – »Ah, das ist ein tapferer Krieger!«.[54]

Friedrich Wilhelm »Schwarzer Herzog«
(1771–1815)

[50] Von Kortzfleisch: Infanterie-Regiments (wie Anm. 6), S. 124 ff.

[51] Görges: Album (wie Anm. 3), S. 241.

[52] Von Kortzfleisch: Infanterie-Regiments (wie Anm. 6), S. 328.

[53] Bethke: Schwarze Korps (wie Anm. 8), S. 403.

[54] Görges: Album (wie Anm. 3), S. 238.

E. KUTZER
1806 DIE FREIHEITSKRIEGE 1815
HERZOG WILHELM VON BRAUNSCHWEIG BEI DEM STURM AUF HALBERSTADT

Aus einem Soldatentagebuch der Freiheitskriege 1813 – 1815

Vanessa Knob, Annica Nordt, Alissa Shah

Titelbild des Tagebuchs

Eine persönliche Momentaufnahme zu dem militärischen Geschehen nach der Rückkehr des Herzogs 1813 bietet ein bisher unveröffentlichtes Tagebuch des Braunschweiger Feldwebels Johann Martin Gottfried Schwalbe (1794–1864).[1] Es betrifft die Feldzüge nach den Niederlanden und Frankreich, auch die Schlachten bei Quatrebras und Waterloo. Dabei wird ohne ausführlichen Kommentar ein Stimmungsbild der Zeit aus der ganz persönlichen Sicht eines Soldaten vorgestellt.[2] Dargestellt wurde vor allem der Feldzug von 1815 mit den Schlachten bei Quatrebras (16. Juni) und Waterloo (18. Juni), wobei bei Quatrebras der Herzog tödlich verwundet wurde, kurz erwähnt auch bei Schwalbe. Dieser beschreibt u.a. die Kampfstrategien, die Schlachtfelder und die Alltagsschwierigkeiten der Soldaten. Besonders eindrücklich und bedrückend gibt er einen – wenn auch nur kurzen – Eindruck von den Opfern und dem Grauen des Krieges, auch unter der Zivilbevölkerung: *»ein junges Mädchen fanden wir in Clichy blos, im Hemde liegen mit abgeschossenem Kopfe«*. Nach Waterloo zogen die Braunschweiger mit den Alliierten nach Paris, ehe im Dezember 1815 der Rückmarsch nach Braunschweig erfolgte, wo Schwalbe schließlich seinen Abschied vom Militär nahm.

Spurensuche zur Biographie von Johann Martin Gottfried Schwalbe[3]

Johann Martin Gottfried Schwalbe wurde am 09.01.1794 als Sohn des Branntweinbrenners Heinrich Wilhelm Schwalbe und dessen Ehefrau Sophie Marie Sabine, geb. Lüttge, geboren. Im Dezember 1813 schloss sich der knapp 20-Jährige, ein halbes Jahr vor Beendigung seiner Lehre beim Kaufmann Wilhelm Körner am Alten

---

1 Das Tagebuch wurde dem Institut für Braunschweigische Regionalgeschichte an der TU Braunschweig von Frau Ingeborg Heller, geb. Schwalbe, übereignet. Dafür sei Frau Heller herzlich gedankt.
Aus dem Archiv des Instituts hat uns Prof. Biegel das Tagebuch für ein A8-Projekt im Fach Geschichte zur Verfügung gestellt. Dazu haben wir den Bericht zu den Befreiungskriegen für diese kleine Publikation bearbeitet.

2 Der Text ist in der damals gebräuchlichen Kurrent-Schrift verfasst; lediglich die meisten Namen sind in lateinischer Schrift geschrieben. Die Übertragung des Tagebuchs in unsere Schrift war sehr mühsam und zeitaufwendig, da wir uns zunächst mit der Kurrent-Schrift vertraut machen mussten. Hierfür standen uns Übersetzungshilfen (Buchstabentafeln) zur Verfügung. Einzelne Wörter konnten allerdings trotz großen Bemühens nicht übertragen werden. Da Schwalbe oft in Eile geschrieben hat, sind manche Wörter abgekürzt bzw. die Buchstaben bisweilen nicht lesbar. Die (teils fehlerhafte) Rechtschreibung und Zeichensetzung wurde von uns übernommen. Auffällig ist, dass er manchmal ein und dasselbe Wort unterschiedlich schreibt. Französische Namen wurden oft nach Lautbild geschrieben. Erläuternde Anmerkungen unsererseits stehen in ( ) im fließenden Text. Ergänzungen stehen in [ ]. Einige Abkürzungen, die Schwalbe nutzte, sind: Bataillon= B, Bn, Bat, Bon. / Lin. Bat= Linienbataillon / Braunschweiger= Brs, Brsch, Brsh / Pass. = passieren, überqueren / Comp.= Kompanie

3 Anhand von Auszügen aus Kirchenbüchern ließ sich einiges über den Feldwebel in Erfahrung bringen. Grundlage bildeten das Taufregister aus St. Martini von 1794, die Heiratsurkunde aus St. Katharinen von 1827 und das Verstorbenenregister aus St. Andreas von 1864. Weitere Erkenntnisse ermöglichten Akten im Stadtarchiv Braunschweig.

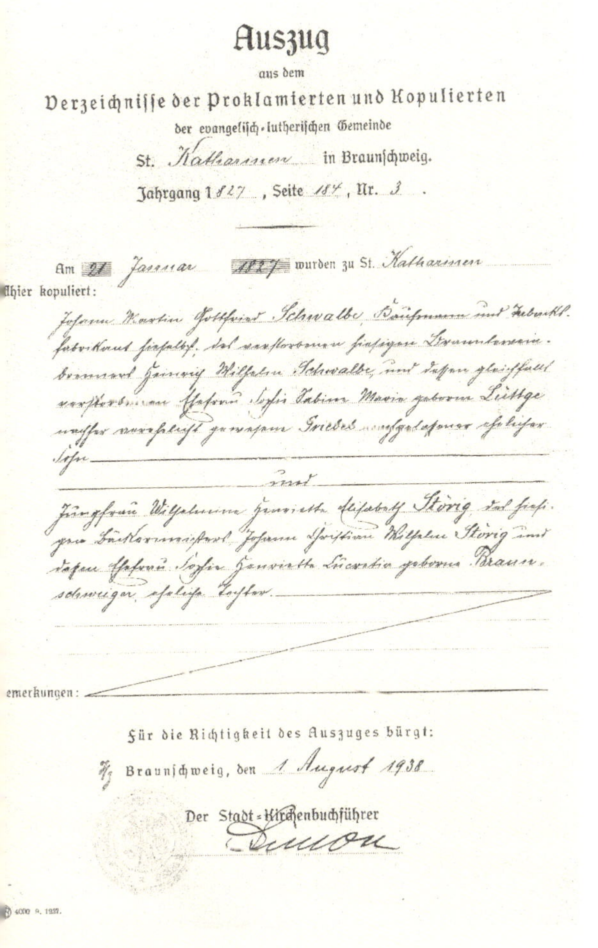

Auszug
aus dem
Verzeichnisse der Proklamierten und Kopulierten
der evangelisch-lutherischen Gemeinde
St. Katharinen in Braunschweig.
Jahrgang 1827, Seite 184, Nr. 3.

Am 21 Januar 1827 wurden zu St. Katharinen
hier kopuliert:
Johann Martin Gottfried Schwalbe, Kaufmann und Tabak-fabrikant hieselbst, des verstorbenen hiesigen Branntwein-brenners Heinrich Wilhelm Schwalbe, und dessen gleichfalls verstorbenen Ehefrau Sofie Sabine Marie geborene Lüttge nachher verehelicht gewesenen Griebel nachgelassener ehelicher Sohn
und
Jungfrau Wilhelmine Henriette Elisabeth Störig, des hiesigen Bäckermeisters Johann Christian Wilhelm Störig und dessen Ehefrau Sofie Henriette Lucretia geborene Braunschweiger eheliche Tochter.

Bemerkungen:

Für die Richtigkeit des Auszuges bürgt:
Braunschweig, den 1 August 1938
Der Stadt-Kirchenbuchführer

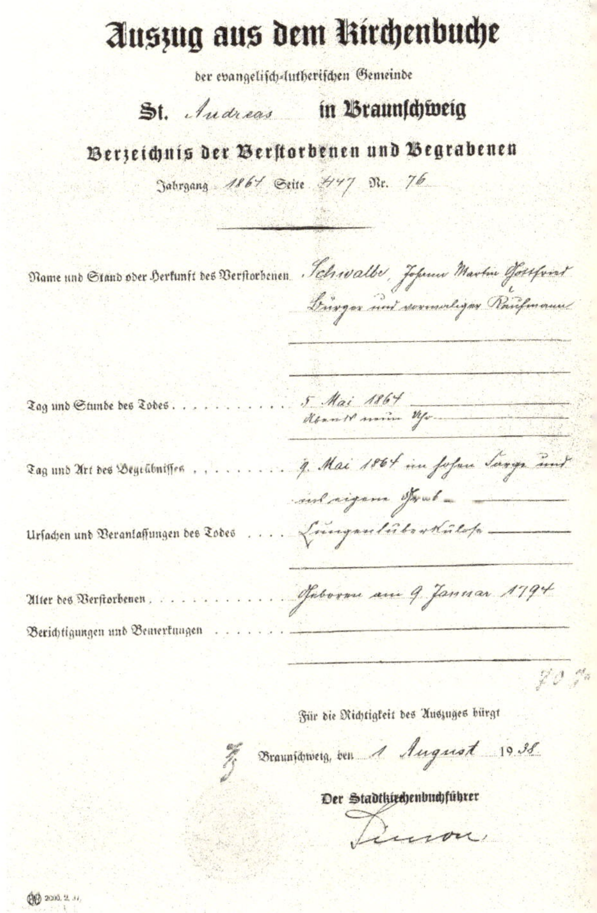

Auszug aus dem Kirchenbuche
der evangelisch-lutherischen Gemeinde
St. Andreas in Braunschweig
Verzeichnis der Verstorbenen und Begrabenen
Jahrgang 1864 Seite 447 Nr. 76

Name und Stand oder Herkunft des Verstorbenen: Schwalbe, Johann Martin Gottfried Bürger und vormaliger Kaufmann
Tag und Stunde des Todes: 5 Mai 1864 Abends neun Uhr
Tag und Art des Begräbnisses: 9. Mai 1864 im hohen Sarge und im eigenen Grab
Ursachen und Veranlassungen des Todes: Lungenlähmung
Alter des Verstorbenen: Geboren am 9 Januar 1794
Berichtigungen und Bemerkungen:

Für die Richtigkeit des Auszuges bürgt
Braunschweig, den 1 August 1938
Der Stadtkirchenbuchführer

Heiratsurkunde

Sterbeurkunde

Petritore, der 3. Kompanie (unter Hauptmann von Hollwedel) des 2. Linien-Bataillons an. Im Dezember 1815 kehrte er vom Feldzug gegen Napoleon nach Braunschweig zurück.

Am 21.02.1827, im Alter von 33 Jahren, heiratete Schwalbe die Bäckerstochter Wilhelmine Henriette Elisabeth Störig. Das Ehepaar hatte sechs Kinder (vier Töchter und zwei Söhne), die in den Jahren 1827–1847 geboren wurden, wie aus dem Taufregister von St. Katharinen zu ersehen war. Schwalbe war als Kaufmann und später auch als Tabakfabrikant tätig (Letzteres wird im Taufregister seines vierten Kindes im Jahre 1834 erwähnt). Aus dem Taufregister von 1847 (Geburt des sechsten und letzten Kindes) geht schließlich hervor, dass Schwalbe zu diesem Zeitpunkt nicht mehr erwerbstätig war. Ab wann und warum (evtl. aus gesundheitlichen Gründen?) war nicht in Erfahrung zu bringen.

Damals geriet die Familie in finanzielle Not, so dass Schwalbe mehrfach schriftlich um finanzielle Unterstützung bat (Akten der Armen-Direction zu Braunschweig, die Unterstützung von Hilfsbedürftigen betreffend; Stadtarchiv Braunschweig). Schwalbes Frau wurde 1847 für 3 Monate wegen Feststellung von Wahnsinn in eine Irrenanstalt (St. Alexii-Pflegehaus) in Braunschweig eingewiesen. Die Familie wohnte ursprünglich in der Wendenstraße, ist aber später umgezogen, evtl. aufgrund der veränderten finanziellen Situation. Johann Martin Gottfried Schwalbe starb am 08.05.1864 im Alter von 70 Jahren an Lungentuberkulose.

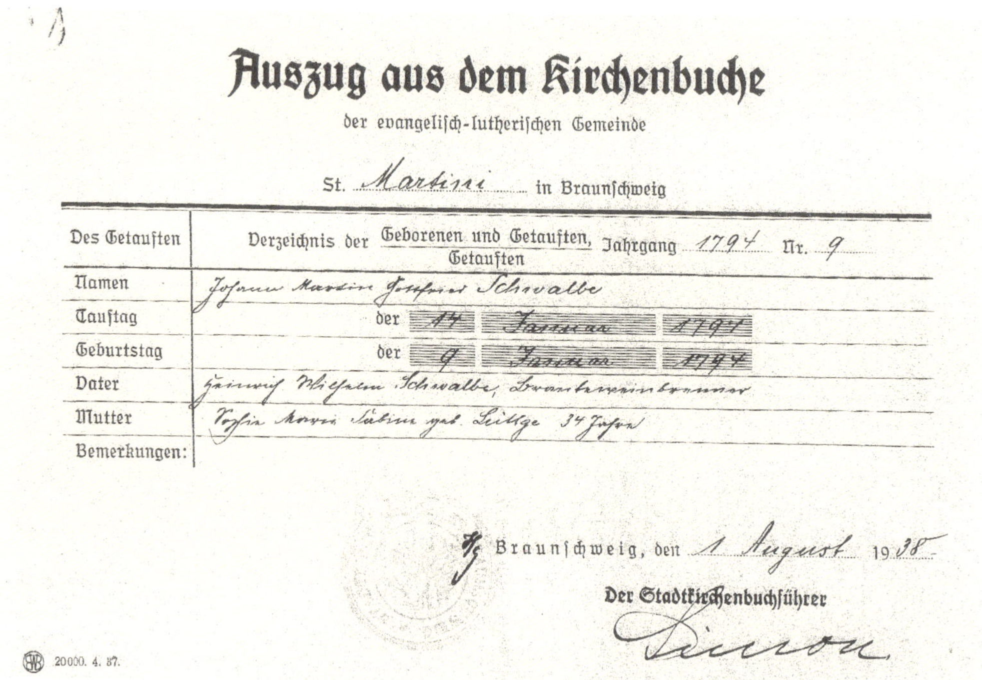

Auszug aus dem Kirchenbuche

der evangelisch-lutherischen Gemeinde

St. Martini in Braunschweig

Des Getauften	Verzeichnis der Geborenen und Getauften, Getauften Jahrgang 1794 Nr. 9
Namen	Johann Martin Gottfried Schwalbe
Tauftag	der 14 Januar 1794
Geburtstag	der 9 Januar 1794
Vater	Heinrich Wilhelm Schwalbe, Branntweinbrenner
Mutter	Sophia Marie Sabine geb. Leitge 34 Jahr
Bemerkungen:	

Braunschweig, den 1 August 1938

Der Stadtkirchenbuchführer

20000. 4. 37.

Auszug aus dem Kirchenbuche

Auszug aus dem Tagebuche des Feldwebels J. M. Schwalbe von den Jahren 1813 bis in 1816. Die Feldzüge nach den Niederlanden und Frankreich, auch die Schlachten bei Quatrebra, und Waterloo betreffend.

[S. 1] Als im Jahre 1813 im Monat Dec: unser [unleserlich] geliebter Herzog Frd: [Friedrich] Wilhelm zu den Waffen rief war ich in der Lehre des Kaufmanns Wilh. [elm] Körner am alten Petry Thore und hatte noch ½ Jahr zu lernen. Der Zeit lag der Hauptmann von Hollwedel daselbst im Quatire. Ich äußerte sogleich gegen denselben den Wunsch, freywillig als Soldat einzutreten. Gedachter Hauptmann kam mir freundlich entgegen, und ich wurde dessen Comp.[agnie] der 3ten des 2ten Lin.[ien] Bat.[aillon], einverleibt; auch sofort eingekleidet. [S. 2] Gleich nahm ich Privat Unterricht im Exercie[ren] mit dem Gewehr u[nd] diesen ertheilte mir Sergant Donat auf m[eine] Kosten. Dadurch brachte ich es weiter, denn ich avancirte bald zum Corperal; dann zum Serganten und kurz vor dem Ausmarsche des 1sten Feldzuges 1814, unter dem Commando des Herrn Majors von Strombeck wurde ich Feldwebel.

Den Feldzug von 1814 übergehe ich, denn er hatte für des Herzogs Brschs.[Braunschweigischen] Truppen-Corps keine Bedeutung, weil wir kein Gefecht, oder Schlacht an April hatten, und zu spaet eingetroffen waren.

[S. 3] Feldzug im Jahre 1815

Napoleon war wieder erschienen und hatte eine bedeutende Heeres-Macht zusammen gebracht, um Deutschland wieder zu erobern und zu unterjochen. –

Der Abmarsch

des 2 t[en] Lin.[ien] Bat.[aillon] geschah am
24. st[en] Apr.[il] nach Gadenstaedt;

25 „	„	„	Wilkenburg hinter Han[n]ver;
26 „	„	„	Lindhorst;
27 „	„		Ruhetag;
28 „	„	nach	Pr. Münden; pass.[ierten] die Weser;
29 „	„	„	Schröttinghausen;
30 „	„	„	Osnabrück;
1 „	May		Ruhetag ~~pass.[ierten] die Ems;~~
2 „	„	nach	Rheine
3 „	„		Weiner Bauerschaft;

[S. 4]
4 May nach Leneker Bauerschaft

5 „ Ruhetag
6 „ nach Geestern p[assiert] die Ishel [=die Isjel]
7 „ „ Reden pass.[iert] bei Grave den Rhein
8 „ „ Nim[w]egen, pass.[iert] die Wahl
9 „ Ruhetag, hatten große Parade
10 „ nach Erp;
11 „ Hoheloh;
12 „ Ruhetag,
13 „ nach Tournhaut;
14 „ Lühre;
15 „ Crainheim; hier blieben wir, und hatten unser Stand-Quartier.
[S. 5]
22 May hatten ~~große~~ Revue vor dem Herzog von Wellington bei Vielvort [für: Vilvoorde] auf einer großen Wiese.
12
13 } Juny hatten wir Schießübungen nach der Scheibe.
14
15

Der Hauptmann Grüttemann v.[om] $2^{t[en]}$Lin.[ien] B.[ataillon] 3te Comp.[agnie] war zum Adjudanten beim General von Herzberg befördert und für denselben der Bat.[aillon] Adjudant Rudolphy zum Hauptmann ernannt.

[S. 6] Am 16 t[en] Juny des Morgens gegen 3 Uhr wurde General – Marsch geschlagen. Es hielt schwer die Leute schnell zu versammeln, weil deren Quartire einzeln, und entfernt von ein ander lagen. Der Major von Strombeck welcher nicht weit von uns in Steffens – Wollewe sein Quartier hatte war zu dem Haupt[mann] Rudolphy gekommen, und benachrichtigte ihn in m[einer] Gegenward, dass es wahrscheinlich noch heute zum Treffen kommen würde. Die Franzosen wären aufgebrochen, und uns schon ganz nahe; es solle [S. 7] aber nichts davon bekannt gemacht werden.

Der Herr Major schien sehr niedergeschlagen zu sein. Nachdem wir nun vollständig, und beim Staabe in Steffens Wollewe angekommen waren, empfingen wir daselbst durch den Quart[ier] Mstr. [Meister] Schiffs-Zwieback auf einige Tage. Wenige von unseren Leuten hatten sich mit Lebensmittel versorgt, weil sie alle glaubten, neue Quartire zu bekommen. –

Das Bat.[aillon] marschirte über Laeken durch Brüssel. (Vor Brüssel trafen wir das 3^{t} Jaeger Bat.[aillon] ruhen.) [S. 8] Der Marsch durch Brüssel wurde en Parade mit fliegenden Fahnen gemacht. Ueberall in den Fenstern sah man Kopf bei Kopf; und viele

Damen und Mädchen die uns freundlich zuwinkten; auch uns mit in der Luft schwenkenden weißen mit Spitzen besetzten Taschentüchern begrüßten.

Als wir hinter Brüssel schon eine bedeutende Strecke fortmarschirt waren, hörten wir den Donner der Kanonen. Nicht lange nachher wurden uns auch schon Verwundete entgegen getragen.

Da wurde plötzlich – Halt – commandirt. –
Gewehr ab! Patronen loß!
Geladen!

[S. 9] Wie dabei Manchen zu Muthe als er die Patrone im Lauf bringen mußte, läßt sich denken. Wir nahmen nun freundschaftlich von einander Abschied. Aus der Kanonade konnte man recht gut warnehmen, dass uns der Feind sehr nahe war.

Bisher waren wir noch auf den Chassen [für: Chausseen] marschiert; plötzlich ging es nun links durch schöne Kornfelder, welche niedergetreten wurden; als wir nun weiter marschirt waren, kamen wir an Quatrebra zu stehen. Da wurde Linie formirt, und im Avancement fortmarschiert. Zur Rechten hatten wir das 1ste, zur Linken das 3t Lin.[ien] Bat.[aillon] – Alsbald wurde Halt commandirt; darauf mit Zügen [S. 10] rechts geschwenkt. Der Capitain Aurich brachte Ordre worauf schnell Quarrés formirt wurden. Es zeigte sich aber noch kein Feind. Nun wurde geschlossen Collonne formirt, und auf die einzelnen Häuser, (wie ich spaeter hörte, es sei eine Meierey und Salz Magazin) zu marschirt; hier zogen wir uns etwas rechts, und machten Halt. Zur Rechten lehnte unser Bn.[ataillon] an das Salz Magazin, links stand das 3t Lin.[ien] Bat.[aillon] ca. 150 Schritte von uns entfernt. Im Rücken hatten wir circa 2 Esquadron Husaren. Vor der Front hatten wir die Chassen [für: Chausseen] [S. 11] nach Charle- Roi; uhngefehr 100 Schritt vom Bat.[aillon] war eine große Ebene. Capitain v. Zweifel brachte abermals Ordre, darauf musste sich das Bon[Bataillon] um das Salz=Magazin herumziehen, und auf der Straße fortmarschiren. Dann machten wir nach Namur zu, zogen uns links, darauf wieder rechts von der Straße mit der Front nach einem kl[einen] Holze; formirten dann Linie, machten links um, und kam dann der rechte Flügel mit Front nach den Defilés zwischen den Häusern von Quatrebra und dem Holze; der linke Flügel aber mit Front nach der Straße von Genappe zu stehen, und dass [S. 12] Ganze hatte einen rechten Winkel gebildet. Der linke Flügel lehnte an das 2te Jaeger Bn.[Bataillon] welches in Collonne stand, der rechte Flügel an ein Bat.[aillon] [unleserlich] Truppen. Im Rücken befanden sich 2 Comp.[agnien] gr.[üner] Jaeger. In dieser Stellung war das 2te Bon.[Bataillon] dem feindlichen Artillerie-Feuer sehr ausgesetzt, und in wenigen Minuten lagen circa 14 Mann tod, worunter auch mein Bursche Einbeck aus Wieda am Harze befindlich war. Unserem linken Flügel gegenüber, stand das 3t Lin.[ien] Bon.[Bataillon] [S. 13] und hatte ebenfalls einen Winkel formiert; hier mussten 2 Comp[agnien] von uns über die Strasse marschiren und sich mit dem 3t Bat:[aillon] vereinigen. Die feindl:[liche] Cavallerie kam heran, drang heftig auf uns ein, und wollte uns durchbrechen, sie wurde aber durch unser starkes Gewehrfeuer jedesmal zurückgewiesen. Darauf musste unser Bon.[Bataillon] vorrücken; es schwenkte mit Zügen rechts, und zog sich nach der Strasse; marschierte an den Häusern von Quatrebra vorbei, und ging dann rechts an das in Aussicht habende Wäldchen die Anhöhe hinauf. –

[S. 14] Hier trafen wir die feindliche Cavallerie, und mehrere Quarrées franz.[ösischer] Infantrie mit dem rechten Flügel an das [unleserlich] Wäldchen.

Wir formirten nun Linie und vertrieben im Sturmschritt durch einen Bajonett-Angriff, die feindliche Infanterie. Die französischen Curashüre [für: Kürassiere] drangen nun heftig auf uns ein, dass wir Halt machen, und Quarrés formiren mussten; durch unser ununterbrochenes Gewehrfeuer wurden sie wieder zurückgetrieben.

Zur Rechten hatten wir das Leib-Bon.[Bataillon] (wo Sr. Durchlaucht der [S. 15] Herzog Frdr.[Friedrich] Wilhelm gefallen ist; Daß 2te Lin.[ien] Bat.[aillon] war zurückgeblieben, und kam erst einige Zeit nach, und auf dem linken Flügel zu stehen. Hier waren wir der feindlichen Artillerie, den französischen Quarrés, und den im Holze versteckten Tiralleurs [für: Tirailleurs] so sehr ausgesetzt, dass wir in kurzer Zeit sehr viele Tote und blessierte hatten.

Hier fiel auch unser Major von Strombeck, und viele von unseren Leuten. Der Feind wurde nun zwar durch unser heftiges Gewehrfeuer, so wie der in unserem Rücken stehenden Batterie zurückgedrängt; [S. 16] allein, dem feindlichen Feuer, konnte seiner vortheilhaften Stellung wegen, kein Einhalt gethan werden, denn, wir mussten, da wir zu schwach uns fühlten, uns zurückziehen, sonst würden wir gänzlich aufgerieben worden sein. Der Obrist Olfermann war bei allen gegenwärtig. Für unseren gebliebenen Major von Strombeck hatte der Capitain von Bohlen das Comando des 2t Lin.[ien] Bat.[aillon] übernommen.

Beim Rückzug fand ich den Serganten Waiterling am Kopf verwundet, der mit Hilfe ein dafür beorderte[n] Sattels mitge= [S. 17] nommen, und unter ärztliche Behandlung gebracht wurde. Die 3te Comp.[agnie] des 2ten Lin.[ien] Bat.[aillon] zählte vor dieser Schlacht vom

16 ten Juny

148 Soldaten; am Abend im Biwac beim Apell zählte ich aber nur noch 72 Mann auf dem Platze, welche zum neuen Kampfe gebraucht werden konnten.

Abends in unserer Nähe biwanq[ierten] belgische und englische Truppen; im Rücken unsere Fuß-Batterie. –

Leider fehlte es an Lebens=Mitteln, wir mussten uns sehr ermüdet, und hungerig auf [S. 18] den Erdboden legen, und – wachen. Ich hatte hier keine Ruhe, und das Ankommen und Abgehen der Patriulen beschäftigte mich die ganze Nacht; auch Hauptmann Rudolphy ist in beständiger Thätigkeit gewesen. –

Am

17 Juny als es kaum tagte, wurde schon alles im Laager in Bewegung gesetzt; ein wenig Fleisch das die Franzosen liegengelassen hatten wurde im Feuer am Bajonett gebraten; Wasser war nicht zu haben, und unser Schiffs-Zwieback war aufgezehrt.

Gegen 5 Uhr war ich auf [S. 19] dem Kampf=Platze; es war für mich ein schauderhafter Anblick, so viele von unserem Baton [Bataillon] und weiter herunter vom LeibBon [Bataillon] liegen zu sehen, so wie auch einzeln Arm und Bein; von den Franzosen fand ich aber ganze Massen. Die schönen Kornfelder waren verwüßtet und niedergetreten; überall aber sah man die Leichen umherliegen. Gegen 8 Uhr mussten wir aufbrechen; und kam ein Corps nassauischer Truppen in vollem Singen; wir marschierten nun nach rechts im Grunde, und vor uns hatten wir eine große Straße.

[S. 20] Wir machten nun bald darauf Halt, lagerten uns, bauten von gr.[oßen] Zweigen einige Hütten, und mussten dabey beständig Patr.[ouillen] u.[nd] Piquet=Wachen geben. Gegen 10 Uhr wurde wieder aufgebrochen, und nach den einzeln vor uns befindlichen Häusern zurückmarschirt; auch das ganze Corps zog sich in dieselbe Straße zurück, auf die wir gekommen waren. Den Nachmittag war es sehr heiß, wir bekamen einen starken anhaltenden Regen, der fast ein Wolkenbruch ähnlich war; [S. 21] Jeder von uns war bis aufs Hemde nass; wir sahen uns genöthiget zuletzt auf dem Felde Halt zu machen; wir konnten fast nicht mehr fortmarschiren. Vor uns hatten wir eine weite freie Aussicht; auf geringen Anhöhen in der Ferne konnten wir deutlich die feindlichen Patruillen beobachten. Unser Marsch war an diesem Tage sehr schlecht gewesen; auf den Feldern blieb man fast stecken; der Regen hörte die ganze Nacht nicht auf, [S. 22] in der wir auf freiem Felde campiren mussten. –

Am Abend sahen wir das feindliche Heer, und der linke Flügel hatte sich ganz nach Brüssel hingezogen, so wie der rechte Flügel, ganz zurück. Der Donner der Kanonen verkündete uns am rechten Flügel des Wellingtonschen Corps keine erfreulichen Nachrichten; wir manövrirten bald rechts, bald links; darauf wurde Linie formirt, und alles war zum Angriff fertig, wir wurden indess für diesen Tag verschont, und mussten uns laagern; [S. 23] auch machte der anhaltend starke Regen den streitenden Theilen einen Angriff unmöglich, weil die Gewehre versagten; im äußersten

Falle hätten wir nur die Kolben und Bajonette gebrauchen können. In der Nacht hatte ich vor Müdigkeit nur 2 Stunden in ganz nassem Zeugs – ohne Mantel – auf blanker Erde geschlafen. – Erst gegen Morgen hörte der Regen auf, und da konnte man das feindliche Wachtfeuer, das zwar einen eigentümlichen, aber doch höchst interessanten Anblick gewährte, [unleserlich] ganz übersehen.

[S. 24] Am 18ten Juny

Kaum das es tagte, wurde schon ein Commando nach dem nächsten Dorfe zum Furagiren geschickt und dies brachte zu unserer Freude auch einige Lebensmittel mit. Der Doctor Ullrich machte den Koch; die Suppe war im Kochen als die Tambourschen wieder anfingen den Generalmarsch zu schlagen, und eiligst angetreten werden musste. – Gleich darauf hörten wir die Kanonen=Kugeln sausen, wovon manche über unsere Standflanke gingen, und [S. 25] in die in unserem Rücken stehende engl.[ische] Cavallerie schlugen. In der Ferne konnten wir auch das feindliche Artillerie=Feuer genau wahrnehmen; auch das einige engl.[ische] Regimenter schon im Treffen waren; wir mussten nun links nach der Straße zu marschiren, und dann, Halt machen; uns auf den Erdboden setzen, um von dem Auge der Feinde ~~wahrscheinlich~~ nicht bemerkt zu werden, oder unsere Mitstreitenden aus dem Hinterhalt zu decken. In dieser Stellung verblieben wir über 1/2 Stunde. [S. 26] Die Kanonen-Kugeln u.[nd] Granaten flogen zu uns in verschiedene Richtung; bald vor; bald seitwärts; bald hinter uns nieder, woraus abzunehmen war, dass der Feind keine feste Stellung eingenommen hatte. – Ich saß neben dem Fahnen= Serganten Adelung; 3 Schritte vor mir flog eine Kanonen-Kugel tief in den nassen Erdboden, dass mir Hören und Sehen verging; schlug die Kugel nicht in die Erde, so war es um uns geschehen! – Bald darauf kam Ordre zum [S. 27] Vorrücken; wir waren links abmarschirt, und mussten dann geschlossene Collonne formiren; marschirten so fort, nahmen dann die linke Schulter vor, und avancirten bis an eine kl:[eine] Anhöhe; auf diesem Wege hatten wir aber schon einige Leute verloren. –

Nach dem Commando – Halt! formirte das 1^{t}, 2te und 3te Lin.[ien] Bat.[aillon] in kurz vor einander entfernter Distanze zur Gegenwehr eines Cavallerie-Angriffs, die so sehr vorteilhaften Quarrées mit 4 Gliedern. –

Seitwärts hatte sich unsere Fuß Artillerie postirt; [S. 28] und die in unserem Rücken stehenden Brsch.[Braunschweigischen] Husaren dienten uns zur Deckung. Als wir aber eben eingerichtet waren den Feind in dieser Stellung zu erwarten, erblickten wir auch schon mehrere Schwadronen französ.[ische] Cürashiere welche mit Seiten-Gewehren auf uns loß sprengten. Wir aber ließen sie auf ca. 25 Schritt herankommen; alsdann commandierte unser Herr Major feuer, sodass sie eine ganze Ladung ins Gesicht bekamen, worauf sie ebenso schnell kehrt machten. Dann waren aber unsere Husaren hinter sie her, und hieben nieder was sie treffen konnten. Dieser

Angriff ist von den Cürashieren mehre male wiederholt, [S. 29] aber ebenso wie das 1ste mal von uns zurück gewiesen worden. Vor der kl.[einen] Anhöhe wo wir standen, war, wie ich wol bemerkt habe, ein kleiner Graben, den die Cürashire zu passieren hatten. Das machte ihnen mit ihren Pferden unendlich viel zu schaffen. Die Idee uns durchbrechen zu wollen, haben sie aufgeben müssen. Auf diesem Punkt haben die fr.[anzösischen] Cürashiere viele Leute zu Pferde verloren. – Nun kam aber die fr.[anzösische] Infantrie anmarschirt [unleserlich] und wollte auch ihr Heil versuchen; aber diese wurde darauf durch unser ununterbrochenes Gewehrfeuer von uns empfangen; auch gleichzeitig von unseren grünen Jaegern seitwärts angegriffen, worauf sie sich zurückzogen; [S. 30] vor Pulferdampf konnte ich nicht deutlich aufnehmen, wo sie blieben. . –

Das 1ste Lin.[ien] Bat:[aillon] hatte viele Leute verloren, weniger das 2te Lin[ien] Bat.[aillon].

Wir mussten nun unsere Stellung verändern und Linie formiren; auch vorrücken, und da sahen wir denn, dass sich der Feind zu einer Hauptangriffs Linie formiert hatte. In dieser Stellung, und Haupt-Schlacht, ging es scharf her; die Kanonen brüllten von allen Orten; wir waren besonders dem feindlichen Feuer hart ausgesetzt. Ja der Augenblick trat ein, dass unsere Leute es nicht mehr abhalten konnten; die Offiziere hatten genug zu thun, sie zur Ausdauer zu ermuntern; ja, es kam sogar ein engl.[ischer] Offizier, der uns anfeuerte, nur so ging es dann weiter [S. 31] im Avancement gegen die Franzosen. Nach langem Kampfe änderte sich endlich die Schlacht-Scene. Am rechten Flügel der Franzosen hatten die Preußen unter Blücher die Franzosen schon zurückgeschlagen und zum Fliehen gebracht; nun machten auch hier die Franzosen kehrt um, und flohen über Stock und Stein nach der Strasse von Paris, dass wir nicht im Stande waren, sie verfolgen zu können, und die große Haupt=Schlacht, war für die Allierten gewonnen. Auch an diesem Tage haben wir viele Leute verloren.

Erwähnen muss ich noch, dass ein Corps Franzosen unter dem Commando von Gr[o] uchy uns auf Umwegen seitwärts [S. 32] in den Rücken fallen sollte; es hat aber nicht ausgeführt werden können, weil während der Zeit die Haupt Schlacht schon verloren gegangen war. Wir marschirten nun auf Clichy, wo die Preußen gefochten hatten, da war es gleichfalls heiß hergegangen; überall Leichen, Kugeln, Kartetschen, zerbrochene Pulfer Wagen, Kanonen mit und ohne Räder, Waffen aller Art lagen umher. Beinahe wäre es den Preußen gelungen, Napoleon, den Kayser, selbst gefangen zu nehmen; er hatte die Flucht auf seinem Schimmel genommen; aber seinen Wagen hat er in Ruhe lassen müssen – das Jammergeschrei der schwer plessirten Franzosen waren entsetzliche Töne in [S. 33] meinen Ohren, den[n] ich war in meinem Herzen tief davon erschüttert. Clichy, wo die Franzosen sich stark vertheidiget hatten, war in Brand geschossen und brandte lichterloo. –

Ein junges Mädchen fanden wir in Clichy blos, im Hemde liegen mit abgeschossenem Kopfe.

Wo die Franzosen, die ganze französische Armee geblieben war, weiß ich mir heute noch nicht zu erklären, wol aber dass Napoleon selbst seine Reserve mit zum Haupt=Treffen verwendet haben musste, denn sonst war es nicht möglich, dass die Flucht der französischen Arme[e] im Trabe nach Paris [unleserlich] gehen konnte. Nun marschirte das ganze allirte Armé-Corps [S. 34] auf verschiedenen Straßen nach Paris los, und überall trafen wir auf keine Hindernisse mehr. Noch muss ich des 19t Juny gedenken.

Nachdem wir die Nacht bivouaquirt hatten ging ich morgens früh auf das Schlachtfeld; da sah es aber gräßlich aus; überall Leichen, Gewehre; Säbel, Kugeln, Kartetschen, Pulferwagen und Kanonen lagen umher, auch fand ich den Leib-Mameluck des Kaysers Napoleon, – Rurtan (in scharlachrothem Anzuge), welcher mitten durchgeschossen war. –

Am 18t Juny war der Hauptmann von Schwarzkoppen zum Major des 2ten Lin.[ien] Batn.[Bataillon] ernannt, und hatte [S. 35] das Commando übernommen; aber im 1sten Treffen ist er geblieben und gleich Tod an meiner Seite vom Pferd gestürzt. Auf der Straße nach Paris fanden wir noch viele Kanonen, und Pulferwagen, welche von den Franzosen zurückgelassen waren, und den Allirten als Beute zufielen.

Meine Beute hätte vielleicht groß sein können; aber es fiel mir nicht ein, auch nur einen Franzosen zu visitieren. Dass Einzige was ich nahm, war eine große schöne wollene Decke, die ich spaeter in Paris gut verkauft habe. –

Am 17, 18 u[nd] 19ten Juny fehlten uns alle Lebens=Mittel; es wurde nichts geliefert, denn unsere Herren [S. 36] Commishaire hatten sich unsichtbar gemacht. Als diese endlich angekommen, wurde tags darauf das ganze Br:[aunschweigische] Corps zusammen gezogen und im Quarrée formirt. Da mussten diese Herren in Mitte desselben vor den Obrist Olfermann erscheinen, welcher denselben eine derbe Predigt hielt mit dem Zusatze, den er besonders betonte, dass wenn ihm das nochmal vorkommen sollte, dann würde er sie hinschicken wo sie hingehörten. –

Von da wo wir bivuaqirten, hatten wir noch circa 17 Meilen bis Paris. Wir marschirten nun täglich auf der großen Strasse fort, und kamen in einigen Tagen in St. Ouen an, wo wir Halt machen mussten und blieben. Wir fanden daselbst aber nichts [S. 37] als leerstehende, ausgeräumte Häuser, weder Menschen noch Vieh war anzutreffen. Doch dankten wir Gott, nicht mehr im freien Felde campiren zu müssen. Hier wurden uns Lebens=Mittel geliefert; und, da ging es ums Kochen. Holz fanden wir nicht, das suchten wir uns aber zu verschaffen. ~~Auch requirirten wir Feldfrüchte, weil~~

~~die Umstände es erforderten~~. Aus den Brunnen konnten wir kein genießbares Wasser haben; wir mussten dasselbe aus der Seine holen, welche in der Nähe war. Der Herr Hauptmann Rudolphy und ich hatten Quartier in ein stadtlichen Hause, mit großem schönen Garten. Eines Tags, als das Bat.[aillon] zum Exerzieren war [S. 38] kam ein alter Franzose auf den Hof, und sieht sich überall schüchtern umher. Ich gehe ihm entgegen, und frage ihn was er suche, que cherche vous? Er antwortet je suis le Jardinier, bon [unleserlich]. Nun fragt er an, woran es uns fehle, und womit sein Herr dienen könnte, es solle uns an nichts fehlen, wir möchten nur seine Besitzung schonen, die er auf Befehl des Kaysers Napoleon hätte verlassen müssen. Was uns fehlte, schrieb ich ihm auf, und des anderen Tages kam ein Wagen an, der uns unsere Bedürfnisse brachte. Auch entdeckte mein Bursche Meinecke einen Weinkeller der uns allen gütlich that. Natürlich ist mein Hauptmann nicht vergessen, dass kam uns recht zu gute, denn ich hatte wieder lebensfrohe Leute. [S. 39] Endlich brachen wir wieder auf, und kamen auf den Berg Montmartre vor Paris zu liegen.

Paris wurde den Allirten am 7ten July 1815 übergeben. Am 8ten July war ich nach Paris mit einigen Offizieren ~~und Unteroffizieren~~; die Allirt[en] [unleserlich]; es war da selbst alles ruhig; die Franzosen hatten Respect vor den Brs.[Braunschweigischen] Truppen; Sie nannten uns nicht anders als Charreur de la mort, weil wir Totenköpfe am Charre trugen. Paris habe ich mehrere male besucht; auch St. Clu [für: Saint-Cloud] u.[nd] Wersaille [für: Versailles]. Vom Mont Martre konnte man ganz Paris übersehen.

Von hier marschirten wir seitwärts nach Soujour ins Stand-Quartier. Das Schloss war unbewohnt. Hier blieben wir solange bis der Rückmarsch angetreten wurde, welcher im Dec.[ember] erfolgte und fast auf dem selben Wege auch in unse[re] Heimath-Stadt Brsch[Braunschweig] [unleserlich] [S. 39] Da das ganze Brs.[Braunschweigische] Corps reducirt wurde und an ein Avan.[cieren] weiter nicht zu denken war, nahm ich nun Abschied.[4]

4 Folgende Quellen im Stadtarchiv Braunschweig konnten wir für die Recherchen nutzen: Tagebuch / Auszüge aus Kirchenbüchern: Taufregister aus St. Martini, Jg. 1794, Nr. 9 – Verzeichnisse der Proklamierten und Kopulierten aus St. Katharinen, Jg. 1827, S. 184 – Verzeichnis der Verstorbenen und Begrabenen aus St.- Andreas, Jg. 1864, S. 447 – Taufregister aus St. Katharinen, Jg. 1827, S. 123; Jg. 1829, S. 212; Jg. 1830, S. 273; Jg. 1834, S. 56; Jg. 1838, S. 274; Jg. 1847, S. 750 – Acta der Armen-Direction zu Braunschweig, die Unterstützung von Hilfsbedürftigen betreffend, 1850–1863, insbes. Nr. 5, 15, 16.

»Mein kriegerisches Zeitalter«.

Das Tagebuch des Majors Ernst Meier (1809 – 1815)

Henning Steinführer

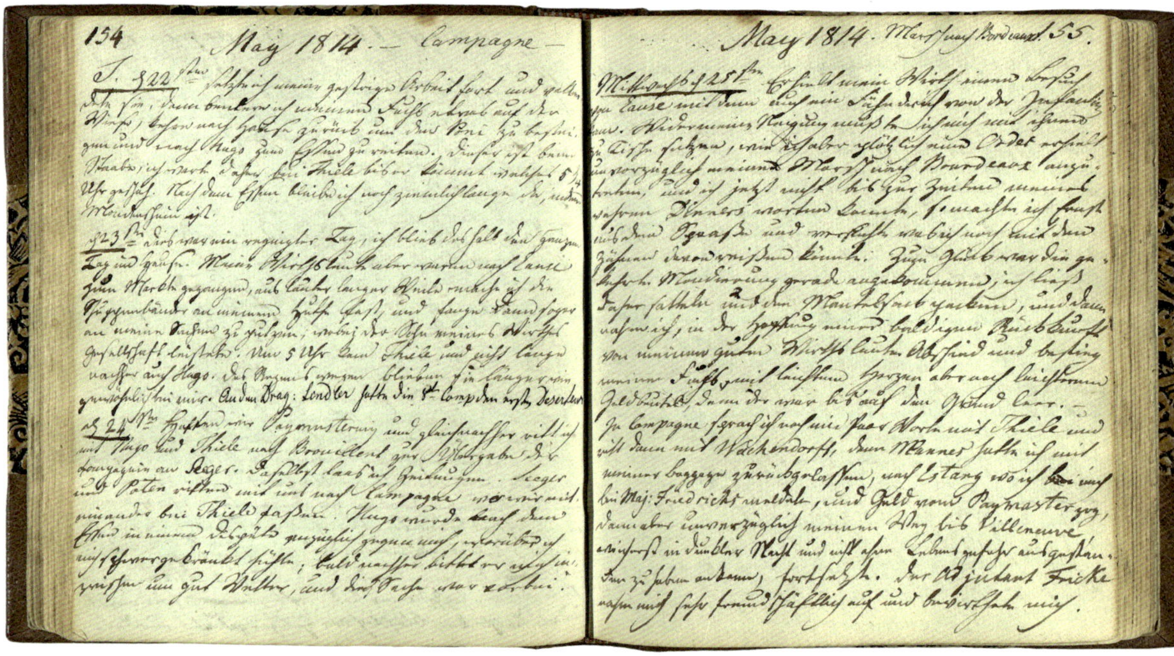

Tagebuch 1809–1816

Die Erinnerung an die militärischen Unternehmungen des Schwarzen Herzogs erlebte seit der Mitte des 19. Jahrhunderts im Zusammenhang mit dem 50-jährigen Gedenken an die Ereignisse eine Konjunktur. Bestandteil dieser ersten Welle historischer Erinnerung waren Druckausgaben von Tagebüchern und anderen Aufzeichnungen von Mitkämpfern des Herzogs.[1] Die umfangreichsten Schriften gingen zweifellos auf den ehemaligen General Friedrich Ludwig von Wachholtz (1783–1841) zurück.[2]

Weniger Verbreitung fanden hingegen die Erinnerungen des ehemaligen Majors Ernst Meier (1790–1874), die dieser um 1860 im thüringischen Altenburg herausgebracht hatte.[3] Der bislang nicht bekannte Autograph dieses Tagebuches wurde im Jahr 2014 aus Familienbesitz dem Stadtarchiv Braunschweig als Depositum übergeben, wo er der Forschung zugänglich ist.

Der Autor Ernst Meier wurde am Neujahrstag des Jahres 1790 als Sohn eines Pastors geboren. Nach dem Besuch von Katharineum und Martineum sowie des Kollegium Carolinum in seiner Heimatstadt schrieb er sich im Mai 1808 als Student der Rechte in der Landesuniversität Helmstedt ein. Sein Bleiben dort war allerdings von kurzer Dauer. Im April 1809 trat er zunächst in westphälische Kriegsdienste, und bereits im Juli desselben Jahres als Junker in das Husarenregiment des Herzogs Friedrich Wilhelm von Braunschweig-Oels. In der Folgezeit nahm er an zahlreichen Kämpfen der herzoglichen Truppen teil. Nach dem Ausscheiden aus dem Militärdienst nahm Meier sein Jurastudium wieder auf. Im März 1821 wurde er zum Dr. jur. promoviert. Nur einen Monat später nahm er eine Tätigkeit als Advokat in Braunschweig auf. Seit 1828 war er Mitglied des Magistrats der Stadt Braunschweig und wurde 1831 zum Stadtrat berufen. In Anerkennung seiner militärischen Verdienste im Kampf gegen Napoleon erhielt Meier mehrere hohe Auszeichnungen: darunter das Braunschweigische Ehrenkreuz von 1809, das Hannoversche Ehrenzeichen für den Feldzug in Spanien

1 Friedrich von Franckenberg-Ludwigsdorff: Erinnerungen an das Schwarze Corps, welches Herzog Friedrich Wilhelm von Braunschweig-Oels im Jahre 1809 errichtete. Aus dem Tagebuche eines Veteranen. Braunschweig 1859; Carl Wilhelm Sack: Erinnerungen eines Soldaten. Den noch lebenden Kriegs-Cameraden des Braunschw. Truppencorps aus den Jahren 1814 und 1815 am fünfzigjährigen Jubeltage der Schlacht bei Waterloo den 18. Juni 1865 ; gewidmet von dem Bürgervereine der Stadt Braunschweig 1865.

2 Friedrich Ludwig von Wachholtz: Geschichte des Herzoglich Braunschweigschen Armee-Corps in dem Feldzuge der alliierten Mächte gegen Napoleon Buonaparte im Jahr 1815. Braunschweig 1816; Aus dem Tagebuche des Generals Fr. L. von Wachholtz. Zur Geschichte der früheren Zustände der preußischen Armee und besonders des Feldzugs des Herzogs Friedrich Wilhelm von Braunschweig-Oels im Jahre 1809, hg. v. Friedrich Karl von Vechelde. Braunschweig 1843; Auf der Peninsula 1810 bis 1813. Kriegstagebuch, hg. von Hilmar L. von Wachholtz. Braunschweig 1907; Friedrich Ludwig von Wachholtz: Geschichte des Herzoglich Braunschweigschen Armee-Corps in dem Feldzuge der alliierten Mächte gegen Napoleon Buonaparte im Jahr 1815. Braunschweig 1816; Friedrich Ludwig von Wachholtz: Unter der Fahne des Schwarzen Herzogs anno 1809. Erinnerungen des Generals von Wachholtz, hg. von Theodor Rehtwisch. Leipzig [1912], Neuausgabe Hamburg 2011.

3 Aus dem Tagebuche des Majors und Stadtraths Dr. jur. Ernst Meier (1809–1815). Als Manuskript gedruckt, Altenburg [um 1860].

sowie die englische Waterloomedaille. Ernst Meier, der noch 1866 das Majorspatent erhalten hatte, starb 1874 hochbetagt in seiner Geburtsstadt.

Das in einen Pappeinband mit Lederüberzug eingebundene Tagebuch ist eine Papierhandschrift im Format 17,5 cm (Breite) x 19,5 cm (Höhe). Die insgesamt 366 Seiten sind eng mit Tinte beschrieben. Der gleichmäßige Schriftcharakter und die geringe Zahl von Korrekturen legt den Schluss nahe, dass es sich bei dem Tagebuch um Aufzeichnungen handelt, die erst im Nachhinein abgeschrieben worden sind. Die Niederschrift dürfte jedoch in unmittelbarer zeitlicher Nähe zu den im Tagebuch geschilderten Ereignissen stattgefunden haben. Die Schilderungen des Tagebuches beginnen mit Meiers ersten Erfahrungen als Soldat im Dienst des Königs von Westphalen. In der Nähe von Plauen im sächsischen Vogtland gerät Meier in die Gefangenschaft der Braunschweiger und ist mehr als überrascht u. a. auf seinen Schulfreund Georg Alers zu treffen. Meier wechselt die Seiten und tritt nun in die Dienste von Friedrich Wilhelm, dem er anlässlich seiner Gefangennahme auch persönlich vorgeführt wird. Mit den Braunschweigern unternimmt er den Marsch nach Norden und setzt mit ihnen nach England über. In der Folge diente Meier als leichter Dragoner in englischen Diensten und wurde u. a. in Spanien, Frankreich und in Waterloo eingesetzt. Mit dem Herzog blieb er dennoch, u. a. brieflich, in Kontakt. Im Zusammenhang mit der Nachricht vom Tod des Herzogs am 1. August 1815 formuliert Meier: »*Mein ganzes Leben hindurch werde ich das Andenken dieses Fürsten hoch in Ehren halten, und wahrlich habe ich Ursache dazu, denn ich habe viele Beweise erhalten, daß er mir persönlich [...] liebevoll geneigt war.*«[4]

Einband des Tagebuches

Eine eingehende Auswertung des Tagebuches stellt eine durchaus lohnenswerte Aufgabe für künftige landesgeschichtliche Forschung dar.

[4] Aus dem Tagebuch (wie Anm. 3), S. 67.

Der Wiener Kongreß und Braunschweig

Michael Hundt

Jean-Baptiste Isabey, Wiener Kongress 1814

Die Aufgabe: Eine Neuordnung Europas und Deutschlands

Der Wiener Kongreß der Jahre 1814/15 beendete eine Epoche tiefgreifender Umwälzungen, die mit der Französischen Revolution von 1789 und der ihr folgenden Herrschaft Napoleons das Antlitz Europas und das Leben seiner Einwohner nachhaltig verändert hatte. Auf gesellschaftlicher Ebene läuteten die Ideen von Freiheit und Gleichheit das Ende der Vorherrschaft des alten Adels ein. Politisch ließen die Konzepte von Volkssouveränität und Nation erstmals seit der Reformation und den Religionskriegen des 16. und 17. Jahrhunderts wieder ideologisch motivierte Konflikte ausbrechen, die monarchische Herrschaft in Frage stellen und den vormodernen Territorialverband – einzig durch die Person des Fürsten verbunden, räumlich häufig zerrissen und bisweilen vielsprachig – als Staatswesen antiquiert erscheinen. Das internationale Staatensystem schließlich, das Gleichgewicht der Großmächte in Europa, wurde durch die ideologisch bestimmte Außenpolitik der französischen Revolutionsregierungen herausgefordert und durch die Hegemonie des napoleonischen Frankreichs zerstört.[1] Für einige Jahre, zwischen 1806 und 1812/13, schien es, als würde der Universalherrschaftsanspruch Napoleons Wirklichkeit werden, als würde das gesamte kontinentale Europa unter der Führung des Korsen geeint werden. Nicht durch den Willen der Fürsten oder gar den der Völker, sondern durch nicht enden wollende Kriege. Nicht, wie propagiert, zum Zweck des Wohlstands und des Fortschritts, sondern zum Zweck der Ausbeutung der eroberten Gebiete und zum Ruhm eines Mannes, Napoleons, dessen Machtverlangen keine Grenzen zu kennen schien.[2]

Demgegenüber waren Ideen zur Sicherung des Friedens in Europa sowie eines Mächtegleichgewichts seitens der gegen den französischen Kaiser kämpfenden Mächte bereits im Herbst 1804 entstanden. Es war zunächst Zar Alexander, der im Zuge der Bildung der Dritten Koalition einen Plan zur Eindämmung der Ambitionen Napoleons entwickelte, der über die Tagespolitik hinausging, den gesamten Kontinent umfaßte und eine Friedensordnung entwarf; frei von Gedanken einer eigennützigen Territo-

[1] Siehe die nach wie vor überaus lesenswerte Arbeit von Henry A. Kissinger: A World Restored. Metternich, Castlereagh, and the Problems of Peace, 1812–1822. Boston 1957 (dt.: Das Gleichgewicht der Großmächte. Metternich, Castlereagh und die Neuordnung Europas 1812–1822. Düsseldorf 1962, mehrere Neuauflagen); Paul W. Schroeder: The Transformation of European Politics 1763 –1848. Oxford 1994; Michael Hundt: Frieden und internationale Ordnung im Zeitalter der Französischen Revolution und Napoleons I. (1789–1815), in: Bernd Wegner (Hrsg.). Wie Kriege enden. Wege zum Frieden von der Antike bis zur Gegenwart. Paderborn u. a. 2002 (= Krieg in der Geschichte, Bd. 14). S. 121–160.

[2] Nicht ohne Grund lautete der Titel einer Ausstellung in der Kunst- und Ausstellungshalle der Bundesrepublik Deutschland 2010/11: Napoleon und Europa. Traum und Trauma. Der Katalog unter jenem Titel. München u. a. 2010. Zur Selbstdarstellung Napoleons, die nicht losgelöst von der anderer zeitgenössischer Herrscher gesehen werden kann, siehe: Staging Power: Napoleon, Charles John, Alexander. Stockholm 2010. Zur Sicht der Zeitgenossen auf das Problem Gleichgewicht/Hegemonie siehe: Michael Hundt: Überlegungen zum Gleichgewicht der Kräfte bei Ernst August von Gersdorff in den Jahren 1811 und 1814/15, in: Zeitschrift des Vereins für Thüringische Geschichte 50 (1996), S. 201–215.

rialexpansion war er freilich nicht.[3] Entscheidender und wegweisender waren daher die auf die Initiative des Zaren aufbauenden und sie weiterentwickelnden Konzepte des britischen Premiers William Pitt (1759–1806). Er war es, der erstmals von einer Erneuerung des europäischen Staatensystems sprach, von der Wiederherstellung der untergegangenen oder unter die Herrschaft Frankreichs geratenen Staaten, von deren Stärkung durch innere Reformen und Verfassungen und von einem Prinzip gegenseitiger Garantien zum Schutz der einzelnen Länder, ja gar von einem System öffentlichen Rechts in Europa.[4]

Letztlich bildete dieses Programm Pitts, nach seinem Tod fortentwickelt und fortgeführt vom britischen Außenminister Henry Robert Steward Castlereagh (1769–1822) und vom österreichischen Außenminister Clemens Graf (seit 1813 Fürst) von Metternich (1773–1859), die Grundlage für die Bündnisse der Jahre 1812/13, den Inhalt des Ersten und Zweiten Pariser Friedens sowie die Wiener Kongreßakte vom 8. Juni 1815. Die große, nicht zu überschätzende Leistung der Koalition seit 1812 war das Hintansetzen einzelstaatlicher Egoismen zugunsten des gemeinsamen Zieles, der Überwindung der napoleonischen Hegemonie. Eine Leistung, die mühsam erarbeitet werden mußte und deren Gelingen zeitweise von zwischenstaatlicher Rivalität, kleinlichem Länderschacher und persönlichen Anfeindungen in Frage gestellt wurde.

Untergang und Neuanfang: Braunschweigs Weg 1795 bis 1813

Das Schicksal des Fürstentums Braunschweig-Wolfenbüttel bzw. Herzogtums Braunschweig und seiner Bewohner in dem Vierteljahrhundert zwischen Französischer Revolution und Wiener Kongreß war im wesentlichen fremdbestimmt, das Land mit seinen Regenten und Staatsmännern mehr Spielball als Akteur.[5] Politische Entscheidungen in Berlin, Paris und London wirkten sich unmittelbar auf den kleinen Staat im Harzvorland aus, ja setzten für ihn Recht. Anfangs war es Preußen, das durch den Basler Frieden 1795 und die bewaffnete Neutralität ein Jahrzehnt lang den norddeut-

3 Vnešnjaja politika rossii XIX i načala XX veka. Dokumenty rossijskogo ministerstva inostrannych del. 1. Serie, 1801–1855. Bd. 2. Moskau 1961, S. 131–153: Instruktionen des Zaren für seinen Gesandten Novosil'cev vom 10./22. und 11./23. September 1804. Siehe auch Aleksej Leont'evič Naročnickij: Rußland und die napoleonische Hegemonialpolitik. Widerstand und Anpassung, in: Karl Otmar von Aretin und Gerhard A. Ritter (Hrsg.): Historismus und moderne Geschichtswissenschaft. Europa zwischen Revolution und Restauration 1797–1815. Stuttgart 1987 (= Veröffentlichungen des Instituts für Europäische Geschichte Mainz, Beih. 21), S. 163–184.

4 Der Plan gedruckt in C. K. Webster (Hrsg.): British Diplomacy 1813–1815. Select Documents dealing with the Reconstruction of Europe. London 1921, S. 389–394.

5 Als Überblick Peter Albrecht: Das Zeitalter des aufgeklärten Absolutismus (1735–1806) und Ulrike Strauß: Die „Franzosenzeit" (1806–1813), beide in: Horst-Rüdiger Jarck und Gerhard Schildt (Hrsg.): Die Braunschweigische Landesgeschichte. Jahrtausendrückblick einer Region. Braunschweig 2000, S. 575–610 u. 691–712.

schen Ländern – und damit auch Braunschweig – Frieden und Wohlstand brachte. Der Krieg Preußens gegen das napoleonische Frankreich im Jahre 1806, in dem Braunschweig-Wolfenbüttel zwar formal neutral blieb, Herzog Carl Wilhelm Ferdinand jedoch den Oberbefehl über das preußische Heer übernahm, wirkte sich verheerend aus. Napoleon ließ das Fürstentum Ende Oktober 1806 als feindlich besetzen und für das Kaiserreich Frankreich in Besitz nehmen und wies die Landesteile im August 1807 dem von ihm neu gegründeten Königreich Westphalen unter seinem Bruder Jérôme zu.[6] Der neue Herzog, Friedrich Wilhelm, der »Schwarze Herzog«, erst im preußischen, dann nach seinem Zug 1809 im englischen Exil, fand bei dem dortigen, eng mit ihm verwandten Herrscherhaus[7] und bei der britischen Regierung Unterstützung.

Zugleich wurde die Hegemonie, die Napoleon über das kontinentale Europa seit 1807/09 ausübte, durch die Niederlage der Grande Armée im Rußlandfeldzug 1812 erschüttert und fand in der Allianz von Rußland, Preußen, Großbritannien und Österreich 1813 ihr Ende. Die Zukunft des ehemaligen Fürstentums Braunschweig-Wolfenbüttel und seines Regenten war zunächst unbestimmt. In der Konvention von Kalisch vom 16. Februar 1813 hatte Rußland Preußen eine Vergrößerung in Norddeutschland zugesagt, »à *l'exception des anciennes possessions de la maison d'Hanovre*« – von Braunschweig-Wolfenbüttel war da nicht die Rede.[8]

Erst mit dem Beitritt Großbritanniens zur Allianz änderte sich dies Mitte 1813. In der Konvention zu Reichenbach zwischen Großbritannien und Preußen vom 14. Juni 1813 wurde die Wiederherstellung des Kurfürstentums Hannover und die des »*Ducal House[s] of Brunswick*« ausdrücklich vereinbart.[9] Insofern gehörte von jenem Tag an die Restitution des Landes unter Herzog Friedrich Wilhelm zu den Kriegszielen der

6 Hierzu umfassend Dorothea Puhle: Das Herzogtum Braunschweig-Wolfenbüttel im Königreich Westphalen und seine Restitution 1806–1815. Braunschweig 1989 (= Beihefte zum Braunschweigischen Jahrbuch, Bd. 5).

7 König George III. von Großbritannien war ein Onkel mütterlicherseits von Herzog Friedrich Wilhelm, dessen Schwester Caroline zudem die – allerdings mit ihrem Gatten im heftigen Streit lebende – Ehefrau des Prinzregenten und späteren Königs George IV. war. Zu den verwandtschaftlichen Verhältnissen siehe: Europäische Stammtafeln. Neue Folge, Bd. 1: Die deutschen Staaten. Die Stammesherzoge, die weltlichen Kurfürsten, die kaiserlichen, königlichen und großherzoglichen Familien. Aus dem Nachlaß von Frank Baron Freytag von Loringhoven hrsg. von Detlev Schwennicke. Marburg 1980, Tafel 64 u. 66. Zum Herzog siehe Paul Zimmermann: Der Schwarze Herzog Friedrich Wilhelm von Braunschweig. Hildesheim u. Leipzig 1936.

8 The Consolidated Treaty Series, ed. by Clive Parry [künftig: CTS]. 231 Bde. New York 1969–1981, Bd. 62, S. 138–145, hier S. 144: 1. Separat-Artikel. Wiederholt in der Konvention von Breslau über die Verwaltung der besiegten Rheinbundstaaten zwischen Rußland und Preußen am 7. März 1813 (ebd., S. 178 f.: Art. 5) und im Offensiv- und Defensivvertrag zwischen Schweden und Preußen von Stockholm vom 22. April 1813 (ebd., S. 226–231: 1. Geheimartikel).

9 CTS (wie Anm. 8), Bd. 62, S. 274–279, hier S. 275: Art. 1. Indirekt bestätigt im Vertrag von Teplitz zwischen Österreich, Rußland und Preußen vom 9. Sept. 1813 (ebd., S. 362 – 371, hier S. 368: Art. 1,3 »*La restitution à la Maison de Brunswic-Lunebourg du Hanovre et de ses autres possessions en Allemagne.*«).

Alliierten. Nach der Leipziger Völkerschlacht im Oktober 1813 konnten daher am 6. November herzogliche Truppen in die Stadt Braunschweig einrücken, und am 13. November 1813 nahm Major Johann Elias Olfermann (1776–1822) im Namen des Herzogs Besitz vom Land.[10]

Ganz gesichert war die Stellung Braunschweigs und seines Herzogs aber nicht. Denn die Konvention der Alliierten von Leipzig vom 21. Oktober 1813 über die Zentralverwaltung der besetzten Gebiete unter Leitung von Karl Freiherr vom Stein (1757–1831) ließ es unbestimmt, ob sich deren Zuständigkeit auch auf Braunschweig erstreckte und das Land dadurch höchstens bedingt souverän gewesen wäre.[11] Zumindest russischerseits war solches im Herbst 1813 geplant gewesen.[12] Doch hatte Herzog Friedrich Wilhelm bereits im Sommer bestimmt erklärt, er sei zwar bereit, den Anordnungen des Verwaltungsrates Aufmerksamkeit zu schenken, würde sich aber Hannover anschließen und sich den von dort kommenden Weisungen fügen.[13] Und tatsächlich erfolgte diese enge Bindung und Abstimmung mit dem hannoverschen Ministerium – und die Zentralverwaltung Steins blieb ohne direkte Eingriffsmöglichkeiten in Braunschweig.[14] Die Restitution als souveräner Staat war daher durch den Beistand Großbritanniens in internationalen Verträgen der Alliierten völkerrechtlich abgesichert und schon im November 1813 faktisch vollzogen.[15]

---

10 Ludwig Hänselmann: Herzog Friedrich Wilhelm und Generalmajor Elias Olfermann, in: Jahrbuch des Geschichtsvereins für das Herzogtum Braunschweig 12 (1913), S. 69–144, hier S. 108–112; Zimmermann: Der Schwarze Herzog (wie Anm. 7), S. 172; Puhle: Herzogtum (wie Anm. 6), S. 357 f.; Strauß: Franzosenzeit (wie Anm. 5), S. 706–708.

11 CTS (wie Anm. 8), Bd. 62, S. 454–462: Art. 5.

12 Was sich aus dem Anhang eines Schreibens des russischen Diplomaten Karl Robert Graf von Nesselrode (1780–1862) an den Freiherrn vom Stein vom 30. Okt. 1813 ergibt. Inhaltliche Wiedergabe bei: Georg Heinrich Pertz: Das Leben des Ministers Freiherrn vom Stein. 7 Bde. Berlin 1849–1855, hier Bd. 3, S. 458–460. Siehe auch Peter Graf von Kielmansegg: Stein und die Zentralverwaltung 1813/14. Stuttgart 1964, S. 26.

13 Freiherr vom Stein. Briefe und amtliche Schriften. neu bearb. von Walther Hubatsch, 10 Bde. Stuttgart 1957–1974, hier Bd. 4, S. 221 f. Siehe auch Hänselmann: Herzog (wie Anm. 10), S. 102; Zimmermann: Der Schwarze Herzog (wie Anm. 4), S. 159–176.

14 Ernst Herbert Graf von Münster (1766–1839) an den Freiherrn vom Stein (London, d. 28. Sept. 1813), gedruckt in: Freiherr vom Stein (wie Anm. 13), S. 268 f.; Stein an den britischen Diplomaten Charles William Steward (1778–1854) (Freiburg, d. 23. Dez. 1813), gedruckt: ebd., S. 390–393; Kielmansegg: Stein (wie Anm. 12), S. 44–50 (die eigentliche Zentralverwaltung Steins beschränkte sich auf das Königreich Sachsen, die Stadt Frankfurt und das ehemalige Großherzogtum Berg); Zimmermann: Der Schwarze Herzog (wie Anm. 7), S. 172 u. 176.

15 Die These von Ulrike Strauß: Franzosenzeit (wie Anm. 5), S. 708, die »*Wiederherstellung des Herzogtums Braunschweig in seinen alten Grenzen*« sei »*wohl auch in erster Linie [...] durch den Tod [des Herzogs Friedrich Wilhelm] auf dem Schlachtfeld*« bewirkt worden, ist daher nicht haltbar. Die Wiederherstellung des Herzogtums erfolgte bereits im November 1813. Abgesehen davon ist der Herzog am 16. Juni 1815 gefallen, die Schlußakte des Wiener Kongresses und die deutsche Bundesakte datieren aber bereits vom 8. Juni 1815.

Vor dem Wiener Kongreß: Interessen und Zielsetzungen

Mit dem Sieg über Napoleon im April 1814 entstanden für die Alliierten und für ihre kleinen Verbündeten ganz neue Probleme. In den Verträgen und Konferenzen von Mitte 1812 bis März 1814 war die Beseitigung der napoleonischen Vorherrschaft und die Wiederherstellung eines Gleichgewichtssystems in Europa, mit einem starken bourbonischen Frankreich und zahlreichen Staaten zweiten und dritten Ranges, Konsens gewesen. Ganz aus der Welt waren eigennützige Ansprüche auf Territorialvergrößerung jedoch nicht, weder bei den Alliierten, noch bei ihren kleineren Verbündeten. Begründet wurden diese in erster Linie mit den Lasten, die die einzelnen Länder in über zwanzig Jahren getragen hatten. Zudem mußten manche Staaten überhaupt erst wiederhergestellt werden, so Hannover und Braunschweig-Wolfenbüttel, oder zu alter Größe zurückkehren, wie das im Frieden von Tilsit 1807 arg verkleinerte Preußen. Sollten diese Wiederherstellungen die Verhältnisse von vor den napoleonischen Kriegen getreulich widerspiegeln? Oder sollten sinnvolle Arrondierungen und Länderaustausche vorgenommen werden? Und woher sollten die Gebiete für die Vergrößerungsansprüche genommen werden? Wie, schließlich, sollte das neue staatsrechtliche Band der deutschen Staaten aussehen? War ein Wiederaufleben des Alten Reiches möglich, oder welch' andere Modelle waren denkbar?

Diese Fragen blieben im Ersten Pariser Frieden vom 30. Mai 1814 unbeantwortet, der den allgemeinen Frieden wiederherstellte und die Grenzen des erneut von den Bourbonen regierten Frankreichs festlegte. Alles Weitere, so bestimmte es Artikel 32 des Friedensschlusses, sollte auf einem Kongreß beraten und beschlossen werden, der für August 1814 nach Wien einberufen wurde und zu dem alle am gerade beendeten Krieg beteiligt gewesenen Parteien aufgefordert wurden, Gesandte zu entsenden.

Die Bedeutung des angekündigten Kongresses war für die Regierungen aller deutschen Staaten offensichtlich. Intensive Vorbereitungen wurden getroffen, Memoranden und Instruktionen geschrieben und Abstimmungen mit benachbarten und befreundeten Ländern gesucht. Grundsätzlich kristallisierten sich dabei die deutsche Verfassungsfrage und die eigenen Territorialwünsche als Hauptinteressenfelder heraus.[16] Dies galt nicht minder für das Herzogtum Braunschweig, bei dem sich jedoch ein Überlieferungsproblem ergibt, da die Mehrzahl der älteren Akten beim Schloßbrand in Braunschweig im Zuge des Volksaufstandes 1830 ein Raub der Flam-

---

[16] Michael Hundt: Die mindermächtigen deutschen Staaten auf dem Wiener Kongreß: Mainz 1996 (= Veröffentlichungen des Instituts für Europäische Geschichte Mainz, Bd. 164), S. 65–85. Siehe auch die Akzessionsverträge, Denkschriften und Instruktionen der kleineren deutschen Staaten, in: Michael Hundt (Hrsg.): Quellen zur kleinstaatlichen Verfassungspolitik auf dem Wiener Kongreß. Die mindermächtigen deutschen Staaten und die Entstehung des Deutschen Bundes 1813–1815. Hamburg 1996 (= Beiträge zur deutschen und europäischen Geschichte, Bd. 15), S. 17–34 u. 37–127.

men wurde.[17] Daher lassen sich die Vorbereitungen in diesem Fall nur schemenhaft rekonstruieren, sie kreisten aber erkennbar um die beiden genannten Themenfelder.

Schon beim Reichsdeputationshauptschluß des Jahres 1803 hatte Braunschweig-Wolfenbüttel nicht zu den großen Gewinnern gezählt. Ihm waren lediglich die Abteien Gandersheim und Helmstedt aus der Masse der säkularisierten geistlichen Gebiete zugesprochen worden, verbunden zudem mit der Auflage einer jährlichen Rente für eine fromme Stiftung.[18] Angesichts des Engagements von Herzog Friedrich Wilhelm im Kampf gegen Napoleon, vor allem im Jahre 1809, schien ein Gebietszuwachs für Braunschweig im Zuge der territorialen Neuordnung Mitteleuropas nun durchaus angebracht zu sein.

Im Mai 1814 sondierte der Herzog im Vorfeld des Ersten Pariser Friedens daher beim hannoverschen Minister Ernst Friedrich Herbert Graf von Münster (1766–1839) wegen eines Erwerbs des Stiftes Hildesheim und der ehemaligen Reichsstadt Goslar.[19] Durch einen solchen Zugewinn wäre eine Verbindung zwischen den beiden Hauptlandesteilen des Herzogtums hergestellt worden. Zugleich schickte Friedrich Wilhelm in dieser Angelegenheit im Juni den Geheimen Rat Justus von Schmidt-Phiseldeck (1769–1851) nach London.[20] Und im August 1814 sandte er den Geheimen Rat Karl Friedrich Mens (1764–1836) nach Berlin und ließ dort einen Austausch der braunschweigischen Exklaven im Halberstädtischen und Magdeburgischen gegen eine zweckmäßige Verbindung mit der Grafschaft Blankenburg vorschlagen, wobei der Herzog sogar bereit war, dafür auf seine Güter in Schlesien (das Herzogtum Oels) zu verzichten.[21]

Nach seiner Rückkehr aus England wurde Schmidt-Phiseldeck noch im Juli 1814 auf eine weitere Rundreise, nun zu den befreundeten altfürstlichen Häusern nach Kassel und Darmstadt geschickt, die insbesondere auf die bevorstehenden staatsrechtlichen Veränderungen in Deutschland abzielte. Friedrich Wilhelm erbat sich in seinen Schreiben an Kurfürst Wilhelm I. von Hessen-Kassel und an Großherzog Lud-

---

17 Gerhard Schildt: Von der Restauration zur Reichsgründung, in: Jarck, Schildt (Hrsg.): Braunschweigische Landesgeschichte (wie Anm. 5), S. 751–786, hier S. 763–765.

18 Hauptschluß der außerordentlichen Reichsdeputation, vom 25. Februar 1803. Gedruckt in: Ernst Rudolf Huber (Hrsg.): Dokumente zur deutschen Verfassungsgeschichte, Bd. 1: Deutsche Verfassungsdokumente 1803–1850. 3. Aufl. Stuttgart u. a. 1978, S. 1–28, hier S. 4 (§ 4). Zur Säkularisation siehe Thomas Scharf-Wrede (Hrsg.): Umbruch oder Übergang? Die Säkularisation von 1803 in Norddeutschland. Hildesheim 2004.

19 Hänselmann: Herzog (wie Anm. 10), S. 126 f.; Zimmermann: Der Schwarze Herzog (wie Anm. 7), S. 198 u. 203.

20 Ebd., S. 203; Niedersächsisches Landesarchiv Wolfenbüttel [NLAWO]: 249 A N Nr. 17: Skript von Paul Zimmermann zum Buch: Der Schwarze Herzog. Hier ad Skript-Seite 325; ebd., 249 A N 187: Abschrift der Instruktionen für Schmidt-Phiseldeck, ohne Datum.

21 Geheimes Staatsarchiv Preußischer Kulturbesitz [GStA]: III. HA., 2.4.1., Abt. I, Nr. 1182: Schreiben von Herzog Friedrich Wilhelm an König Friedrich Wilhelm III. (Braunschweig, d. 30. Aug. 1814).

wig I. von Hessen-Darmstadt deren »*gefällige Ansichten*« über »*die Veränderungen welche Deutschland [...] bevorstehen*«, und meinte »*daß, da Wir Alle nur Ein Interesse haben, Wir vielleicht solche Principien aufstellen mögten, welche Unserm gemeinschaftlichen Wohl angemessen, und bei einer gegenseitigen Unterstützung, die Wir Uns in den gemeinschaftlichen Verhandlungen zusicherten, dazu geeignet seyn würden, dem Gange vielleicht mehr Kraft und den Einzelnen billigere Obliegenheiten zu ertheilen, als wenn ein Jeder einzeln für sich stehen bliebe und allein unterhandeln wollte*«.[22] Die Antworten dürften den Herzog enttäuscht haben, gingen sie doch über freundliche Allgemeinplätze nicht hinaus; vor allem fehlte die von ihm gewünschte Übermittlung der Ansichten zur deutschen Verfassungsfrage. Doch sagten beide Hessen zumindest eine enge Zusammenarbeit der Gesandten auf dem Wiener Kongreß zu.[23]

Diplomatie und Tanz: Der Verlauf des Wiener Kongresses

Im Laufe des Septembers versammelten sich Monarchen, Fürsten und Diplomaten in großer Zahl zum angekündigten Kongreß in Wien. Dessen Wesen unterschied sich grundsätzlich von dem vorangegangener Kongresse. In Münster und Osnabrück 1643 bis 1648 beispielsweise tagten die Gesandten während eines anhaltenden Kriegszustandes und daher mit dem Ziel, Frieden zu schließen. Im Jahre 1814 war dagegen der Krieg, der die Dominanz Frankreichs in Europa brach und Napoleon das Exil auf Elba brachte, bereits durch den Pariser Frieden beendet. Kein Teilnehmer stand mehr unter dem Druck militärischer Bedrohung, niemand konnte zur Annahme von Vertragsbedingungen gezwungen werden, jedes Ergebnis mußte in – theoretisch – gleichberechtigten Verhandlungen und im Konsens erzielt werden.[24]

Doch hatten die vier alliierten Mächte Großbritannien, Rußland, Österreich und Preußen geplant, wie schon in Paris, so auch in Wien alle offenen Fragen in ihrem exklusiven Kreis zu beraten und zu entscheiden. Entsprechend dieser Absicht gab es in Wien vom September 1814 bis Juni 1815 nie einen institutionalisierten Kongreß, nie eine Plenarsitzung aller Bevollmächtigten, ja nicht einmal eine förmliche Akkreditierung derselben. Zwar wurden alle Gesandten Anfang November aufgefordert, ihre Vollmachten bei einer Kommission, die selbige verifizieren würde, einzureichen. Faktisch

---

22 Hessisches Staatsarchiv Marburg [HStAM]: Best. 9a, Nr. 2980, Bl. 1/2; Hessisches Staatsarchiv Darmstadt [HStAD]: E1 J9/1, Bl. 79: Schreiben Herzog Friedrich Wilhelms an Kurfürst Wilhelm I. von Hessen-Kassel und Großherzog Ludwig I. von Hessen-Darmstadt (beide: Braunschweig, d. 5. Juli 1814).

23 HStAM (wie Anm. 22), Best. 9a, Nr. 2980, Bl. 4: Entwurf des Antwortschreibens (Kassel, d. 15. Juli 1814); HStAD (wie Anm. 22), E1 J9/1, Bl. 79: Entwurf des Antwortschreibens (Darmstadt, d. 4. Sept. [!] 1814).

24 Josef Karl Mayr: Aufbau und Arbeitsweise des Wiener Kongresses, in: Archivalische Zeitschrift 45 (1939), S. 64–127, hier S. 76–81. Eine sehr treffende Analyse zum Wesen des Kongresses bot zeitgenössisch der Hamburger Gesandte Johann Michael Gries (1772–1827) in seinem Bericht I^2 an den Senat in Hamburg (Wien, d. 24. Dez. 1814), gedruckt in Hundt (Hrsg.): Quellen (wie Anm. 16), S. 375–377.

sammelte diese Kommission jedoch nur die Vollmachten, kopierte sie und gab sie den Diplomaten kommentarlos wieder zurück, ohne über die Zulassung oder Nichtzulassung zum Kongreß zu entscheiden.[25]

Die eigentlichen Verhandlungen in Wien fanden, ebenfalls anders als auf allen früheren Friedenskongressen, ausschließlich in kleinen Komitees oder Kommissionen statt, die fallweise auf Initiative und aus der Machtvollkommenheit der vier Alliierten heraus gebildet wurden. Insgesamt gab es nicht weniger als 15 solcher Komitees und Kommissionen. Der wichtigste war der *Kleine Ausschuß*, der aus Österreich, Großbritannien, Rußland und Preußen gebildet wurde und der sich den europäischen Fragen widmete. Er wurde Anfang 1815 durch die Aufnahme Frankreichs zum *Fünferausschuß* erweitert, der das Konzert der Großmächte – die Pentrachie – der folgenden Jahre vorwegnahm. Daneben gab es unter anderem einen *Achterausschuß*, der die acht Signatarmächte des Pariser Friedens umfaßte, eine *Rangkommission*, die die nach wie vor nicht unbedeutende Frage der Rangverhältnisse der Staaten zueinander zu klären hatte, und eine *Statistische Kommission*, deren Aufgabe die Beschaffung zuverlässiger statistischer Daten über die zu verteilenden Länder war. Und schließlich gab es das *Deutsche Komitee*, das sich mit der staatsrechtlichen Neuorganisation Deutschlands beschäftigte.[26]

Die Beratung in exklusiven Kreisen sorgte bei den ausgeschlossenen Diplomaten, die sich zu bloßen Statisten degradiert fühlten, berechtigterweise für Irritationen und Unmut,[27] was aber nichts an der Verfahrensweise änderte. Die zahlreichen gesellschaftlichen Höhepunkte – Bälle, Redouten, Schlittenfahrten, Theaterbesuche usw.[28] – mochten in manchen Fällen über den inhaltlichen Leerlauf hinweg trösten oder ihn gar beinahe vergessen lassen, besonders bei den zahlreich in Wien versammelten Monarchen und Fürsten. Dies galt freilich nicht für Herzog Friedrich Wilhelm, der im September 1814 ebenfalls in die österreichische Hauptstadt reiste. Dort erhielt er sogar als besondere Ehrenbezeugung Schildwachen zugeteilt.[29] Doch hat dem Herzog jene Festkultur und schillernde Gesellschaft, bei der die Vertreter des Ancien

---

25 Haus Hof- und Staatsarchiv Wien [HHStA]: Staatskanzlei, Kongreßakten, Karton 1, Fasc. 2. Siehe auch Mayr (wie Anm. 24), S. 95 – 97.

26 Ebd., S. 81–119.

27 Hundt: Mindermächtige (wie Anm. 16), S. 106 u. 109 – 113. Der sachsen-meiningische Gesandte Karl von Erffa (1761–1823) schrieb dazu in einem Bericht an den Geheimen Rat Christian Ferdinand von Könitz (1756 – 1832) (Wien, d. 12. Nov. 1814): »*nicht einer [der Bevollmächtigten der Mindermächtigen] wird gewürdigt in Kentniß von Geschäften gesetzt zu werden, nein man läßt sie essen trinken Luftschöpfen und bezahlen*« (Thüringisches Staatsarchiv Meiningen: Meiningen, Geheimes Archiv, Deutsche Bundesverfassung IX. B. 2.).

28 Jean de Bourgoing: Vom Wiener Kongreß. 2. Aufl. Wien u. München 1964; Anna Ehrlich, Christa Bauer: Der Wiener Kongress. Diplomaten, Intrigen und Skandale. Wien 2014.

29 Thüringisches Staatsarchiv Rudolstadt: Familienarchiv Ketelhodt, Friedrich Wilhelm von Ketelhodt (1766 – 1836), Bündel 22: Tagebucheintrag vom 5. Okt. 1814.

Maskenball im Redoutensaal

Régime die scheinbare Überwindung der Ideen der Französischen Revolution, das Ende des mehr als zwanzigjährigen Krieges in Europa und den Sieg über Napoleon feierten, nicht zugesagt. Jedenfalls reiste Friedrich Wilhelm schon am 19. November 1814 wieder aus Wien ab,[30] offenbar ohne die Aufmerksamkeit der sonst so wißbegierigen österreichischen Geheimpolizei erregt zu haben.[31] Dafür fällte eine Augenzeugin des Kongresses, die holsteinische Gräfin Bernstorff, ein beinahe vernichtendes Urteil über den Herzog, der nach ihren Worten »*zwar mit Lorbeeren gekrönt, aber in einer nicht anziehenden Gestalt, mit einem nicht einnehmenden, etwas scheuen Wesen*« auftrat.[32]

Der Wiener Kongreß verlief anders, als von den führenden Ministern der alliierten Mächte geplant, da es im Sommer 1814 nicht gelang, während des Monarchentref-

30 HStAM (wie Anm. 22), Bestand 4h, Nr. 3308, Bl. 100-103: Bericht Nr. 8 des Grafen von Keller an Kurfürst Wilhelm von Hessen-Kassel (Wien, d. 22. Nov. 1814). Der Herzog von Braunschweig sei letzten Sonnabend (d. h. am 19. Nov.) abgereist. Siehe auch Zimmermann: Der Schwarze Herzog (wie Anm. 7), S. 210.

31 Zumindest findet sich kein Eintrag zu Herzog Friedrich Wilhelm in August Fournier: Die Geheimpolizei auf dem Wiener Kongreß. Eine Auswahl aus ihren Papieren. Wien u. Leipzig 1913.

32 Gräfin Elise von Bernstorff, geborene Gräfin von Dernath: Ein Lebensbild aus der Zeit von 1789 bis 1835. Aus ihren Aufzeichnungen. 2 Bde. Berlin 1896, hier Bd. 1, S. 150 f.

fens in London die offenen politischen und Territorialfragen zu lösen.[33] Daher wurde der Beginn des Kongresses um zwei Monate von Anfang August auf Anfang Oktober verschoben. Vornehmlich der Konflikt um die Zukunft Polens und damit verbunden die des Königreichs Sachsen entzweite die Alliierten.

Zar Alexander plante das von Napoleon geschaffene Großherzogtum Warschau – das auch die österreichischen und preußischen Gebietsgewinne aus der zweiten und dritten Teilung Polens umfaßte – als Ganzes zu erhalten und in Personalunion mit Rußland zu vereinen. Eine solche weitere faktische Westexpansion Rußlands, das 1807 bereits den Bialystoker Kreis, 1809 Finnland und 1812 Bessarabien erworben hatte, betrachteten jedoch der österreichische Außenminister Metternich und sein britischer Kollege Castlereagh als Gefahr für das Mächtegleichgewicht in Europa. Eine Meinung, die der preußische Staatskanzler Karl August (seit 1814 Fürst) von Hardenberg (1750–1822) persönlich teilte, damit aber auf erheblichen Widerstand seines Monarchen stieß. Um Berlin eng an Wien und London zu binden, waren Metternich und Castlereagh daher im September 1814 bereit, das gesamte Königreich Sachsen an Preußen fallen zu lassen und in der deutschen Frage Hardenbergs Verfassungspläne zu unterstützen.

Fürst August von Hardenberg

Die preußischen Ambitionen auf Sachsen waren alt, um so mehr, da das Land große Teile der heutigen Bundesländer Sachsen-Anhalt und Brandenburg umfaßte und die sächsisch-preußische Grenze kaum 50 Kilometer südlich von Berlin verlief; in Zeiten, in denen Krieg als legitimes Mittel der Politik galt, der Alptraum eines jeden Militärs. Da der sächsische König Napoleon zu lange die Treue hielt, geriet er im Oktober 1813 während der Völkerschlacht bei Leipzig in Kriegsgefangenschaft, sein Land unter alli-

33 Zum Wiener Kongreß und dem folgenden Überblick siehe: Charles K. Webster: The Congress of Vienna 1814–1815. London 1919; Karl Griewank: Der Wiener Kongreß und die Neuordnung Europas 1814/15. Leipzig 1942 (2. Aufl. unter dem Titel: Der Wiener Kongreß und die europäische Restauration 1814/15. Leipzig 1954); Harold Nicolson: The Congress of Vienna. A Study in Allied Unity 1812–1822. London 1948. Gegenwärtig erscheinen anläßlich der 200. Jahrestages des Kongresses eine Fülle von Darstellungen (hier eine Auswahl): Heinz Duchhardt: Der Wiener Kongress. Die Neugestaltung Europas 1814/15. München 2013; Wolf D. Gruner: Der Wiener Kongress 1814/15. Stuttgart 2014; Reinhard Stauber: Der Wiener Kongress. Wien u. a. 2014; David King: Vienna, 1814. How the Conquerors of Napoleon Made Love, War, and Peace at the Congress of Vienna. New York 2008 (dt.: Wien 1814: Von Kaisern, Königen und dem Kongress, der Europa neu erfand. München 2014); Thierry Lentz: 1815. Der Wiener Kongress und die Neugründung Europas. München 2014; Adam Zamoyski: 1815. Napoleons Sturz und der Wiener Kongress. München 2014.

ierte Verwaltung. Dadurch gab es eine große territoriale Verfügungsmasse, auf die Berlin sein Auge warf, um das eigene Staatsgebiet abzurunden. Nebenbei bemerkt: Auch König Friedrich I. von Württemberg – um nur ein Beispiel zu nennen – trat ebenfalls erst nach der Schlacht bei Leipzig auf die Seite der Alliierten. Die geographische Lage seines Landes, also die Entfernung zum Kriegsschauplatz und zu den anrückenden alliierten Truppen, ersparte ihm jedoch das Schicksal des Sachsen.

Die sich im Oktober 1814 durch das Zusammengehen Metternichs, Castlereaghs und Hardenbergs abzeichnende Koalition gegen den Zaren scheiterte jedoch in der ersten Novemberwoche. Zum einen intervenierte der preußische König Friedrich Wilhelm III., der sich Zar Alexander verpflichtet fühlte und Hardenberg anwies, keinerlei gegen Rußland gerichtete Politik zu betreiben. Zum anderen waren aber auch Metternich und Castlereagh letztlich nicht bereit, die überzogenen preußischen Territorialforderungen und Verfassungspläne für Deutschland vollständig und vor der Klärung der europäischen Fragen zu erfüllen und umzusetzen.

Daher standen sich Mitte November die vier Alliierten in zwei Lagern – Österreich und Großbritannien gegen Rußland und Preußen – geradezu feindlich gegenüber. Mit jedem Tag und jeder Woche, in der dieser Konflikt ungelöst blieb, nahm die Gefahr eines neuen Krieges, nun zwischen den ehemaligen Verbündeten, zu. Nachrichten über russische Truppenbewegungen in Polen wechselten sich mit Durchmärschen österreichischer Armeeverbände durch Wien ab und beunruhigten die versammelten Fürsten und Diplomaten.[34]

Dies blieb nicht ohne Folgen für die Vertreter der mindermächtigen deutschen Staaten, die sich je nach familiären Bindungen oder politischen Interessen der einen oder der anderen Seite anschlossen. Anfang/Mitte Dezember entstand so aus dem Kreis der herzoglich-sächsischen Häuser das Projekt einer Note an die Großmächte mit einem Protest gegen das befürchtete staatsrechtliche Ende des Königreichs Sachsen.[35] Befürworter einer solchen Note war auch der braunschweigische Gesandte Schmidt-Phiseldeck.[36] Das Ende eines so alten deutschen Fürstenhauses, wie das der Wettiner in Dresden, widersprach ganz den Überzeugungen von Herzog Friedrich Wilhelm, weshalb eine Unterstützung des Notenentwurfs durch Braunschweig nahelag.[37] Doch stieß das Projekt auf den vehementen Widerstand Preußens und Rußlands, die gemeinsam Druck auf zahlreiche der kleineren deutschen Staaten aus-

[34] Griewank: Wiener Kongreß 1954 (wie Anm. 33), S. 237 f.; Stauber: Wiener Kongress (wie Anm. 33), S. 87 f.; Hundt (Hrsg.): Quellen (wie Anm. 16), S. 563–566, hier S. 563: Bericht Nr. 37 Türkheims an Staatsminister v. Lichtenberg (Wien, d. 13. Dez. 1814).

[35] Die beiden Fassungen des Notenentwurfs gedruckt bei Hundt (Hrsg.): Quellen (wie Anm. 16), S. 553–558.

[36] HStAM (wie Anm. 22), Best. 4h, Nr. 3308, Bl. 137-139: Bericht Nr. 12 Kellers an Kurfürst Wilhelm (Wien, d. 10. Dez. 1814).

[37] Zimmermann: Der Schwarze Herzog (wie Anm. 7), S. 205 f.

übten. So standen am Ende nur noch Baden, Hessen-Darmstadt, Braunschweig und Nassau hinter dem Entwurf, der entsprechend in den Schubläden verschwand.[38]

Gelöst wurde der Konflikt um Polen und Sachsen durch die Einbindung Frankreichs in den Kreis der politischen Großakteure, eine Meisterleistung des französischen Außenministers Charles-Maurice de Talleyrand (1754–1834). Am 3. Januar 1815 unterzeichneten Österreich, Großbritannien und Frankreich ein Geheimabkommen, dem später mehrere Mittelmächte beitraten.[39] Angesichts dieses vereinten und energischen Auftretens der drei westlichen Mächte rückte Zar Alexander von seinen Maximalforderungen ab, näherte sich der neuen Allianz an und willigte in eine neuerliche Teilung Polens ein; das Ergebnis war das sogenannte Kongreßpolen.

Preußen fand sich nun unvermittelt isoliert und mußte seinerseits seine Ansprüche zurückschrauben. Es erhielt etwa zwei Fünftel des Königreichs Sachsen, während das wieder selbständig gewordene Königreich in etwa dem heutigen Bundesland Sachsen entsprach. Zudem erhielt Preußen einen ungeliebten Territorialzuwachs im Rheinland, wodurch das Staatsgebiet in einen größeren östlichen und einen kleineren westlichen Teil zerrissen war.[40] Die Bemühungen Berlins, eine territoriale Brücke zwischen den beiden Teilen herzustellen, belastete die deutsche Politik bis 1866.

Doch Mitte Januar 1815 war mit diesen beiden Kompromissen die Krise des Wiener Kongresses überwunden, selbst wenn sich die Ausarbeitung der Details bis weit in den Februar hinzog. Erst danach konnten die anderen offenen Territorialfragen beraten und entschieden werden. Das Herzogtum Braunschweig spielte dabei nur eine untergeordnete Rolle. Ein Austausch des Landes gegen Gebiete am Niederrhein, wodurch sich für Preußen eine Landverbindung zwischen den Provinzen Westfalen und Sachsen ergeben hätte, wurde allerdings auf dem Wiener Kongreß nicht disku-

---

38 HStAD (wie Anm. 22), E1 J9/3, Bl. 249/250/253: Bericht Nr. 37 Türkheims an Staatsminister v. Lichtenberg (Wien, d. 13. Dez. 1814); Sächsisches Hauptstaatsarchiv Dresden: Geheimes Kabinett, Friedensschlüsse, Wiener Kongress, Loc. 2954/08, Bl. 336-339: Bericht des sächsischen Kongreßgesandten Friedrich Albert Graf von der Schulenburg-Kolsterroda (1772–1853) an den sächsischen Minister Detlev Graf von Einsiedel (1773–1861) (Wien, d. 14. Dez. 1814).

39 Gedruckt in: CTS (wie Anm. 8), Bd. 63, S. 436–440. Die Entstehungsgeschichte ist mehr oder minder ausführlich beschrieben in allen in Anm. 33 aufgeführten Werken.

40 Siehe die in Anm. 33 aufgeführten Werke.

tiert, und auch in Hardenbergs Plan für die territoriale Neuordnung Mitteleuropas vom April 1814 findet sich diese Idee nicht.[41]

Dafür bemühte sich Schmidt-Phiseldeck im Februar und April 1815 mehrfach intensiv bei Preußen und Österreich um eine Unterstützung der Entschädigungsforderungen Braunschweigs und überreichte in diesem Zusammenhang Anfang Februar eine umfangreiche Denkschrift an die beiden deutschen Vormächte.[42] In ihr legte er den Anspruch Braunschweigs auf einen Teil von Hildesheim dar, verwies auf die Vorteile durch die Verbindung der beiden braunschweigischen Landesteile und bot erneut den Tausch von braunschweigischen Exklaven im preußischen Gebiet gegen direkt benachbarte Gebiete an.[43]

Außer allgemeinen Versicherungen des Wohlwollens brachten diese Bemühungen jedoch nichts ein.[44] Inwieweit bei der zurückhaltenden preußischen Reaktion Berichte eine Rolle spielten, die der Major Gustav Ernst von Boetticher (1782–1847) als Vertreter der Steinschen Zentralverwaltung in Kassel über Herzog Friedrich Wilhelm nach Berlin geschrieben hatte, ist nicht abzuschätzen. Die Berichte warfen jedenfalls kein gutes Licht auf den Herzog, dem eine »*willkührliche Regierungsweise*« vorgeworfen wurde.[45] Zudem berichtete Boetticher im Februar 1815, noch bevor die Entschärfung der europäischen Krise publik wurde, an den Freiherrn vom Stein, der Herzog betreibe in seinem Land militärische Rüstungen, die seiner Meinung nach

[41] Zimmermann: Der Schwarze Herzog (wie Anm. 7), S. 205, meint – leider ohne Belege –, es sei geplant gewesen, »*den Herzog mit dem Großherzogtum Berg abzufinden. Der Plan war schon ein paar Jahre früher einmal aufgetaucht*«. Dies ist unwahrscheinlich, da über das Großherzogtum Berg erst seit Ende 1813 disponiert werden konnte. Zu Hardenbergs Plan siehe Karl Griewank, Preußische Neuordnungspläne für Mitteleuropa aus dem Jahre 1814, in: Deutsches Archiv für Landes- und Volksforschung 6 (1942), S. 342–360. ND der Karte in Klaus Müller (Hrsg.): Quellen zur Geschichte des Wiener Kongresses 1814/1815. Darmstadt 1986 (= Ausgewählte Quellen zur deutschen Geschichte der Neuzeit, Bd. 23), nach S. 530.

[42] GStA (wie Anm. 21), III. HA., 2.4.1., Abt. I, Nr. 1183: Schmidt-Phiseldeck an Hardenberg (Wien, d. 8. u. 17. Feb. 1815: Denkschrift als Anlage zum Schreiben vom 8. Feb. 1815); ebd., Nr. 1182: Schmidt-Phiseldeck an Hardenberg (Wien, d. 21. u. 24. Feb. 1815); HHStA (wie Anm. 25), Staatskanzlei, Kongreßakten, Karton 9, Fasc. 15: Schmidt-Phiseldeck an Wessenberg (Wien, d. 10. Feb. 1815), Metternich (Wien, d. 13. u. 24. Feb. 1815 sowie 15. April 1815) und Kaiser Franz (Wien, d. 17. Feb. 1815: dort auch die Denkschrift).

[43] Zimmermann: Der Schwarze Herzog (wie Anm. 7), S. 207, scheint diese Noten und die Denkschrift nicht gekannt zu haben.

[44] GStA (wie Anm. 21), III. HA., 2.4.1., Abt. I, Nr. 1182: Hardenberg an Herzog Friedrich Wilhelm (Wien, d. 5. Okt. 1814); ebd., Nr. 1183: Hardenberg an Schmidt-Phiseldeck (Wien, d. 17. Feb. 1815); HHStA (wie Anm. 25), Staatskanzlei, Kongreßakten, Karton 9, Fasc. 15: Kaiser Franz an Schmidt-Phiseldeck (Wien, d. 18. Feb. 1815).

[45] GStA (wie Anm. 21), III. HA., 2.4.1., Abt. I, Nr. 1183: Boetticher an Hardenberg (Kassel, d. 20. Sept. 1814 u. Kassel, d. 10. März 1815). Dies korrespondiert mit anderen zeitgenössischen Bemerkungen, siehe Heinrich Mack: Zur Regierungsgeschichte Herzog Friedrich Wilhelms von Braunschweig in Briefen eines Zeitgenossen [K.U.H. v. Schrader], in: Jahrbuch des Geschichtsvereins für das Herzogtum Braunschweig 13 (1914), S. 130–144; Zimmermann: Der Schwarze Herzog (wie Anm. 7), S. 187–195, führt das Verhalten des Herzogs auf dessen fehlende Regierungserfahrung und auf einen bisweilen »*ungestüm aufbrausenden Zorn*« zurück. Zur kurzen Regentschaft des Herzogs allgemein siehe Puhle: Herzogtum (wie Anm. 6), S. 358–394.

gegen Preußen gerichtet seien.[46] Dies entsprach zwar wohl nicht den Tatsachen, dürfte aber beim preußischen Staatskanzler, der im engen Kontakt mit Stein stand und daher von der Einschätzung Boettichers erfahren haben wird, nicht gut aufgenommen worden sein.

Ein Gebietszuwachs für Braunschweig lag daher außerhalb der Möglichkeiten. Insbesondere die Bemühungen um einen Teil von Hildesheim waren von vornherein aussichtslos gewesen. Denn auf Hildesheim hatte die Regierung in Hannover, unterstützt von der britischen Regierung, ihrerseits bereits früh Ansprüche angemeldet, die Hardenberg entsprechend schon in seinem Plan für die territoriale Neuordnung Mitteleuropas vom April 1814 berücksichtigte.[47] Und da der Ausgleich der Territorialansprüche zwischen Preußen und Hannover während des Wiener Kongresses der Quadratur des Kreises nahekam und von den Monarchen beider Länder schmerzhaft empfundene Gebietsabtretungen erforderte, so konnte von der hannoverschen Regierung und vom britischen König nicht erwartet werden, zugunsten Braunschweigs zurückzustehen.[48]

Somit befand sich Friedrich Wilhelm in einer Lage mit dem Herzog von Mecklenburg-Schwerin, der ebenfalls verwandtschaftlich enge Beziehungen zu den alliierten Monachen, in diesem Fall zu Rußland, besaß, auf dem Kongreß aber ohne Territorialgewinn blieb. Er erhielt dafür eine Rangerhöhung, er wurde Großherzog, ebenso wie die Herzöge von Mecklenburg-Strelitz, Oldenburg und Sachsen-Weimar.[49] Dem Herzog von Braunschweig wurde nach den bekannten Akten des Kongresses eine solche Rangerhöhung nicht angeboten; er scheint aber auch nicht darauf angetragen zu haben. Auf den ersten Blick mag eine Rangerhöhung inhaltsleer wirken. Sie war jedoch in einer Zeit, in der Titel und Rangverhältnisse nicht nur eine weit größere Rolle spielten als heute, sondern für anhaltenden Streit und ernsthafte diplomatische Zwischenfälle sorgten, von großer symbolischer Bedeutung. Nicht ohne Grund gab es auf dem Wiener Kongreß eine eigens eingerichtete Rangkommission.[50] Und die Annahme der Großherzogswürde jener vier Herzöge sorgte von April bis Juni 1815 für eine geradezu inflationäre Zahl von Rechtsverwahrungen anderer deutscher Staaten. In die Gruppe dieser Rufer reihte sich auch Schmidt-Phiseldeck ein, der im Namen seines Herzogs erklärte, zwar grundsätzlich nichts gegen die Rangerhöhun-

46 GStA (wie Anm. 21), III. HA., 2.4.1., Abt. I, Nr. 1183: Boetticher an Stein (Kassel, d. 9. Feb. 1815).

47 Wie Anm. 41.

48 So mußte der preußische König das Fürstentum Ostfriesland an Hannover abtreten, der britische König als König von Hannover und zugleich Herzog von Sachsen-Lauenburg dagegen eben dieses Sachsen-Lauenburg an Preußen (das es dann wiederum gegen Schwedisch-Pommern eintauschte). Siehe Griewank: Wiener Kongreß 1954 (wie Anm. 33), S. 208–210.

49 Johann Ludwig Klüber (Hrsg.): Acten des Wiener Congresses in den Jahren 1814 und 1815, 9 Bde., Erlangen 1815–1818, 1835, hier Bd. 6, S. 46 f.: Acte final du congrès de Vienne, du 9 juin 1815, Art. 34–36.

50 Mayr: Aufbau (wie Anm. 24), S. 103 f.

gen einwenden zu wollen, jedoch die Gerechtsame Braunschweigs für die Zukunft wahren zu müssen. Insbesondere könne der Titel eines Großherzogs nicht die aus dem Alten Reich überkommene Rangfolge der altfürstlichen Häuser verändern.[51]

Die Zukunft Deutschlands: Der lange Weg zum Deutschen Bund

Die letzte große Aufgabe des Wiener Kongresses war die staatsrechtliche Neuorganisation Deutschlands. Das alte Heilige Römische Reich Deutscher Nation hatte zwischen 1795 und 1806 Stück für Stück sein Ende gefunden, zunächst mit der Abtretung der linksrheinischen Gebiete 1795/1801, mit dem Reichsdeputationshauptschluß und der Säkularisation von 1803 und schließlich mit der Gründung des Rheinbundes und der Niederlegung der Kaiserkrone durch Franz II. im August 1806.[52] Als faktische Nachfolgeorganisation bestand bis 1813 der Rheinbund von Napoleons Gnaden, dessen bündische Entwicklung in den Anfängen stecken blieb und der sich nach dem Sieg der Alliierten in der Völkerschlacht bei Leipzig sang- und klanglos auflöste.[53] Diejenigen Rheinbundstaaten, die Ende 1813 rechtzeitig den Bündniswechsel hin zu den Alliierten vollzogen, ebenso diejenigen Länder, die im gleichen Zeitraum wieder als eigenständige Gemeinwesen zum Leben erwachten – und dazu zählte Braunschweig –, bestanden völkerrechtlich betrachtet als souveräne Staaten. Bei der Mehrzahl von ihnen war die Souveränität allerdings durch die Bestimmungen der Akzessionsverträge eingeschränkt worden, in denen die kleineren ehemaligen Rheinbundstaaten zusicherten, sich den Regelungen der Alliierten zu fügen, die für die künftige Unabhängigkeit Deutschlands als notwendig erachtet werden würden.[54]

---

[51] HHStA (wie Anm. 25) Staatskanzlei, Kongreßakten, Karton 9, Fasc. 15. Und GStA (wie Anm. 21), III. HA., 2.4.1., Abt. I, Nr. 1182: Die inhaltlich gleichlautende Rechtsverwahrung Schmidt-Phiseldecks an Metternich und Hardenberg (Wien, d. 16. April 1815). Die Erklärung auszugsweise gedruckt bei Zimmermann: Der Schwarze Herzog (wie Anm. 7), S. 208.

[52] Zum Ende des Alten Reiches siehe Karl Otmar von Aretin: Heiliges Römisches Reich 1776–1806. Reichsverfassung und Staatssouveränität. 2 Bde. Wiesbaden 1967 (= Veröffentlichungen des Instituts für Europäische Geschichte Mainz, Bd. 38); Karl Härter: Reichstag und Revolution 1789–1806. Die Auseinandersetzung des Immerwährenden Reichstags zu Regensburg mit den Auswirkungen der Französischen Revolution auf das Alte Reich. Göttingen 1992 (= Schriftenreihe der Historischen Kommission bei der Bayerischen Akademie der Wissenschaften, Bd. 46); Wolfgang Burgdorf: Ein Weltbild verliert seine Welt. Der Untergang des Alten Reiches und die Generation 1806. München 2006 (= Bibliothek Altes Reich, Bd. 2); Hans-Christof Kraus: Das Ende des alten Deutschland. Krise und Auflösung des Heiligen Römischen Reiches Deutscher Nation 1806. 2. Aufl. Berlin 2007.

[53] An neuerer Literatur: Hartwig Brandt (Hrsg.): Rheinbündischer Konstitutionalismus. Frankfurt a. M. 2009; Alain Pigeard: L'Allemagne de Napoléon Ier. La Confédération du Rhin, 1806–1813. Paris 2013.

[54] Hundt (Hrsg.): Quellen (wie Anm. 16), S. 17–21: Akzessionsverträge vom Hessen-Darmstadt (Frankfurt, d. 23. Nov. 1813), Lippe-Detmold (Frankfurt, d. 29. Nov. 1813) und Mecklenburg-Strelitz (Châtillon sur Seine, d. 12./24. Feb. 1814). Braunschweig schloß, wie Oldenburg und Sachsen-Weimar, keinen entsprechenden Akzessionsvertrag mit den Alliierten. Die Ursache hierfür ist nicht bekannt; Sachsen-Weimar war Rheinbundmitglied gewesen.

Die verfassungsrechtliche Neugestaltung Deutschlands in einer Zeit nach Napoleon hatte schon lange Zeit zahlreiche Staatsmänner beschäftigt. Die Konzepte griffen meist auf die Reichsreformdiskussion von vor 1806[55] oder auf preußische Pläne zu einem norddeutschen Reichsbund[56] zurück. Eine Ausnahme bildete der Freiherr vom Stein, der sich seit Anfang 1812 als Berater des Zaren in deutschen Angelegenheiten in Rußland befand.[57] Seine verfassungspolitischen Ideen für Deutschland waren in ihrem Kern geprägt von einem romantischen, letztlich imaginären Ideal der Reichsverfassung des 10. bis 13. Jahrhunderts, mit einem Kaiser als Oberhaupt, der patriarchalisch den Reichsständen (der Länder) vorsteht. Auf dieser Basis entwarf er für den Zaren Denkschriften, in denen er drei theoretisch mögliche Szenarien entwarf, »*1. entweder indem man aus Deutschland eine große Monarchie bildet; 2. oder indem man es nach dem Lauf des Mains zwischen Preußen und Österreich teilt; 3. oder indem man in diesen beiden großen Teilen einige mit Preußen oder Österreich verbündete Länder bestehen laßt, wie Hannover usw.*«.[58] Alle drei Vorschläge erwiesen sich als nicht praktikabel, da sie die politischen Realitäten ignorierten, die Existenz der bestehenden deutschen Staaten – insbesondere der kleineren – gefährdeten und daher auf massiven Widerstand stießen. Sie waren zudem nicht kompatibel mit den Zielen der russischen Deutschlandpolitik, der ins Auge gefaßten Westexpansion und dem Interesse an den verwandtschaftlich verbundenen Fürstenhäusern in Deutschland.[59] Dies traf indirekt auch auf Braunschweig-Wolfenbüttel zu, war doch die Zarin eine Schwester der Herzogin. Dennoch engagierte sich der Freiherr vom Stein bis zum Ende des Wiener Kongresses immer wieder mit Denkschriften und Kommentaren in der deutschen Verfassungsfrage, nicht unbedingt zum Vorteil derjenigen, die auf seinen Rat hörten.

---

55 Aretin: Heiliges Römisches Reich (wie Anm. 52), S. 198–211 u. 453–504; Härter: Reichstag (wie Anm. 52), S. 598–641.

56 Wilhelm Adolf Schmidt: Geschichte der peußischen-deutschen Unionsbestrebungen seit der Zeit Friedrich's des Großen. Nach authentischen Quellen im diplomatischen Zusammenhange. Berlin 1851, S. 405–622; ders.: Preußens deutsche Politik 1785, 1806, 1849, 1866. 3. Aufl. Leipzig 1867, S. 77–173. Ein zusammenfassender Überblick bei Michael Hundt: Hardenbergs deutsche Verfassungspolitik in den Jahren 1780 bis 1815, in: Thomas Stamm-Kuhlmann (Hrsg.): »Freier Gebrauch der Kräfte«. Eine Bestandsaufnahme der Hardenberg-Forschung. München 2001, S. 163–190, hier S. 173–179.

57 Zum Folgenden siehe Michael Hundt: Stein und die deutsche Verfassungsfrage in den Jahren 1812 bis 1815, in: Heinz Duchhardt, Andreas Kunz (Hrsg.): Reich oder Nation? Mitteleuropa 1780–1815. Mainz 1998 (= Veröffentlichungen des Instituts für Europäische Geschichte Mainz, Beih. 46), S. 141–180.

58 Denkschrift Steins für Zar Alexander (St. Petersburg, d. 1. Nov. 1812). In Übersetzung zitiert nach: Erich Botzenhart, Gunther Ipsen (Hrsg.): Freiherr vom Stein. Ausgewählte politische Briefe und Denkschriften. 2. Aufl. Stuttgart 1986, S. 327 f. Die vollständige Denkschrift in der französischen Originalfassung: Freiherr vom Stein (wie Anm. 13), Bd. 3, S. 794–796.

59 Ulrike Eich: Rußland und Europa. Studien zur russischen Deutschlandpolitik in der Zeit des Wiener Kongresses. Köln u. a. 1986 (= Passauer Historische Forschungen, Bd. 1).

Dies mußten vor allem die preußischen Staatsmänner erleben. Bereits seit Ende 1813 hatte der preußische Minister Wilhelm von Humboldt (1767–1835) Verfassungspläne ausgearbeitet,[60] die dann vom Staatskanzler Fürst Hardenberg im Juli 1814 weiterentwickelt wurden.[61] Hardenberg[62] – 1781 bis 1790 Minister in Braunschweig-Wolfenbüttel, wo er zahlreiche Reformen im Sinne aufklärerischer Ideen einleitete und umsetzte, 1790 bis 1798 leitender Minister in Ansbach-Bayreuth, 1803 bis 1806/07 Minister in Preußen und seit 1810 preußischer Staatskanzler – erkannte angesichts des österreichisch-preußischen Dualismus' in Mitteleuropa die Unmöglichkeit, das Alte Reich mit einem Kaiser an der Spitze, dem sich Preußen hätte unterordnen müssen, wiederherzustellen. Er schlug daher in seinen 41 Artikeln eine faktische Zweierherrschaft Berlins und Wiens über die deutschen Staaten vor, die ihre rechtliche Absicherung durch die dominante Stellung der beiden Vormächte erhalten sollte. Hardenberg dachte an eine Einteilung Deutschlands in sieben Kreise, in denen jeweils ein Staat als Kreisdirektor fungieren sollte. Geplant war, daß Österreich und Preußen jeweils zwei Kreisen vorstehen sollten, Bayern, Hannover und Württemberg je einem. Und da nur den Kreisdirektoren, unter Ausschluß der anderen Bundesstaaten, die Leitung des Bundes zustehen sollte, so lief der Plan auf eine faktische Mediatisierung derjenigen Staaten hinaus, die keine Kreisdirektorenstelle hätten erhalten sollen.[63]

Zu allem Überfluß redigierte der Freiherr vom Stein diesen Entwurf Hardenbergs auf dessen Bitte im Juli/ August 1814. Nach dieser Redaktion hätten die größten Gebietsteile Preußens und Österreichs außerhalb des Bundes als souveräne Staaten bestehen, beide Mächte aber dennoch vier der sieben Kreisdirektorenposten behalten sollen. Zugleich sollten nach Steins Vorstellung die Standesherren, also die 1803/06 mediatisierten Fürsten, gleichberechtigt neben den formal souveränen Fürsten mit Sitz und Stimmen im Bundesrat vertreten sein und zudem umfangreiche landständische Rechte erhalten.[64]

Das waren Ideen, die auf massiven Widerstand trafen. So bemängelte Humboldt die Idee, große Teile Österreichs und Preußens aus dem Bund auszuschließen.[65] Und ein österreichischer Hofrat sah in dem Entwurf lediglich den Versuch Preußens, eine

60 Wilhelm von Humboldt: Gesammelte Schriften. 17 Bde. Berlin 1903–1936, hier Bd. 11, S. 95–112.

61 Ernst Rudolf Huber: Deutsche Verfassungsgeschichte seit 1789. Bd. 1: Reform und Restauration 1789 bis 1830. 2. Aufl. Stuttgart u. a. 1975, S. 519-530; Hundt: Mindermächtige (wie Anm. 16), S. 92–94.

62 Hans Haussherr: Hardenberg. Eine politische Biographie. 2. Bde. Köln u. a. 1963/65; Peter Gerrit Thielen: Karl August von Hardenberg 1750–1822. Eine Biographie. Köln u. Berlin 1967.

63 Hundt: Hardenbergs deutsche Verfassungspolitik (wie Anm. 56), S. 182–186.

64 Hundt: Stein (wie Anm. 57), S. 168–171.

65 Bruno Gebhardt: Wilhelm von Humboldt als Staatsmann. 2 Bde. Stuttgart 1896/99, hier Bd. 2, S. 23.

Hegemonialstellung in Norddeutschland aufzubauen.[66] Noch im September 1814 wurden die 41 Artikel daher in Beratungen zwischen Österreich, Preußen und Hannover auf 12 Artikel reduziert.[67] Jene sahen nur noch die Schaffung von fünf Kreisen vor (je einer unter der Direktorenschaft von Österreich, Preußen, Hannover, Bayern und Württemberg), so daß es nicht mehr zu einer Doppelhegemonie Österreichs und Preußens hätte kommen können. Auch war eine geringere Einschränkung der landeshoheitlichen Rechte vorgesehen, und von einem Stimmrecht der Mediatisierten im Bundesrat war keine Rede mehr.

Doch auch diese 12 Artikel fanden kaum Zustimmung. In den Konferenzen des Deutschen Komitees ab dem 14. Oktober, an denen nur die fünf größten deutschen Staaten – also Österreich, Preußen, Hannover, Bayern und Württemberg – teilnehmen durften, lehnten die beiden süddeutschen Königreiche jede Einschränkung ihrer Souveränität durch bundesrechtliche Bestimmungen ab und strebten einen reinen Staatenbund, nur für die äußere Verteidigung, an. Da zudem die Beratungen im Deutschen Komitee vom Streit über die Zukunft Polens und Sachsens auf europäischer Ebene überlagert wurden, Österreich und Preußen sich seit Anfang November in gegnerischen Lagern wiederfanden, wurden die Konferenzen am 16. November 1814 ergebnislos abgebrochen.

Die 41 Artikel und die 12 Artikel hatten auch im Kreis der Vertreter der mindermächtigen deutschen Staaten den »*abfälligsten Unwillen*« erregt.[68] Der mecklenburg-schwerinische Gesandte meinte, sein Herzog dürfe »*eine solche unterdrückende Verbindung*« niemals eingehen.[69] Und der badische und der hessen-darmstädtische Gesandte bezeichneten beide den Plan schlicht als »*Terrorismus*«.[70] Die Ursache für diese heftige Reaktion lag auf zwei Ebenen. Zum einen sahen die kleineren deutschen Staaten in den Bestimmungen der Akzessionsverträge keine Blankovollmacht für die fünf Mächte, die künftige Verfassung Deutschlands in einem exklusiven Rah-

[66] Stellungnahme von Peter Anton von Frank, Anfang Oktober 1814. Gedruckt in: Lothar Gall (Hrsg.): Quellen zur Geschichte des Deutschen Bundes, Abt. I, Bd. 1: Quellen zur Entstehung und Frühgeschichte des Deutschen Bundes 1813–1830, Halbbd. 1, bearb. von Eckhardt Treichel. München 2000, S. 329–361, hier S. 334.

[67] Zum Folgenden: Hans-Joachim Hartmann: Das Schicksal der preußisch-österreichischen Verfassungsvorschläge, insbesondere des Entwurfs vom 14. Oktober 1814, auf dem Wiener Kongreß. Diss. jur. Göttingen 1964; Huber: Verfassungsgeschichte (wie Anm. 61), S. 545–552; Hundt: Mindermächtige (wie Anm. 16), S. 95–98.

[68] Hessisches Hauptstaatsarchiv Wiesbaden [HStAW]: Abt. 130 II, Nr. 1367, ohne Paginierung: Tagebuchaufzeichnungen Ernst Franz Ludwig Marschall von Biebersteins, vom 26. Sept. bis 22. Okt. 1814.

[69] Mecklenburgisches Landeshauptarchiv Schwerin [MLHASN]: Schwerin 18619: Bericht Nr. 4 Plessens an Herzog Friedrich Franz (Wien, d. 21. Sept. 1814).

[70] Bericht von Karl Theodor von Hacke (1775–1834) an Karlsruhe (Wien, d. 30. Sept. 1814), gedruckt in: Müller (Hrsg.): Quellen (wie Anm. 41), S. 343–350, hier S. 344; HStAD (wie Anm. 22), E1 J9/2, Bl. 81/82: Bericht Nr. 10 Türkheims an Staatsminister v. Lichtenberg (Wien, d. 8. Okt. 1814).

men beraten und beschließen zu dürfen; die Mindermächtigen fühlten sich schlicht übergangen. Zum anderen bedrohten die publik gewordenen Entwürfe die Landeshoheit der einzelnen Fürsten massiv und ließen eine Unterordnung unter einen der Kreisdirektoren fürchten. Außerdem vermißte die überwiegende Mehrzahl der Vertreter der kleineren deutschen Staaten in den Verfassungsentwürfen einen entscheidenden Punkt, nämlich die Krönung des Werkes durch die Wiederherstellung der deutschen Kaiserwürde im Hause Habsburg.[71]

Schon gleich nach der Ankunft der einzelnen Diplomaten in Wien hatten sich zwanglose gesellschaftliche Treffen ergeben, bei denen politische Meinungen ausgetauscht wurden. Im Laufe des Monats Oktober entwickelte sich aus diesen Treffen zunächst die Idee eines Zusammenschlusses der altfürstlichen Häuser, zu denen auch Braunschweig gehört hätte.[72] Bald reifte jedoch die Einsicht, daß ein Zusammengehen aller deutschen Staaten, die von den Verfassungsberatungen ausgeschlossen waren, effektiver sein würde. So entstand der informelle Verein der Mindermächtigen. Haupttreffpunkt war die Wohnung des oranisch-nassauischen Gesandten Hans Christoph Ernst von Gagern (1766–1852), weniger weil er eine so herausragende politische Bedeutung besessen hätte, sondern vielmehr wegen seines gut gefüllten Weinkellers und seines vorzüglichen Kochs. Im Kreis dieser Treffen entstand in mehreren Schritten die sogenannte Kaisernote der Mindermächtigen vom 16. November 1814, in der sie förmlich Protest gegen den Ausschluß von den Beratungen des Deutschen Komitees einlegten. Zugleich erklärten sie ihre Bereitschaft, landständische Verfassungen in ihren Staaten einzuführen, und drückten ihren Wunsch nach einem Kaiser als gemeinschaftliches Oberhaupt aus. Einen großen Einfluß auf das Kongreßgeschehen hatte die Note zwar nicht, sie sorgte jedoch für erhebliche Aufmerksamkeit.[73]

Herzog Friedrich Wilhelm war im Kreis der deutschen Fürsten einer der wenigen, der sich in Wien direkt in die diplomatischen Verhandlungen einschaltete bzw. sie zu beeinflussen suchte. Zum einen soll der Herzog im *Hamburgischen Correspondenten*, seinerzeit eine der größten und verbreitetsten Zeitungen in Norddeutschland, Aufsätze mit politischem Inhalt veröffentlicht haben.[74] Zum anderen vertrat er nachdrücklich die Idee der Wiederherstellung der Kaiserwürde im Hause Habsburg. Anfang November 1814 bemühte er sich gemeinsam mit dem Fürsten Friedrich Wilhelm von Nassau-Weilburg, Großherzog Karl von Baden zu einem Beitritt zum Ver-

---

71 Hundt: Mindermächtige (wie Anm. 16), S. 115–121.

72 MLHASN (wie Anm. 69), Schwerin 18619: Bericht Nr. 9 Plessens an Herzog Friedrich Franz (Wien, d. 10. Okt. 1814); ebd.: Schwerin 4258: Privatschreiben Plessens an Herzog Friedrich Franz (Wien, d. 31. Okt. 1814); HStAD (wie Anm. 22), E1 J9/2, Bl. 218/219: Bericht Nr. 20 Türkheims an Staatsminister v. Lichtenberg (Wien, d. 2. Nov. 1814).

73 Hundt: Mindermächtige (wie Anm. 16), S. 99–110 u. 122–149.

74 Zimmermann: Der Schwarze Herzog (wie Anm. 7), S. 206 f., leider erneut ohne Quellenbeleg.

ein der Mindermächtigen und zur Kaisernote zu bewegen, allerdings vergeblich.[75] Und noch im März 1815, als eine Wiederherstellung der Kaiserwürde längst mehr als unwahrscheinlich war, trat er gegenüber dem Kurfürsten von Hessen-Kassel nachdrücklich gerade für diese Idee ein.[76]

Der braunschweigische Gesandte Schmidt-Phiseldeck hat sich früh den Versammlungen der Mindermächtigen angeschlossen.[77] Er scheint aber nicht über viele Kontakte zu seinen Kollegen verfügt zu haben, jedenfalls kannte er bei seiner Ankunft in Wien offenbar nur wenige andere Diplomaten[78] und gehörte nicht zu den engeren Kreisen des sehr einflußreichen mecklenburg-schwerinischen Ministers Leopold Engelke Hartwig von Plessen (1769–1837),[79] der herzoglich-sächsischen Bevollmächtigten[80] oder des rührigen Bremer Senators Johann Smidt (1773–1857).[81] Das wird weniger an seiner Herkunft gelegen haben, obwohl erst sein Vater in den erblichen Adelsstand erhoben worden war und Standesdünkel von Gesandten aus altem Adel nicht ausgeschlossen werden können; dem schaumburg-lippischen Regierungspräsidenten Günther Heinrich von Berg (1765–1843), dessen Adelstitel sogar umstritten war, schadete dieser Umstand nicht.[82]

In den ersten Monaten des Kongresses spielte Schmidt-Phiseldeck im Kreis der Mindermächtigen und bei der Entstehung der Kaisernote dennoch eine gewisse Rolle.[83] Dies lag in erster Linie an den Beziehungen Braunschweigs zu Hannover, speziell zum hannoverschen Gesandten, dem Grafen Münster. Ganz so gut, wie manche dachten, war das Einvernehmen zwischen den beiden Linien der Welfen allerdings nicht. Dies

---

75 HStAM (wie Anm. 22), Best. 4h, Nr. 3308: Bericht Nr. 5 Kellers an Kurfürst Wilhelm (Wien, d. 12. Nov. 1814).

76 HStAM (wie Anm. 22), Best. 9a, Nr. 2989: Herzog Friedrich Wilhelm an Kurfürst Wilhelm (Braunschweig, d. 20. März 1815).

77 Staatsarchiv Bremen [StAB]: Best. 7,20, Nr. 135: Tagebuch Smidts während des Wiener Kongresses, Eintrag vom 21. Sept. 1814.

78 HStAD (wie Anm. 22), O 11 B, Nr. 35, Bd. 21: Schmidt-Phiseldeck an Gagern (Wien, d. 10. Mai 1815), freut sich »*Ihre [d. h. Gagerns] Bekanntschaft hier gemacht zu haben*«; Thüringisches Staatsarchiv Greiz [ThStAG]: Gemeinsame Regierung Gera, Nr. 1380, Bl. 33–36: Bericht Nr. 2 des reußischen Vizekanzlers Georg Walther Vincenz von Wiese (1769–1824) an die Gemeinsame Regierung (Wien, d. 8. Okt. 1814).

79 Schmidt-Phiseldeck wird in der sehr umfangreichen Korrespondenz Plessens nur ganz am Rande erwähnt (MLHASN (wie Anm. 69), Schwerin 18619).

80 Landeshauptarchiv Sachsen-Anhalt Magdeburg: Abt. Dessau, D 10, Nr. 2^II, Bl. 44/45: Bericht des anhaltischen Gesandten Wolff Carl August von Wollframsdorff (1769–1831) an die herzogliche Regierung in Dessau (Wien, d. 12. Okt. 1814).

81 StAB (wie Anm. 77), Best. 7,20, Nr. 135: Im Tagebuch von Smidt wird Schmidt-Phiseldeck nur viermal erwähnt (21. u. 30. Sept., 16. Okt. u. 4. Dez. 1814), wobei er zwei Mal (16. Okt. u. 4. Dez. 1814) bei dem gastfreien Smidt (der mit Frau und Familie nach Wien gereist war) zum Essen eingeladen war.

82 Hundt: Mindermächtige (wie Anm. 16), S. 173–179.

83 Dies einen »*hervorragenden Anteil*« zu nennen, wie Zimmermann: Der Schwarze Herzog (wie. Anm. 7), S. 209, es macht, ist aber übertrieben.

zeigten die fehlende Unterstützung Hannovers bei den Gebietsvergrößerungswünschen des Herzogs sowie das Verhalten bei der Annahme der Königswürde für Hannover im Oktober 1814; Friedrich Wilhelm erhielt deswegen nur eine Abschrift der vom Grafen Münster an die vier alliierten Mächte entworfenen Note, nicht mehr, als alle anderen deutschen Staaten.[84]

Dennoch fungierte Schmidt-Phiseldeck als Vermittler der Mindermächtigen zum Grafen Münster – obwohl er sich Mitte Oktober noch gegen die Übergabe einer Note ausgesprochen hatte[85] – und wurde am 11. November damit beauftragt, den hannoverschen Minister in die Pläne zur Kaisernote einzuweihen und ihn zu bitten, den Wunsch nach einem Kaiser als Bundesoberhaupt im Deutschen Komitee vorzutragen.[86] Darauf ging Münster nicht ein, wünschte aber die »*Attributionen*« kennenzulernen, die nach Ansicht der Mindermächtigen mit der Kaiserwürde verbunden sein sollten. Schmidt-Phiseldeck präsentierte solche »*Attributionen*« seinen Kollegen, die allerdings nicht diskutiert wurden und keinen Eingang in die Kaisernote fanden.[87] Dafür verfaßte Schmidt-Phiseldeck im Auftrag der Mindermächtigen eine Mitteilungsnote an Münster, in der jenem die Kaisernote und die Wünsche der Mindermächtigen hinsichtlich der deutschen Verfassung noch einmal ans Herz gelegt wurden; in diese Note aufgenommen sind auch die »*Attributionen*«.[88] Die Antwort Münsters vom 25. November enttäuschte, woraufhin die Mindermächtigen eine Replik verfaßten, die am 20. Dezember 1814 übergeben wurde.[89] Diese stammte erneut aus der Feder Schmidt-Phiseldecks, war aber erheblich umgearbeitet und gekürzt worden, da sie als zu lang und umständlich[90] und als in einem schlechten Stil geschrieben angesehen wurde.[91] Aus diesem Grund wurde auch Schmidt-Phiseldecks Entwurf einer Erinnerungsnote der Mindermächtigen an Österreich und Preu-

---

84 MLHASN (wie Anm. 69), Schwerin 18619: Bericht Nr. 10 Plessens an Herzog Friedrich Franz (Wien, d. 14. Okt. 1814), gedruckt in Hundt: Quellen (wie Anm. 16), S. 385–387, hier S. 387.

85 Thüringisches Staatsarchiv Rudolstadt: Geheimes Consilium Sondershausen, Auswärtiges und Reich, Nr. 823, Bl. 98/99: Bericht Nr. 2 des schwarzburg-sondershausenschen Gesandten Adolph von Weise (1751–1820) an das Geheime Consilium (Wien, d. 14. Okt. 1814), gedruckt in: Hundt (Hrsg.), Quellen (wie Anm. 16), S. 388–390, hier S. 389.

86 Hundt: Mindermächtige (wie Anm. 16), S. 160.

87 Ebd.: S. 160 f.

88 Gedruckt bei Hundt: Quellen (wie Anm. 16), S. 441–444. Siehe auch Hundt, Mindermächtige (wie Anm. 16), S. 161.

89 Die beiden Noten gedruckt bei Hundt: Quellen (wie Anm. 16), S. 470–472 u. 474–478; Hundt: Mindermächtige (wie Anm. 16), S. 161–163.

90 MLHASN (wie Anm. 69), Schwerin 18618: Bericht Nr. 31 Plessens an Herzog Friedrich Franz (Wien, d. 23. Dez. 1814).

91 HStAM (wie Anm. 22), Best. 4h, Nr. 3308, Bl. 157/158: Bericht Nr. 13 Kellers an Kurfürst Wilhelm (Wien, d. 14. Dez. 1814).

ßen Anfang Januar 1815 verworfen.[92] Dies war die letzte Aktion Schmidt-Phiseldecks im Kreis der Mindermächtigen.

Anfang März erreichte die Nachricht Wien, Napoleon sei von Elba geflohen und in Frankreich gelandet. Erneut rüsteten die inzwischen wieder versöhnten und geeinten Alliierten zum Krieg und forderten die Mindermächtigen auf, sich dem anzuschließen. Da für einen Sieg in erster Linie eine rasche Neuformierung der Armeen ausschlaggebend war, stieg der Wert der Mindermächtigen, d. h. die Alliierten waren bereit, stärker Rücksichten zu nehmen und die kleineren Staaten zu Verhandlungen hinzuzuziehen. Daher luden Österreich und Preußen Ende März 1815 die Mindermächtigen ein, eine Deputation aus ihrer Mitte zu wählen, um mit ihnen über den Beitritt zur neuen Allianz und später über die deutsche Verfassung zu beraten.[93] Die Mindermächtigen wählten daraufhin am 31. März diese Deputation aus fünf Personen, wobei drei aus dem Kreis der altfürstlichen Häuser stammen sollten. Die Wahl fiel für Schmidt-Phiseldeck verheerend aus, denn er erhielt nur zwei Stimmen. Die Tatsache, daß fünf weitere Gesandte ebenfalls nur zwei, neun Gesandte sogar nur eine oder gar keine Stimme erhielten, war sicherlich nur wenig tröstlich.[94] Für den Vertreter eines der ältesten deutschen Fürstenhäuser und für das Herzogtum Braunschweig selbst war das Ergebnis blamabel.

Dies war aber nicht die Ursache dafür, daß Schmidt-Phiseldeck bereits am 10. Mai 1815 den Kongreß vorzeitig verließ. Vielmehr hatte Herzog Friedrich Wilhelm bereits am 20. März nach Kassel geschrieben und Kurfürst Wilhelm gebeten, Graf Keller auch die Interessen Braunschweigs auf dem Kongreß übertragen zu dürfen, da Schmidt-Phiseldeck in Braunschweig benötigt werde.[95] Dies war ein einmaliger Vorgang, denn das Ende des Kongresses war absehbar und gerade auf den Beginn der Beratungen über die deutsche Verfassung warteten die Gesandten und die Regierungen ungeduldig. Keinem anderen Fürsten wären es in den Sinn gekommen, ausgerechnet in jenem Moment seinen Bevollmächtigten zurückzurufen. Doch Schmidt-Phiseldeck reiste aus Wien ab und Graf Keller übernahm die Vertretung der Interessen Braun-

92 StAB (wie Anm. 77), 2-M.3.a.2.b. Bd. 2.: Bericht Nr. 37 Smidts an Bremen (Wien, d. 18. Jan. 1815); ThStAG (wie Anm. 78), Gemeinsame Regierung Gera, Nr. 1381, Bl. 21-26: Bericht Nr. 13 Wieses (1769–1824) an die Gemeinsame Regierung (Wien, d. 25. Jan. 1815); Hundt: Mindermächtige (wie Anm. 16), S. 213 u. 250. Der Entwurf Schmidt-Phiseldecks ist nicht erhalten.

93 Hundt: Mindermächtige (wie Anm. 16), S. 253–256.

94 Ebd.: S. 256 f. (das Wahlergebnis aufgeschlüsselt in der dortigen Anm. 106).

95 HStAM (wie Anm. 22), Best. 9a, Nr. 2989, Bl. 3/4: Herzog Friedrich Wilhelm an Kurfürst Wilhelm (Braunschweig, d. 20. März 1814); ebd., Bl. 2: Kurfürst Wilhelm an Herzog Friedrich Wilhelm (Kassel, d. 27. März 1815), genehmigt die Bitte; Ulrich Hussong: Jacob Grimm auf dem Wiener Kongreß. Mit einem Anhang größtenteils unveröffentlichter Dokumente. Kassel 2002 (= Schriften der Brüder Grimm-Gesellschaft, N. F., Bd. 33), S. 59.

schweigs; seine Berichte vom Kongreß haben den Schloßbrand von 1830 überdauert.[96]

Fürst Klemens Wenzel von Metternich

In der Zeit von Mitte November 1814 bis Anfang Mai 1815 ruhten die offiziellen Beratungen über die deutsche Verfassung. Das gab manchem Diplomaten aus dem Kreis der Mindermächtigen, Schmidt-Phiseldeck gehörte freilich nicht dazu, Gelegenheit, eigene Ideen zur deutschen Verfassung zu entwickeln und gar Verfassungsprojekte zu entwerfen und zu publizieren.[97] Kern der Überlegungen war stets die vollständige Rechtsgleichheit der Bundesglieder. Insbesondere bei Österreich fanden sie damit in zunehmendem Maße Gehör. Schon im Dezember 1814 war vom zweiten österreichischen Kongreßbevollmächtigten, Johann Philipp von Wessenberg (1773–1858), ein Entwurf erarbeitet worden, bei dem es weniger um die Begründung eines alle deutsche Staaten umfassenden Bundes als vielmehr um die Bildung einer gegen Preußen gerichteten Allianz ging. Grundlage des staatenbündischen Plans war jedoch Rechtsgleichheit und weitgehende außenpolitische Handlungsfreiheit aller Bundesglieder.[98] Dagegen beharrten die preußischen bundesstaatlichen Entwürfe, die maßgeblich von Humboldt erarbeitet wurden, zwischen Dezember 1814 und April 1815 lange auf der Idee einer Kreiseinteilung und faktischen Hegemonie Wiens und Berlins über die anderen deutschen Staaten; nur langsam nahm Preußen davon Abschied.[99] Ab Anfang Mai 1815 entstand dann in trilateralen Beratungen zwischen Metternich, Hardenberg/Humboldt und Graf Münster ein gemeinsamer Verfassungsentwurf in 17 Artikeln, der zwar als Kompromiß bezeichnet wurde, jedoch deutlich mehr Zugeständnisse von Preußen als von Österreich erforderte und in dem ein staatenbündisches Konzept dominierte.[100] Auf dieser Grundlage begannen am 23. Mai 1815 die zweiten deutschen Konferenzen, zu denen sich die Vertreter von 18 deutschen

96 NLAWO (wie Anm. 20), 12 A Neu Fb.1 Nr. 11o. Die Mehrzahl der Briefe Kellers an Herzog Friedrich Wilhelm gedruckt in: Hussong, Grimm (wie Anm. 95), S. 193–195, 196–203 u. 205–213.

97 Hundt: Mindermächtige (wie Anm. 16), S. 168–212. Gedruckt bei Hundt (Hrsg.): Quellen (wie Anm. 16), S. 207–374.

98 Hundt: Mindermächtige (wie Anm. 16), S. 214–217, dort auch weiterführende Literatur und Druckorte.

99 Zwischen Dezember 1814 und Ende April 1815 entstanden nicht weniger als acht preußische Entwürfe für die deutsche Verfassung. Siehe Hundt: Mindermächtige (wie Anm. 16), S. 217–225, mit weiterführender Literatur und Angabe von Druckorten.

100 Ebd.: S. 264–266. Der Entwurf gedruckt z. B. bei Hundt (Hrsg.): Quellen (wie Anm. 16), S. 185–191.

Staaten auf der Wiener Staatskanzlei versammelten, darunter auch die fünfköpfige Deputation der Mindermächtigen, die schon die Akzessionsverträge mit den Alliierten ausgehandelt hatte. Ab der dritten Sitzung am 29. Mai konnten dann die Bevollmächtigten aller deutschen Staaten an diesen Konferenzen teilnehmen. Anders als von Humboldt befürchtet, ergaben sich durch die Anwesenheit von nicht weniger als 40 Diplomaten weder Chaos noch eine zeitliche Verschleppung der Beratungen, die vielmehr relativ zügig in elf Konferenzen bis zum 10. Juni 1815 abgeschlossen werden konnten.[101]

Von den Vertretern der Mindermächtigen war der Entwurf vom 23. Mai mehrheitlich begrüßt, allerdings auch nicht unbedeutende Änderungswünsche geäußert worden. Zwar sah der Entwurf einen festen Bund der formal gleichberechtigten deutschen Staaten vor, ganz im Sinne der Mindermächtigen. Die Angelegenheiten des Bundes sollten aber durch eine Bundesversammlung, bestehend aus 15 Mitgliedern, besorgt werden, wobei die größeren elf Staaten je eine Stimme (sogenannte Virilstimmen), die kleineren 27 Staaten dagegen gemeinschaftlich vier Stimmen (sogenannte Kuriatstimmen) erhalten sollten. Das führte in den Konferenzen zu wiederholten Diskussionen, wobei nicht die Idee der Bundesversammlung oder die von Viril- und Kuriatstimmen als solche, sondern die Verteilung der mindermächtigen Staaten auf die Kuriatstimmen beanstandet wurde.

Dies wurde die erste Bewährungsprobe für den Grafen Keller in seiner neuen Aufgabe als braunschweigischer Gesandter, und er bestand die Probe mit Bravour. Denn nach dem Entwurf vom 23. Mai hätte Braunschweig sich eine der Kuriatstimmen mit Nassau, Hohenzollern-Hechingen, Hohenzollern-Sigmaringen, Lippe-Detmold, Schaumburg-Lippe, Waldeck-Pyrmont und Liechtenstein teilen müssen. Ein sehr unübersichtliches Konglomerat von Ländern, verteilt in Nord- und Süddeutschland. Daher gab Graf Keller in der zweiten Sitzung am 26. Mai den Wunsch zu Protokoll, Braunschweig möge mit Oldenburg eine gemeinsame Kuriatstimme führen dürfen.[102] In der dritten Konferenz am 29. Mai schlugen, da es mehrere Änderungswünsche für das Schema der Stimmverteilung gegeben hatte, Österreich, Preußen und Hannover einer Vermehrung auf 19 Stimmen vor, wodurch die Mindermächtigen zusammen acht Stimmen erhalten hätten, Braunschweig sogar eine Stimme für sich allein.[103] Da dies aber wiederum von den Vertretern anderer Staaten als ungerecht empfunden wurde, einigte sich die Konferenz auf ein Schema mit 17 Stimmen in der Bundesversamm-

---

[101] Zum Ablauf siehe Hundt: Mindermächtige (wie Anm. 16), S. 266 – 277. Die Protokolle der Konferenzen gedruckt bei Klüber (Hrsg.): Acten (wie Anm. 49), Bd. 2, S. 339 – 568.

[102] Ebd., S. 350. Dieser Vorschlag wurde von den übrigen Mindermächtigen und von Hessen-Darmstadt unterstützt (ebd., S. 348 f. u. 390 f.).

[103] Ebd., S. 405.

lung, wobei Braunschweig gemeinsam mit Nassau eine Kuriatstimme zufiel.[104] Das war eine Lösung, die allseits zufriedenstellte.

Daneben sah der Entwurf die Bildung eines Plenums vor, wenn über Gesetze abgestimmt oder gar der Bundesvertrag geändert werden sollte. In diesem Plenum besaß jeder Staat, wie klein er auch sein mochte (Liechtenstein hatte z. B. 1815 nur 5.500 Einwohner), mindestens eine eigene Stimme, die Größeren je nach Einwohnerzahl drei oder vier; zusammen hätte das 66 Stimmen ergeben. Das fand insbesondere bei den kleineren Staaten großen Beifall, denn so konnten die Großmächte Österreich und Preußen mit zusammen nur acht Stimmen, die Häuser mit Königswürde (also zusätzlich noch Sachsen, Bayern, Hannover und Württemberg) mit zusammen 24 Stimmen, die Mindermächtigen im Plenum nicht dominieren. Daß später das Plenum bis zum Ende des Deutschen Bundes 1866 so gut wie keine Rolle spielen sollte, konnte auf dem Wiener Kongreß niemand voraussehen. Am 30. Mai 1815 jedenfalls stellte Graf Keller in der vierten Konferenz den Antrag, Braunschweig möge im Plenum zwei Stimmen erhalten, da es 208.000 Einwohner zähle. Dieser Antrag wurde vom Grafen Münster unterstützt – eine der ganz wenigen Unterstützungen, die die ältere Linie der Welfen von der jüngeren Linie erhielt. Der Antrag wurde angenommen und zugleich der Grundsatz aufgestellt, daß jeder Staat ab 200.000 Einwohner über zwei Stimmen im Plenum des Deutschen Bundes verfügen solle; dies kam auch Mecklenburg-Schwerin und Nassau zugute, womit sich die Zahl der Stimmen im Plenum auf 69 erhöhte.[105]

Am 30. Mai wurde zudem beschlossen, diejenigen Gerichte dritter Instanz (zeitgenössisch: Oberappellationsgerichte), die in Ländern mit weniger als 300.000 Einwohnern bereits bestünden, uneingeschränkt zu erhalten.[106] Das war für Braunschweig von Vorteil, da bereits im Januar 1814 mit der neuen provisorischen Polizei- und Justizverfassung ein Gericht dritter Instanz etabliert worden war, das nun ungestört seine Arbeit fortsetzen konnte. Später schlossen sich die Fürstentümer Waldeck-Pyrmont, Schaumburg-Lippe und Lippe-Detmold dem braunschweigischen Oberappellationsgericht an;[107] das minderte durch Umlage ein wenig die Kosten.

Und schließlich konnten in den zweiten deutschen Konferenzen die leidigen Rangstreitigkeiten nicht ausbleiben. So bestand Graf Keller am 30. Mai für Braunschweig auf »*den in Gemäsheit des zur allgemeinen Norm angenommenen alten Rangs in*

[104] Ebd., S. 405.

[105] Ebd., S. 418. Die Zahl stieg 1816 durch den Beitritt Hessen-Homburgs zum Deutschen Bund auf 70.

[106] Ebd., S. 422. Wo keine solche Gerichte bestanden, mußten sich Staaten zusammenschließen, um mindestens jene Einwohnerzahl zu erreichen.

[107] Reinhard Heinemann: Studien zum braunschweigischen Gerichtswesen im 19. Jahrhundert, in: Braunschweigisches Jahrbuch 50 (1969), S. 111–127, hier S. 111–121; Puhle: Herzogtum (wie Anm. 6), S. 378–381.

Teutschland (also wie er vor 1806 war) ferneren Vorrang, überhaupt vor allen ehemals alternirenden Häusern.«[108] Er bezog sich damit auf die Rangverhältnisse beim alten Reichstag zu Regensburg, die durch die zahlreichen Rangerhöhungen der napoleonischen Zeit teilweise verändert worden waren. Und er war nicht der einzige, der einen entsprechenden Anspruch zu Protokoll gab.[109] Das Thema war virulent und führte schließlich zu der salomonischen Entscheidung, die in der Bundesakte genannte Reihenfolge sei »*zufällig*« und würde keinem Staat zum Nachteil dienen oder »*eine Regel begründen*«, vielmehr werde sich die Bundesversammlung später mit dem Thema näher beschäftigen.[110]

Die Ergebnisse: Begrüßte und geschmähte Erfolge

Mit der Unterzeichnung der Bundesakte am 8. Juni 1815 wurde der Deutsche Bund gegründet. Er war verfassungsrechtlich ein Zwitter, zwar mehr ein Staatenbund, besaß aber auch eine Reihe bundesstaatlicher Elemente.[111] Träger des Bundes blieben, nach dem Zwischenspiel der Revolution und der Frankfurter Nationalversammlung 1848/49, bis in das Jahr 1866 die Staaten Deutschlands, zunächst 39, durch Erbfälle am Ende nur mehr 33 an der Zahl. Ihre weisungsgebundenen Gesandten bildeten das wichtigste Bundesgremium, die Bundesversammlung, und das Plenum. Beide Gremien fungierten als Gesetzgebungsorgane, die Bundesversammlung sehr schnell als die mit Abstand wichtigste politische Instanz. Bundesorgane, die aus eigener Souveränität heraus und mit eigenen Machtmitteln hätten handeln können, gab es nicht. Ebenso fehlte es dem Bund an einer eigenen Exekutive, die die Beschlüsse der Bundesversammlung und des Plenums hätte umsetzen können. Die süddeutschen ehemaligen Rheinbundfürsten hatten sich einer solchen Einrichtung widersetzt, ebenso Preußen und Österreich, da sie eine Einschränkung ihrer Souveränität ablehnten. Die mindermächtigen deutschen Staaten bedauerten dies sehr, hätten sie doch gerne einen Kaiser als Oberhaupt und damit oberstes Exekutivorgan gesehen. Und schließlich fehlte dem Bund eine oberste Rechtsinstanz, ein höchstes Bundesgericht, das im Mai/ Juni 1815 maßgeblich von Bayern verhindert worden war.

108 Gall (Hrsg.): Quellen (wie Anm. 66), S. 1406 f., Zitat S. 1407.

109 Ebd., S. 1407 (Nassau, am 30. Mai); Klüber (Hrsg.): Acten (wie Anm. 49), Bd. 2, S. 475 f. (Hohenzollern-Hechingen, am 2. Juni), 494 f. (Mecklenburg-Schwerin, am 3. Juni), 505 f. (Lippe-Detmold, am 3. Juni), 506 (Hohenzollern, am 3. Juni) u. 507 (Oldenburg, am 3. Juni).

110 Ebd., S. 507 f.: Beschluß über den Rang der Bundesglieder in- und außerhalb der Bundesversammlung, am 3. Juni 1815.

111 Zu den folgenden Ausführungen grundsätzlich: Huber: Verfassungsgeschichte (wie Anm. 61); Thomas Nipperdey: Deutsche Geschichte 1800–1866. Bürgerwelt und starker Staat. München 1983; Wolfram Siemann: Vom Staatenbund zum Nationalstaat. Deutschland 1806–1871. München 1995 (= Neue Deutsche Geschichte, Bd. 7); Jürgen Müller: Der Deutsche Bund 1815–1866. München 2006 (= Enzyklopädie deutscher Geschichte, Bd. 78); Wolf D. Gruner: Der Deutsche Bund 1815–1866. München 2012.

Dennoch besaß der Deutsche Bund zumindest in den ersten beiden Jahren seines Bestehens das Potential zu einer raschen Weiterentwicklung. Dieser Weg wurde nach 1817 durch die einsetzende reaktionäre Politik, gespeist von einer exzessiven Revolutionsangst und prominent vertreten durch Metternich, verbaut. So stockte schnell die in Artikel 13 der Bundesakte verheißene Einrichtung landständischer Verfassungen.[112] In Preußen hatte Hardenberg König Friedrich Wilhelm III. noch im Mai 1815 zu einem Verfassungsversprechen bewegen können, das dann aber bis 1848 uneingelöst blieb.[113] Und in Österreich verwarf Kaiser Franz 1815/16 die Vorschläge für die von Metternich im konservativen Sinne entwickelten Ideen zu Standesvertretungen.[114] Dagegen wurden landständische Verfassungen in zahlreichen deutschen Mittel- und Kleinstaaten verkündet, so in Nassau (1814), Schwarzburg-Rudolstadt (1816), Schaumburg-Lippe (1816), Waldeck (1816), Sachsen-Weimar (1816), Sachsen-Hildburghausen (1818), Bayern (1818), Baden (1818), Liechtenstein (1818), Württemberg (1819), Hannover (1819), Braunschweig (1820), Hessen-Darmstadt (1820), Sachsen-Coburg (1821) und Sachsen-Meiningen (1824). Die Mehrzahl dieser Verfassungen war ständisch, nur wenige repräsentativ, die in Braunschweig sogar altständisch; demokratisch im modernen Sinn war keine.[115]

Zudem blieb der Bund nur so lange handlungsfähig, wie seine beiden Vormächte Österreich und Preußen gemeinsame Ziele verfolgten. Nach dem Tod Hardenbergs 1822 entwickelte sich zwischen den beiden Mächten jedoch ein Antagonismus, schließlich eine offene Rivalität, die 1866 in der bundesrechtlich nicht vorgesehenen Austrittserklärung Preußens und seiner Verbündeten und der nachfolgenden, fehlgeschlagenen Bundesexekution Österreichs und seiner Verbündeten gegen die austretenden Staaten endete. Dieser deutsch-deutsche Krieg ließ den Deutschen Bund zusammenbrechen. Er ebnete den Weg zum Norddeutschen Bund von 1867 und zur bismarckschen Reichsgründung von 1871.

Die Grundlagen zu einer kleindeutschen Lösung, d. h. einem Deutschland ohne Österreich, wurden bei den Territorialverhandlungen auf dem Wiener Kongreß gelegt. Preußen wuchs durch den Erwerb der Rheinlande nach Deutschland hinein, Österreich dagegen durch die Aufgabe der vormals zum Alten Reich gehörenden österreichischen Niederlande und des Breisgaus aus Deutschland hinaus.[116] Eine automatische Entwicklung hin zu 1866 war dies nicht, wie die vielfältigen Diskussionen

[112] Huber: Verfassungsgeschichte (wie Anm. 61), S. 640–656.

[113] Ebd., S. 302–313.

[114] Wolfram Siemann: Metternich. Staatsmann zwischen Restauration und Moderne. München 2010, S. 59–62.

[115] Huber: Verfassungsgeschichte (wie Anm. 61), S. 656 f. (Übersicht).

[116] Diese bevorstehende Entwicklung erkannte der mecklenburg-schwerinische Gesandte schon zu Beginn des Kongresses. Siehe MLHASN (wie Anm. 69), Schwerin 18619: Bericht Nr. 3 Plessens an Herzog Friedrich Franz (Wien, d. 17. Sept. 1814).

und Reformbestrebungen 1848 sowie in den 1850er und 1860er Jahren zeigen. Nur hätte dafür in Wien die Bereitschaft bestehen müssen, das Reich der Habsburger entlang nationaler Grenzen zu teilen, und in Berlin eine weitere Großmacht neben sich im Bund zu dulden.

Im Juni 1815 wurde der Deutsche Bund von den in Wien versammelten Diplomaten und von den deutschen Regierungen ganz überwiegend begrüßt. Insbesondere seitens der Mindermächtigen wurde in ihm eine Garantie gegen die Vergrößerungsbestrebungen der größeren Nachbarn gesehen, ein Ort, in dem Recht vor Macht galt.[117] Und die größeren Staaten sahen im Bund zumindest keine Gefahr für ihre europäische Stellung und ihren Einfluß in Deutschland.[118] Ganz anders war dagegen die Reaktion in Kreisen der deutschen Burschenschaften, die in Kategorien des erwachenden Gedankens eines Nationalstaates dachten.[119] Sie bedauerten das Fehlen der nationalen Einheit und demokratischer Entwicklungen auf Länder- und Bundesebene. Beides war jedoch 1815 unrealistisch und nicht mehr als eine Utopie; ein ausreichend großes revolutionäres Potential, dies zu ändern, existierte nicht.[120] Denn die Mehrzahl der deutschen Bevölkerung stand nach wie vor treu zu ihren Landesherren, wenn auch die zahlreichen Territorialveränderungen von 1792 bis 1815 dieses Band zwischen Untertan und Herrscher in weiten Teilen Deutschlands zerschnitten hatten und neue Bande nicht immer wachsen wollten. Bezeichnend ist jedoch, daß sich gegen die Gebietsveränderungen, die in Wien am grünen Tisch und ohne jede Rücksichtnahme auf den Willen der betroffenen Bevölkerung getroffen wurden, an keiner Stelle ein ernsthafter Widerstand regte. Doch förderte die territoriale Neuordnung, verbunden mit der reaktionären Politik, den gesellschaftlichen Unmut, der sich in den Revolutionen 1830 und 1848 entlud.

Wie in Deutschland, so hatte ebenso auf europäischer Ebene der Wiener Kongreß nicht alle Erwartungen erfüllt. Es sei aber auch, wie Friedrich Gentz im Juni 1815 feststellte, »*kein kleines Geschäft*« gewesen, »*die sich mannigfach durchkreutzenden, auf mehreren Puncten einander ganz entgegen gesetzten Ansprüche so vieler Interessenten auszugleichen, Staaten, die in den Ungewittern der letzten zwanzig Jahre zu Grunde gegangen waren, wieder aufzubauen, andere, für das europäische System besonders wichtige [...] zu ergänzen, zu gleicher Zeit den Forderungen der Gerechtigkeit und der Staatsklugheit Genüge zu leisten, und weder das allgemeine Interesse über dem Einzel-*

117 Hundt: Mindermächtige (wie Anm. 16), S. 335–337; Hundt (Hrsg.): Quellen (wie Anm. 16), S. 597–626 u. 634–638: Schlußberichte Hachs, Bergs und Kellers vom Wiener Kongreß.

118 Humboldt: Gesammelte Schriften (wie Anm. 60), Bd. 12, S. 53–116.

119 Huber: Verfassungsgeschichte (wie Anm. 61), S. 696–717.

120 Zur Historiographie des Deutschen Bundes siehe Hellmut Seier: Der Deutsche Bund als Forschungsproblem 1815 bis 1960, in: Helmut Rumpler (Hrsg.): Deutscher Bund und deutsche Frage 1815–1866. Wien u. München 1990 (= Wiener Beiträge zur Geschichte der Neuzeit, Bd. 16/17), S. 31–58; Müller: Der Deutsche Bund (wie Anm. 111), S. 51–61.

Friedrich von Gentz

nen, noch das Einzelne über dem Allgemeinen aus den Augen zu verlieren.«[121] Dennoch ist die Neuordnung Europas den Diplomaten und Staatsmännern 1813 bis 1815 deutlich besser gelungen als dies bei den meisten Friedenskongressen zuvor und danach der Fall war.

Der Wiener Kongreß selbst wird in der Historiographie und Publizistik häufig mit vier Prinzipien in Verbindung gebracht: der Legitimität, der Restauration, dem monarchischen Prinzip und dem Gleichgewicht der Kräfte. Die drei erstgenannten sind nachträgliche Konstrukte, von denen zeitgenössisch kaum oder nur als taktisches Element die Rede war. Dies gilt besonders für das vermeintliche Prinzip der Legitimität.[122] Es wurde seitens der bourbonischen Regierung in Paris und ihres Außenministers Talleyrand auf dem Kongreß operativ ins Spiel gebracht, um den Anspruch der verschiedenen Linien des Hauses Bourbon auf den französischen Thron und die Throne von Spanien und Neapel-Sizilien zu bekräftigen. Die Frage spielte aber bei den Entscheidungen des Kongresses so gut wie keine Rolle. So war z.B. Österreich bereit, den von Napoleon eingesetzten Joachim Murat (1767–1815) als König von Neapel zu akzeptieren, so lange derselbe sich in das neue europäische Staatensystem einzupassen schien; erst dessen Übertritt auf die Seite Napoleons nach der Flucht von Elba im März 1815 änderte dies.[123]

Ebenso verhält es sich mit dem postulierten Prinzip der Restauration.[124] Der Begriff fiel, wenn überhaupt, nur am Rande bzw. wenn es um die Niederlande und die Staatenwelt Italiens ging, die zumindest teilweise nach den Verhältnissen von vor 1789 restauriert wurden. In Deutschland dagegen wäre eine konsequente Restauration unmöglich gewesen. Denn eine Wiederherstellung der Verhältnisse von vor 1792 (oder vor 1806) hätte ihrerseits eine revolutionäre Umwälzung der bestehenden Verhältnisse erfordert. Die zahlreichen kleinen und kleinsten weltlichen und geistlichen

[121] Österreichischer Beobachter. 13. Juni 1815 (Nr. 164, S. 889 f.).

[122] Friedrich Brockhaus: Das Legitimitätsprincip. Eine staatsrechtliche Abhandlung. Leipzig 1868; Robert Rie: Das Legitimitätsprinzip des Wiener Kongresses, in: Archiv des Völkerrechts 5 (1955/56), S. 272–283; Alexandra von Ilsemann: Die Politik Frankreichs auf dem Wiener Kongreß. Hamburg 1996 (= Beiträge zur deutschen und europäischen Geschichte, Bd. 16), S. 114–117 sowie 215–263 passim.

[123] Ebd., S. 240–259.

[124] So im Untertitel von Griewank 1954 (wie Anm. 33). Und neuerdings wieder in Alexa Geisthövel: Restauration und Vormärz 1815–1847. Paderborn u.a. 2008.

Territorien Deutschlands hätten nur durch die Rücknahme der Mediatisierungen und der Säkularisation als eigenständige Gemeinwesen wiederhergestellt werden können. Quasi alle 1813/14 bestehenden Staaten hatten jedoch Gebietsvergrößerungen aus der Masse dieser Territorien erhalten, teilweise gar in Form einer Vervierfachung der Bevölkerungszahlen, wie bei Baden.[125] Wer wollte schon ernsthaft eine Rückkehr zu jenen Verhältnissen im Alten Reich, bei denen kleinste Abteien und Reichsdörfer ihre Eigenständigkeit behaupteten? Entsprechend sind die meisten Anträge auf Wiederherstellung der Eigenstaatlichkeit auf dem Kongreß zurückgewiesen worden.[126] Die Ausnahmen in Deutschland – Hannover, Braunschweig, Oldenburg, Hessen-Kassel, Hessen-Homburg und die vier freien Städte Lübeck, Frankfurt, Bremen und Hamburg – sind auf spezielle Verbindungen der jeweiligen Fürsten zu den Großmächten zurückzuführen oder, wie im Fall der freien Städte, auf ihre Bedeutung für den Handel und die Tatsache, daß kein Staat seinem Nachbarn den Besitz dieser vermeintlich reichen Städte gönnte.[127]

Auch von einer Restauration der gesellschaftlichen Verhältnisse kann nicht gesprochen werden; das Rad der Zeit ließ sich nicht zurückdrehen. Die Macht des Klerus war sowohl in Frankreich wie in Deutschland unwiederbringlich gebrochen, die des alten Adels zumindest in ihren Grundfesten erschüttert.[128] Zwar schien das Experiment von Nation und Volkssouveränität durch die Auswüchse der Französischen Revolution mit der Zeit des Terrors und der Herrschaft Napoleons mit seiner durch den Nationalismus in Frankreich geförderten Expansionspolitik gescheitert, jedenfalls als nicht geeignet für die zu schaffende neue europäische Ordnung.[129] Die Ideen der Französischen Revolution ließen sich aber ebenso wenig wieder aus der Welt schaffen, wie die Erinnerung an die Ursachen der Revolution und die Schrecken des Terrors. Daher meinte der nassauische Minister Ernst Franz Ludwig Marschall von Bieberstein (1770–1834), eine »*glückliche Verfassung [, die] ihren Bürgern beinahe keinen Wunsch einer Verbesserung übrig läßt*« sei das beste Mittel, revolutionäre Bewegungen zu verhindern, nicht dagegen eine absolutistische Regierungsform, die Fürsten und Volk voneinander trenne, ebenso wenig wie rein liberale Verfassungen, die nur

125 Müller (Hrsg.): Quellen (wie Anm. 41), S. 57 (Auflistung der Besitzstände von vor 1789 und von 1814 in Hardenbergs »Plan für die künftige Gestaltung Europas«).

126 Beiträge zur Geschichte der teutschen Standesherren 1814 und 1815 aus Briefen, Berichten etc. zusammengestellt von Dr. jur. Geyger; Hundt: Mindermächtige (wie Anm. 16), S. 313–320. In der Kongreßakte ist z. B. die Mediatisierung des Fürstentums Isenburg ausdrücklich bestätigt worden, siehe Klüber (Hrsg.): Acten (wie Anm. 49), Bd. 6, S. 55 (Art. 52).

127 Michael Hundt: Lübeck auf dem Wiener Kongreß. Lübeck 1991 (= Veröffentlichungen zur Geschichte der Hansestadt Lübeck, Bd. 19), S. 44–60.

128 »*Qui n'a pas vécu dans des années voisines de 1789 ne sait pas ce que c'est que le plaisir de vivre*«, wie Talleyrand gesagt haben soll: François Guizot: Mémoires pour servir à l'histoire de mon temps. 7 Bde. Paris 1858–1867, hier Bd. 1, S. 6.

129 Der Aufruf König Friedrich Wilhelm III. »An mein Volk« vom 17. März 1813 hatte freilich entsprechende Erwartungen geweckt.

zu Chaos führen würden.[130] Weit entfernt waren diese Ansichten nicht von denen des Herzogs Friedrich Wilhelm, der nach der Rückkehr in sein Herzogtum 1813/14 nicht pauschal alle Veränderungen, die während des Bestehens des Königreichs Westphalen eingeführt worden waren, rückgängig machte,[131] der im September 1813 die Wiederherstellung der Landstände in Braunschweig plante und jenen sogar die Kontrolle über die Landeskassen anvertrauen wollte.[132]

Von einem monarchischen Prinzip, von dem monarchischen Selbstverständnis als von Gott eingesetztem Souverän und der Realität nach wie vor existierender Staaten als Territorialverbund, die nur durch die Person des Regenten vereint waren, konnte auf dem Wiener Kongreß dagegen schon eher die Rede sein, nur fiel dieser Begriff seinerzeit nicht. Denn die alten Republiken in Italien (Venedig, Genua und Lucca) und die meisten freien Städte in Deutschland wurden in den Jahren 1813 bis 1815 nicht wiederhergestellt.[133] Gleichzeitig aber standen die Schweiz sowie in Deutschland die freien Städte Lübeck, Frankfurt, Bremen und Hamburg als unabhängige Staatswesen wieder auf. Bei der Schweiz erklärte sich dies durch den Einfluß des Erziehers des Zaren, Frédéric César la Harpe (1754–1838), eines gebürtigen Schweizers,[134] bei den drei Hansestädten aus ihrem aus eigener Kraft erfolgten Wiederaufleben 1813, bei Frankfurt durch die Fürsprache des Freiherrn vom Stein.[135] Diese Republiken stellten allerdings nach 1815 eine Art Fremdkörper in einem sonst von Monarchien dominierten Europa dar. Dies galt insbesondere, nachdem Metternich die Idee von Zar Alexander zur Heiligen Allianz zu einem Instrument konservativer Gesellschafts- und Machtpolitik umgewandelt hatte.[136] Der österreichische Außenminister mißtraute den republikanischen Städten, wie im Jahre 1819 deut-

[130] Anonym erschienen unter dem Titel: Ist bei der teutschen Staatsverfassung eine allgemeine Volksempörung möglich?: in Beziehung auf Frankreich. Frankfurt am Main 1794, S. 128. Der Nachweis, daß Marschall der Verfasser war, ergibt sich aus einer Korrekturfahne, umfassend die Seiten 97–144 der Druckschrift, die sich findet in: HStAW (wie Anm. 68), Abt. 1097, Nr. A2, Nachlaß Marschall.

[131] Puhle: Herzogtum (wie Anm. 6), S. 358–394.

[132] Zimmermann: Der Schwarze Herzog (wie Anm. 7), S. 168. Die Umsetzung scheiterte am Widerstand des Grafen Münster, dem diese Einrichtung nach Zimmermann (ebd., S. 170) zu liberal gewesen sei. Angesichts dieses Umstandes ist die Äußerung des nassauischen Gesandten Marschall gegenüber dem Freiherrn vom Stein, Herzog Friedrich Wilhelm habe »*bekanntlich keine liberalen Gesinnungen*«, nicht recht verständlich: Freiherr vom Stein (wie Anm. 13), Bd. 5, S. 190 f. (Wien, d. 5. Nov. 1814).

[133] Zu deren Untergang siehe Klaus-Peter Schroeder: Das Alte Reich und seine Städte. Untergang und Neubeginn. Die Mediatisierung der oberdeutschen Reichsstädte im Gefolge des Reichsdeputationshauptschlusses 1802/03. München 1991.

[134] Arthur Böhtling: Der Waadtländer Friedrich Caesar Laharpe. Der Erzieher und Berater Alexander I. von Rußland, des Siegers über Napoleon I. und Anbahner der modernen Schweiz. 2 Bde. Bern u. a. 1925; Jean-Charles Biaudet: Der modernen Schweiz entgegen, in: Handbuch der Schweizer Geschichte. Bd. 2. Zürich 1977, S. 871–986, hier S. 873–889, speziell S. 878.

[135] Hundt: Mindermächtige (wie Anm. 16), S. 23 f., 36 u. 60.

[136] Philipp Menger: Die Heilige Allianz. Religion und Politik bei Alexander I. (1801–1815). Stuttgart 2014.

lich wurde. Keiner ihrer Vertreter wurde zu den Karlsbader Konferenzen hinzugezogen und Metternich meinte, die Städte »*mit ihren republikanischen Verfassungen seien in den übrigen monarchischen Staaten ein zwar nicht widerstrebendes, doch heterogenes Element.*«[137] Da sie nun aber einmal bestanden, so wurden sie zumindest geduldet.

Die unterzeichnete Kongressakte von 1815

Als leitendes Prinzip des Kongresses galt dagegen schon zeitgenössisch die Wiederherstellung eines europäischen Gleichgewichtssystems. Ausgangspunkt dafür war erstens der Gedanke gewesen, keinen Sieg-, sondern einen Verständigungsfrieden mit Frankreich herbeizuführen. Es ging den Alliierten nicht darum, Frankreich und die neue bourbonische Regierung unter Ludwig XVIII. für die aggressive Expansions- und Eroberungspolitik der französischen Revolutionsregierungen und Napoleons zu bestrafen. Vielmehr war das Ziel eine Versöhnung mit einem Frankreich, das weiter als europäische Großmacht bestehen sollte und mußte, um das Gleichgewicht in Europa zu sichern. Daher brachte der Erste Pariser Frieden Frankreich sogar einen nicht unbeachtlichen Gebiets- und Bevölkerungszuwachs im Vergleich zu 1792 und den Verzicht der Alliierten auf jede Art von Reparationszahlungen. Sogar die von Napoleon in ganz Europa geraubten Kunstschätze, die er auf französische Museen verteilt hatte, mußten nicht restituiert werden.[138] Und auch der Zweite Pariser Frieden vom 20. November 1815 – nach der Rückkehr Napoleons, den 100 Tagen und der Schlacht bei Waterloo – folgte diesem Konzept. Frankreich mußte sich zwar bis 1818 die Besetzung großer Landstriche durch alliierte Truppen gefallen lassen, zahlte mäßige Reparationen und hatte die meisten Kunstwerke zurückzugeben sowie Grenzbereinigungen hinzunehmen,

[137] Zitiert nach Heinrich Tidemann: Die Zensur in Bremen von den Karlsbader Beschlüssen 1819 bis zu ihrer Aufhebung 1848 (Teil I), in: Bremisches Jahrbuch 31 (1928), S. 370 – 414, hier S. 373.

[138] Das betraf auch Braunschweig, siehe Hänselmann: Herzog (wie Anm. 10), S. 126 f. Nur die Quadriga vom Brandenburger Tor, seit 1806 in Kisten in Paris lagernd, wurde von den preußischen Truppen unter Blücher zurück nach Berlin gebracht. Siehe Michael S. Cullen, Uwe Kieling: Das Brandenburger Tor. Geschichte eines deutschen Symbols. Berlin 1990, S. 37 – 45.

behielt aber Gebiete über die Grenzen von 1792 hinaus. Und am Prinzip des Verständigungsfriedens änderte dies alles nichts.

Doch das Gleichgewicht von 1815 war ein anderes als das von vor 1792 mit seinem weitgehend freiem Spiel der Kräfte, das 1806 endgültig gescheitert war. An seine Stelle trat ein in doppelter Hinsicht ausgefeiltes System. Zum einen entstanden nach dem Ende der zahllosen Klein- und Kleinstterritorien eine Reihe von Mittelmächten – die Vereinigten Niederlande, die Schweiz und Sardinien-Piemont –, die sich wie ein Sicherheitskordon um Frankreich gruppierten. Zum anderen etablierten die Alliierten ein System von Kongressen – 1818 in Aachen, 1820 in Troppau, 1821 in Laibach und 1822 in Verona –, das präventiv Konflikten vorbeugen sollte. Anlässe dafür gab es genug, wie etwa die Revolten/ revolutionären Unruhen in Spanien und Neapel 1820, in Sardinien-Piemont 1821 oder der griechische Freiheitskampf seit 1821.[139] Mit dem Tod von Castlereagh und Hardenberg 1822 fand diese vorbeugende Kongreßdiplomatie zwar ihr Ende, das 1815 in Wien etablierte Staatensystem erwies sich jedoch als ausgesprochen stabil. Es überstand die Revolutionen von 1830 und 1848, die Unabhängigkeit Belgiens, ja selbst die nationalen Einigungen in Deutschland und Italien sowie den Zusammenbruch der osmanischen Herrschaft auf dem Balkan zu Beginn des 20. Jahrhunderts.[140] Erst der Erste Weltkrieg ließ das auf dem Wiener Kongreß entstandene, vielfach geschmähte und doch letztlich stabile Gleichgewicht dann endgültig zusammenbrechen.

---

[139] Kissinger: Gleichgewicht (wie Anm. 1), Kap. 12–17; Anselm Doering-Manteuffel: Vom Wiener Kongreß zur Pariser Konferenz. England, die deutsche Frage und das Mächtesystem 1815–1856. Göttingen 1991 (= Veröffentlichungen des Deutschen Historischen Instituts London, Bd. 28).

[140] Rudolf Lill: Geschichte Italiens in der Neuzeit. Darmstadt 1988, S. 91–204; Anselm Doering-Manteuffel: Die deutsche Frage und das europäische Staatensystem 1815–1871. München 1993 (= Enzyklopädie deutscher Geschichte, Bd. 15); Wolf D. Gruner: Die deutsche Frage in Europa 1800–1990. München 1993.

Lyrischer Patriotismus und Erinnerungskultur

Angela Klein

Herzog Friedrich Wilhelm von Braunschweig-Oels

Das Vierteljahrhundert zwischen Beginn der Französischen Revolution und Wiener Kongress war in Europa eine Zeit tiefgreifender territorialer Umbrüche. Insgesamt teilten nahezu 60 Prozent der Deutschen die Erfahrung, angesichts der politischen Ereignisse einen Wechsel des angestammten Herrscherhauses zu erleben.[1] Diese Ereignisse, von denen auch das Fürstentum Braunschweig-Wolfenbüttel in hohem Maße betroffen war, führten zu einer Produktion von Gedichten, die in engem Zusammenhang mit den Ereignissen entstanden waren und Einblicke in die Stimmungslage der Zeitgenossen gewährten. Diese Lyrik brachte überwiegend einen heimatlichen Landespatriotismus zum Ausdruck, der an die Vertreter des Welfenhauses gebunden war und teilweise Züge religiöser Färbung zeigte. Im Gegensatz zur literarischen Produktion des ausgehenden 18. Jahrhunderts traten zudem verstärkt Autoren in Erscheinung, die sich nicht im eigentlichen Sinn als Literaten verstanden, sondern überwiegend Berufen in Kirche, Justiz und Verwaltung nachgingen.[2] Darüber hinaus war der Anteil anonym verfasster Gedichte vergleichsweise hoch. Hierbei bleibt zu berücksichtigen, dass die Publikation landespatriotischer Dichtung in den Jahren 1807 bis 1813 für die einzelnen Autoren persönliche Folgen zeitigen konnte. Auch wenn die Wirkung landespatriotischer Lyrik nicht überschätzt werden sollte, so stieß sie doch auf Resonanz, wie eine zeitgenössische Quelle aus der Zeit des Königreichs Westphalen über einen Literaturzirkel formuliert: »*Bald aber fühlten diese jungen Leute, meist Handlungsbeflissene, das Bedürfnis, sich gegenseitig über politische Verhältnisse auszusprechen, und dazu wählten sie zur bisweiligen Zusammenkunft Jeck's Garten (Maschgarten). Da wurde dann auch ›Hoch lebe Friedrich Wilhelm hoch!‹ zuweilen gesungen.*«[3]

Überblickt man die Lyrik des Fürstentums Braunschweig-Wolfenbüttel aus der Zeit der Befreiungskriege, so wird ihr großer Anteil an Gedichten deutlich, die mit Herzog Friedrich Wilhelm sowie der mit ihm in direktem Zusammenhang stehenden Ereignisse verbunden sind. Bereits Zeitgenossen haben auf diese engen Zusammenhänge hingewiesen, wie etwa August Heinrich Hoffmann (1798–1874), der 1815 als Schüler des Katharineums in Braunschweig lebte und aus Anlass des Todes von Herzog Fried-

1 Michael Rowe: Die Sichtbarkeit der Macht. Symbolische Repräsentation von Herrschaft im napoleonischen Kaiserreich, in: Historische Zeitschrift 295/2 (2015), S. 358–389, 358. Zur Empfindung allgemeiner Beschleunigung siehe Horst Carl: Der Mythos des Befreiungskrieges. Die »martialische Nation« im Zeitalter der Revolutions- und Befreiungskriege 1792–1815, in: Föderative Nation. Deutschlandkonzepte von der Reformation bis zum Ersten Weltkrieg, hg. von Dieter Langewiesche und Georg Schmidt. München 2000, S. 63–82, besonders S. 66–69.

Für Hinweise und Anregungen gilt mein Dank Herrn Gerd Biegel (Institut für Braunschweigische Regionalgeschichte an der TU Braunschweig).

2 So etwa Carl Friedrich Pockels (1757 - 1814), zeitweise Lehrer von Herzog Friedrich Wilhelm; Johann Jakob Ludwig Müller (1772–1851), Pastor in Ölper; Carl Reichard (?), Kaiserlich Russischer Major; Konsistorialrat Jakob Ludwig Römer (1770–1855); August Klingemann (1777–1831), Schriftsteller und ab 1818 Direktor des Nationaltheaters in Braunschweig.

3 Zeitgenössischer Bericht, Landeshauptarchiv – Standort Wolfenbüttel 249 A Nr. 137. Mein Dank gilt Frau Erika Hildebrandt, Braunschweig.

rich Wilhelm beobachtete: »*Ganz Braunschweig in Trauer. Unsere jungen Poeten dichteten Elegien. Auch ich entschloß mich dazu, aber erst den 30. Juni. Ich habe kaum je wieder ein so langes Gedicht gemacht: 16 Strophen.*«[4]

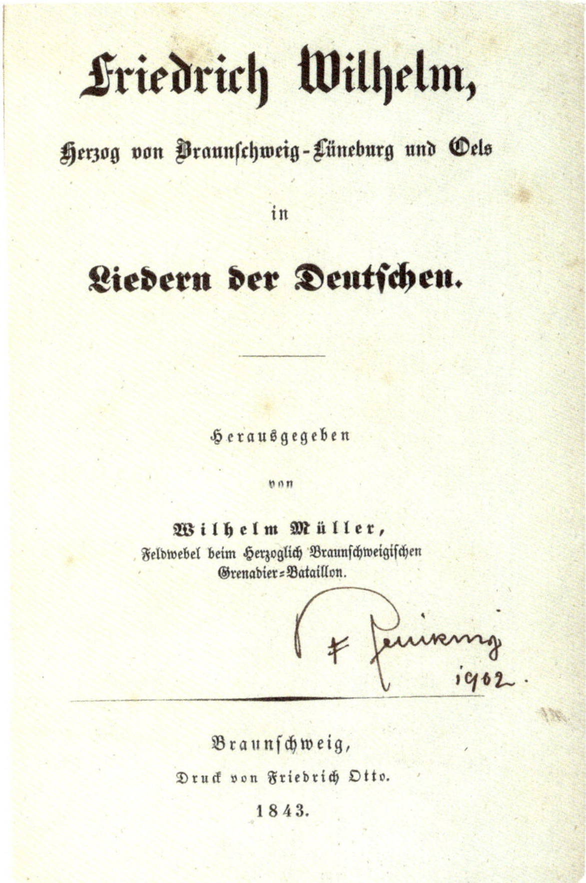

Friedrich Wilhelm,

Herzog von Braunschweig-Lüneburg und Oels

in

Liedern der Deutschen.

Herausgegeben

von

Wilhelm Müller,

Feldwebel beim Herzoglich Braunschweigischen Grenadier-Bataillon.

Braunschweig,

Druck von Friedrich Otto.

1843.

Als eine der Ursachen für die starke Bindung an den Landesfürsten lässt sich die besondere Situation des Welfenhauses zur Zeit der Befreiungskriege ausmachen. Das Fürstentum verfügte über eine traditionell enge Verbindung mit Preußen. Herzog Carl Wilhelm Ferdinand (1735–1806), seit 1787 preußischer Generalfeldmarschall, hatte 1806 erneut den Oberbefehl über die preußische Armee übernommen. Nach der preußischen Niederlage bei Jena und Auerstedt erfolgte die Auflösung des Fürstentums und dessen Einbindung in das neu gegründete Königreich Westphalen durch Napoleon. Ernst Moritz Arndt (1769–1860) dienten diese Ereignisse zur Widerlegung des Anspruchs Frankreichs, Europa im Sinne der Revolution den Fortschritt zu bringen, während es tatsächlich machtpolitische Expansionsbestrebungen verfolgte: »*Das war auch Braunschweigs Schicksal, weil sein Beherrscher [Herzog Carl Wilhelm Ferdinand] preußischer General war: sonst eines der glücklichsten Länder, von welchem sein letzter, unglücklicher Fürst durch seine Sparsamkeit und Gerechtigkeit soviel Segen und Sehnsucht verdient hat.*«[5] Nach Arndt wurden Fürsten und Bürger gleichermaßen Opfer der Ausplünderung eroberter Territorien, »*alle besseren und seltneren Denkmäler der Wissenschaft und Kunst, die dem Volke auch gehören, werden nach dem Diebesrecht […]*

4 Zitiert nach Eberhard Rohse: Tränen des Vaterlands 1815. Hoffmanns Elegie auf den Tod des Herzogs von Braunschweig, in: Hoffmann von Fallersleben. Internationales Symposium Wroclaw / Braunschweig 2003, hg. von Marek Hałub und Kurt G.P. Schuster. Bielefeld 2005 (= Braunschweiger Beiträge zur deutschen Sprache und Literatur), S. 85–131, 93.

5 Ernst Moritz Arndt: Geist der Zeit. Zweiter Teil, in: ders.: Werke. Siebenter Teil. Geist der Zeit II. Hrsg. von Wilhelm Steffens. Berlin, Leipzig, Wien, Stuttgart [1912]. (= Arndts Werke. Auswahl in zwölf Teilen), S. 73.

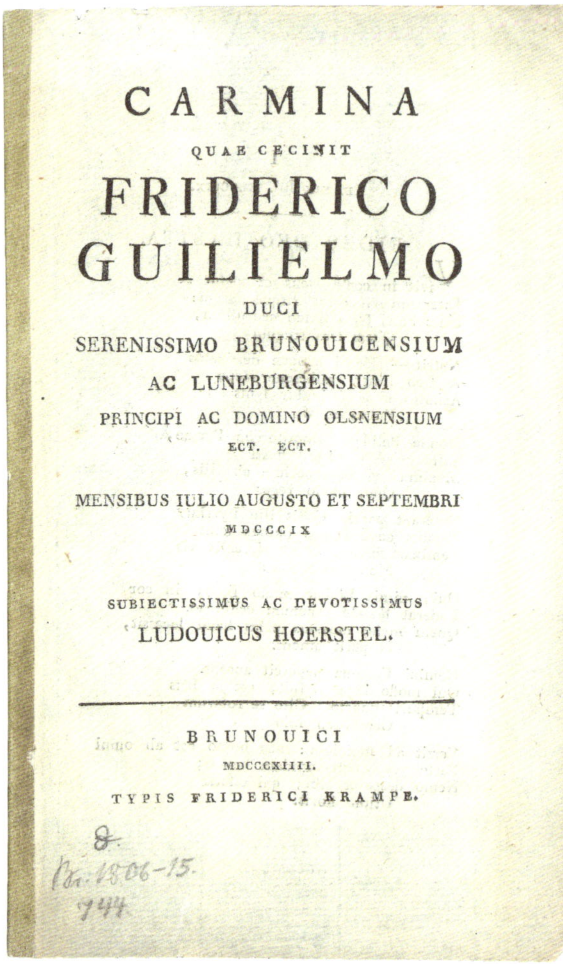
CARMINA
QUAE CECINIT
FRIDERICO
GUILIELMO
DUCI
SERENISSIMO BRUNOUICENSIUM
AC LUNEBURGENSIUM
PRINCIPI AC DOMINO OLSNENSIUM
ECT. ECT.
MENSIBUS IULIO AUGUSTO ET SEPTEMBRI
MDCCCIX
SUBIECTISSIMUS AC DEVOTISSIMUS
LUDOUICUS HOERSTEL.
BRUNOUICI
MDCCCXIIII.
TYPIS FRIDERICI KRAMPE.

Lieder auf Friedrich Wilhelm, 1814

weggeschleppt, und Denon[6] *und seine Helfer wählen in Dresden aus und plündern in Berlin, Kassel, Braunschweig, Wolfenbüttel und Schwerin.«*[7]

Was Arndt im zweiten Teil seiner 1809 im schwedischen Exil erschienen Schrift »*Geist der Zeit*« formulierte, schien tatsächlich weitgehend der Stimmungslage im Fürstentum entsprochen zu haben. Hier wurden die Ereignisse nach 1806 als Folge der politischen Gesamtsituation gewertet, deren Auswirkungen – Tod des Landesfürsten Carl Wilhelm Ferdinand und verhinderte Regierung seines designierten Nachfolgers Friedrich Wilhelm – das Fürstentum unmittelbar betrafen: »*Er verspricht uns Vater einst zu werden, / Wie Karl Wilhelm Ferdinand es war, / Er, der besten einer hier auf Erden / Von den Fürsten, die die Zeit gebar*«.[8] Das Gedicht erhofft für die Zukunft die Übernahme der Regierung durch Friedrich Wilhelm und betont damit zugleich unausgesprochen das Verbindende über Standesgrenzen hinweg. Im Bewusstsein, als Landesherr und Untertan gleichermaßen von französischer Politik betroffen zu sein, wird als Ziel die Wiederherstellung des Territorialstaats mit seiner überkommenen Ordnung gemeinsam verfolgt. Die Zugehörigkeit zum Königreich Westphalen wurde daher von Beginn an in großen Teilen der Bevölkerung aus dem Blickwinkel der vorausgegangenen Ereig-

6 Dominique-Vivant Denon (1747–1825) war Direktor des Musée Napoléon.

7 Arndt: Geist der Zeit (wie Anm. 5), S. 73.

8 Johann Heinrich Säuberlich: Nachruf an Herzog Friedrich Wilhelm, als er nach dem Gefechte bei Oelper Braunschweig verließ, in: Friedrich Wilhelm, Herzog von Braunschweig-Lüneburg und Oels in Liedern der Deutschen, hg. von Wilhelm Müller. Braunschweig 1843, S. 17–20, 18.

nisse betrachtet und Loyalitäten bewahrt.[9] In Gedichten zeigt sich deutlich diese Verbundenheit auch angesichts schwieriger politischer Lage.

Der Zug von Herzog Friedrich Wilhelm nach der Niederlage Österreichs 1809 löste allgemeinen Jubel aus, war doch dem Prestige des französischen Satellitenstaates empfindlicher Schaden zugefügt worden. Tatsächlich haben sich die Ereignisse tief in die Erinnerung der Zeitgenossen eingeprägt, wie sich der in Magdeburg geborene Schriftsteller Karl Leberecht Immermann (1796–1840) erinnerte: »*Dann ging Braunschweig-Oels in geordneterem, achtunggebietenderem Zuge durch Niederdeutschland. Wir waren noch Knaben, aber ich kann sagen, daß wir die gewaltige Situation fühlten, als wir vernahmen, der Welfe habe streifend seine Stadt besucht, aber nicht auf dem Schlosse geschlafen, sondern draußen unter dem Sternenhimmel in der Beiwacht.*«[10]

Die Gedichte feierten in traditioneller Loyalität zur Dynastie und Territorium Friedrich Wilhelms anhaltenden Widerstand, seinen Willen zur Selbstbehauptung, seine Freiheitsliebe und seine Bereitschaft, im Kampf gegen Napoleon das Leben einzusetzen. Dabei umrissen sie die Ereignisse mit emotionalem Unterton und erklären den Herzog – häufig in direkter Ansprache – zum »*Hoffnungsträger*«[11], obwohl die Untertanen bereits 1807 zu Bürgern des Königreichs Westphalen geworden waren:

»*Ja, Wilhelm, glaub's:*
Wir haben Dir geschworen,
*Und wehe dem, der Schw*üre bricht!
Nur Du bist unser Fürst, Du bist für uns geboren, -
Vergiß uns nicht!«[12]

Zur persönlichen Ausstrahlung des Herzogs trug nicht zuletzt sein Auftreten in Braunschweig bei, das sich prägnant in seiner Entscheidung zeigte, nicht im väterlichen Schloss zu nächtigen, sondern das Feldlager am Petritor mit der Schwarzen Schar zu teilen. Die Wirkung seines Auftretens, das Einvernehmlichkeit unabhängig von Standesgrenzen und militärischem Rang vorstellte, schlug sich in vielen Texten nieder: »*Er*

9 So berichtet Karl Venturini von der Spannung, die 1809 über Braunschweig lag: »In der beängstigendsten Spannung befanden sich besonders die westphälischen Stadt= und Departements-Behörden; vormalige braunschweigische Staatsdiener, dem alten Fürstenhause mit herzlicher Zuneigung ergeben, aber doch unwillkührlich empor blickend nach dem Schwerdt, welches wenn das Spiel schlecht endete, am seidenen Faden über ihrem Haupte schwebte. Die Bürger, für ihr Eigenthum besorgt, wagten auch keine entschiedne Parthei zu nehmen.« Vgl. Carl Venturini: Ehre und Wahrheit für Friedrich Wilhelm, den verewigten Herzog von Braunschweig=Lüneburg. Leipzig und Altenburg 1816, S. 28.

10 Karl Leberecht Immermann: Preußische Jugend zur Zeit Napoleons. http://gutenberg.spiegel.de/buch/preussische-jugend-zur-zeit-napoleons.

11 Rohse: Hoffmann von Fallersleben (wie Anm. 4), S. 101.

12 Fliegendes Blatt aus dem Jahre 1809: »Vergiß uns nicht!«, in: Müller: Friedrich Wilhelm in Liedern der Deutschen (wie Anm. 8), S. 24–25, 25.

lag auf Stroh im Kreis der Waffenbrüder, / Und sann mit Ernst dem harten Schicksal nach –«[13]. Hier entstand das einprägsame Bild, dass sich der Herzog nicht auf sein Geburtsrecht berief, sondern im Namen einer höheren Autorität für Freiheit und Vaterland eintrat. In diesem Sinne liess der in Hannover ansässige Arzt und Schriftsteller Wilhelm Blumenhagen (1781–1839) den Herzog dem Appell an die Treue seiner Bürger sein eigenes Treueversprechen an die Seite stellen:

»*Ich geb nicht auf mein Väter=Schloß*
und meiner Ahnen Stadt,
bis Kriegs=Gezeug und feindlich Roß
mein Herz zertreten hat«.[14]

Dass die westphälische Obrigkeit der Wirkung solcher Lyrik durchaus Bedeutung beimaß, zeigt ihr Vorgehen gegen junge Leute, die das populäre Lied »*Hoch lebe Friedrich Wilhelm hoch!*« sangen. Das Lied war 1809 anonym als Flugblatt erschienen und hatte schnell Verbreitung gefunden: »*Ja, selbst der Neid muß es gestehn, / Daß solch ein Held noch nie gesehn / Im ganzen deutschen Land*«.[15] Die westphälischen Behörden suchten durch Strafen das Absingen solcher Lieder zu unterbinden.[16]

Der Zug des Herzogs und der Schwarzen Schar erregten überregionales Aufsehen, nicht zuletzt angesichts der Tatsache, dass das Unternehmen im Gegensatz zu den Aktionen von Andreas Hofer (1767–1810) und Ferdinand von Schill (1776–1809) erfolgreich war. Wenngleich er nicht zu dem erhofften Aufstand in Norddeutschland führte, so konnte es doch zur Mobilisierung nationaler Empfindungen eingesetzt werden. 1811 veröffentlichte der Nürnberger Verleger Friedrich Campe (1777–1846), der in Braunschweig bei seinem Onkel Joachim Heinrich Campe (1746–1818) ausgebildet worden war, in seinem Bilderbogen-Verlag daher ein Blatt mit der Einschiffung der Schwarzen Schar. In Bayern, das zu den Rheinbundstaaten zählte, suchte die Zensur das Blatt zu unterdrücken, weil der Verleger, wie ein Zensor mußtmaßte, »*einen ziemlich unberufenen politischen Eifer*«[17] an den Tag gelegt habe. Auch Heinrich Friedrich Karl Reichsfreiherr vom und zum Stein (1757–1831), der zur nationalen Mobilisierung breiter Bevölkerungsgruppen auf die Unterstützung durch Schriftstel-

---

[13] Christoph Jaokob Widmann: Als der Herzog Friedrich Wilhelm von Braunschweig=Lüneburg mit seinen Truppen vor Braunschweig bivouakirte, den 2. August 1809, in: Müller: Friedrich Wilhelm in Liedern der Deutschen (wie Anm. 8), S. 11–12, 11.

[14] Wilhelm Blumenhagen: Herzog Wilhelm von Oels. *https://books.google.de/books?id=SOU6AAAAcAAJ*

[15] Fliegendes Blatt aus dem Jahre 1809: Hoch lebe Friedrich Wilhelm hoch!, in: Müller: Friedrich Wilhelm in Liedern der Deutschen (wie Anm. 8), S. 7–9, 9.

[16] Zeitgenössischer Bericht (wie Anm. 3).

[17] Elisabeth Reynst: Friedrich Campe und sein Bilderbogenverlag zu Nürnberg. Mit einer Schilderung des Nürnberger Kunstbetriebes im 18. und in der ersten Hälfte des 19. Jahrhunderts, hg. im Auftrag der Stadt Nürnberg – Schul- und Kulturreferat – von der Stadtbibliothek. Nürnberg 1962, S. 42.

ler setzte, knüpfte an die Ereignisse des Zuges von 1809 an, um » *[...] Begeisterung und eine solche Hingebung einzuflößen, wie wir sie in den Korps des Herzogs von Braunschweig und Schills gesehen haben*«[18]. Dass es sich bei dem Adressaten seiner Ausführungen um Zar Alexander (1777–1825) handelte, den Schwager des Herzogs, dürfte seine Argumentation noch gestärkt haben. Der vom Reichsfreiherrn geförderte Arndt widmete dem Herzog ein Gedicht mit dem Titel »*Lied vom Braunschweig*«, in dem er den Welfen, »*ein edler Falk im Fluge*«[19], als Leitbild »*insurrekionellen Handelns*«[20] feierte. Dessen Ausweichen ins englische Exil deutet Arndt, entgegen der realen Situation, als Vorzeichen eines allgemeinen zukünftigen Sieges über Napoleon. So lässt er den Herzog beim Abschied zuversichtlich das Versprechen abgeben:

»*So muß ich wiederkommen*
So hier vorüberziehn –
Doch werd ich wiederkommen
Und dann nicht weiter ziehn.«[21]

Wenn historische Geschehnisse auf diese exemplarische Weise vorgestellt und in Gedichte gekleidet werden, die sich zudem dem eingängigen Ton eines Volksliedes annähern, wird der Eindruck einer außergewöhnlichen Einzelpersönlichkeit mit Vorbildcharakter erweckt.[22] Dazu ist es notwendig, die Bezüge zu den realen Bedingtheiten zurückzudrängen und zu verwischen, wie etwa Gegebenheiten und Schwierigkeiten, die nicht erkannt oder nicht ausgesprochen werden. So kam der Herzog 1809 nicht als strahlender Held, sondern eher erschöpft und voller Sorgen, wie den Aufzeichnungen eines zeitgenössischen Beobachters zu entnehmen ist. Als in Wolfenbüttel Jugendliche die Schwarze Schar umringten, ließ er sie gewähren: » *[...] und als darauf die Jungen in den ausgelassensten Jubel ausbrachen, lachte der Herzog so herzhaft*«, dass die Freude, ihn »*einen Augenblick erheitert zu sehen*« allgemein war.[23] Der Sieg in Ölper eignete sich, vor dem Hintergrund der letztlich ungeklärten Motivation für den Rückzug der westphälischen Truppen unter General Reubell (1777–1847), zur Illustration der militärischen Fähigkeiten Friedrich Wilhelms. Dass Reubells Einschätzung der Situation den Sieg erst ermöglicht hatte, ließen die Autoren dabei unerwähnt. Tatsächlich wurde Reubell später wegen taktischer Fehler seines Postens ent-

---

18 Zitiert nach Ernst Weber: Lyrik der Befreiungskriege (1812–1815). Gesellschaftspolitische Meinungs- und Willensbildung durch Literatur. Stuttgart 1991(= Germanistische Abhandlungen 65), S. 47.

19 Ernst Moritz Arndt: Lied vom Braunschweig, in: Müller: Friedrich Wilhelm in Liedern der Deutschen (wie Anm. 8), S. 3–5, 4.

20 Weber: Lyrik der Befreiungskriege (wie Anm. 18), S. 289.

21 Arndt: Lied vom Braunschweig (wie Anm. 19), S. 5.

22 Vgl. dazu Wolf Wülfing: Schill im Spiegel deutschsprachiger Literaten des 19. Jahrhunderts, in: Für die Freiheit – gegen Napoleon, Ferdinand von Schill, Preußen und die deutsche Nation, hg. von Veit Veltzke. Köln, Weimar, Wien 2009, S. 245–268, S. 246 f.

23 Zeitgenössischer Bericht (wie Anm. 3).

hoben. In Gedichten wurde Friedrich Wilhelm hingegen als »*Retter*« und »*Held*« gefeiert. Ein »*Nachruf an Herzog Friedrich Wilhelm, als er nach dem Gefecht bei Oelper Braunschweig verließ*«,[24] so der Titel eines auf das Ereignis konzentrierten Gedichts, das in seiner Metaphorik Kenntnisse akademischer Bildung voraussetzt, rückte den Herzog in den Kreis antiker Helden. In »*Leonidas Gestalt*« habe er, wie einst der König Spartas in der Schlacht bei den Thermopylen, das große Heer der Perser aufgehalten. Zwar zeichnete sich Friedrich Wilhelm durch persönliche Tapferkeit aus, doch wurden auch seine taktischen Fehleinschätzungen bekannt. So konnte das zuvor dem Feind überlassene Dorf Ölper nicht zurückerobert werden. Demgegenüber setzte Johann Jakob Ludwig Müller (1772–1851), Prediger in Ölper, in einer Elegie andere Schwerpunkte. Das Gefecht sei zwar wie »*ein wilder Sturm*« über die Einwohner gekommen, im Räumen des Ortes sah er jedoch eine Fürsorgemaßnahme des Landesherrn, der in weiser Vorausschau Mensch und Tier, und damit die ökonomische Grundlage der Betroffenen, habe schonen wollen: »*Das Dorf geschont!' sprach er, ‚seid, Kinder, ohne Sorgen!' / Er liebte uns, wir ihn; drum waren wir geborgen.*«[25] Bindung und Begeisterungsfähigkeit blieben angesichts der militärischen Auseinandersetzung und ihrer konkreten Folgen ebenso ungebrochen wie die Bereitschaft an der Wiedereinsetzung der tradierten Verhältnisse festzuhalten.

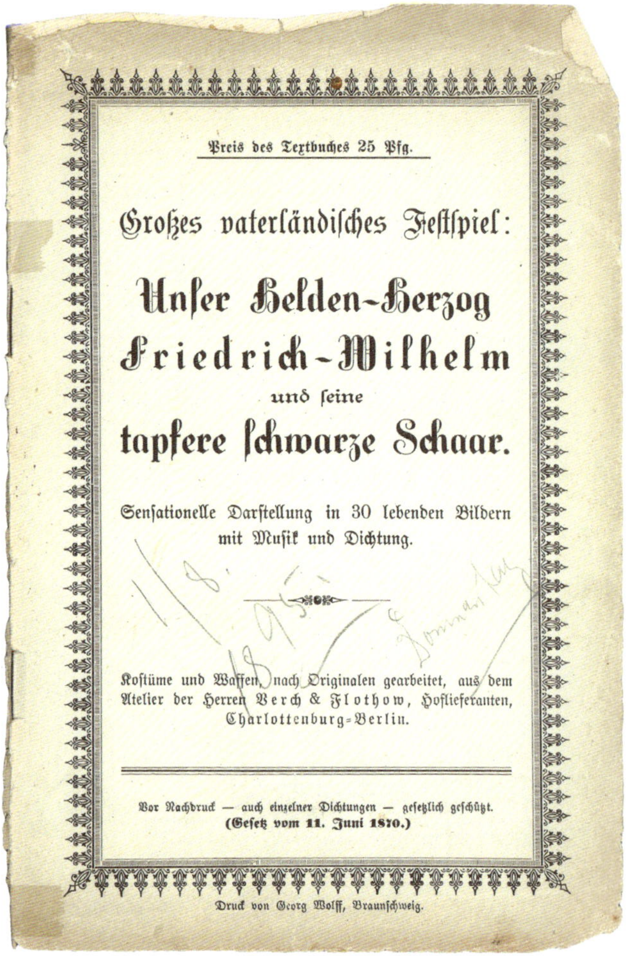

Preis des Textbuches 25 Pfg.

Großes vaterländisches Festspiel:

Unser Helden-Herzog Friedrich-Wilhelm

und seine

tapfere schwarze Schaar.

Sensationelle Darstellung in 30 lebenden Bildern mit Musik und Dichtung.

Kostüme und Waffen nach Originalen gearbeitet, aus dem Atelier der Herren Verch & Flothow, Hoflieferanten, Charlottenburg-Berlin.

Vor Nachdruck — auch einzelner Dichtungen — gesetzlich geschützt. (Gesetz vom 11. Juni 1870.)

Druck von Georg Wolff, Braunschweig.

Dies gilt ebenso für die Rückkehr des Herzogs in das wiedererrichtete Fürstentum Braunschweig-Wolfenbüttel, auch wenn Herzog Friedrich Wilhelm im Vorfeld

24 Joh. Heinr. Säuberlich: Nachruf an Herzog Friedrich Wilhelm, in: Müller: Friedrich Wilhelm in Liedern der Deutschen (wie Anm. 8), S. 17–20.

25 Johann Jakob Ludwig Müller: Das Gefecht bei Ölper. Elegie, in: Müller: Friedrich Wilhelm in Liedern der Deutschen (wie Anm. 8), S. 12–17, 14.

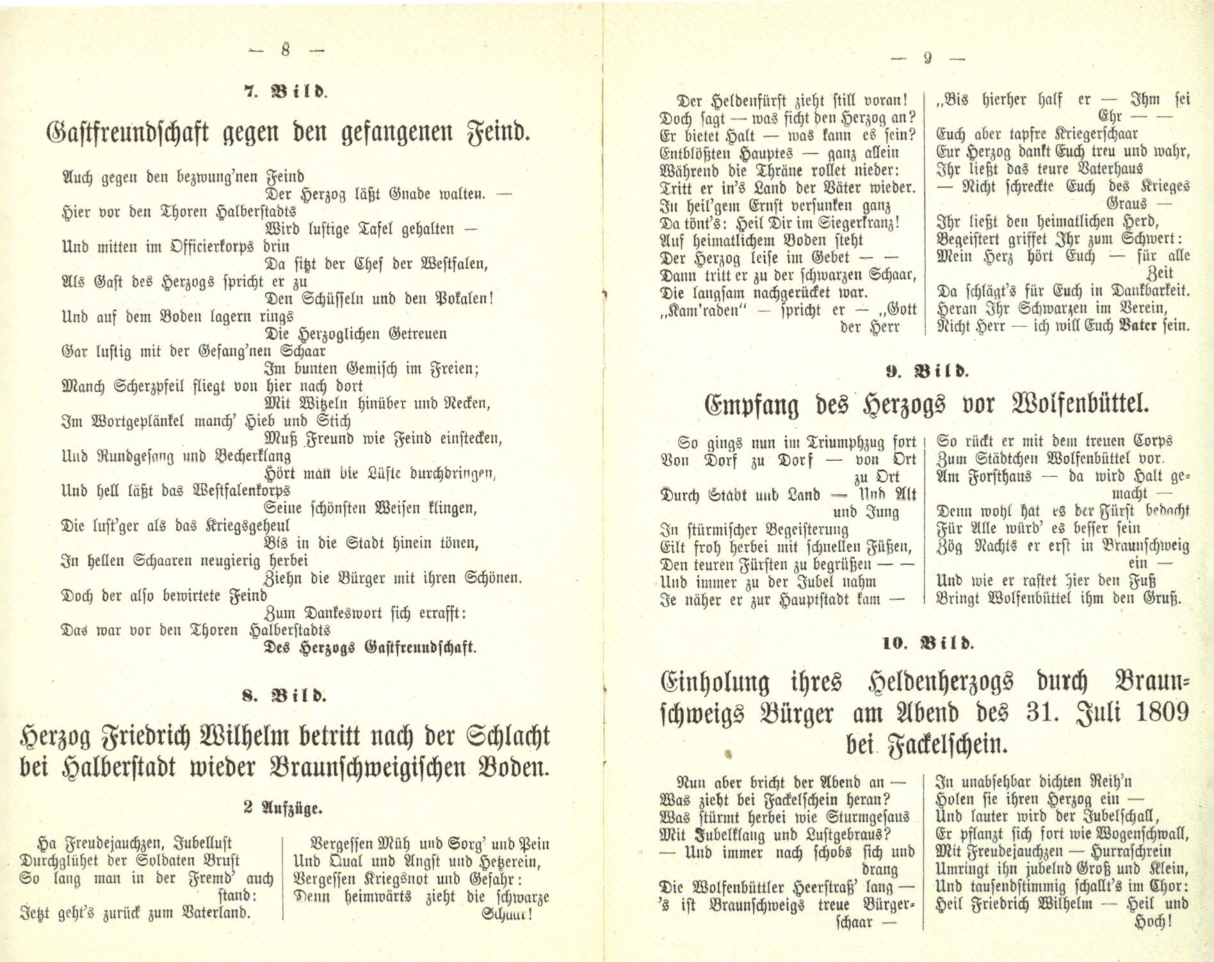

— 8 —

7. Bild.

Gastfreundschaft gegen den gefangenen Feind.

Auch gegen den bezwung'nen Feind
Der Herzog läßt Gnade walten. —
Hier vor den Thoren Halberstadts
Wird lustige Tafel gehalten —
Und mitten im Officierkorps drin
Da sitzt der Chef der Westfalen,
Als Gast des Herzogs spricht er zu
Den Schüsseln und den Pokalen!
Und auf dem Boden lagern rings
Die Herzoglichen Getreuen
Gar lustig mit der Gefang'nen Schaar
Im bunten Gemisch im Freien;
Manch Scherzpfeil fliegt von hier nach dort
Mit Witzeln hinüber und Necken,
Im Wortgeplänkel manch' Hieb und Stich
Muß Freund wie Feind einstecken,
Und Rundgesang und Becherklang
Hört man die Lüfte durchdringen,
Und hell läßt das Westfalenkorps
Seine schönsten Weisen klingen,
Die lust'ger als das Kriegsgeheul
Bis in die Stadt hinein tönen,
In hellen Schaaren neugierig herbei
Ziehn die Bürger mit ihren Schönen.
Doch der also bewirtete Feind
Zum Dankeswort sich errafft:
Das war vor den Thoren Halberstadts
Des Herzogs Gastfreundschaft.

8. Bild.

Herzog Friedrich Wilhelm betritt nach der Schlacht bei Halberstadt wieder Braunschweigischen Boden.

2 Aufzüge.

Ha Freudejauchzen, Jubellust
Durchglühet der Soldaten Brust
So lang man in der Fremd' auch stand:
Jetzt geht's zurück zum Vaterland.

Vergessen Müh und Sorg' und Pein
Und Qual und Angst und Hetzerein,
Vergessen Kriegsnot und Gefahr:
Denn heimwärts zieht die schwarze Schaar!

— 9 —

Der Heldenfürst zieht still voran!
Doch sagt — was ficht den Herzog an?
Er bietet Halt — was kann es sein?
Entblößten Hauptes — ganz allein
Während die Thräne rollet nieder:
Tritt er in's Land der Väter wieder.
In heil'gem Ernst versunken ganz
Da tönt's: Heil Dir im Siegerkranz!
Auf heimatlichem Boden steht
Der Herzog leise im Gebet — —
Dann tritt er zu der schwarzen Schaar,
Die langsam nachgerücket war.
„Kam'raden“ — spricht er — „Gott der Herr

„Bis hierher half er — Ihm sei Ehr — —
Euch aber tapfre Kriegerschaar
Eur Herzog dankt Euch treu und wahr,
Ihr ließt das teure Vaterhaus
— Nicht schreckte Euch des Krieges Graus —
Ihr ließt den heimatlichen Herd,
Begeistert griffet Ihr zum Schwert:
Mein Herz hört Euch — für alle Zeit
Da schlägt's für Euch in Dankbarkeit.
Heran Ihr Schwarzen im Verein,
Nicht Herr — ich will Euch **Vater** sein.

9. Bild.

Empfang des Herzogs vor Wolfenbüttel.

So gings nun im Triumphzug fort
Von Dorf zu Dorf — von Ort zu Ort
Durch Stadt und Land — Und Alt und Jung
In stürmischer Begeisterung
Eilt froh herbei mit schnellen Füßen,
Den teuren Fürsten zu begrüßen — —
Und immer zu der Jubel nahm
Je näher er zur Hauptstadt kam —

So rückt er mit dem treuen Corps
Zum Städtchen Wolfenbüttel vor.
Am Forsthaus — da wird Halt gemacht —
Denn wohl hat es der Fürst bedacht
Für Alle würd' es besser sein
Zög Nachts er erst in Braunschweig ein —
Und wie er rastet hier den Fuß
Bringt Wolfenbüttel ihm den Gruß.

10. Bild.

Einholung ihres Heldenherzogs durch Braunschweigs Bürger am Abend des 31. Juli 1809 bei Fackelschein.

Nun aber bricht der Abend an —
Was zieht bei Fackelschein heran?
Was stürmt herbei wie Sturmgesaus
Mit Jubelklang und Lustgebraus?
— Und immer nach schobs sich und drang
Die Wolfenbüttler Heerstraß' lang —
's ist Braunschweigs treue Bürgerschaar —

In unabsehbar dichten Reih'n
Holen sie ihren Herzog ein —
Und lauter wird der Jubelschall,
Er pflanzt sich fort wie Wogenschwall,
Mit Freudejauchzen — Hurraschrein
Umringt ihn jubelnd Groß und Klein,
Und tausendstimmig schallt's im Chor:
Heil Friedrich Wilhelm — Heil und Hoch!

der Ereignisse von 1813 keinen Einfluss hatte nehmen können. Dem im Londoner Exil lebenden Fürsten war die Rückkehr von den Alliierten nach der Völkerschlacht bei Leipzig ermöglicht worden. In »*Braunschweigs Preis*«[26] verklärte Friedrich Rückert (1788–1866) den Zug von 1809 als »*Wunderzug*« und bejubelte den einziehenden Welfen »*geehrt, gleich einem Gotte*«. Auch in Braunschweig wurde er bei seiner Ankunft am 22. Dezember 1813 als »*seltne[r], große[r] Mann*«,[27] als

26 Friedrich Rückert: Braunschweigs Preis, in: Müller: Friedrich Wilhelm in Liedern der Deutschen (wie Anm. 8), S. 90–93.

27 Fliegendes Blatt aus dem Jahr 1813: Die Rückkehr Herzogs Friedrich Wilhelm von Braunschweig, in: Müller: Friedrich Wilhelm in Liedern der Deutschen (wie Anm. 8), S. 57–59, 57.

»*Held*«[28] und als »*der Längstersehnte*«[29] gefeiert. Für die Autoren war dabei eine hohe öffentliche Präsenz aus Anlass des Ereignisses von Bedeutung, um sichtbar werden zu lassen, dass die überwiegende Mehrheit der Bürger auch während der Jahre der Abwesenheit an seiner Person festgehalten hatte. Zentrales Thema ist daher seine langerwartete Rückkehr, die als Bedrückung und Not empfundenen Jahre des Königreichs Westphalen finden demgegenüber kaum Berücksichtigung. So betonte Pastor Müller aus Ölper die enge Verbundenheit mit dem Herzog: »*Wir waren Dein, im grausen Sturm der Zeit / Als fern von uns, in engen Todesbanden, / Sie, die Dich liebten, kein Erbarmen fanden*«.[30] Seinen Zeilen dürften besonderes Gewicht beigemessen worden sein angesichts der den Zeitgenossen allgemein bekannten Ereignisse um die Verhaftung einiger Bauern aus Ölper, die wegen einer vermeintlich vom Herzog geforderten Unterstützung von der westphälischen Regierung hart bestraft wurden. Verurteilte, die der Todesstrafe entgangen waren, wurden im Oktober 1813 von den anrückenden russischen Truppen befreit. Tatsächlich wurde die Auflösung des Königreichs Westpahlen nahezu durchgängig begrüßt und die Freude über die Rückkehr des Herzogs in tradierte Bilder von Landesvater und Landeskindern gekleidet. Mit der Betonung dynastischer Kontinuität wurden zudem Erwartungen und Wünsche an den Herzog und sein zukünftiges Landesregiment verbunden, die sich an der Regierungspraxis von Herzog Carl Wilhelm Ferdinand orientierten:

»*Hier segnest DU forthin, so wie DEIN VATER that:*
Hier gehst DU, so wie ER, der sanften Weisheit Pfad,
Die IHM, weit über SEIN beweintes Grab,
Den Ruhm: >DER FÜRSTEN MUSTER< gab«.[31]

Die Maurer- und Steinhauergilde in Braunschweig betonte in berufsständischer Semantik das Bild des gemeinsamen Wirkens von Fürst und Untertan am »*Bau des Bürgerglücks*«, errichtet » [...] *auf starkem Grunde: / Auf Dankbarkeit und Bürgersinn.*«[32]

[28] Jakob Ludwig Römer: Friedrich Wilhelm den 1. August 1809 und den 22. December 1813, in: Müller: Friedrich Wilhelm in Liedern der Deutschen (wie Anm. 8), S. 42–49, 45. Zu Römer vgl.: Günter Scheel: Roemer, Jakob Ludwig, in: Horst Rüdiger Jarck und Günter Scheel (Hrsg.): Braunschweigisches Biographisches Lexikon 19. und 20. Jahrhundert. Hannover 1996, S. 496.

[29] J. F. Ottmer: Betrachtungen eines Braunschweigers am Schlusse des Jahres 1813, als wenige Tage zuvor Herzog Friedrich Wilhelm in seine Staaten heimgekehrt war, in: Müller: Friedrich Wilhelm in Liedern der Deutschen (wie Anm. 8), S. 94–98, 96.

[30] J. J. L. Müller: Das Dorf Ölper seinem Fürsten Friedrich Wilhelm am 22. Dezember 1813, in: Müller: Friedrich Wilhelm in Liedern der Deutschen (wie Anm. 8), S. 86–87, 87.

[31] C.[onrad] Heusinger: Friedrich Wilhelms Wiederkehr, in: Müller: Friedrich Wilhelm in Liedern der Deutschen (wie Anm. 8), S. 72–76, 75.

[32] A. Geitel: Dem Herzog Friedrich Wilhelm bei dem Einzuge in seines Landes Hauptstadt am 22. December 1813 die Maurer= und Steinhauergilde, in: Müller: Friedrich Wilhelm in Liedern der Deutschen (wie Anm. 8), S. 64–67, 66.

Damit verbunden war ein Treuegelöbnis der Bürger, deren Verhältnis zum Herzog sich über bürgerliche Tugenden wie Pflicht und Arbeit ausdrückte: »*Bauen wollen wir mit Fleiße / Jeden Acker treu und schön, / Können wir mit unserm Schweiße / Den Ertrag der Erndt erhöhn*«.[33] Die Anerkennung der Ansprüche des Herzogs als Landesherr wurde dabei nicht in Frage gestellt: »*Mit Freud und Dank geloben wir / Ihm Treue und Gehorsam hier*«[34]. Vielmehr wurde die Übereinstimmung dynastischer Interessen mit denen des bürgerlichen Standes betont, der Herzog erschien als des »*Bürgerglücks Kranz*«. [35] Deutlich vernehmbar sind jedoch auch Erwartungen nach Gestaltung eines gesellschaftspolitischen Rahmens, der nach langen Kriegsjahren, Zeiten schwerer Lasten und Bedrückungen nun die Wohlfahrt aller befördern sollte. Auch wenn diese Erwartungen als Appelle ausgesprochen blieben, formulierten sie doch im Verweis auf die Selbstverpflichtung des Regenten bürgerliches Selbstbewusstsein:

»*Für den zu leben, der des Landes Vater,*
Für unser Vaterland – ist heil'ge Pflicht.
Für uns zu leben und zu wirken hat er
Sich selbst geschworen, und er täuscht uns nicht.«[36]

Über die territorialstaatlichen Bezüge hinaus näherten sich nur wenige Gedichte der Lyrik der Freiheitskriege mit ihrer nationalen Mobilisierung und ließen vage nationale Empfindungen anklingen:

»*So reiche denn ein Jeder ihm die Hände,*
sie sind ja schon von ihren Fesseln frei!
Er sehe froh, wie Despotie sich ende,
und fühle stolz, daß er ein Deutscher sei! – «[37]

Das Bild, das dabei von Deutschland entworfen wurde, griff auf gesellschaftliche Tugenden und Wertvorstellungen im Empfindsamen zurück. Wie in den Zeiten der Spätaufklärung wurde dabei ein gemeinsames Vaterland als moralische Größe for-

---

33 Fliegendes Blatt aus dem Jahr 1813: Die Rückkehr Friedrich Wilhelm von Braunschweig. (wie Anm. 27), S. 57.

34 Te deum im Namen aller vaterländisch gesinnten Braunschweiger am Tage der beglückenden Zurückkehr unseres durchlauchtigsten Herzogs und Herrn Friedrich Wilhelm. [Braunschweig 1813]. Eine Aufschrift auf dem Flugblatt weist zudem darauf hin, dass die »*im Namen von Herr Rath Hundeiker gratis ausgegebenen, mehr als 3.000 Exemplare dieses Te Deum [...] vergriffen*« seien. Zu Johann Peter Hundeiker (1751–1836) vgl.: Mechthild Wiswe, in: Horst-Rüdiger Jarck und Günter Scheel (Hrsg.): Braunschweigisches Biographisches Lexikon (wie Anm. 28), S. 295.

35 J. C. A. Koch: Heimkehr Friedrich Wilhelms von Braunschweig, in: Müller: Friedrich Wilhelm in Liedern der Deutschen (wie Anm. 8), S. 81.

36 J. F. Warnecke: Friedrich Wilhelms Ankunft, in: Müller: Friedrich Wilhelm in Liedern der Deutschen (wie Anm. 8), S. 85–86, 85.

37 Ch. J. Widmann: Die Ankunft des Herzogs Friedrich Wilhelm in Braunschweig. (Am 22. December 1813.), in: Müller: Friedrich Wilhelm in Liedern der Deutschen (wie Anm. 8), S. 52–53, 53.

muliert und zugleich als Nationalcharakter ausgegeben.[38] So wurde den mit »*alte[r] Not*« umschriebenen Jahren unter französischer Regierung ein Bild Deutschlands entgegengestellt, das im Bewusstsein gemeinsamer Sprache und Sitte kulturnationales Denken formulierte:

»*Der deutsche Biedersinn die stillen, sanften Freuden*
Der Häus= und Sittlichkeit, woraus das wahre Glück
Allein entspringt – um nie von euch zu scheiden,
Sie kehren jetzt zugleich mit ihm zurück.«[39]

Als am frühen Morgen des 21. Juni 1815 in Braunschweig die Nachricht vom Tod des Herzogs eintraf, stieß dies auf allgemeine Erschütterung und Trauer, die in zahlreichen Gedichten zum Ausdruck gebracht wurde: »*Theurer Fürst! Sieh, deiner Bürger Zähren / Fließen dir.*«[40] Dessen Tod löste die Bindung an den angestammten Landesfürsten und ließ Untertanen zurück, denen die tradierte Ordnung ein Gefühl von Sicherheit und Orientierung vermittelte: »*So bis du denn, mein Vaterland, verwaiset, / Der heißgeliebte Vater ist nicht mehr!*«[41] Nur wenige Autoren reagierten auf die Ereignisse von Quatre Bras mit einem Aufruf zur Rache am napoleonischen Frankreich. Ein anonymer Autor suggerierte die direkte Umsetzung der Trauer in aktives Handeln:

»*Söhne braver Untertanen,*
Folgt im traulichen Verein
Seinen sieggekrönten Fahnen,
Rächer jenes Bluts zu sein. - «[42]

Auch dem Schriftsteller und Reisebuchautor Alois Schreiber (1761–1848), der seit 1813 am badischen Hof als Hofhistoriograph tätig war, dienten die Ereignisse zur Stärkung antifranzösischer Kriegsagitation. Schreiber pries Kampfesmut und Opferbereitschaft Friedrich Wilhelms, den Rache für den Tod seines Vaters in der Schlacht bei Jena und Auerstedt/Hassenhausen geleitet habe: »*Gleich dem Leu ist er gefallen / Knirschend noch im edlen Groll.*«[43] Seine antifranzösische Haltung verband er mit dem Aufruf an den

---

38 Vgl. dazu Weber: Lyrik der Befreiungskriege (wie Anm. 18), S. 310–324, besonders S. 313.

39 Fliegendes Blatt aus dem Jahr 1813: Die Rückkehr Friedrich Wilhelm von Braunschweig (wie Anm. 27), S. 59.

40 C. L. und C. R.: Braunschweigs Schmerz bei dem Tode Friedrich Wilhelms, in: Müller: Friedrich Wilhelm in Liedern der Deutschen (wie Anm. 8), S. 132–133, 132.

41 J. J. G. G…er: Elegie am Grabe Friedrich Wilhelms, in: Müller: Friedrich Wilhelm in Liedern der Deutschen (wie Anm. 8), S. 148–150, 150.

42 U***: Am Begräbnißtage Friedrich Wilhelms (3. Juli 1813.), in: Müller: Friedrich Wilhelm in Liedern der Deutschen (wie Anm. 8), S. 152–154, 154.

43 Aloys Schreiber: Auf den Tod des Herzogs von Braunschweig, am 16. Juni 1815, in: Müller: Friedrich Wilhelm in Liedern der Deutschen (wie Anm. 8), S. 118–119, 118. Zu Aloys Schreiber vgl. Weber: Lyrik der Befreiungskriege (wie Anm. 18), S. 262–265.

preußischen Generalfeldmarschall Gebhard Leberecht von Blücher (1742–1819) nach der Schlacht von Waterloo für den gefallenen Herzog »*Rache seinem blut'gen Haar*« zu üben: »*Bring zehntausend welsche Leichen / ihm zum Totenopfer dar!*«[44] In ähnlichem Ton hieß es bei Friedrich Rückert aus Anlass der Beisetzung des Herzogs zur Herabsetzung des Feindes: »*Doch um sein Grab in Braunschweig / Bellt kein französischer Hund.*«[45]

Die Mehrzahl der Gedichte verzichtete jedoch auf solch scharfe Feindbilder und formulierte demgegenüber die Überzeugung, der Herzog habe mit Kampfkraft und Mut sein Leben für »*Vaterland*« und »*Freiheit*« eingesetzt. Im Sinne überkommener Kriege erschien der Herzog dabei als unabhängiger Reichsfürst, der den Kampf gegen französische Vorherrschaft mit dem Ziel der Wiederherstellung tradierter politischer Ordnung siegreich geführt habe: »*Sein Tod war Heil! Dies lindert unsern Schmerz.*«[46] Die Bedeutung von »*Vaterland*« blieb dabei auf das Fürstentum Braunschweig bezogen und mit Nachdruck und Stolz wurde auf den besonderen Beitrag verwiesen, den das Fürstentum durch den Tod zweier Landesfürsten zur Befreiung Deutschlands geleistet habe.

»*Im ganzen Vaterlande,*
Wo deutsch die Sonne scheint,
Hat Keiner herb're Thränen,
als Braunschweig einst geweint.«[47]

Die Lyrik, die der Trauer um den gefallenen Herzog Ausdruck verlieh, orientierte sich verstärkt an literarischen Formen, die jenseits von Sangbarkeit und Eingängigkeit auf einen bildungsbürgerlichen Hintergrund verweisen. Trauer und Betroffenheit wurden mittels literarischer Kleinformen wie Lied, Ballade, Erzählgedicht, Elegie, Ode oder Sonett zum Ausdruck gebracht.[48] So lassen sich an der »*Elegie auf den Tod des Herzogs von Braunschweig*« des Gymnasiasten August Heinrich Hoffmann Schulung an antiken Poetiken sowie ausgedehnte Literaturkenntnisse nachweisen, wie sie dem klassischen Bildungsideal des Bürgertums entsprachen.[49] Zudem zeigt sich an seinem Beispiel die

---

44 Aloys Schreiber: Auf den Tod des Herzogs von Braunschweig (wie Anm. 43), S. 119.

45 Friedrich Rückert: Braunschweigs Fall, in: Müller: Friedrich Wilhelm in Liedern der Deutschen (wie Anm. 8), S. 116–117, 117.

46 C. L. F. Lachmann: An Friedrich Wilhelms Grabe, in: Müller: Friedrich Wilhelm in Liedern der Deutschen (wie Anm. 8), S. 141–143, 142. Zu Lachmann vgl.: Hans-Joachim Behr: Lachmann, Carl Ludolph Friedrich, in: Horst Rüdiger Jarck und Günter Scheel: Braunschweigisches Biographisches Lexikon (wie Anm. 28), S. 359.

47 C. Fink: Friedrich Wilhelm, Herzog von Braunschweig=Lüneburg und Oels, in: Müller: Friedrich Wilhelm in Liedern der Deutschen (wie Anm. 8), S. 109–111, 111. In diesem Sinne gilt die Trauer Herzog Friedrich Wilhelm als »*Retter Deutschlands, Heinrichs Enkel und Hermanns*«. Vgl. D. Wolff: Friedrich Wilhelms Totenfeier, in: Müller: Friedrich Wilhelm in Liedern der Deutschen (wie Anm. 8), S. 143–144, S. 143.

48 Rohse: Hoffmann von Fallersleben (wie Anm. 4), S. 94 – 96.

49 Rohse: Hoffmann von Fallersleben (wie Anm. 4), S. 110–123.

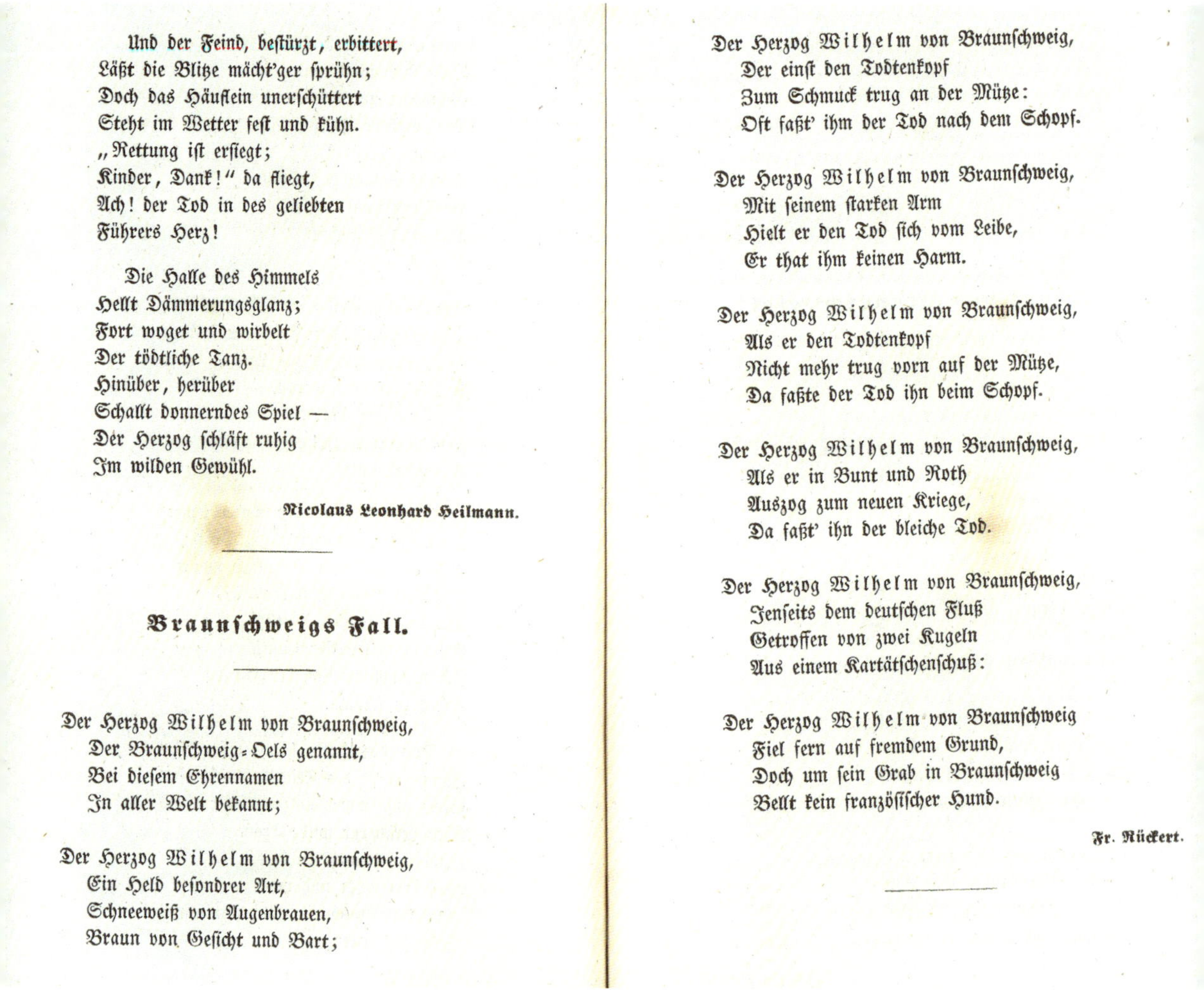

Und der Feind, bestürzt, erbittert,
Läßt die Blitze mächt'ger sprühn;
Doch das Häuflein unerschüttert
Steht im Wetter fest und kühn.
„Rettung ist ersiegt;
Kinder, Dank!" da fliegt,
Ach! der Tod in des geliebten
Führers Herz!

Die Halle des Himmels
Hellt Dämmerungsglanz;
Fort woget und wirbelt
Der tödtliche Tanz.
Hinüber, herüber
Schallt donnerndes Spiel —
Der Herzog schläft ruhig
Im wilden Gewühl.

Nicolaus Leonhard Heilmann.

Braunschweigs Fall.

Der Herzog Wilhelm von Braunschweig,
Der Braunschweig-Oels genannt,
Bei diesem Ehrennamen
In aller Welt bekannt;

Der Herzog Wilhelm von Braunschweig,
Ein Held besondrer Art,
Schneeweiß von Augenbrauen,
Braun von Gesicht und Bart;

Der Herzog Wilhelm von Braunschweig,
Der einst den Todtenkopf
Zum Schmuck trug an der Mütze:
Oft faßt' ihm der Tod nach dem Schopf.

Der Herzog Wilhelm von Braunschweig,
Mit seinem starken Arm
Hielt er den Tod sich vom Leibe,
Er that ihm keinen Harm.

Der Herzog Wilhelm von Braunschweig,
Als er den Todtenkopf
Nicht mehr trug vorn auf der Mütze,
Da faßte der Tod ihn beim Schopf.

Der Herzog Wilhelm von Braunschweig,
Als er in Bunt und Roth
Auszog zum neuen Kriege,
Da faßt' ihn der bleiche Tod.

Der Herzog Wilhelm von Braunschweig,
Jenseits dem deutschen Fluß
Getroffen von zwei Kugeln
Aus einem Kartätschenschuß:

Der Herzog Wilhelm von Braunschweig
Fiel fern auf fremdem Grund,
Doch um sein Grab in Braunschweig
Bellt kein französischer Hund.

Fr. Rückert.

Beispiel für die nationale Rezeption des Schwarzen Herzogs

Attraktivität, die von Theodor Körners (1791–1813) Lyrik besonders auf Schüler und Studenten und auf akademisch gebildete Kreise ausstrahlte. Dessen Gedichte galten bereits bei seinen Zeitgenossen als »*standes- und generationsspezifische Lyrik*«[50] Gebildeter, die sich als Kriegsfreiwillige in den Freicorps sammelten und ihre Kampfbereitschaft feierten. So übernahm Hoffmann aus Körners Gedicht »*Die Eichen*« für seine Ele-

[50] Ernst Weber: Der Krieg und die Poeten. Theodor Körners Kriegsdichtung und ihre Rezeption im Kontext des reformpolitischen Bellizismus der Befreiungskriegslyrik, in: Die Wiedergeburt des Krieges aus dem Geist der Revolution. Studien zum bellizistischen Diskurs des ausgehenden 18. und beginnenden 19. Jahrhunderts, hg. von Johannes Kunisch und Herbert Münkler. Berlin 1999 (= Beiträge zur Politischen Wissenschaft Band 110), S. 285–325, S. 300.

gie die Eichbaum-Motivik, die zum patriotischen Zentralmotiv der Befreiungskriege geworden war:

»Trauer tönet von der Deutschen Eiche,
Sie beweinet ihren Heldensohn
Streuet thränenvoll der blut'gen Leiche
Deiner Tapferkeit und Tugend Lohn.«[51]

Auch H. C. Schönijahn nahm mit seinem Gedicht »*Wilhelms Schwarze Schar*«[52] auf Theodor Körners Gedicht »*Lützows wilde Jagd*«[53] Bezug, indem der Refrain »*Das ist Wilhelms tapfere, muthige Schaar*« deutlich auf das populäre Vorbild »*Das ist Lützows wilde verwegene Jagd*« anspielt. Wie die Lützower trugen auch Friedrich Wilhelm und seine Schar schwarze Uniformen, so dass für den Nachdichter bereits im Äußeren eine Analogie nahelag.

Nach 1815 drohte die Lyrik aus der Zeit der Befreiungskriege allmählich in Vergessenheit zu geraten. Am ehesten wurde sie in den folgenden Jahren in Kreisen von Kriegsveteranen und Vereinen rezipiert, die sie anlässlich ihrer Gedenkfeiern und Jubiläen zu Gehör brachten. So erfuhr 1838 aus Anlass der Erinnerung zur 25-jährigen Rückkehr des Herzogs das Lied »*Hoch lebe Friedrich Wilhelm hoch!*«, ursprünglich auf die Ereignisse von 1809 verfasst, nicht nur neuen Schwung, sondern wurde darüber hinaus von dem Garnisonsschulinspektor Ottmer aktualisiert und mit weiteren Strophen versehen. Hier verband sich das Gedenken an eine konkrete historische Situation mit Elementen einer bürgerlichen Fest- und Trinkkultur und konnte somit gemeinschaftsstiftende Wirkung entfalten.

»Stoßt, traute Brüder, freudig an
Und reichet euch die Hand,
Des teutschen Sinnes uns bewußt!
Schlag' hoch das Herz in unsrer Brust
Für Gott und Vaterland.«[54]

Wilhelm Müller, Feldwebel beim Herzoglich Braunschweigischen Grenadier-Bataillon, gab 1843 eine Sammlung mit Gedichten unter dem Titel »*Friedrich Wilhelm, Herzog von Braunschweig-Lüneburg und Oels in Liedern der Deutschen*« heraus. 76 Lieder

---

51 A[ugust] H[einrich] Hoffmann: Elegie auf den Tod des Herzogs von Braunschweig. Braunschweig [1815].

52 H. C. Schönijahn: Wilhelms schwarze Schar, in: Müller: Friedrich Wilhelm in Liedern der Deutschen (wie Anm. 8), S. 107–108.

53 Theodor Körner: Lützows wilde Jagd. www.deutschestextarchiv.de/book/view/koerner_leyer_1814/?hl=Lůtzow›s&p=78.

54 Müller: Friedrich Wilhelm in Liedern der Deutschen (wie Anm. 8), S. 196.

Lord Byron (1788–1824)

versammelte seine Anthologie mit dem erklärten Ziel, sie in einer »*vaterländischen Ehrenhalle*«[55] zu vereinen. Müller verwies bei einigen Gedichten auf einen umfangreichen Anhang mit ergänzenden Informationen zu historischen Vorgängen und Personen. Diese Erläuterungen waren offenbar notwendig geworden, angesichts seiner Befürchtung, dass deren Kenntnisse nachfolgenden Generationen bereits verloren gehen könnten.

Auch wenn sich Müller auf literarische Auswahlkriterien berief, um Gedichte auszusondern, die »*vor dem Richterstuhle der Kritik späterer Zeiten nicht füglich bestehen können*«[56], so werden diese nicht näher ausgeführt und bleiben – zumal in der Antizipation zukünftiger Literaturkritik – im Dunkeln. Es ist daher anzunehmen, dass der Herausgeber mit seinem Hinweis vielmehr auf einen umfangreichen Bestand an Gedichten aufmerksam machen wollte, da er – und mit ihm nicht näher genannte »*Gönner und Freunde*«[57] – vor allem an Lyrik interessiert war, die sich durch ihre enge Verbindung mit den historischen Ereignissen auszeichnete: »*Aber vor vielem Andern verdienen gerade diese Lieder der Nachwelt aufbewahrt zu werden, da sie, ein treues Abbild jener ruhmgekrönten Zeiten, den Nachkommen Zeugniß von der Ahnen Thatkraft geben*«.[58] Da seine Sammlung bereits mit dem Titel » *[...] in Liedern der Deutschen*« auf die deutsche Sprache als entscheidendes Auswahlkriterium verweist, macht deutlich, warum das wohl bekannteste Werk – trotz erklärter Absicht: »*Alles was frühere und spätere Zeiten über den erhabenen Welfenfürsten gesungen haben, zu sammeln*«[59] – in den Anhang verwiesen wurde. Bereits 1816 war der dritte Canto von Lord Byrons Versepos »*Childe Harold's Pilgrimage*« erschienen, in dem er die Dramatik der Ereignisse von 1815 auch an Herzog Friedrich Wilhelm und dessen Todesahnungen auf dem Fest der Herzogin von Richmond am 15. Juni 1815 aufzeigte. Müller zitierte die Strophen lediglich im Anhang:

»In einer Fensternisch' in weiter Halle
Steht Braunschweigs Fürst; zuerst vernimmt
Den Klang er mitten in dem frohen Schwalle,
Und ahnt den Ton, der ihm den Tod bestimmt;
Ihm scheint er näher, lächeln drob auch Alle,

[55] Ebd., S. VII.

[56] Ebd., S. VII.

[57] Ebd., S. VIII.

[58] Ebd., S. VII.

[59] Ebd., S. VI f.

Friedrich Wilhelm beim Ball in Brüssel

Sein treues Herz erkennt den Laut wohl recht,
Der seinen Vater hat gebracht zum Falle!
Ha! blut'ge Rache fordert sein Geschlecht;
Er eilt zum Kampf' – und fällt der erste im Gefecht.«[60]

Demgegenüber wurde das Gedicht »*Braunschweigs Tod*« des Krefelder Pastors Nicolais Leonhard Heilmann (1776–1856), das als Resonanz auf Byrons berühmtes Epos entstanden war, in den Hauptteil der Sammlung eingerückt.[61]

Zu den in die Sammlung aufgenommenen Autoren zählen mit Ernst Moritz Arndt, dessen Gedicht den Auftakt bildet, und dem mit zwei Gedichten vertretene Friedrich Rückert, populäre Dichter der Befreiungskriegslyrik. Ferner sind Autoren vertreten, die mit Ausgaben ihrer Lyrik bekannt waren, darunter Aloys Schreiber, Wilhelm Blumenhagen und Nicolais Leonhard Heilmann. Die Mehrzahl der Autoren war in ihrer Funktion als Amtsträger im Fürstentum jedoch vorwiegend einem regionalen Publikum bekannt. Auch anonym Publiziertes ist in der Sammlung vertreten, darunter einige der populärsten Lieder wie »*Hoch lebe Friedrich Wilhelm hoch*«.

Mit der Vorstellung von Gedichten, die als patriotische Vaterlandsdichtung den Einsatz welfischer Fürsten zur Befreiung von französischer Unterdrückung konservierten, sollte dieser im Gedächtnis bewahrt werden und zugleich eine Identifikation mit den historischen Ereignissen erfolgen. Die Deutung Friedrich Wilhelms als »*Held*« sowie die Gliederung der Gedichte, die seinen in diesem Zusammenhang bedeutsamen Lebensstationen folgte, unterstrich die Verbindlichkeit des Vorbildes und erklärte es zum Orientierungspunkt nachfolgender Jugend. Erklärtes Ziel war es, deren Entschluss zu stärken, »*nicht zurückzubleiben hinter den Vätern.*«[62] Die Anthologie, Zeugnis für Personalisierung und Heroisierung der historischen Ereignisse, sollte nach dem Wunsch des Herausgebers somit Anknüpfungspunkte zur Ausbildung eines braunschweigischen Bewusstseins bieten: »*Aus reiner Liebe zu dem verewigten Fürsten und zu dem Vaterlande entstand diese Sammlung, möge sie mit gleichen Gesinnungen von den Bewohnern der Welfenlande aufgenommen werden.*«[63]

60 Ebd., S. 219–220, 220.

61 Nicolais Leonhard Heilmann: Braunschweigs Tod, in: Müller: Friedrich Wilhelm in Liedern der Deutschen (wie Anm. 8), S. 111–116.

62 Müller: Friedrich Wilhelm in Liedern der Deutschen (wie Anm. 8), S. VI.

63 Ebd., S. VII.

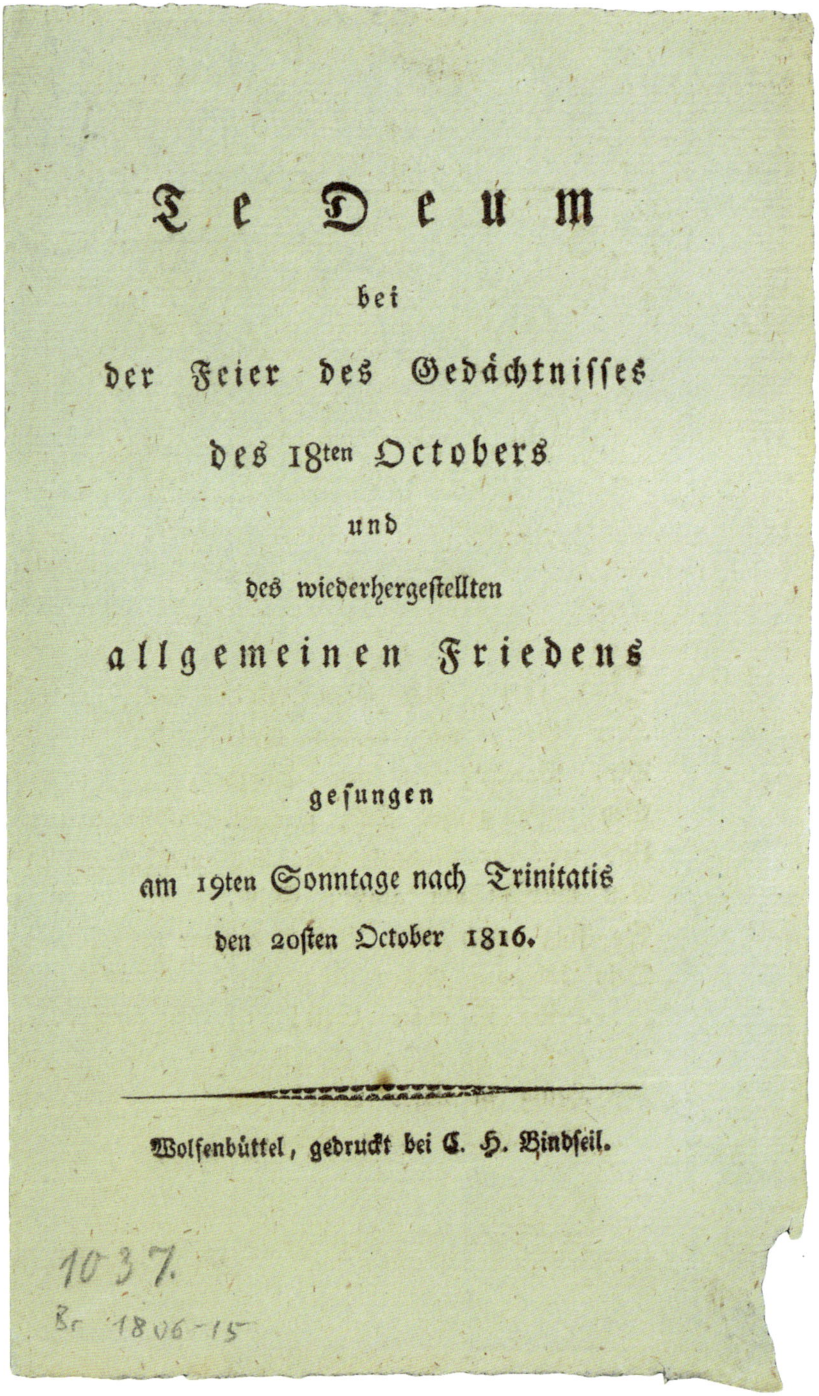

Te Deum

bei

der Feier des Gedächtnisses

des 18ten Octobers

und

des wiederhergestellten

allgemeinen Friedens

gesungen

am 19ten Sonntage nach Trinitatis

den 20sten October 1816.

Wolfenbüttel, gedruckt bei C. H. Bindseil.

»Auf dem Weg nach Waterloo«

Der Schwarze Herzog

Für Braunschweig gegen Napoleon

Gerd Biegel

Historisches Modell des Denkmals in Quatre Bras

Teil III – Auf dem Weg der Erinnerung – Denkmal in Quatre Bras

Mit dem Tod von Herzog Friedrich Wilhelm am 16. Juni 1815 bei Quatre Bras war das Herzogtum nach nur zwei Jahren erneut ohne regierenden Monarchen. Nach sechsjähriger Fremdherrschaft und Verlust der staatlichen Selbständigkeit war das Land zwar durch die Entscheidungen beim Wiener Kongress wieder restituiert worden, jedoch war die Zeit der Regierung des »*Schwarzen Herzogs*« zu kurz, um die Neuorganisation des Staates in sichere und geordnete Zukunftsbahnen zu lenken. Kein Wunder also, daß in den Trauerreden und Trauerpredigten nach der Beisetzung in der Welfengruft des Domes St. Blasii nicht nur die Trauer um den Verstorbenen oder eine verklärende Verherrlichung seiner Person (»*Preis und Ruhm unserm Friedrich Wilhelm, der an festem Muthe die Edelsten unsers Volks übertraf*«) zum Ausdruck kamen, sondern auch die Zwänge seiner kurzen Regierung in noch immer unruhigen Zeiten ausgesprochen wurden: »*Er schuf eine neue Ordnung der Dinge, deren Anfang sich schön entwickelt haben würde, wenn seine Regierung von längerer Dauer gewesen wäre; denn auf einmal konnte nicht Alles vollendet werden. Das Dringendste war ohne Zweifel die Sicherheit des Vaterlandes ohne welche die beste Einrichtung nur gemacht, aber nicht erhalten werden konnte. Er war durchdrungen von dieser Ueberzeugung, und rief die Söhne des Vaterlandes zu den Waffen.*«[161]

Dabei fand mancher auch überraschend kritische Worte und betonte, daß er trotz redlichen Willens dem Amt nicht immer gewachsen war, »*da die verwickelten Verhältnisse im Anfange seiner Regierung zuweilen unrichtige Maaßregeln veranlassten*«.[162] Es waren aber eher Einzelstimmen, die selbstkritisch auf die vergangenen Jahre blickten. Überwiegend setzte bereits mit dem Tod von Friedrich Wilhelm eine verehrende Überhöhung seiner Person ein, die sich weit über die lokalen und regionalen Grenzen hinaus verbreitete und ihren Niederschlag in unzähligen Bildern, Flugblättern, Gedichten, Romanen und Erzählungen fand. Charakteristisch für diese Empfindungen war die Trauerrede des Oberrabbiners Egers, die er am 9. Juli 1815 in der Braunschweiger Synagoge hielt: »*Beide [Carl Wilhelm Ferdinand und Friedrich Wilhelm] opferten ihr Leben im gerechten Kampfe; beschützten, gleich dem Adler, Ihre Kinder; und wollten lieber, daß die Pfeile der Feinde Ihre Herzen treffen, als daß Sie Ihre Kinder der Wuth und Grausamkeit Ihrer Gegner preis geben sollten. Und ach! Wie schmerzhaft ist es für uns, daß Sie mitten im Kampfe fielen, und daß Ihnen nicht das große Glück zu Theil wurde, sich mit uns über den herrlichen Sieg, der ganz Europa rettete und uns bald einen allgemeinen Frieden bewirken wird, zu freuen, welches doch das Ziel Ihrer Unternehmun-*

[161] Zwei Predigten zum Andenken an den 16ten Juni erfolgten Todt Sr. Durchlaucht Friedrich Wilhelm Herzog zu Braunschweig=Lüneburg. Von J. C. F. Witting, Pastor an der Magnuskirche zu Braunschweig. Gedruckt bei Friedrich Krampe. Stadtarchiv Braunschweig H VIII BI Nr. 101, 98a, S. 7–8.

[162] Gedächtnisfeier des edeln deutschen Fürsten Friedrich Wilhelm regierenden Herzogs von Braunschweig= Lüneburg. Von C.F.A. Hoffmeister Pastor zu St. Petri. Braunschweig, bei Friedrich Krampe. Stadtarchiv Braunschweig H VIII BI Nr. 101, 98b, S. 18.

gen war. Ach wie würden wir uns durch diesen glänzenden, für uns aber theuer erkauften Sieg, beglückt fühlen, hätten wir nicht unser Haupt, unsre Krone dabei verloren!«[163]

Die Erinnerung feierte die »*Helden*« Braunschweigs, die beide, Vater und Sohn, im Kampf gegen Napoleon ihr Leben verloren hatten. Nachruhm im Sinne der »*Helden*«-Verehrung der Zeit fand bei Friedrich Wilhelm seine erste Erscheinung bereits kurz nach seinem in der Öffentlichkeit der Zeit viel beachteten und diskutierten Zug der »*Schwarzen Schar*« 1809. Wie der obige Beitrag von Angela Klein aufzeigt, war die literarische Erinnerung vielfältig, lang andauernd und überwiegend recht unkritisch, entsprach doch das Verhalten des »*Schwarzen Herzogs*« dem im 19. Jahrhundert zeittypischen Bild eines »*Helden*«.[164] Auch paßte Friedrich Wilhelms »*Kampf für die Freiheit des Landes*« gegen den »*Unterdrücker*« Napoleon als propagandistisches Idealbild bestens in den Rahmen der beginnenden Nationalbewegung. Was Theodor Körner für den nationalen Heldenmythos der Befreiungskriege wurde, war in bescheidenerem Maße der »*Schwarze Herzog*« für die regionalgeschichtliche Erinnerungskultur[165], die ihn und seinen »*Heldentod*« bis in die Kaiserzeit hinein jährlich am Todestag würdigte, sowie seine Person an »*runden*« Jahrestagen der Schlachten von Quatre Bras und Waterloo in zum Teil aufwendigen Gedenkveranstaltungen in den Mittelpunkt des Gedenkens und Erinnerns als »*Vorbild*« vor allem für die Jugend rückte. Dies läßt sich in den publizistischen Erinnerungen sowohl der Zeitungsberichte, als auch in Gedicht- und Liederanthologien, Bild- oder Geschichtsdarstellungen nachvollziehen. So fand er z.B. 1869 seinen Platz in einer populären und viel gelesenen Abhand-

Postkarte zum 25.4.1906

163 Trauerrede über den für uns höchst schmerzlichen Tod des hochseligen Durchlauchtigsten Herzogs Friedrich Wilhelm gehalten in der Israelischen Synagoge von dem Oberrabbiner Egers. Braunschweig, den 9ten Juli 1815. Stadtarchiv Braunschweig H VIII BI Nr. 101, 97, S. 7 f.

164 Karen Hagemann: »*Mahnlicher Muth und Teutsche Ehre*« Nation, Militär und Geschlecht zur Zeit der Antinapoleonischen Kriege Preußens. Paderborn 2002 (= Krieg in der Geschichte Band 8); René Schilling: »*Kriegshelden*«. Deutungsmuster heroischer Männlichkeit in Deutschland 1813–1945. Paderborn 2002 (= Krieg in der Geschichte Band 15).

165 Zur Rezeptionsgeschichte des Schwarzen Herzogs ist beim Institut für Braunschweigische Regionalgeschichte eine umfangreiche Studie sowie eine detaillierte Dokumentation zum Denkmal in Quatre Bras entstanden, die als eigene Publikation erscheint. Daher ist der Ausblick in diesem Band als Skizze auf die Jahre bis 1890 begrenzt.

lung »*Die Helden des Deutschen Befreiungskrieges und dessen Geschichte*«, eigens »*der Jugend und dem Volke erzählt*«. Der Autor kam zu dem Fazit: »*Hat er nicht das Größte für des Vaterlandes Befreiung [gemeint ist Waterloo] gethan, so gehört er doch zu den Größten, die für des Vaterlandes Befreiung gewirkt haben*«.[166]

Bereits 1818 hatte in Braunschweig mit der Stiftung der sogenannten Braunschweiger Waterloo-Medaille die Verbindung des Gedenkens von Quatre Bras und Waterloo einen sichtbaren Ausdruck gefunden. Die Rückseite der Medaille zeigt einen Kranz aus Lorbeerzweig und Eichenzweig mit der Jahreszahl 1815. Die Aufschrift lautet »*Braunschweig seinen Kriegern. Quatrebras und Waterloo*«, womit die beiden entscheidenden Schlachten am 16. und 18. Juni 1815 Erwähnung fanden, an denen braunschweigische Soldaten teilgenommen hatten. Die Vorderseite zeigt die Büste des Schwarzen Herzogs mit Fellmütze und Uniformjacke mit hohem Kragen und steifer Halsbinde. Damit war der Schwerpunkt der Medaille, die allen Teilnehmern der Kämpfe gegen Napoleon zwischen 15. Juni und 7. Juli 1815 (Einzug in Paris) verliehen wurde, eindeutig auf die Würdigung von Herzog Friedrich Wilhelm ausgerichtet, der bekanntlich »*nur*« »*auf dem Weg nach Waterloo*« war und zwei Tage zuvor zu Tode kam. Entsprechend hatten auch die Gedenkveranstaltungen nach 25 und 50 Jahren zwar des geschichtlichen Ereignisses insgesamt gedacht, jedoch in den Gedenkveranstaltungen weiterhin den »*Schwarzen Herzog*« in den Vordergrund gerückt. Allerdings fand die Waterloo–Feier 1865 erstmals am 18. Juni statt und nicht mehr am Todestag des Herzogs zwei Tage zuvor. Seitdem wurde sein Tod nicht mehr alleine als Unglück für das Land gesehen, sondern nun auch in den direkten Zusammenhang der wirkungsmächtigen Erinnerung an den Sieg Europas über Napoleon gestellt. Es war dies daher nicht etwa schon beginnendes Verblassen der Erinnerung, sondern verstärkte Überhöhung der Bedeutung der Person im Kontext der identitätsstiftenden nationalen Einigungsbewegung.

So erinnerte die Deutsche Reichs-Zeitung am 16. Juni 1865 an den Herzog zum 50. Jahrestag: »*Zum 16. Juni 1865 – Ein Tag der Trauer ist heute über dem Lande Braunschweig aufgegangen; ein Gedenktag des Schmerzes kehrt heute zum fünfzigsten Male wieder und unser Volk begeht ihn mit ernster Feier. Ein halbes Jahrhundert ist es heute – es war am Abend des 16. Juni 1815, eines Freitages wie heute – als unser edler, tapferer und patriotischer Herzog Friedrich Wilhelm im Kampfe gegen die Franzosen bei Quatrebras sein Heldentod starb. Ein echter Welfenfürst gab er sein Leben hin für sein Volk, für die Freiheit seines Vaterlandes, für die Unabhängigkeit seines Thrones. [...]*«[167]. Der sich für sein Volk opfernde Landesvater prägte das Bild der Verehrung,

[166] Carl Goehring: Die Helden des Deutschen Befreiungskrieges und dessen Geschichte. Leipzig 1869, hier: S. 398–400.

[167] Deutsche Reichs–Zeitung vom 16. Juni 1865 Nr. 160.

ganz im Sinne der Aufschrift »*Bürgerfürst*« auf dem Sarkophag in der Welfengruft des Braunschweiger Domes.

Ein Höhepunkt der Erinnerungskultur im 19. Jahrhundert sollte der 75. Jahrestag 1890 werden. Die Wiedergewinnung des Vaterlandes nach der französischen Fremdherrschaft hatte die patriotische Bewegung im Braunschweigischen während des 19. Jahrhunderts ganz wesentlich bestimmt, getragen auch von einer Vielfalt von Vereinen und Interessengruppen. Es war daher zwangsläufig, daß das Jahr 1890 nicht ohne Erinnerungsveranstaltung an die Befreiungskriege vergehen durfte. Den Anstoß gab Landsyndikus Albert Rhamm (1846–1924) am 12. Dezember 1888, indem er im Ortsverein Braunschweig-Wolfenbüttel des Harzvereins für Geschichte und Altertumskunde den Antrag stellte, im Jahr 1890 eine »*Ausstellung vaterländischer Erinnerungen 1806–1815*« zu veranstalten, um des 75. Jahrestages der Schlachten von Quatre Bras (16. Juni 1815) und Waterloo (18. Juni 1815) zu gedenken. Am 1. November 1889 wurde zur Vorbereitung der Ausstellung ein Arbeitsausschuß unter dem Vorsitz von Generalleutnant z. D. Robert von Wachholtz (1816–1897) und Oberbibliothekar Prof. Dr. Otto Heinemann (1824–1904) aus Wolfenbüttel gebildet. Den Ehrenvorsitz übernahm der Wirkliche Geheimrat Dr. Albert Otto (1836–1922). Da ein solches Vorhaben nur mit Hilfe von privaten und öffentlichen Leihgaben gelingen konnte, erließ der Ausstellungsausschuß am 4. Februar 1890 in den braunschweigischen Zeitungen einen Aufruf, um Ausstellungsobjekte für eine »*Ausstellung vaterländischer Erinnerungen aus der Zeit von 1806–1815*« zu erhalten. Darin werden Konzeption und Zielrichtung der Erinnerung deutlich auf Friedrich Wilhelm ausgerichtet. Es sollte sich um Gegenstände handeln, »*die zu dem Herzogtume Braunschweig und seinem Fürstenhause in unmittelbarer Beziehung stehen, auf diesem Gebiete aber größtmögliche Vollständigkeit erstreben, um ein anschauliches Bild von den Erscheinungen zu liefern, in denen jene Zeit der Fremdherrschaft und der Befreiungskriege sich hier zu Lande darstellte*«, und zwar vor allem »*Bilder des Herzogs Friedrich Wilhelm, seiner Familie und seiner Getreuen, des Königs Hieronymus Napoleon, seiner Generäle und Beamten, um gleichzeitige Schriftstücke und Drucksachen, Flugblätter, Caricaturen, Münzen, Medaillen, Büsten, Reliefs, Braunschweigische und Westfälische Waffen und Uniformen, sowie um sonstige Gegenstände aller Art, an die sich geschichtliche Erinnerungen aus jenen Tagen knüpfen.*«[168] Die am 3. Juni 1890 eröffnete Ausstellung wurde in der Sache, aber auch durch den großen Publikumszuspruch ein weithin beachteter Erfolg. Als sie am 15. Juli 1890 zu Ende ging, war längst in der Öffentlichkeit der Wunsch laut geworden, diese Sammlung für die Zukunft zu bewahren. Dies gelang, und so konnte am Sonntag, dem 11. Oktober 1891, das Vaterländische Museum als erstes historisches Museum in Braunschweig eröffnet werden. Heute ist es als Braunschweigisches Landesmuseum nachhaltigstes Zeugnis für das Interesse braunschweigischer Geschichts-

[168] Paul Zimmermann: Das Vaterländische Museum in Braunschweig, in: Braunschweigisches Magazin 12 (1906), S. 37.

vermittlung im 19. Jahrhundert sowie die lange Dauer und Wirkungskraft, die mit dem Gedenken an den »*Schwarzen Herzog*«, aber auch der Schlacht bei Quatre Bras und Waterloo begründet wurde.

Stein gewordene Erinnerung – Denkmäler

Bereits ein halbes Jahr nach dem Tod des »*Schwarzen Herzogs*« war im Braunschweigischen Magazin ein Beitrag erschienen, der über einen Aufruf für zwei Denkmäler für die Herzöge Carl Wilhelm Ferdinand und Friedrich Wilhelm berichtete.[169] Dasjenige für den »*Schwarzen Herzog*« sollte am Petritor errichtet werden, dem Ort, an dem er bei seinem »*Zug der Schwarzen Schar*« 1809 biwakierte. Im Bericht wurde jedoch ein gemeinsames Denkmal für beide Herzöge vorgeschlagen. Realisiert worden ist diese Idee Jahre später, als am 13.8.1823 die Einweihungsfeier am sogenannten Monumentplatz (heute Löwenwall) stattfinden konnte.

Obelisk auf dem »Monumentplatz«

Das Monument, ein Obelisk, trägt für Friedrich Wilhelm die Inschrift: »*DES VATERLANDES VOM FEINDE NEV BEDROHETES GLVCK SCHVTZEND IN RETTENDER SCHLACHT SANK BRAVNSCHWEIGS WELFE FRIEDRICH WILHELM AN SEINER KRIEGER SPITZE.*«

Für Carl Wilhelm Ferdinand liest man: »*DEN EINBRVCH IN DAS VATERLAND DEM FEINDE MIT SEINEM BLVTE WEHREND SANK BRAVNSCHWEIGS WELFE CARL WILHELM FERDINAND MIT IHM SEINES VOLKES GLVCK.*«

Darüber hinaus trägt der Obelisk noch zwei weitere Inschriften, so »*IHR RVHM LEBT EWIG / DAVRE MIT IHM IHR STAMM / DEM VATERLANDE ZVM SEGEN.*« und »*SEINEN FÜR DEVTSCHLAND GEFALLENEN FVRSTEN / IHR VATERLAND MDCCCXXII*«, beide ein Ausdruck des schon erwähnten probraunschweigischen Patriotismus im 19. Jahrhundert, der sich nach Quatre Bras und Waterloo entwickelte. Dieser war stets verbunden mit dem »*Schwarzen Herzog*« und seinem Vater, »*den VÄTERN UND HELDEN DES VATERLANDES*«, wie es denn auch eine Ode zur Einweihung hervorhob.[170] Wie dieser Obelisk, so entstand eine große Anzahl von Denkmälern, darunter das Reiterstand-

[169] Braunschweigisches Magazin vom 18.11.1815; Stadtarchiv Braunschweig H V, 188 (1815).

[170] Der Braunschweiger Löwenwall, hg. von Gerd Spies (= Braunschweiger Werkstücke Band 98). Braunschweig 1997, S. 28.

bild vor dem Residenzschloß in Braunschweig, die Denkmäler am Petritor oder in Ölper sowie entlang des Weges, den die »*Schwarze Schar*« 1809 durch Norddeutschland genommen hatte: beispielsweise in Hessen, Schöppenstedt, Hannover, Syke oder Elsfleth, um nur einige zu benennen. Die meisten dieser Denkmäler existieren noch heute und werden jeweils vor Ort gepflegt und bewahrt. Wenn sie heute im hektischen Alltag meist weniger Beachtung finden oder ihre geschichtlichen Zusammenhänge vielen eher unbekannt sind, ist dies aber weniger Zeichen von vergänglicher Erinnerungskultur als von Wissens- und Bildungsverlust unserer Zeit, ebenso wie von einem veränderten Heldenbegriff in der Gegenwart, der längst zu einer Heldeninflation führt. Diese Tatsache ändert jedoch nichts daran, daß der historische Kontext im Verständnis des 19. Jahrhunderts eine andere Vorstellung aufzeigt, und wir selbstverständlich in unserer Gegenwart Kriege nicht mehr als Mittel der Politik und militärische Leistungen als Heldentaten ansehen.[171]

Denkmal in Quatre Bras

Aus der Stein gewordenen Erinnerung an Quatre Bras, Waterloo und *den »Schwarzen Herzog«* ragte im Jahre 1890 das Denkmal am Ort seines Todes in Quatre Bras, Belgien, deutlich hervor. Im Hannoverschen Courier vom Montag, dem 16. Juni 1890, konnten die Geschichtsinteressierten folgende Nachricht über Braunschweig lesen: »*Wie schon kürzlich mitgetheilt, ist es als eine glückliche Idee anzusehen, daß soeben aus Anlaß der am 15. Juni zu Quatrebras statt[findenden] Enthüllung des Herzog Friedrich=Wilhelm=Denkmals in Braunschweig eine vaterländische Ausstellung eröffnet wurde, die der Gegenwart thunlichst Alles dasjenige vor Augen führen soll, was durch Bild und Schrift, an Waffen, Uniformen, Münzen, Orden und allen sonstigen historischen Reminiszenzen an den Heldenfürsten Friedrich Wilhelm von Braunschweig und seine große Zeit gemahnt. Und in der That tritt uns auch überall in der Ausstellung diese liebevolle Erinnerung an den Herzog und seinen Vater Karl Wilhelm Ferdinand entgegen und giebt derselben gleichsam den Charakter, das Gepräge. […] Zum Schluß sei noch erwähnt, daß in der Ausstellung auch ein Modell des am 15. d. Mts. zu Quatrebras zu enthüllenden Denkmals in 1/3 der natürlichen Größe Platz gefunden hat. Dasselbe bildet einen Hauptanziehungspunkt für's Publicum.*«

Diese Nachricht verwies auf einen weiteren Höhepunkt der zahllosen Erinnerungen an den »*Schwarzen Herzog*« und dessen Tod bei Quatre Bras am 16. Juni 1815: das Denkmal in Quatre Bras. Schon kurz nach seinem Tode hatte es zwar in Braunschweig mehrere Versuche gegeben, in Quatre Bras ein Denkmal zu errichten, die jedoch vor allem an der Finanzierung gescheitert waren. Während bei Waterloo bald zahlreiche

---

171 Reinhart Koselleck und Michael Jeismann (Hrsg.): Der politische Totenkult. Kriegerdenkmäler in der Moderne. München 1994; Reinhart Koselleck: Kriegerdenkmale als Identitätsstiftungen der Überlebenden, in: Odo Marquard und Karlheinz Stierle (Hrsg.): Identität. München 1979, S. 255–276.

Denkmäler, z.B. für die Preußen, die Hannoveraner u.a. errichtet wurden, war bei Quatre Bras noch keine Erinnerung an das Geschehen vom 16. Juni 1815 und den »*Schwarzen Herzog*« sichtbar.

Zeichnung des Denkmals in Quatre Bras, 1890

Im Jahr 1840 ging eine zunächst erfolgreiche Initiative vom Herzoglich Braunschweigischen Offizierskorps zum 25jährigen Jubiläum der Schlacht von Quatre Bras aus. Die Genehmigung von Herzog Wilhelm lag bereits vor, doch versagte die belgische Regierung ihre Zustimmung. Der noch junge belgische Staat wollte kein deutsches gegen Frankreich gerichtetes Denkmal auf seinem Gebiet dulden, um in der aktuellen deutsch-französischen Krise um die Rheingrenze nicht zwischen die Fronten zu geraten. Daher wurde der 25. Gedenktag am 16. Juni 1840 zwar festlich begangen, auch unter Teilnahme vieler ehemaliger Offiziere von Friedrich Wilhelm, ein Denkmal an seinem Sterbeort blieb dem »*Schwarzen Herzog*« bis dato allerdings verwehrt.[172] Dies wurde in Braunschweig stets als Manko empfunden, denn bis auf das Herzogtum Braunschweig hätten alle am Sieg beteiligten Nationen dort ein Denkmal, lautete die Begründung.

Ganz in diesem Sinne unternahm im Herbst 1883 der Braunschweigische Hoflieferant und Brennereibesitzer Otto Müller eine Reise nach Quatre Bras und Waterloo, über die er folgende Eindrücke im Braunschweiger Tageblatt veröffentlichte: »*Nach vielen Kreuz- und Querfragen, sowie durch die Liebenswürdigkeit eines biederen Wallonen gelang es uns endlich, die Stelle aufzufinden, wo unser Herzog Friedrich Wilhelm den Heldentod für die Ehre und Freiheit gefallen ist. Aber welch trostloser Anblick bot sich uns dar! Ein kleines verkommenes Gebüsch umgab den Platz, wo der Held gefallen. Der Stein, welcher ihm einst in treuer Verehrung gesetzt war, ist seit Jahren verschwunden und nur noch wenige Ueberreste des Sockels lagen zerstreut umher, während sich daneben eine große schmutzige Wasserlache befand. Das Ganze machte einen um so traurigeren Eindruck auf uns, als wir erst kurz vorher auf dem Schlachtfelde von Waterloo die schönen Denkmäler bewundert hatten, welche dankbare Verehrung den dort gefallenen Kriegern gesetzt hat, und auch heute noch pflegt und beschirmt.*«[173]

Interessant dabei auch der Hinweis auf einen früheren Gedenkstein vor Ort. Nun kam Bewegung in die Denkmalangelegenheit. Am 1. April 1886 fand die Gründung eines »*Vaterländischen Vereins ‚Herzog Friedrich Wilhelm zu Braunschweig'*« statt, dessen Motto lautete: »*Ein Volk, das seine Helden ehrt, das ehrt sich selbst*«. Das Ziel war

[172] Braunschweigische Anzeigen vom 31. August 1888 Nr. 205.

[173] Braunschweiger Tageblatt vom 29. Juni 1888 MA Nr. 30

erneut, für die »*Errichtung des Denkmals*« alle »*erforderlichen Maßnahmen und Anordnungen zu treffen, sowie auch einen Aufruf des Vereins um Beihülfe zur Ausführung des patriotischen Werkes zu erlassen.*« Neben Spendenaktionen galt das Hauptaugenmerk von Anfang an der Genehmigung der belgischen Regierung für die Aufstellung vor Ort. Am 10. Juni 1888 wurde offiziell verkündet, daß sowohl die belgische als auch die braunschweigische Regierung dem Vorhaben zustimmten. Mit einem Aufruf in der Braunschweigischen Landeszeitung vom 21. August 1888 startete der Verein sein nun erfolgreiches Unternehmen. Mit patriotischem Pathos erinnerte man an Friedrich Wilhelms Taten von 1809 und 1815: »*Unter den Helden der damaligen Kriege Deutschlands gegen Frankreich glänzt hoch und hehr der Name Herzog Friedrich Wilhelm von Braunschweig-Oels als Stern erster Größte. Als im Jahre 1809 alles sich vor Frankreichs mächtigem Herrscher beugte, als Schill und Hofer nach blutigen Kämpfen dahin sanken, stand Herzog Friedrich Wilhelm allein aufrecht, war er der einzige, der durch seinen kühnen glücklich vollführten Heldenzug von Böhmen bis zur Nordsee die gesunkene Hoffnung der Vaterlandsfreunde wieder belebte und kräftigte. Er hat also die Flammen der Begeisterung für Freiheit, Ehre und Vaterland geschürt, als sie zu erlöschen drohten, und daher wesentlich beigetragen zu dem großen Ereignisse des Jahres 1813: der einmütigen Erhebung des deutschen Volkes zu seiner Befreiung.*

Und als Deutschland von neuem durch seinen Erbfeind bedroht wurde, warf Herzog Friedrich Wilhelm sich demselben in Quatrebras entgegen und opferte Blut und Leben für die Freiheit des Vaterlandes.«

Die Sammlungsaktionen wurden durch vielfältige Aktivitäten und Veranstaltungen, die teilweise über 200 Teilnehmer verzeichneten, begleitet. Aufträge für Entwurf und Ausführung wurden ebenso umgehend erteilt, wie über den notwendigen Grundstückserwerb vor Ort in Quatre Bras/Genappe verhandelt: »*Wir theilten bereits mit, daß der Generaladjutant v. Wachholz und der Commissionsrath Müller von ihrer im Auftrage des Herzog-Friedrich-Wilhelm-Denkmal-Comité's nach Quatrebras unternommenen Reise hierher zurückgekehrt seien. Beide Herren haben in Quatrebras sich bemüht, den an der Straße von Brüssel nach Charleroi, südlich des bekannten Quatrebras-Wirtshauses belegenen Punkt des Feldes, auf dem am 16. Juni 1815 Friedrich Wilhelm die tödtliche Kugel empfing, durch Kauf an sich zu bringen. Leider ist es trotz der Vermittlung seitens der belgischen Regierung nicht gelungen die Stätte, wo der Herzog fiel, zu erwerben, da dieselbe mitten in einem vorzüglich cultivierten Ackerlande sich befindet, und sonach ihr Erwerb an sich, wie auch ihre Verbindung mit der Chaussee recht kostspielig geworden wäre. Der Besitzer jenes Ackers, Herr Marq hat nun um den Preis von etwa 4000 Mark ein 25 Q.-Meter Inhalt Stück Land weiter südlich, unmittelbar an der oben genannten Chaussee dem Comité verkauft. Der erworbene Platz zur Errichtung des Denkmals liegt auf einer Böschung, welche für das Denkmal eine Untermauerung und Umfassung mit einem Stacket erforderlich machen wird. Zur Ausführung des Denkmals ist der bereits in Nr. 225 d. Bl. Bezeichnete Ude-Winter´sche Entwurf, vorbehaltlich einer Abänderung der*

Inschriften gewählt. Der Entwurf, zu dem das Denkmal krönenden großen Löwen rührt von einem Jungen strebsamen Künstler, dem Bildhauer Götting, her, welcher seiner Zeit für hervorragende Leistungen in Florenz eine silberne Medaille erhielt. Die Ausführung des Löwen wird voraussichtlich hier im Howaldt´schen Atelier in getriebener Bronze, die des Medaillon-Bildnisses des Herzogs aber in Bronzeguß hier in der Werkstatt des Herrn Strümpell erfolgen, welch´ Letzterer zu dem Bildniß das Modell entworfen hat. Als Material für das Postament ist belgischer grüner Granit gewählt. Bisher sind auf dem regen Interesse, welches die Braunschweiger dem schönen vaterländischen Unternehmen entgegenbringen, beim Comité 34 312,57 Mark eingegangen, über welche die Sammellisten auch durch unser Blatt veröffentlich sind. Man hofft, daß einerseits die Enthüllung des Denkmals zur 75jährigen Erinnerungsfeier an den Todestag des Herzogs im nächsten Jahre erfolgen kann, und das andererseits bis dahin noch weitere reichliche Beiträge zur völligen Deckung der bedeutenden Kosten des Unternehmens eingegangen sein werden.«[174] Der Vaterländische Verein konnte schließlich sein Ziel erreichen und die notwendigen Gelder zum größten Teil durch Spenden aufbringen.

Zwischen August 1888 und Juni 1890 wurden Gelder in Höhe von 35.688,64 Mark gesammelt. Die Spender kamen aus allen gesellschaftlichen Schichten. Die deutschen Reichsfürsten und die Freien Städte spendeten 10.150 Mark, womit fast 29 % der Spendensumme gesichert waren. Die größte Einzelspende kam von Kaiser Wilhelm II. (1859–1941) in Höhe von 2.500 Mark. Der Regent des Herzogtums Braunschweig, Prinz Albrecht von Preußen (1809–1872), spendete 2.000 Mark ebenso wie der im Exil lebende Herzog Ernst August von Cumberland (1845–1923). Auch die britische Königin Victoria (1819–1901), der Herzog von Cambridge (1819–1904) sowie die Erzherzhöge Carl Ludwig (1833–1896) und Ludwig Victor (1842–1919) wurden um eine Spende gebeten, lehnten dies jedoch ab. Aus der Oberschicht (Offiziere, Beamte, Industrielle) kamen weitere 29,3 % der benötigten Summe. Die weitaus meisten Spender aber gehörten der Mittelschicht an, deren Beträge schließlich ca. 39 % der Gesamtsumme ausmachten, während sich die restlichen Spenden auf die Unterschicht (Arbeiter, Tagelöhner u. a.) verteilten. Die notwendigen Restmittel zur Gesamtfinanzierung in Höhe von 14.200 Mark stellte dann die braunschweigische Landesversammlung aus dem Staatshaushalt zur Verfügung. Die Initiative des Vaterländischen Vereins war damit endgültig erfolgreich und das Denkmal konnte am 15. Juni 1890 in einer großen Festveranstaltung eingeweiht werden:

»Genappe, 15. Juni. Die Einweihung des Denkmals für den Heldenherzog Friedrich Wilhelm ist heute Mittag glänzend verlaufen. Die Straße bei Quatrebras sind mit Ehrenpforten, belgischen, deutschen und braunschweigischen Fahnen reich geschmückt, unzählige Menschen sind zusammengeströmt, zwei Musikkapellen stellten die Festmusik. Bei der Enthüllungsfeier hielt zunächst Generallieutnant und General-Adjutant von Wachholz eine Rede,

[174] Braunschweiger Tageblatt 1. Juni 1889 MA Nr. 253.

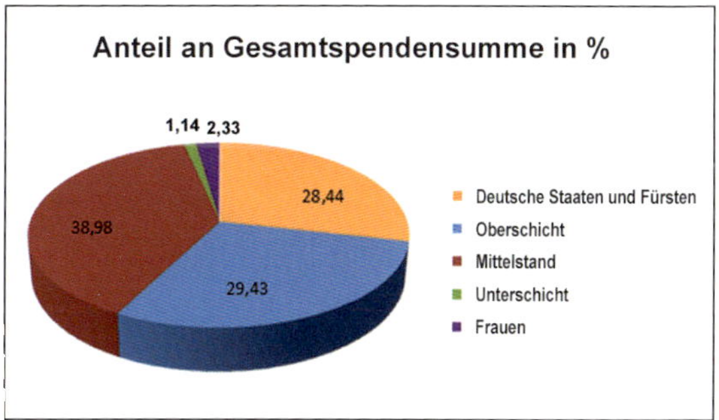

Auswertung der Spendenlisten nach gesellschaftlichen Gruppen

welche er einen Ueberblick der Geschichte des Herzogs und der braunschweigischen Truppen zu Grunde legte. Er schloß mit den Worten: ›Wir Braunschweiger aber umstehen das Denkmal mit der Genugthuung, durch dessen Errichtung eine alte Schuld nun abgetragen zu sehen. Möge dasselbe heute durch die hier Anwesenden die Weihe erhalten; möge es den Schutze der belgischen Bevölkerung; besonders aber den hiesigen Lokalbehörden auf das wärmste empfohlen sein.‹

Den Auftrag zur Enthüllung des Monuments erteilte als Vertreter Sr. königl. Hoheit des Regenten alsdann der braunschweigische Gesandte in Berlin, Baron von Cramm-Burgdorf, indem er zugleich im Auftrage Sr. königl. Hoheit den ersten Kranz am Denkmal niederlegte. Nach Enthüllung wurde die deutsche und belgische Nationalhymne angestimmt, welche die Anwesenden entblößten Hauptes anhörten. Herr Kommissionsrat Müller-Braunschweig brachte dann in französischer Sprache ein Hoch auf König Leopold von Belgien aus. Alsdann legten die verschiedenen anwesenden Regimentskommandeure Kränze am Denkmal nieder, worauf nun eingehendere Berücksichtigung des Denkmals seitens der Anwesenden erfolgte. Hiernach wurde der Rückmarsch unter Musik nach La Baraque angetreten und am Sterbehause des Heldenherzogs daselbst die Gedenktafel angebracht. Später folgte ein Festmahl, woran sich ein Ball schloß. Das Wetter war vorzüglich.«[175]

Herzog Friedrich Wilhelm, der »*Schwarze Herzog*«, ist eine Persönlichkeit der braunschweigischen Regionalgeschichte, deren Wirkungsmächtigkeit zweifellos weit über die Landesgrenzen hinausreichte. Der 22 Jahre währende Kampf gegen Napoleon und die Vormachtstellung Frankreichs über Europa hatten wesentlich sein Leben und Wirken geprägt. Friedrich Wilhelms Tod bei Quatre Bras am Vorabend jener Schlacht von Waterloo, die Napoleons Macht- und Eroberungspolitik in Europa endgültig ein Ende bereitete, hat im 19. Jahrhundert zu einer deutlichen Überhöhung seiner Person und seiner militärischen Leistungen sowie zu einer geradezu schwärmerischen Verehrung im Lande Braunschweig geführt. Der »*Schwarze Herzog*« wurde in die Reihe der erinnerungswürdigen Helden der Freiheitskriege aufgenommen und als identitätsstiftendes Vorbild der nationalen Einigungsbewegung verehrt. Letztendlich aber war Herzog Friedrich Wilhelm von Braunschweig–Lüneburg–Oels eine äußerst ambivalente Herrscherpersönlichkeit. Geprägt von militärischem Ehrgeiz neigte er zur Selbstüberschätzung, als Landesherr hatte er kaum Zeit

[175] Braunschweiger Tageblatt 1. Juni 1889 MA Nr. 253.

und noch weniger Gelegenheit zur Bewährung und als Mensch belastete der drükkende Vater-Sohn-Konflikt Psyche und Charakter, so daß sein Leben durch zahlreiche Brüche gekennzeichnet war. Läßt sich vor diesem Hintergrund einerseits seine Regierungstätigkeit kaum abschließend beurteilen, so war er andererseits als Militär impulsiv, draufgängerisch und wenig strategisch denkend. Der »*Schwarze Herzog*« war kein großer Feldherr, aber ein tapferer Soldat. Friedrich Wilhelm, »*Sohn Herzog Carl Wilhelm Ferdinands*«, »*Retter seines Vaterlands*« und »*Freiheitsheld*« war zwar erfolgreich, in der Rückschau aber eher ein »*Tragischer Held*«. Doch Heldentum war nicht die Frage, die sich uns stellte, vielmehr die Betrachtung einer zweifellos beachtenswerten Person und ihrer Bedeutung für die braunschweigische Landes- und niedersächsische Regionalgeschichte.

Aufnahme der Einweihungsfeier des Denkmals in Quatre Bras am 15. Juni 1890